Helmut POSCH

Hl. Hildegard von Bingen

Kirchenlehrerin und Prophetin Deutschlands

Die Stimme Gottes

Im Eigenverlag. 1. Auflage 2012
E-Mail: hvb.posch@aon.at

Vertrieb: St.Hildegard-Posch Ges.m.b.H.
Am Weinberg 23 ♦ A-4880 St. Georgen
Tel.: 0043 (0) 7667 8131 Fax: DW 50
www.hildegardvonbingen.info
Druck: *Samson Druck*, A-5581 St. Margarethen

ISBN -3-901001-06-9

Dedikation

Als Geste des Dankes wird bei der Erhebung der Hl. Hildegard zur Kirchenlehrerin durch Papst Benedikt XVI dieses Ölgemälde von Therese Ridmann dem Heiligen Vater bei der Generalaudienz am 3. Oktober 2012 von der Familie Posch überreicht.

Unserem lieben Papst sei auch das vorliegende Buch im Namen aller Hildegard-Freunde gewidmet.

H. P.

Inhaltsverzeichnis

Kapitel IV

Alte und neue Rechtschreibung:

Die Zitate aus den Werken Hildegards wurden in der alten Rechtschreibung übernommen, während der restliche Text nach den Regeln der neuen Rechtschreibung verfasst wurde

Der Allherrscher
Tafel 19 / Schau III 11

„Ich, das lebendige Licht, das die Dunkelheit erleuchtet, habe den von Mir erwählten Menschen (Hildegard) herausgeholt und unter große Wunder versetzt, wie es Mir gut schien.
Ihre Schriften übertreffen alles, was die alten Seher in Mir an Geheimnissen schauen durften."

Vorwort

Zwei bevorstehende Ereignisse gaben den Anlass dafür, über die Werke der hl. Hildegard ein Buch zu schreiben. Zum einen, weil im Dezember des Jahres 2011 bekannt geworden war, Papst Benedikt XVI. werde im Oktober 2012 die hl. Hildegard zur Kirchenlehrerin erheben. Welch eine Überraschung und große Freude für alle Hildegard-Freunde! Sofort kam der Gedanke auf, dem hl. Vater dafür in irgendeiner Weise danken zu müssen, geht doch damit für alle Verehrer der hl. Hildegard ein langersehnter Wunsch in Erfüllung.

Wir sehen diesen Akt als einen der bedeutendsten im Pontifikat unseres lieben Papstes Benedikt XVI. Setzt er damit nicht ein Zeichen der Kontinuität in der Lehre der Kirche? Um diese Frage beantworten zu können, müsste man wissen, was in den theologischen Werken der hl. Hildegard steht! Seit jüngster Zeit sind zwar ihre Bücher in vollständiger Übersetzung in Buchhandlungen erhältlich, aber die Zahl jener, die sie auch gelesen oder gar studiert haben, ist geradezu winzig. Nicht jeder Interessent ist bereit sich mit der Fülle eines oft schwer verständlichen Stoffes auseinanderzusetzen, denn zu umfassend sind die Themen und Wissensgebiete.

Einer, von dem man sagen kann, er sei ein Kenner aller Hildegard-Werke, war der Konstanzer Arzt Dr. med. Gottfried Hertzka (geb. 1913). Im kommenden Jahr 2013 wäre er 100 Jahre alt geworden, und so ergab sich ein weiterer Anlass, dieses Buch zu schreiben. Dr. Hertzka war nicht nur *der* Hildegard-Pionier, sondern wie eine Institution in Bezug auf Hildegard. Viel von seinem Wissen ist nur aus Seminarunterlagen vorhanden oder in Hildegards Vereinsblättern festgehalten, die längst vergriffen sind. Deshalb soll zu diesem Gedenkjahr auch sein Gedankengut aufleben, insbesondere was die Prophethie der hl. Hildegard anbelangt und ihre Psychotherapie.

Durch die Erhebung Hildegards zur Kirchenlehrerin bekommen deren Werke einen noch höheren Stellenwert, und es ist auch mit einem größeren Interesse zu rechnen. So sollte dieses Buch dazu verhelfen, eine Vorahnung davon zu bekommen, welche Schätze in den visionären Werken Hildegards auf Entschlüsselung und Anwendung warten.

St. Georgen im Attergau, Juli 2012 — Helmut Posch

Einführung

Hildegard von Bingen (1098-1179) wurde 1098 als zehntes Kind des Edelfreien Hildebert und seiner Gattin Mechthild in Bermersheim geboren. In Anlehnung an das Gebot, den „Zehent" der Kirche zukommen zu lassen, wurde Hildegard Gott dargebracht, womit ihr Lebensweg von Kindheit an vorgegeben war. Dazu hat die kleine und schwächliche Hildegard von Kindheit an die Gabe der „Schau". Bereits „bei meiner ersten Gestaltung, als Gott mich im Schoße meiner Mutter durch den Hauch des Lebens erweckte, prägte er dieses Schauen meiner Seele ein." [1]

In ihrer Lebensbeschreibung berichtet der Mönch Gottfried über sie: „Beinahe von Kindheit an hatte sie fast ständig an schmerzlichen Krankheiten zu leiden, so daß sie nur selten gehen konnte. Und da ihr Körper ununterbrochenen Schwankungen unterworfen war, glich ihr Leben dem Bild eines kostbaren Sterbens." [2]
Dem zarten Kind war es deshalb nicht möglich, mit anderen Kindern vergnügt zu spielen. Durch ihre schwache körperliche Konstitution musste sich Hildegard ihr Leben lang mit stark eingeschränkter Vitalität leidend abmühen, ihren Aufgaben nachzukommen. Später, mit 43 Jahren, erfährt sie „aus dem hellen Lichte" den Grund für diese Schule zur Demut.
Bereits im zarten Alter von drei Jahren fällt das Kind durch seltsame Bemerkungen auf, weil es Dinge sieht, die für gewöhnlich verborgen sind. Die kleine Hildegard konnte aber mit ihrer Sehergabe noch nicht umgehen und sie in das Tagesgeschehen einordnen:

„In meinem dritten Lebensjahr sah ich ein so großes Licht, daß meine Seele erbebte, doch wegen meiner Kindheit konnte ich mich nicht äußern." [3]
Die Gabe der Schau wurde Hildegard förmlich in die Wiege gelegt und war für sie eine nicht wegzudenkende charakteristische Eigenheit. Gott erleuchtete ihre Seele mit der Gabe der Schau und so sah das fünfjährige Mädchen zum Beispiel, als sie mit ihrer Wärterin auf der Weide spazieren ging, eine hochträchtige Kuh. Da blieb die kleine Hildegard stehen und beschrieb, wie das Kälbchen im Leib der Mutter aussah: „An der Stirn, Rücken und Füßen sei es gefleckt, sonst aber ganz weiß." Als das Kalb dann zur Welt kam, bewahrheitete sich, was das Mädchen visionär gesehen hatte.

„Die Kraft und das Mysterium verborgener Gesichte", schrieb die 43-jährige Nonne im Vorwort des Buches Scivias, „erfuhr ich geheimnisvoll in meinem fünften Lebensjahr, so wie auch heute noch."

Hildegard war der Meinung, was sie in ihrer Seele schaute, das sehen alle anderen Menschen auch, bis sie feststellte, dass dies nicht der Fall war. Von diesem Zeitpunkt an wurde sie sehr zurückhaltend:

„Manches erzählte ich einfach, so daß die, die es hörten, sich sehr wunderten, woher das käme und von wem es sei. Da wunderte ich mich selbst, daß ich, während ich tief in meiner Seele schaute, doch auch das äußere Sehvermögen behielt, und daß ich dies von keinem anderen Menschen hörte. Darauf verbarg ich die Schau, die ich in meiner Seele sah, so gut ich konnte.“ [4]

Der Kirche sind zahlreiche Mystiker bekannt, die ebenfalls Visionen hatten, aber dabei zumeist in Ekstase gerieten und währenddessen die Umwelt nicht wahrnahmen. So war das z.B. bei den Seherkindern von Fatima der Fall. Hildegard hingegen blieb auch während einer Schau bei vollem Bewusstsein und nahm die Umgebung wie im Wachzustand wahr. Sie lebte förmlich in einem dualen Dauerzustand:
„Meiner Seele jedoch fehlte es zu keiner Stunde an dem erwähnten Licht, das **„Schatten des Lebendigen Lichtes“** genannt wird, und ich sehe es, als ob ich in einer leuchtenden Wolke das Firmament ohne Gestirne erblicke.“ [5]

Hildegard sah also die reale Welt aus dem „Schatten des Lebendigen Lichtes“ und dieser vermittelte ihr einen „Durchblick“, der dem gewöhnlichen Menschen nicht gegeben ist. In einem Brief an den Mönch Wibert von Gembloux finden wir dazu sehr aufschlussreiche Worte:

„Von Kindheit an, da meine Gebeine, Nerven und Adern noch nicht erstarkt waren, bis zur gegenwärtigen Stunde, da ich schon über siebzig Jahre alt bin, habe ich in meiner Seele diese Schau. Wie es Gott gefällt, steigt meine Seele bei diesem Schauen bald empor in die Höhe des Firmamentes und in die wechselnden Luftzonen. Bald weitet sie sich unter die verschiedenen Völker, seien sie auch weit fort in fernen Gegenden und an unbekannten Orten. Ich schaue all das in meiner Seele und erblicke es nach Art des Wechsels der Wolken und der übrigen Schöpfungsgebilde. ... Wie Sonne, Mond und Sterne sich im Wasser spiegeln, so leuchten mir aus ihm (dem „Schatten des lebendigen Lichtes) die Schriften, Worte, Kräfte und manchmal auch Taten der Menschen gestalthaft entgegen. ... Was ich in dieser Schau sehe oder lerne, behalte ich lange im Gedächtnis. Sobald ich es sehe und höre, geht es mir ins Bewußtsein ein.“ [6]
Trotz dieser Erklärung kann man sich ihre Sehergabe nur sehr schwer vorstellen. Für Hildegard war es wie selbstverständlich geworden. Umso erstaunlicher ist

ihr jahrelanges Schweigen über all das Geschaute.

Die Klarsicht aller Wirklichkeiten im „Schatten des Lebendigen Lichtes" war hinreichend, um die Zusammenhänge der Natur in ihren tiefen Geheimnissen und Funktionen zu erkennen. Desgleichen die Vorgänge in der Welt, das kausale Gesetz von Ursache und Wirkung in all seinen Dimensionen und vieles mehr. Im Einfluss dieses Schattenlichtes schrieb Hildegard die medizinischen Werke, denn „Gott verlieh mir eine untrügliche Kenntnis der Dinge, so daß ich den Aufbau der Welt und das Wirken der Elemente verstehe, Anfang, Ende und Mitte der Zeiten, den Kreislauf der Jahre und die Stellung der Gestirne, die Natur der Tiere, die Gestalt der Geister und die Gedanken der Menschen, die Verschiedenheiten der Pflanzen und die Kräfte und Wurzeln. Alles Verborgene und alles Offenbare habe ich erkannt, denn es lehrte mich die Weisheit, die Meisterin aller Dinge." [7]

Demnach sind auch die medizinischen Werke eindeutig visionären Ursprungs, und deshalb ist es völlig falsch, Hildegard als „Ärztin" oder „Forscherin" zu bezeichnen, wie in manchen Büchern immer wieder behauptet wird. Hildegard bezeugt mehrfach den übernatürlichen Ursprung all ihrer Schriften. Immer wieder betont sie, nur das zu Papier gebracht zu haben, was sie in ihrer Schau zu sehen oder zu hören bekam.
„Ich sprach und schrieb nichts aus eigener Erfindung oder irgend eines Menschen, sondern wie ich es in himmlischer Eingebung sah und hörte und durch die verborgenen Geheimnisse Gottes empfing."
„Was immer ich nicht sehe, das weiß ich nicht, weil ich ungebildet bin. Und was ich schreibe, das sehe und höre ich in einer Schau und gebrauche keine anderen Worte, als diejenigen, die ich höre." [8]

Der visionäre Anspruch gilt also auch für die medizinischen Werke, die im „Schatten des Lebendigen Lichtes" entstanden sind. Als ob Hildegard den Unglauben unserer Zeit vorhersah, schreibt sie am Beginn des 3. Kapitels im Buch *„Ursachen und Behandlung der Krankheiten":*
„Die nachfolgend angegebenen Arzneien für die bisher besprochenen Krankheiten sind von Gott gewiesen und werden den Menschen entweder gesund machen, oder aber er muß sterben, oder Gott will nicht, daß er von seiner Krankheit befreit werde." [9]
Hildegard war keine Ärztin, keine Naturforscherin und auch keine Komponistin. Auch das Liederbuch schrieb sie aus dem „Schatten des Lebendigen Lichtes". Aus ihm sind die Kompositionen und Lieder hervorgegangen:

„In dieser Schau verstand ich ohne irgendeine menschliche Belehrung die Schriften der Propheten, der Evangelien und anderer heiliger Lehrer. Und ich erklärte einiges daraus, obwohl ich kaum erst zu schreiben verstand, wie die ungelehrte Frau es mich gelehrt hatte. Aber auch Lieder und Melodien zum Lobe Gottes und der Heiligen verfaßte und sang ich ohne die Belehrung eines Menschen, obwohl ich niemals Neumen noch Gesang erlernt hatte.“ [10]

Die Seherin
Tafel 1 / Vorrede

Die Prophetenweihe

Als Hildegard bereits 42 Jahre alt war, wurde sie plötzlich aus dem „Schatten des Lebendigen Lichtes“ direkt in die Strahlkraft des „Lebendigen Lichtes“ geführt. Über dieses dramatische Ereignis schrieb sie:

„ Es geschah im Jahre 1141...
als ich 42 Jahre und 7 Monate alt war, kam ein feuriges Licht mit Blitzesleuchten vom offenen Himmel hernieder. Es durchströmte mein Gehirn und durchglühte mir Herz und Brust gleich einer Flamme, die jedoch nicht brannte, sondern wärmte, wie die Sonne den Gegenstand erwärmt, auf den sie ihre Strahlen legt. Nun erschloß sich mir plötzlich der Sinn der Schriften, des Psalters, des Evangeliums und der übrigen katholischen Bücher des Alten und Neuen Testamentes. Doch den Wortsinn ihrer Texte, die Regeln der Silbenteilung und der (grammatikalischen) Fälle und Zeiten erlernte ich dadurch nicht.“ [11]

Licht aus dem offenen Himmel (!) überstahlt sie, durchdringt ihren ganzen Körper und erleuchtet Hildegard von einem Augenblick auf den anderen. Nun ist sie sozusagen auch noch eine „Erleuchtete“. Trotz dieser hohen Erkenntnis bleibt sie in weltlichem Wissen unbelehrt und ist außerstande, Sätze grammatikalisch richtig zu formulieren und korrekt niederzuschreiben.

Jede theologische Prüfung hätte sie vermutlich mit Auszeichnung bestanden, denn ihr Wissen über die Hl. Schrift war unübertrefflich. Eine Prüfung in „Rechtschreibung“ oder „Deutsch“ wäre nicht so gut ausgegangen. Diesen Mangel ließ Gott mit Absicht bestehen, um keinen Hochmut in ihr aufkommen zu lassen. Deshalb erbat sich Hildegard bei Gott eine Hilfe, einen Sekretär, der diesen Mangel auszugleichen vermochte. Das war der Mönch Volmar, der ihr bis zu seinem Lebensende zur Seite stand und alles korrekt zu Papier brachte.

Viele Historiker sehen in diesem bewegenden Ereignis, welches sie „voller Furcht und zitternd vor gespannter Aufmerksamkeit“ trifft, eine Art Prophetenweihe. Ihre visionäre Schau bekommt einen neuen Stellenwert, eine neue Qualität.
Was hat sich von da an geändert? Bisher sah Hildegard im „Schatten des Lebendigen Lichtes“ die reale Welt mit all ihren Geheimnissen ohne Beisein einer göttlichen Person oder eines Engels. Sie war in gewisser Weise „autonom“ und bekam bis zu diesem Zeitpunkt auch keine Visionsbilder zu sehen wie bei dem von nun an folgenden Diktat des Buches *Scivias*. Seit Öffnung des Himmels spricht Gottvater zu ihr und Hildegard erhält von IHM den konkreten Auftrag zu schreiben.
Es spricht jener Jahwe (JHWH) zu ihr, der schon Mose am Berg Sinai die Zehn Gebote übergab und zu ihm sprach: *„Ich bin der Herr, dein Gott, der dich aus Ägyptenland, aus der Knechtschaft, geführt hat.“* Derselbe Jahwe, der Gott Israels und der Christen, wird zum Autor des Buches *Scivias*. Der ICH BIN DA erklärt ihr die Visionsbilder, die sie nun zu sehen bekommt, und diktiert ihr anschließend den Sinn des Geschauten.
Es hatte sich bereits abgezeichnet, dass Hildegard all das Geschaute nicht für sich behalten sollte, sondern der Welt zu offenbaren hat. Die Vita berichtet: *„Da nahte die Zeit, in der ihr Leben und ihre Weisheit zum Heil vieler offenkundig werden sollte. Die Stimme Gottes mahnte sie, nicht länger mit dem Aufschreiben des Geschauten zu zögern.“* [12]
Hildegard selbst schreibt dazu:

„Obwohl ich dies alles sah und hörte, weigerte ich mich zunächst doch zu schreiben. Nicht aus Hartnäckigkeit, sondern wegen des Argwohns, des Vorurteils und wegen der Vieldeutigkeit der menschlichen Worte, im Dienst der Demut. Da zwang mich Gottes Geißel auf das Krankenlager. Und endlich legte ich Hand ans Schreiben, bezwungen durch so viele Krankheiten.“ [13]

Hildegard wird von nun an auf die Ebene der Propheten des Alten Testamentes gestellt. Sie ist Teil der göttlichen Vorsehung und wird im wahrsten Sinne des Wortes zur Sekretärin Gottes. Ihre Aufgabe wird es sein, den Heilsplan Gottes darzulegen, der ihr in 26 gewaltigen Visionen Schritt für Schritt erläutert und diktiert wird. Der konkrete Schreibauftrag, dieser Befehl Gottes, ist kein Säuseln des Windes, kein liebliches Flüstern, sondern erfolgt wie ein Donner mit kräftiger Stimme:

Schreibe, was du siehst und hörst...

Und es geschah in meinem 43. Lebensjahr: Voller Furcht und zitternd vor gespannter Aufmerksamkeit blickte ich gebannt auf ein himmlisches Gesicht. Da sah ich plötzlich einen überhellen Glanz, aus dem mir eine Stimme vom Himmel zurief:

„Du hinfälliger Mensch, du Asche von Asche, du Fäulnis von Fäulnis, sage und schreibe nieder, was du siehst und hörst. Doch weil du zu furchtsam bist zum Reden, in deiner Einfalt die Offenbarung nicht auslegen kannst, und zu ungelehrt bist zum Schreiben, rede und schreibe darüber nicht nach Menschenart, nicht aus verstandesmäßiger menschlicher Erfindung heraus, oder in eigenwilliger menschlicher Gestaltung, sondern so, wie du es in himmlischer Wirklichkeit in den Wundertaten Gottes siehst und hörst.

Verkünde sie also so, wie der Hörer das Wort des Lehrmeisters aufnimmt und es ganz in seiner Aussageabsicht, nach seinem Willen und auf seinen Fingerzeig und Befehl kundtut. So sprich auch du, o Mensch, über das, was du siehst und hörst. Schreibe es nicht nach eigenem Gutdünken oder dem eines anderen Menschen, sondern wie es dem Willen dessen entspricht, der alles weiß, alles sieht und alles in der Verborgenheit seiner Geheimnisse anordnet.“ [14]

Man kann sich angesichts solcher Erlebnisse schon vorstellen, wie Hildegard zusammenzuckt, zerknirscht und furchtsamen Herzens endlich Hand anlegt um aufzuschreiben, was sie sieht und hört. Wenn wir die stattlichen Bände betrachten, mit deren Niederschrift Hildegard endlich beginnt, dann müssen wir sie als außerordentlich diszipliniert und fleißig betrachten. Allein zehn Jahre werden vergehen, bis ihr erstes Werk, das berühmte Glaubensbuch *SCIVIAS*, fertig ist. Was der Allerhöchste seiner „Sekretärin“ nun mitteilen wird, übertrifft alles, was bisher von Mystikern offenbar geworden ist! So nebenbei erfährt Hildegard auch, warum sie zeit ihres Lebens schwach und krank war und kaum in der Lage, ihren Pflichten nachzukommen:

„Ich, das lebendige Licht, das die Dunkelheit erleuchtet, habe den von mir erwählten Menschen herausgeholt und unter große Wunder versetzt, wie es mir gut schien. **Sie übertreffen alles, was die alten Seher in mir an Geheimnissen schauen durften.** Doch ich warf ihn zur Erde, damit er sich nicht in Geistesstolz erhebe. Die Welt bot ihm auch weder Anlaß zum Genuß noch die Zügellosigkeit oder den Anreiz, sich mit den Dingen dieser Welt zu befassen, denn Ich hielt trotzige Verwegenheit von ihm fern. Furchtsam und ängstlich tat er sein Werk. Mark und Venen bereiteten ihm nämlich körperliche Schmerzen. Denkkraft und Bewußtsein waren beeinträchtigt, während der Leib unter schwerer Krankheit litt. So steckte in ihm keine fröhliche Unbekümmertheit, sondern er hatte ständig Schuldgefühle. Denn ich umzäunte die Fasern seines Herzens, damit sein Geist sich nicht in Hochmut und Ruhmsucht erhebe, sondern daraus mehr Furcht und Schmerz als Freude und Übermut gewänne.“ [15]

Gott hat sich die Hl. Hildegard sozusagen „hergerichtet“, damit sie diese außergewöhnlichen Gaben und Gnaden unbeschadet verkraften konnte. Dazu braucht es eine demütige Seele. Selbst der leiseste Anhauch einer Aufgeblasenheit hätte die Absichten Gottes zunichte machen können. Fließen nämlich „menschliche Weisheiten“ in das Werk ein, so bestehen kaum Chancen einer kirchlichen Anerkennung. Bei der Prüfung mystischer Schriften ist die Kirche sehr genau, ja sie muss in solchen Angelegenheiten sehr wachsam sein, damit die reine Lehre bewahrt bleibt. Das wusste auch Hildegard. Und in einer Schau erfährt sie, dass auch Gott-Vater die kirchliche Anerkennung fordert. Sie musste im Auftrag Gottes dem Papst schreiben! Ihre einleitenden Worte sind geradezu typisch für Hildegard:
„O milder Vater, ich armseliges Gebilde habe dir dies geschrieben in wahrhaftiger Schau, im geheimnisvollen Hauch, so wie Gott es mich lehren wollte...“
Danach geht es in einem anderen Ton weiter. Nun spricht Gottvater zum Papst:
„Du also, Vater der Pilger, höre den, der IST: Ein mächtiger König (Gott) thronte in seinem Palast. Hohe Säulen standen vor ihm (die großen Heiligen), von goldenem Schmuckwerk umwunden und mit vielen Steinen und Perlen herrlich geziert. Dem König aber gefiel es, eine kleine Feder (Hildegard) zu berühren, daß sie in Wundern emporfliege. Und ein starker Wind trug sie, daß sie nicht sinke. Nun spricht wiederum Er zu dir, der das lebendige Licht ist, das da leuchtet in Höhen und Tiefen und auch im Innersten hörender Herzen sich nicht verbirgt: Bestätige diese Schrift, damit sie denen zu Gehör gebracht werde, die für Mich (Gott) offen sind. Mache sie grünen in süß schmeckendem Saft, mache sie zur Wurzel, die sich verzweigt, zum wehenden Blatt wider den Teufel, und du wirst leben in Ewigkeit.

Hüte dich, diese Gottesgeheimnisse zu verachten. Denn sie sind notwendig mit jener Notwendigkeit, die noch verborgen ist und noch nicht offenbar erscheint.“ [16]

So etwas kommt selten vor: Einen Brief zu bekommen vom lieben Gott! Darüber war sicher auch der Papst überrascht. Wie die Sache ausgegangen ist, dürfte hinlänglich bekannt sein. Er anerkennt die Sehergabe Hildegards und ermutigt sie zum Schreiben. Bei der Synode von Trier hält der Papst vor versammelten Kardinälen und Bischöfen sogar eine Vorlesung aus dem Buch *Scivias*.
Den Inhalt dieses Briefes begreifen wir erst heute! In dem Schreiben lässt Gott anklingen, die Schriften seien notwendig für eine Zeit, die damals in weiter Ferne lag. Notwendig für eine in schwerer Krise befindliche Kirche! Ihre Bücher sind also für unsere und die kommende Zeit geschrieben! „Mache sie (die Schrift) zur Wurzel, die sich verzweigt, zum wehenden Blatt wider den Teufel!“
Mit der Erhebung Hildegards zur Kirchenlehrerin folgt unser lieber Papst Benedikt XVI. den Worten des Vaters. „Und du wirst leben in Ewigkeit!“, verspricht Gottvater. Er belohnt dies mit großem himmlischem Lohn. Die hl. Hildegard wird ihn einmal umarmend empfangen und die Freude im Himmel wird groß sein!
Hildegard war ein Geschöpf der Vorsehung. Durch sie sollte ein frischer Wind durch die Kirche wehen, um verbrauchte Luft zu verblasen. Heute will man ja eine Kirche „light“, in der sich‘s jeder richten kann, wie es ihm passt. Der Glaube gleicht weithin einem Einkaufswagen, in den nur reinkommt, was schmeckt. Gott sah diese Entwicklung voraus und kommt der Kirche zu Hilfe.
Gleich in der ersten Vision, in der Gott auf einem unverrückbaren und unbezwingbaren Berg thront, erfährt Hildegard die eigentliche Intention ihres Auftrages. Erneut vernimmt sie eine durch Mark und Knochen vibrierende Stimme, die Stimme Gottes:
Und plötzlich rief der auf dem Berg Thronende mit lauter, durchdringender Stimme und sagte:
„O du hinfälliger Mensch aus Erdenstaub, Asche aus Asche, verkünde und sprich über den Zugang zur unvergänglichen Erlösung, damit alle belehrt werden, die den innersten Gehalt der Schriften kennen, ihn jedoch nicht aussagen und verkündigen wollen. Denn sie sind lau und oberflächlich in der Beobachtung der göttlichen Gerechtigkeit. Erschließe ihnen die versiegelten Geheimnisse, die sie ängstlich in einem versteckten und unfruchtbaren Acker verbergen. Ergieße dich wie ein überfließender Quell, verströme dich in geheimnisvoller Lehre, damit durch den Erguß deiner Flut jene aufgeschreckt werden, die dich wegen der Übertretung Evas mit Verachtung strafen möchten...“ [17]

Bis zu ihrem 43. Lebensjahr hat Hildegard geschwiegen, und nun soll sie all

die Geheimnisse Gottes in die Welt förmlich hinausschreien, um so etwas wie einen geistigen Tsunami auszulösen, was ihr mit den zahlreichen Predigtreisen auch gelang. Es gab seinerzeit keine populärere Nonne als Hildegard.
Das Buch *Scivias* ist aber auch an die Kleriker von heute adressiert. Gottvater sieht die wahre Ursache der Kirchenkrise nicht in einem „Reformstau", sondern darin, dass viele Priester nicht mehr über die göttliche Gerechtigkeit sprechen, „denn sie sind lau und oberflächlich in der Beobachtung der göttlichen Gerechtigkeit."
Auch wirft Gott den theologisch gebildeten Geistlichen vor, dass sie zwar den Inhalt der Schriften kennen, „ihn aber nicht aussagen und verkünden wollen". Tatsächlich wird ja nur noch von der Liebe und Barmherzigkeit Gottes gesprochen, während die Ermahnungen, dass Gott auch zürnen und strafen kann, unerwähnt bleiben. Dadurch bekommen die Gläubigen ein falsches Gottesbild. Kaum jemand weist darauf hin, dass Gott das Gute belohnt und das Böse bestraft. Von Strafe darf landauf, landab keine Rede mehr sein. Damit ist Gottvater nicht einverstanden! Deshalb sagt Er uns in den Büchern Hildegards, was Sache ist. Und so sollen „beschämt werden, die Meinem Volk den rechten Weg zeigen sollten, doch sich leichtfertiger Weise weigern, die ihnen bekannte Gerechtigkeit zu verkünden."
Damit ist die Richtung für das Buch schon vorgegeben. Es werden u. a. Themen zur Sprache kommen, die von den Priestern vermieden werden, sei es aus Menschenfurcht oder aus anderen Gründen. Christen sollten die ganze Wahrheit erfahren, um sich keinen falschen Illusionen hinzugeben, schließlich ist ihr Seelenheil auch mit einem wahren Gottesbild verbunden.

Das vorliegende Buch hat vier Kapitel und soll eine kleine Einführung in die Werke der hl. Hildegard sein.

Kapitel 1:	Die Medizinbücher „*Physica*" und „*Causae et curae*"
Kapitel 2:	Das Buch „*Scivias*" (Wisse die Wege)
Kapitel 3:	Das Buch „*Liber vitae Meritorum*" (Der Mensch in der Verantwortung)
Kapitel 4:	Das Buch „*Liber divinorum operum*" (Das Buch vom Wirken Gottes)

Kapitel I

Die Medizinbücher

In zwei Büchern beschreibt Hildegard ein komplettes Medizinsystem: Das erste Buch „Ursachen und Behandlung der Krankheiten“ (*Causae et Curae)* ist das Lehrbuch der Medizin. Wer sich jemals damit eingehend beschäftigt hat, kommt vermutlich zu demselben Schluss wie Dr. med. Hertzka, der dazu sagte:

„nulla pictura“
Unmöglich Menschenwerk!

Es ist bereits müßig, immer wieder darauf hinweisen zu müssen, dass Hildegard nur das zu Papier gebracht hat, was sie dank ihre Sehergabe erkannte und schreiben musste. Am Ende ihres Lebenswerkes bezeugt sie ausdrücklich, dass all ihre Schriften, d.h. alles, was sie jemals geschrieben hat, ausschließlich aus ihrer visionären Begabung stammen, und „nie habe ich menschlich gelehrte Studien betrieben.“

Dr. med. Hertzka schrieb in seinem Buch „*So heilt Gott*“: [18]

„Wem das noch nicht genügt, dem kann ich als wohl einziger Kenner und

Erforscher der Hildegard-Medizin, als praktischer Arzt des zwanzigsten Jahrhunderts versichern, daß neben diesen äußeren Gründen (die er anführte) noch viel schwerwiegendere innere Gründe ... dagegen sprechen, daß es sich dabei um Menschenwerk gehandelt haben könnte."
In weiterer Folge zählt Dr. Hertzka dann einige Beispiele auf.

a) Die Krebskrankheit wird in ihrer Entstehung und in ihren Zusammenhängen so genau geschildert, dass es mir geradezu Vergnügen machte, seit 25 Jahren zu beobachten, wie die modernen Krebsforscher in ihren gesicherten Ergebnissen Zug um Zug genau das bestätigt haben, was Hildegard beschreibt, und ich traue mir zu, weiterhin genau vorauszusagen, was sie auf diesem Gebiet nach langen Mühen und langem Forschen noch entdecken werden. Wobei sie dann noch nicht das Heilmittel haben - wohl hat dies aber Hildegard, welche sogar dessen Wirkungsweise erklärt.

b) Die Blutgruppen werden genauestens beschrieben. Ferner die Hormone, ja sogar die Hirnanhangdrüse als Steuerungssystem des weiblichen Zyklus.

c) Die „chemische Fabrik" Mensch mit allen Stationen der physiologischen Chemie der Eiweißstoffe und ihre Modifikationen durch die menschlichen Organe werden bei Hildegard offengelegt - weit über das hinaus, was wir bis heute wissen.
Wir belassen es bei diesen Beispielen. Wenn Hildegard vom Hl.Geist inspiriert war, dann sind eben auch ihre medizinischen Bücher von der Weisheit Gottes durchdrungen. Für den gläubigen Menschen ist das kein Problem, sondern eine große Freude, weil er hier sehr verlässliche Aussagen vor sich hat. Darauf kann man „bauen". Wie oft wurden wir schon enttäuscht bei den unzähligen Gesundheitsratschlägen, die selten bewirken, was sie versprechen. Auf Hildegards Aussagen ist hingegen Verlass und deshalb wird die Anhängerschar immer größer.

In ihrem zweiten Buch „*Physica*" beschreibt Hildegard die Pflanzen, Bäume, Fische, Vögel, Tiere und Steine, also die Dinge der Natur. Dabei erfahren wir, was für uns wirklich gut ist und was nicht. So fallen Hildegard-Freunde nicht auf jene Köstlichkeiten herein, die heute allgemein empfohlen werden, wie zum Beispiel
... die leckeren Erdbeeren mit vielen Vitaminen, Mineralstoffen ...
... die verdauungsfördernden Pflaumen, am besten kurmäßig genommen..
... den knackfrischen Salat aus dem Garten, möglichst roh, frisch und bio...

Eine pauschale Naturhuldigung ist Hildegard fremd, denn sie differenziert sehr genau, und daher ist für so manche Überraschung gesorgt. Was lehrt uns hier

die Weisheit Gottes? Eben diesen Aspekt möchte ich in diesem Beitrag herausarbeiten, weil er für das Verständnis der „Hildegard-Medizin" entscheidend ist. Hier wird erstmals formuliert, auf welchen „Säulen" dieses Medizinsystem steht. Dabei habe ich häufig unseren Hildegard-Pionier Dr. med. Hertzka zu Wort kommen lassen. Er war es ja, der sich als praktischer Arzt eingehend damit auseinandergesetzt und wertvolle Pionierabeit geleistet hat.
Immer wieder werde ich danach gefragt, wie das alles mit der Hildegard-Medizin begann, wie ich auf Hildegard eigentlich gekommen sei? Zumeist gibt es ja bei einem Aufbruch zu völlig Neuem ein Schlüsselerlebnis.
Ein solches ergab sich, als der Medizinhistoriker Prof. Heinrich Schipperges in Salzburg über Hildegard von Bingen einen Vortrag hielt. Zufällig erfuhr ich den Termin rechtzeitig, und so konnte ich mir den Vortrag anhören.
Er sprach mit Begeisterung über Hildegard und ihre Werke. Während des Vortrags zitierte er in einer etwas poetischen Übersetzung folgenden Satz aus dem Buch Physica:

„Der Apfel trinkt in der Morgenfrühe den Tau so gierig wie das Lamm seine Milch!"

Diese Worte konnte ich bis heute nicht vergessen, sie waren in mir wie eingemeißelt, hatten sie doch großen Eindruck auf mich gemacht. Damals erfuhr ich zum ersten Mal, wann und wie Äpfel wachsen. Es faszinierte mich deshalb so, weil auch bei uns in St. Georgen der vielseitige Biologieprofessor Ricek daran arbeitete, herauszufinden, wann etwas wächst. Dazu legte er sich sogar nachts auf die Lauer, um Wachstumsschübe zu dokumentieren. Mit ihm war ich oft unterwegs, um Fauna und Flora kennen zu lernen.
In diesem Zusammenhang wurde mir klar, warum gekaufte Äpfel oft so schal schmecken. Sie haben nicht nur den Tau aufgesaugt, sondern auch die Spritzmittel! Wir sehen ja, wie fleißig Obstbauern ihre Bäume spritzen! Nicht nur einmal, nein, immer wieder. So essen wir mit dem Apfel auch die Giftbrühe, weil der Apfel den Tau und die Pestizide so gierig trinkt wie das Lamm seine Milch! Daher gelangt das Zeug auch in Früchte, die von Natur aus gesund wären, aber durch diese Behandlung nur noch einen fragwürdigen gesundheitlichen Wert haben. Damit reifte in mir der Gedanke, diesem unbekannten Wissen der hl. Hildegard nachzugehen. So gab ein einziger Satz aus dem Buch *Physica* den Anstoß für das „Abenteuer Hildegard".

Die Erbsündenlehre Hildegards

Jede Medizin muss eine Orientierung haben. Wo beginnt „Medizin“ und wo hört sie auf? Stehen die kleinen Zellen am Anfang medizinischer Studien oder ist es die Anatomie des Menschen? Wenn es nach Hildegard geht, so beginnen alle wichtigen Kapitel bei Adam und Eva. Warum? Wegen des Sündenfalles! Und warum wegen des Sündenfalles? Weil damit Unordnung in die Welt kam. Im Paradies gab es bekanntlich weder Krankheit noch Tod. Adam und Eva wären nicht gestorben, hätten sie das eine Gebot - vom Baum der Erkenntnis nicht zu essen - befolgt. Daher beginnt die Medizin der Hl. Hildegard bei den Schäden des Menschen, welche durch den Ungehorsam an seinem Leib entstanden sind. So gesehen stehen hier keine großartigen „Säulen“, auf denen ihre Erbsündenlehre aufgebaut ist, es sind vielmehr Bruch- und Schwachstellen des Menschen, auf die wir Einfluss nehmen können. Jedoch: Wer kennt sie und weiß damit umzugehen? Der klassischen Medizin ist eine Erbsündenlehre fremd. Das liegt daran, weil sie keine christlichen Wurzeln hat. Im August des Jahres 1986 sagte Dr. med. Hertzka dazu in einem Seminar:

„Was interessiert den Arzt die Erbsündenlehre? Das muß der Pfarrer wissen! Was geht das uns an? Die Welt nimmt an Hildegard gerade deshalb Anstoß, weil sie noch die Erbsündenlehre hat und man sagt: Die ist ja noch von gestern! Aber siehe da, sie ist von morgen. Später werden die Leute wieder wissen, was

Dr. med.
Gottfried Hertzka
(geb. 12. Oktober 1913 in Bad Gastein, gest. 6. März 1997 in Konstanz)

es mit der Erbsünde auf sich hat. Und wenn sie zu sich ehrlich sind, dann werden sie auch heute schon erkennen, welch großen Einfluß die Erbsünde auf uns Menschen hat. Da scheiden sich die Geister!
Die Hildegard-Erbsündenlehre ist allerdings nicht ganz leicht zu verstehen. Je nachdem, ob man will oder nicht will. Wenn man will, kann man Hildegard verstehen. Ich habe die Gnade gehabt, daß ich an Hildegard mit dem Willen herangegangen bin, darin wirklich Gottes Weisheit zu erkennen. Und wenn man das macht, dann erschließt sie sich einem. Und wenn man mit dem Gedanken an sie herangeht, ich hole mir nur das Anstößige bei ihr heraus, dann kann man das auch finden. Sie können Hildegard lächerlich machen, wenn sie unter 2000 Medikamenten die lächerlichen heraussuchen - das sind vielleicht zehn.
Hildegard ist nicht Mittelalter! Hildegard ist zeitlos, sie ist sogar für die Zukunft bestimmt. Sie geht weit über das Wissen des Mittelalters hinaus und zwar in jeder Beziehung: in der Medizin, der Theologie und in allen anderen Dingen. Das ist das Wesentliche bei Hildegard und deshalb befassen wir uns auch mit ihr: Weil sie ein Zukunftswegweiser ist.“ [19]

Es gab bisher niemanden, der ein so umfassendes Wissen über das Gesamtwerk der Hl. Hildegard besaß wie Dr. Hertzka. Ich hatte das Glück, mit ihm über Jahrzehnte im Rahmen unseres Hildegard-Vereines [20] zusammenzuarbeiten und dabei habe ich natürlich viel von ihm gelernt. Wegen der historischen Bedeutung zitiere ich eine weitere Aussage von unserem „Hildegard-Lehrer“:

„Die Araber haben keine Erbsündenlehre. Die Medizin war schon von Anfang an sehr arabisch beeinflußt, weil die Araber den Hippokrates und die griechische Medizin überliefert haben. So haben die Christen die Ur-Medizin aus arabischen Quellen übernommen. So wie Thomas von Aquin aus arabischen Quellen den Aristoteles übernommen hat, so war das auch bei der Medizin. Die Araber waren zunächst die Lehrmeister. Und wo die Lehrmeister sind, da ist auch der Respekt. Mit der arabischen Medizin wurde auch die arabische Denkweise übernommen. Und alles das wirkt bis zum heutigen Tag noch nach. Das dürfen wir nicht vergessen."
Während die Theologie der römisch-katholische Kirche auf der Erbsündenlehre aufgebaut ist - denn ohne Sündenfall wäre eine Erlösung nicht nötig gewesen - fehlt sie in der Denkweise anderer Disziplinen wie eben auch in der Medizin. Aber selbst für die Kirche ist es gar nicht so einfach, diesen hier bestehenden Bruch mit Gott zu vermitteln, wie Papst Benedikt XVI. seinerzeit als Kardinal beklagte:
„Die Unfähigkeit, die Erbsünde zu verstehen und verständlich zu machen, ist wirklich eines der schwerwiegendsten Probleme der gegenwärtigen Theologie und Pastoral." [21]

Jene wirklich standhafte Säule, auf welcher alle Hildegard-Werke stehen, ist ihre Erkenntnis aus der Weisheit Gottes. Der Mensch kann von sich aus vieles nicht wissen, es muss ihm von Gott offenbart werden. Gott hat sich immer wieder offenbart, bis in unsere Tage, aber viele weigern sich, die Offenbarungen zu glauben. In seiner Überheblichkeit will der Mensch alles selber erforschen und erkunden, obwohl dem sehr enge Grenzen gesetzt sind. Daraus entstehen dann viele Irrwege und Probleme, die vermeidbar wären, würde er sich Gott zuwenden und auf Ihn hören. Das gilt auch für die Wissenschaft und Medizin. Dazu müssen die vorgeschichtlichen Ereignisse aufgearbeitet werden. Ein strapaziertes Wort wäre hier angebracht, denn mit der vielzitierten „Vergangenheitsbewältigung" könnte den erbsündlichen Bruchstellen von der medizinischen Seite Rechnung getragen werden. Wie der Jäger seinen Jagdhund beim Anschuss ansetzt, um das abgesprungene Tier zu finden, ebenso findet der Arzt beim „Anschuss" die nötigen Hinweise für eine erfolgversprechende Fährte. Der Arzt muss die aus der Erbsünde entstandenen Schäden kennen, um ein besseres Verständnis für die krankhaften Veränderungen zu bekommen. Hildegard sagt uns sehr konkret, was da, medizinisch gesehen, passiert ist, und deshalb gibt sie ihrem medizinischen Lehrbuch den Titel:

Ursachen und Behandlung der Krankheiten [22]

Im Rahmen diese Beitrages über die Grundlagen der Hildegard-Medizin werden vier solcher Bruchstellen (Schlüsselstellen) ein wenig beleuchtet, damit dem Leser mühsame Einstiegsstudien erspart bleiben.

„Als Gott den Adam schuf, umleuchtete der Glanz der Göttlichkeit die Lehmmasse, aus der er gebildet wurde." Gottvater modellierte den Mensch aus irdischem Lehm. „Innerlich war er (noch) hohl. Darauf schuf Gott aus derselben Lehmmasse innerlich die Gestalt hinein, das Herz, die Leber, die Lunge, den Magen... Dann ließ Gott in die Gestalt den Lebenshauch eintreten." ...[23]
Hier wird relativ genau geschildert, wie Gott den Menschen schuf. Er ist kein evolutionäres Zufallsprodukt, sondern hat einen „Designer", einen Schöpfer, und dieser ist sein wahrer Vater!
„Als Adam noch aus Erde bestand, ließ ihn das Feuer sich erheben, die Luft erweckte ihn, und das Wasser durchdrang ihn so, daß er völlig in Bewegung geriet. Dann sandte Gott einen Schlaf auf ihn herab, und nun wurde er mit diesen Kräften gekocht, so dass nun sein Fleisch durch das Feuer sich erwärmte, er durch die Luft atmete und das Wasser, wie in einer Wassermühle, durch ihn hindurchging. Als er nachher erwachte, war er ein Prophet der himmlischen Dinge, kundig aller Kräfte der Kreatur und aller Künste." [24]
Unter „gekocht" ist hier das Ausreifen der Zellen gemeint, so wie das auf ähnliche Weise beim Ausbrüten eines Eies erfolgt. Wegen unverständlicher Worte darf man nicht gleich alles als Unfug abtun. Mit der Zeit lernt man die Sprache Hildegards ganz gut zu verstehen.
„Gott schuf Adam, auf daß er ewig unveränderlich leben sollte." Adam war *der* Prototyp des Menschen und von Kopf bis Fuß makellos ausgestattet. Sowohl geistig wie körperlich. „Adam kannte vor dem Sündenfall den Gesang der Engel und alle Arten der Musik und hatte eine Stimme, klingend wie der Ton des Monochordes (= antikes Instrument mit nur einer Saite zur Ton- und Intervallmessung)." [25] Doch mit dem Genuss des Apfels wurde alles schlagartig anders:

Adams Fall

„Mit der Übertretung des göttlichen Gebotes verfiel der Mensch einer körperlichen *und* geistigen Umwandlung. Die Reinheit seines Blutes wurde zu anderer Beschaffenheit verkehrt, so daß er statt der früheren Reinheit den Schaum seines Samens ergießt. Wäre der Mensch im Paradies geblieben, würde er in unveränderlichem und vollkommenem Zustande weitergelebt haben. All dies aber hat sich nach der Übertretung in anderer und bitterer Art gewandt." [26]
Wir halten hier nur zwei Stichworte fest. Veränderung des Blutes und damit

auch des Samens. „Nach Adams Sünde begann die Nacht ihr Dasein!“ Das bedeutet: Vor Adams Fall gab es keine Nacht! Ihr Dasein war ein unentwegtes Wandeln im Licht. Dann aber „wurden alle Elemente in tiefe Dunkelheit gehüllt; während ihrer Dauer wurde Adam in jene Verbannung geschickt.“ Nach ihrer Verfehlung musste das erste Menschenpaar das Paradies verlassen, sie wurden vertrieben und verbannt.
„Als er nun das (Sonnen-) Licht dieser Welt erblickte, freute er sich, weil er selbst der Finsternis angehörte und sprach unter Tränen: Ich muß jetzt anders leben, wie mir vorher Gott zu leben beschert hatte!“ Nun weiß er sich von Gott verstoßen und weint.
„So begann er denn in seinem Schweiße zu arbeiten. Vorher, ehe Adam und Eva das göttliche Gebot übertreten hatten, leuchteten sie mit einem Glanz wie die Sonne, und dieser Glanz bildete sozusagen ihre Bekleidung. Nach der Übertretung des göttlichen Gebotes aber leuchteten sie nicht mehr, sondern waren dunkel geworden und sind in dieser Dunkelheit verblieben. Als sie nun sahen, daß sie nicht mehr so leuchteten, merkten sie, daß sie nackt waren und bedeckten sich, wie geschrieben steht, mit Baumblättern.“ [27]

Der gefallene Adam wurde zu einem ganz anderen Menschen. Stand er ursprünglich mit Gott in Verbindung, so wird er nun vom Bösen beeinflusst. Das Schlimmste war jedoch der Verlust des ewigen Daseins im Paradies. Sein ehemals unsterblicher Leib hat nun ein „Ablaufdatum“, weil sein Körper hinfällig geworden ist und dem Tod entgegen sieht. Adam wusste: Wegen seines Ungehorsams ist er zur Beute des Bösen geworden.

Bruchstelle Nr. 1: - Das Blut

„Als Adam, der das Gute kannte und es dadurch, daß er den Apfel aß, schlecht machte, erhob sich als Vergeltung für diese Wandlung in ihm die **Schwarzgalle**... In demselben Augenblick, wo Adam das göttliche Gebot übertreten hat, sammelte sich die Schwarzgalle in seinem Blute an, wie die Helligkeit schwindet, wenn das Licht ausgelöscht wird und der glimmende Docht mit seinem üblen Geruch zurückbleibt.“ [28]

Wie ist diese Schwarzgalle entstanden?
„Ehebevor Adam das göttliche Gebot übertreten hatte, leuchtete das, was heute die Galle im Menschen ist, hell wie ein Kristall in ihm und hatte den Geschmack der guten Werke in sich. Das, was heute Schwarzgalle im Menschen ist, strahlte

damals in ihm wie die Morgenröte und barg das Bewußtsein und die Vollendung der guten Werke in sich. Als aber Adam das Gebot übertreten hatte, wurde der Glanz der Unschuld in ihm verdunkelt, seine Augen, die vorher das Himmlische sahen, wurden ausgelöscht, die Galle in Bitterkeit verkehrt, die Schwarzgalle in die Finsternis der Gottlosigkeit und er selbst völlig in eine andere Art umgewandelt. Da befiel Traurigkeit seine Seele, und diese suchte bald nach einer Entschuldigung im Zorn. Denn aus der Traurigkeit wird der Zorn geboren, woher auch die Menschen von ihrem Stammvater her die Traurigkeit, den Zorn und was ihnen sonst noch Schaden bringt, überkommen haben."

Die Gerinnung des leuchtenden Steines in der Nähe der Gallenblase hatte Krankheit und Tod zur Folge. Auch die Reizbarkeit des Menschen zu emotionalen Handlungen war damit verbunden. Ein paar Zeilen später ist klipp und klar zu lesen:"Der Mensch zieht sich auch durch Zorn vielfach gewisse schwere Krankheiten zu, denn wenn die widrigen Säfte von Galle und Schwarzgalle öfter im Menschen erregt werden, machen sie ihn irgendwann krank, denn wenn der Mensch die Bitterkeit der Galle und die Finsternis der Schwarzgalle nicht hätte, wäre er immer gesund."[29]

Adam und Eva hatten im Bereich der Gallenblase einen Stein, der den ganzen Körper in fluoreszierendem, himmlischem Licht leuchten ließ. Nach dem Genuss der apfelähnlichen Frucht, die giftig war, kam es zu einer chemischen Reaktion mit dem gallensteinähnlichen Gebilde, das sich auflöste, indem es gerann. Der Stein zerfloss in bittere Gallensäure und Gallenfarbe und kam als Schwarzgalle in den Blutkreislauf. Ein irreparabler Schaden! Die chemischen Veränderungen im Organismus, die auch zur Schädigung des Erbgutes führten, sind nun Ursache für Krankheit und Tod.

Durch die Zerstörung dieser lichtspendenden Einrichtung drehte der Teufel sozusagen den Spieß um: War zuvor dieser Stein Ursache ihres Lichtkleides und aller guten Gedanken, so sind nun deren Überreste, nämlich die zerstörerische Schwarzgalle, der chemische Baustein für Traurigkeit, Zorn und viele Laster. Denn „oftmals arbeitet sich des Teufels Eingebung in die Schwarzgalle hinein und macht den Menschen traurig und verzweifelt, so daß viele derartige Menschen in ihrer Verzweiflung sich selbst ersticken und nach und nach zugrunde richten. Viele aber wehren sich gegen sich selbst so kräftig in diesem Leid, daß sie wie die Märtyrer in diesem Kampf dastehen."[30]

Beinahe ist man versucht von einer „Materialisierung" des bösen Einflusses zu sprechen, weil der Verführer über die Schwarzgalle chemische Veränderungen bewirken kann, die sich dann auf die Befindlichkeit des Menschen negativ auswirken. Eine disharmonische Chemie verandert die Stimmung des Menschen,

sein Denken und führt auch zu lasterhaften Emotionen. An anderer Stelle beschreibt Hildegard ganz genau, wie die Gedanken nach fünf Prinzipien in den Nebennieren zusammengeschmolzen werden. Das Verschmelzen der Gedanken mit dem Leib merken wir z.B. beim Lesen einer Speisekarte, wenn uns etwa das Wasser schon im Munde zusammenfließt, in der Vorfreude auf das gute Essen. Ungekehrt verhält es sich, wenn z.B ein Student an seine bevorstehende Prüfung denkt. Da kann ihm der Appetit vergehen! Die Kommunikation von Leib und Seele funktioniert also völlig problemlos. Ärger und Sorge können im Menschen als chemischer Stoff zum Tragen kommen, denn die Nebenniere verarbeitet diese Stoffe zu Gedanken. So beeinflussen sie die Säfte im Menschen zu seinem Vor- oder Nachteil. Daher können manche Krankheiten ursächlich aus lasterhaftem Denken entstehen. Hier leuchtet erstmals auf, wie wichtig Moral und Ethik im Hinblick auf die Gesundheit sein können. Zur kunstgerechten Behebung der verschiedensten Laster schrieb Hildegard das Buch *„Der Mensch in der Verantwortung"*, worauf im 3. Kapitel näher eingegangen wird.
Als Vergeltung für den Ungehorsam ließ Gott also den Einfluss bösgeistiger Mächte zu. Schließlich hatte Eva ja auf die Schlange gehört: „So geschah es mit Adam, als nach dem Erlöschen des himmlischen Lichtes in ihm die Schwarzgalle in seinem Blute sich zusammenballte und Trauer und Verzweiflung von ihr aus in ihm sich erhoben. Denn der Teufel hat bei Adams Fall die Schwarzgalle in ihm zusammengeblasen, die den Menschen manchmal zum Zweifler und Ungläubigen macht." [31]
Die Schwarzgalle, welche im Blut jedes Menschen in wechselnder Menge vorhanden ist, führt zu Schwermut, Depressionen, Angstzuständen und nicht selten auch zur Verzweiflung. Dr. Van Hecken konnte dieses Blutderivat, welches Mitursache *jeder* schweren Erkrankung ist, mikroskopisch eindeutig identifizieren und fotografieren. Die Schwarzgalle „erhebt sich", wie Hildegard bei den Krankheitsbeschreibungen mehrmals erwähnt, auch als „Nebel", d.h. sie verbreitet sich im Körper mitunter gasförmig und ist daher nicht so einfach zu lokalisieren.

Hildegard nennt einige Heilmittel, welche den Anteil an Schwarzgalle im Blut senken. Sie führen zu einer deutlichen Aufhellung des Gemütszustandes im Falle von Depressionen. Zu den wirksamsten Mitteln zählen hier der Aronstabwein (Aronstabwurzel in Wein gekocht), die Frühlings-Wermutkur und das Veilchen-Elixier. Ebenso wirksam ist der hildegardische Aderlass, weil dabei das dicke Blut abfließt, und mit diesem auch ein erheblicher Anteil an Schwarzgalle.

Auf der Liste der häufigsten Todesursachen stehen Herzinfarkt und Schlaganfall. Was ist beiden gemeinsam? Gefäßverschluss! Und weshalb? Zu dickes Blut! Was macht die Schulmedizin dagegen? Sie verordnet blutverdünnende Mittel. Und was wäre nach Hildegard zu tun? Einen Aderlass machen! Diese bluthygienische Maßnahme zählt zum Standardprogramm der Hildegard-Medizin und sollte auch in der modernen Medizin wieder aufgenommen werden, weil damit prophylaktisch sehr viel zu erreichen ist.
Welcher Arzt weiß schon, dass „sich die Schwarzgalle im Blut erhebt", wenn der Mensch einen Wadenkrampf oder Beinkrampf bekommt? Nicht (allein) der Magnesiummangel ist schuld daran, sondern das Übermaß an Schwarzgalle. Sie tritt in vielfältiger Weise in Erscheinung und ist bei allen schweren Krankheiten eine Mitursache! Daher gilt es, diese schädigende Substanz in Schranken zu halten. Das geht, will man hier Fortschritte machen, nicht ganz ohne Forschung und Labor. Würden Mediziner ihren Fokus bei der Blutuntersuchung auf diese Substanz lenken, so würden sie noch so manch großartige Entdeckung machen.
Mit Hildegard hat die Menschheit erstmals in ihrer Geschichte eine von Gott offenbarte Ganzheitsmedizin. Sie in das bestehende System einfließen zu lassen, ohne Bewährtes aufzugeben, würde bedeuten, ihre theoretischen Grundlagen aus dem Lehrbuch aufzugreifen, mit fachlicher Kompetenz auszuarbeiten und für den Lehrbetrieb aufzuschließen. "Hildegard" könnte mühelos ein Drittel aller Professoren und Fakultäten ersetzen, denn ihre Medizin ist ja mit allen anderen Disziplinen vernetzt.

Bruchstelle Nr. 2: Die Zeugung

Betrachten wir eine weitere folgenschwere Veränderung im Menschen durch Adams Ungehorsam. Sie betrifft die Nachkommenschaft. Hier hat der Böse kräftig mitgemischt und seinen Einfluss geltend gemacht. Um dies besser zu verstehen, muss man wissen, wie die Zeugung der Nachkommenschaft ursprünglich geplant war. Geplant deshalb, weil es vor dem Sündenfall dazu gar nicht kam. Hildegard lässt uns wissen, dass es im Paradies keinen Geschlechtsverkehr unter den Menschen gegeben hätte. Um für Nachkommen zu sorgen, hätte ein aneinanderschmiegender Schlaf genügt, und die Frau wäre schwanger geworden. Sie wäre durch die Wärme des Mannes leicht ins Schwitzen geraten und allein durch den Hautkontakt schwanger geworden. Also ohne begehrliche Lust und fleischliche Begierde. Kinder hätten nicht so geboren werden müssen, wie dies heute der Fall ist, weil sie dort weder ein- noch ausgetreten wären.

Es war so vorgesehen, dass das Kind aus der Seite der Frau hervorgehen kann, so, wie auch die Kirche aus der Seite Christi hervorgegangen ist. Am Körper war an dieser Stelle eine Art „Sollbruchstelle“, die sich für die Geburt geöffnet und anschließend wieder verschlossen hätte. Ähnlich einer zierlichen Narbe nach einem Kaiserschnitt. Aufgrund ihres Lichtkleides wäre selbst diese Narbe verborgen geblieben oder nach der schmerzlosen Geburt wieder vollständig verschwunden. Also ein keuscher, edler, völlig sündenloser und ganz reiner Vorgang. Es gibt nur eine Geburt, die so verlaufen ist: Das war die Geburt des Erlösers aus der Jungfrau Maria! Das Jesukind ging ohne Schmerzen aus der Seite Mariens hervor, nachdem sie es vom Hl. Geist empfangen hatte.

Durch Adams Fall wurde der Mensch völlig umgewandelt und in dieser Hinsicht der Tierwelt angeglichen. „Denn nach dem Genuß des Apfels wurde das Blut der Söhne Adams in das Gift des Samens verwandelt, aus dem die Nachkommen der Menschen entstehen. Daher ist ihr Fleisch geschwürig und durchlöchert. Diese Geschwüre und Löcher erzeugen in den Menschen sozusagen Sturm und einen feuchten Rauch, woraus dann die Phlegmen entstehen und zusammengerinnen, die dem menschlichen Körper mancherlei Krankheiten bringen. Es ist die Folge der ersten Sünde...“ [32]

Aus dem reinen Blut wurde „das Gift des Samens“. In dieser Angelegenheit mischt leider auch der Böse kräftig mit, weshalb die hl.Hildegard eine umfassende Sexualpathologie und Sexualethik verfasste.
Bis heute wissen die Menschen nicht, welch großen Einfluß das Sexualverhalten der Eltern auf ihre Kinder hat. Sei es im positiven wie im negativen Sinne. Das Wissen darüber fehlt vollständig, weil es bislang noch keine Medizin gibt, die auf die Folgen der Erbsünde eingeht. Ausgerechnet eine keusche Nonne gibt uns Sexualunterricht, wie er sein soll!

„Als Adam bei seiner Übertretung blind und taub geworden war, ging diese (ursprüngliche Zeugungs-) Kraft in ihm in die Verbannung und in ein fremdes Ding und floh unvermerkt in die Orte der männlichen Geschlechtsteile und blieb dort.“ [33] Die weise Einrichtung Gottes ging also verloren, während die alte Schlange ihren Einfluss geltend machte. Ähnlich, wie der Böse die Schwarzgalle zusammengeblasen hat, so hat er sich auch eine mehr oder weniger große Einflussnahme bei der Zeugung gesichert. Denn „jener Böse war es, der das Rad der Zeugung des Menschen erschüttert hat.“ [34]

Je unmoralischer die Menschen sind, umso mehr kommen diese negativen Aus-

wirkungen dann bei den Kindern zum Tragen. So beklagt Gottvater im Buch Scivias die sexuelle Ausschweifung u. a. mit folgenden Worten:
„So weint und klagt also vor Gott, ihr Menschen; ihr verachtet ihn so oft in euren Sünden, wenn ihr in gar böser Unzucht euren Samen vergeudet und so nicht nur Ehebrecher, sondern auch Mörder (durch Verhinderung, Abtreibung...) werdet; denn ihr habt den Spiegel Gottes verworfen und befriedigt eure Lust, wie es euch paßt. Deshalb verfolgt euch der Teufel immer bei diesem Tun, weil er weiß, daß ihr mehr nach der Befriedigung eurer Begierde trachtet, als daß ihr auf die Freude an Nachkommen blickt.“ [35]

Den Menschen von heute ist weder bekannt noch bewusst, was sie ihren Kindern antun, wenn sie z.B. „in übermäßiger Brunst“ gezeugt werden, weil „teuflischer Einfluß mit solcher geschlechtlicher Vereinigung in hohem Grad vergesellschaftet ist.“ [36]
Es besteht ein großer Unterschied, ob die geschlechtliche Vereinigung in herzlicher Liebe erfolgt oder in begehrlicher Fleischeslust. Der Charakter des zukünftigen Kindes hängt von dieser Herzlichkeit (Amor caritatis) ab. Wenn aus bloßer Lust auf Befriedigung Kinder hervorgehen, so sind sie später unenthaltsam, unsittlich und von abstoßender Lebensart.

„Hält sich aber bei solchen Menschen der Begattungstrieb in schicklichen und rechten Grenzen, so werden die von ihnen gezeugten Kinder sehr klug, brauchbar und geistig rege werden und ihr Antlitz von männlichem Ausdruck und sehr großer Schönheit.“ [37]

Die Eheleute dürfen schöpferisch tätig sein, während Gott das Kind heranbildet. Es ist nämlich unser himmlischer Vater, der Dich und mich erschaffen hat, und auch Deinen Kindern das Leben schenkt. Zu glauben, dafür sorge allein die Natur, ist ein wenig zu kurz gedacht:

“Wer also bildet den Menschen mit Fleisch, Knochen, Mark und schönem Antlitz, wenn nicht Ich, der Vater aller? Vater und Mutter haben ja keinerlei Macht, ein Kindlein hervorzubringen oder zu schaffen; sie geben nur in leidenschaftlicher Lust ihr Blut von sich und haben danach keine Gewalt über seine Ausgestaltung. “ [38]

Es ist sehr erstaunlich, wie ausführlich Hildegard das Sexualverhalten der Menschen beschreibt, welche Folgen dies hat und was der Mensch dabei zu beachten hätte, um den Kindern keine Belastungen in die Wiege zu legen, die dann im Leben nur mühsam zu korrigieren sind. Ihre umfassende Sexualpathologie nimmt einen großen Teil des gesamten Lehrbuches ein und setzt sich fort in all ihren Werken! Daraus ergibt sich eine christliche Ethik, wie sie die Welt so noch gar nicht kennt. Es ist eine Lehre vom Wesentlichen, von bislang unerkannten Zusammenhängen, die der Mensch von sich aus gar nicht wissen kann, würde sie ihm nicht die Weisheit Gottes offenbaren. Manchen Lesern werden die Ausführungen Hildegards zu weit gehen, weil sie über den Rahmen des heutigen Wissens hinaus gehen.

Was wäre danach im Sinne Hildegards bei der Familienplanung zu überlegen und zu beachten?

„Der Mensch sät seinen Samen aus, wenn die richtige Zeit in Wärme und Kälte eingetreten ist, und dieser erhebt sich dann zur Frucht. Wer aber würde wohl so töricht sein, daß er seinen Samen während der größten Sommerhitze oder der strengsten Winterskälte aussäte? Dieser würde ja zugrunde gehen und nicht aufgehen.“ [39]

Wie der Landwirt zur richtigen Zeit seinen Acker bestellt, in gleicher Weise sollten auch Eheleute handeln. So utopisch sind diese Argumente gar nicht, sondern eher naheliegend. In ähnlicher Weise sagt Hildegard, dass ebenso auf den Mond geachtet werden sollte:

„So ergeht es den Menschen, die weder die Reifezeit ihres Alters noch auch die Mondzeit beachten, sondern jederzeit nach Willkür zeugen wollen: Ihre Kinder schwinden unter vielen Schmerzen körperlich dahin. Gott aber nimmt dennoch seine jungen Knospen zu sich, auch wenn sie körperlich hinfällig sind. Deshalb muß der Mann auf die Reifezeit seines Körpers achten und auch die richtigen Mondzeiten mit soviel Sorgfalt suchen, wie jemand, der seine reinen Gebete an Gott richtet, das heißt also: er soll seine Nachkommenschaft zu einer Zeit zeugen, wo seine Kinder nicht aus Schwäche zugrunde gehen müssen.“ [40]

Niemand wünscht sich kränkelnde und körperlich schwache Kinder. Leider weiß bislang niemand genau, wie man das verhindern kann. Woher sollten wir wissen, welche Mondzeit guten oder schlechten Einfluss auf das Kind hat? All diese Dinge erfahren wir nur bei Hildegard. Eine grundsätzliche Richtlinie ist diese:

„Wenn bei zunehmendem Mond das Blut im Menschen sich vermehrt, ist auch der Mensch - Weib wie Mann - zu dieser Zeit fähig zur Hervorbringung einer Frucht, daß heißt: Nachkommenschaft zu erzeugen. Bei zunehmendem Mond, wenn auch die Zunahme des Blutes im Menschen vor sich geht, ist der menschliche Samen kräftig und stark, und bei abnehmendem Mond, wenn auch das Blut im Menschen abnimmt, ist der menschliche Samen schwach und ohne Kraft, wie Hefe und deshalb minderwertiger zur Hervorbringung von Nachkommenschaft. Hat ein Weib um diese Zeit empfangen, sei es, daß es ein Knabe oder ein Mädchen geworden ist, so wird ein solcher Mensch unkräftig, schwächlich und nicht besonders tüchtig sei.“ [41]

Neben dieser „Faustregel“, d.h. einer groben Zuordnung von zu- und abnehmendem Mond, beschrieb Hildegard darüber hinaus noch jede einzelne der 30 Mondphasen mit all ihren Vor- oder Nachteilen in Bezug auf die Nachkommenschaft. Die einzelnen Mondphasen sind an der Mondsichel nicht so einfach abzulesen, weshalb es besser ist, die Zeiten einem Kalender zu entnehmen. Ich habe diese Mondphasen mit dem Computer errechnet und einige Jahre in unserem Hildegard-Kalender abgedruckt. Von einigen Frauen wurde mir später dann berichtet, ihre Kinder hätten genau jene charakterlichen Eigenschaften, die Hildegard in ihrem Mondlunar beschreibt.
Hier ein positives und ein negatives Beispiel aus dem Mondlunar, welches im Buch *„Ursachen und Behandlung der Krankheiten“* am Schluss angeführt ist:

10. Mond:
„Wer im zehnten Mond (ca. 5 Tg. vor Vollmond) empfangen wird, wird rechtschaffen, bieder und tüchtig sein, glücklich und gesund am Körper und lange leben. Wenn es aber eine Frau ist, so wird sie rechtschaffen sein und geliebt von ihren Mitmenschen, begehrenswert wie eine Lilie, ordentlich und glücklich. Sie wird leicht krank, wird sich aber bald erholen und lange leben.

11. Mond:
„Wer im elften Mond empfangen wird, wird, wenn es ein Knabe ist, jähzornig sein, kein Glück haben, liebt die Frauen nicht und wird körperlich nicht gesund

sein und auch nicht lange leben. Wenn es aber eine Frau ist, so wird sie leicht auffahrend, geschäftig und in übler Nachrede schwatzhaft sein, dabei aber sonst rechtschaffen. Sie wird leicht von schwerer Krankheit befallen, wird aber schnell wieder gesund und wird nicht lange leben.“ [42] „Nicht lange leben“ bedeutet, das Greisenalter (80 plus) nicht zu erreichen.

Noch vor wenigen Jahrzehnten hielten viele Leute jeglichen Mondeinfluss für Unsinn, obwohl sich so manche Bauernregel hartnäckig im Volksglauben gehalten hat. Dabei bezogen sich diese Bauernregeln jedoch nicht auf Hildegard, sondern stammten aus Beobachtungen und langjähriger Erfahrung. Heute wird hingegen beinahe ein esoterischer Kult daraus gemacht und es ist dies ein Mix von Wahrem und Unwahrem wie so oft in unserer modernen und geschäftsorientierten Welt.

Hildegard war nicht auf langjährige Erfahrung angewiesen, sie sah in ihrer Schau ganz einfach die Wirklichkeit und schrieb sie ohne eigene Bewertung nieder. Der Mondeinfluss auf Natur und Mensch zieht sich durch alle Werke Hildegards, sei es in theologischer Bedeutung oder in der für die reale Welt.

Wenn Menschen verliebt sind, entdecken sie auch plötzlich den Mond und besingen in verschiedenen Liedern die lauen Mondnächte. Dazu kommt der Wonnemonat Mai, in der die Natur Hochzeit feiert, wenn die Blüten hervorbrechen und die Bienen summen. Irgendwie fühlt sich dann der Mensch wie ins Paradies versetzt. Die Sehnsucht nach Glück, Frieden und Liebe liegt also in den Genen. So hat auch alles seine Zeit. Es gibt die Zeit der Aussaat, die Zeit des Wachstums und der Ernte. Warum sollte das bei der Zeugung von Nachkommenschaft nicht auch so sein? Mehrfach weist Hildegard auf die Beeinträchtigung durch *dünnen* Samen hin:

„Entsteht ein Mensch aus dem Samen eines schwächlichen Menschen oder solchem Samen, der dünn und ungekocht (nicht ausgereift) und mit irgendwelchem Krankheitsstoff und fauliger Materie durchsetzt ist, so wird er in der größten Mehrzahl der Fälle während seines Lebens auch schwach sein und gleichsam voll von Fäulnis, wie ein Stück Holz, das, von Würmern zerfressen, den Mulm herausfallen läßt.“ [43]

Dünn wird der Samen auch durch zu häufigen Geschlechtsverkehr: „So auch geht der Mensch, welcher ständig in seiner Leidenschaft und im Übermaß seiner Körperkraft seinen Begierden nachgibt und, wenn sich der Drang zur Zeugung in ihm erhebt, seinen Samen verschwenderisch von sich gibt, oft genug an seinem eigenen Samen zugrunde. Wer aber seinen Samen zur rechten Zeit vergießt, bringt auch recht geartete Kinder hervor.“ [44]

Mit diesen wenigen Mosaiksteinen, die wirklich nur einen ganz kurzen Blick auf dieses umfangreiche Thema werfen, bekommen wir dennoch eine gewisse Vorahnung darüber, welche Fülle an neuem Wissen bei Hildegard noch auf Entdeckung und Anwendung wartet. Der Mondeinfluss mag utopisch anmuten, aber galt eine Mondlandung - vor 100 Jahren - nicht auch als utopisch? Und gilt dasselbe nicht auch für Retortenbabys? Vielleicht zählt es zur Taktik Gottes, uns hier Wege aufzuzeigen, um das Labor als schöpferische Spielwiese ad absurdum zu führen? Durch Hildegard eröffnet uns der Schöpfer Wege und Möglichkeiten, den genetischen Schäden durch die Erbsünde entgegen zu wirken. Es ist eine „Gentechnik“, die allen bisherigen Gepflogenheiten und Bestrebungen haushoch überlegen ist.
Die zweite Bruchstelle ist also die Zeugung. Die Beachtung der göttlichen Ordnung und ihrer Naturgesetze gibt den Eltern die Möglichkeit, das Beste für ihre Kinder zu tun. Mit der vorgegebenen Sexualethik lassen sich viele unliebsame Gegebenheiten vermeiden.

Bruchstelle Nr. 3: Die Säfte

Nun wenden wir uns der schwierigsten Schlüsselstelle zu. Für den Arzt und Mediziner ist es die bedeutendste, weil darin ein Mechanismus aufgezeigt wird, der die Entstehung veranlagungsbedingter Erkrankungen erklärt, deren Verlauf vorhersagt und dazu die Mittel bietet, mit Hilfe derer sie geheilt werden können. Es handelt sich um die Humoralpathologie (Säftelehre) nach Hildegard. Diese Säftelehre ist vereinfacht gesagt ein selbstregulierendes Gesundheitssystem des Körpers, welches bislang unerforscht blieb.
Vorweg sei gesagt, mit dieser Säftelehre hat sich nicht nur Dr. med. Hertzka über Jahrzehnte beschäftigt, sondern auch sein Nachfolger Dr. Strehlow sowie der Verfasser vorliegender Zeilen, aber auch manche Ärzte und Heilpraktiker. Keinem ist es bisher gelungen, sie endgültig zu „knacken“. Es ist ja kaum vorstellbar, aber die Ausführungen Hildegards gehen genau genommen bis in die molekulare und atomare Struktur des biochemischen Stoffwechsels hinein. Hildegard beschreibt ganze Netzwerke chemischer Reaktionen, die nur von Biochemikern verstanden werden können. Obwohl der Grundplan gemeinsamen

Prinzipien folgt, ist eine wissenschaftliche Klärung ohne Labor und biochemische Kenntnisse kaum möglich. Wem das gelingt, dem winkt mit Sicherheit ein Nobelpreis, denn eine Lösung dieses biochemischen Regulationssystems hätte für die Medizin eine noch ungeahnte Bedeutung.

Die Grundfunktion der autonomen Selbstregulation klingt denkbar einfach. In einem einzigen Satz fasst Hildegard zusammen, worauf es ankommt:

„Wenn die Säfte im Menschen die richtige Ordnung und das rechte Maß bewahren, so befindet er sich in Ruhe und in körperlicher Gesundheit."

Das ist alles! Nur darauf kommt es an: das relative Säftegleichgewicht aufrecht zu erhalten oder wieder herzustellen. Vermutlich sind nur wenige chemische Elemente für die Stabilität der Gesundheit verantwortlich, wobei deren Übermaß oder Mangel für eine „Entgleisung" der Stoffwechselvorgänge verantwortlich sind. Nun aber schön der Reihe nach:

Die vier Elemente

Alles Irdische setzt sich aus den vier Elementen Feuer, Luft, Wasser und Erde zusammen. Daraus besteht die sichtbare Welt und auch der Mensch. Die Vierzahl ist der irdischen Welt zugeordnet. Wir finden sie in den:

4 Himmelsrichtungen
4 Hauptwinden
4 Zuständen: warm, kalt, feucht u. trocken
4 Elementen
4 Säften
4 Temperamenten
4 Konstitutionen
4 Blutgruppen
4 Basenpaaren usw.

„Mehr oder weniger wie vier Elemente kann es nicht geben. Sie sind zwiefachen Wesens, gehören entweder der Höhe oder der Tiefe an. Jene sind himmlischer, diese irdischer Art. Was der Höhe angehört, ist nicht mit Händen zu greifen, es besteht aus Feuer und Luft. Was aber in der Tiefe weilt, sind greifbare, formbegabte Körper, und diese bestehen aus Wasser und Erde." [45]
Danach wird geschildert, welche Funktionen die Elemente im Körper haben.
„Nun aber befinden sich die Elemente, also: Feuer, Luft, Erde und Wasser im

Menschen, wirken in ihm durch ihre Eigenkräfte und laufen bei seinem Tun wie ein Rad an seinem Umfang geschwind im Kreise umher.
Das **Feuer** hat mit seinen fünf Eigenkräften seinen Ort im Gehirn und dem Mark des Menschen... Es macht sich deutlich in dem lebhaften Ausdruck des Auges, in der Kälte des Geruchs, der Feuchtigkeit des Geschmackes, der Luftbewegung im Gehör und in der Bewegung des Menschen.
Die **Luft** ist mit ihren vier Kräften im Atem und in der Verstandestätigkeit des Menschen vertreten. Sie dient dem Atem des Menschen. ... Die Seele ist das Feuer, das den ganzen Körper durchdringt und den Menschen lebendig macht.
Das **Wasser** ist mit seinen fünfzehn Kräften in der Flüssigkeit und im Blute des Menschen vertreten. Die **Erde** ist mit ihren sieben Kräften im Fleisch und in den Knochen vertreten. ..." [46]

Damit erfahren wir in groben Zügen die Funktionen der Elemente im menschlichen Körper. Weiters sagt Hildegard, die vier Elemente seien unlösbar miteinander verbunden: „Das Feuer, die Luft, das Wasser und die Erde, diese vier Elemente sind untereinander so eng verknüpft und verbunden, daß keins vom andern getrennt werden kann. Feuer existiert nicht ohne Luft, Luft nicht ohne Wasser und Wasser nicht ohne Erde..." [47]
Die Elemente werden bei Hildegard sehr ausführlich dargelegt, es würde aber hier zu weit führen, genauer darauf einzugehen. Aus den vier Elementen entstehen im Menschen (vier) Säfte, die ein gewisses Maß nicht überschreiten dürfen.

Die vier Säfte

„Die Welt ist in gedeihlichem Zustande, wenn die Elemente ihren Dienst gut und ordentlich verrichten. Ebenso erhalten die Elemente, wenn sie geordnet im Menschen wirken, denselben und machen ihn gesund. Halten sie dagegen in ihm keine Eintracht, so machen sie ihn krank und töten ihn. Denn wenn die Vereinigungen der Säfte, die im Menschen von der Wärme, der Feuchtigkeit, vom Blut und vom Fleisch herrühren, in Ruhe und im richtigen gegenseitigen Verhältnis wirken, bringen sie die Gesundheit mit sich. Treffen sie ihn dagegen unterschiedslos alle auf einmal und fallen im Übermaß über ihn her, dann machen sie ihn schwach und töten ihn... Wärme und Feuchtigkeit wie auch Blut und Fleisch sind nämlich durch Adams Sündenfall im Menschen in die entgegengesetzten Phlegmaarten umgewandelt worden." [48]

Die „entgegengesetzten Phlegmaarten" sind ebenfalls eine Folge der Erbsünde.

Ursprünglich war der Mensch auf ewig angelegt, ohne Alterungsprozess und Tod. Kinder wären herangewachsen und im erwachsenen Zustand unverändert verblieben. Krankhafte Veränderungen haben also ihre Ursache in den verschiedenen Phlegmen, die sich durch die Erbsünde gebildet haben. Die pathologischen Veränderungen liegen in einer Überschreitung ihres idealen Maßes. Das harmonische Verhältnis kann also gestört werden. Jeder Landwirt kennt dieses Übermaß und beklagt vier Anomalien: Entweder ist es für die Arbeit am Felde *zu heiß*, *zu kalt*, *zu feucht* oder *zu trocken*! In der freien Natur werden die Idealbedingungen vom Wetter bestimmt. Temperatur und Feuchtigkeit hängen vom Gemisch der Winde ab.
Der Nordwind ist kalt, der Südwind warm, der Westwind feucht und der Ostwind trocken. Nun begegnen wir bei den vier verschiedenen „Phlegmen" dem gleichen Prinzip:

„Aus der Wärme des Feuers wird ein trockenes, aus der Feuchtigkeit der Luft ein feuchtes, aus dem wässerigen Blut ein schaumiges (kalt) und aus dem erdhaften Fleisch ein (lau-) warmes Phlegma ausgezogen und ausgeschieden. ... Der Grund dafür, daß manche Menschen an allerlei Krankheiten leiden, liegt am Phlegma, das sie im Übermaß in sich haben."

Hier der Wortlaut über die Ursache der Phlegmen:
„Wäre der Mensch im Paradies geblieben, so würde er die Phlegmen, von denen viele Übel herkommen, nicht in seinem Körper haben, sondern sein Fleisch würde ganz gesund sein und frei von Schleim...
Entwickelt sich eines von ihnen übermäßig im Menschen, so daß es vom anderen nicht gemäßigt und in Schranken gehalten wird, so richtet es den Menschen zugrunde und schwächt ihn. Bewahrt dagegen ein jedes Phlegma richtig sein Maß, so daß es derart durch die anderen temperiert wird, daß es gezwungen wird, sein rechtes Maß innezuhalten, dann macht und erhält es den Menschen gesund. Denn wenn eines die Überhand im Regiment besitzt, unterliegt ihm das andere in Knechtschaft, und die beiden anderen folgen dann zögernd (als Schleim) langsam nach, und so befindet sich der Mensch körperlich in Ruhe." [49]

Das ist der autonome Regelkreis, jener geheimnisvolle Mechanismus, der für unsere Gesundheit zu sorgen hat. Plakativ gesprochen handelt es sich um einen Temperatur- und Feuchtigkeitsregler. Die vier Zustände gelten auch für unser Gedeihen. Damit der Organismus funktionieren kann, braucht er ein erträgliches „Brutklima". Wird es zu warm, zu kalt, zu feucht oder zu trocken, dann kommt es zu Komplikationen.

Für stabiles „Brutklima" sorgen die Säfte, eine liquorähnliche Flüssigkeit, welche im ganzen Körper zwischen Haut und Fleisch fließt. Dr. Hertzka gab uns ein anschauliches Beispiel: Wenn ein Tier geschlachtet wird, z.B. ein Schwein, dann sieht man, wenn es ohne Innereien am Haken offen hängt, diese Säfte. In schlachtwarmem Zustand tropfen sie in geringen Mengen zu Boden. Wenn das Fleisch erkaltet, dann trocknet diese zähschleimige Flüssigkeit bläschenartig auf. Einmal darauf hingewiesen, kann das von jedermann bei sich bietender Gelegenheit beobachtet werden. Von der idealen Zusammensetzung dieser Flüssigkeit hängt unsere Gesundheit ab. In der heutigen Zeit dürfte es nicht allzu schwer sein, hier Untersuchungen etwa bei Tieren anzustellen und entsprechende Schlüsse daraus zu ziehen. Nun erwähnt Hildegard auch das Mengenverhältnis der Säfte:

„Vier Säfte gibt es. Die beiden wichtigsten von ihnen werden Phlegma genannt, die beiden anderen heißen Schleim. Ein jeder besonders hervorragende Saft ist dem nächstfolgenden um ein Viertel und um die Hälfte des dritten Teiles überlegen (100:141,66), und der schwächere von beiden wirkt mildernd auf zwei Teile und den Rest des dritten Teiles ein, damit er seine Grenzen nicht überschreitet. Denn, welcher der oberste Saft ist, der beherrscht auf diese Weise den zweiten, und diese beiden fuhren den Namen: Phlegma. Der zweite Saft beherrscht den dritten und der dritte den vierten. Diese beiden, also der dritte und der vierte Saft heißen: Schleim. Die an Wirkung stärkeren Säfte überholen mit ihrem Mengenverhältnis die schwächeren, und die schwächeren wirken durch ihren niedrigeren Gehalt mildernd auf deren Übermaß ein. Trifft dies Verhältnis bei einem Menschen zu, so befindet er sich im Ruhezustand (in Balance). Sobald aber irgendein Saft über seine Grenzen hinausgeht, ist der Mensch gefährdet." [50]

Damit ist die Homöostase gemeint, d.h. das Säftegleichgewicht. Es ist die Aufrechterhaltung eines relativ stabilen inneren physiologischen Milieus oder Gleichgewichtes in einem Organismus.

Hildegard beschreibt hier technisch formuliert einen Resonanz-Schwingkreis, der keinen Stillstand zulässt, sondern stets das rechte Maß aufrecht zu erhalten sucht. Vier Substanzen arbeiten paarweise zusammen und werden von Hildegard als „Phlegma" und „Schleim" bezeichnet. Sie sind ein „Kondensat" aus den vier Elementen und übernehmen im Körper u. a. die Funktion der Temperatur- und Feuchtigkeitsregelung. Zwei Substanzen müssen nach Bedarf wärmen oder kühlen, die anderen beiden trocknen oder befeuchten. Hinter diesen so simpel

klingenden Funktionen stecken komplizierte biochemische Vorgänge, die selbst für eine fortgeschrittene Molekularpathologie noch eine große Herausforderung darstellen.
Wird das ideale „Brutklima" gestört, was gleichbedeutend ist mit einer pathologischen Veränderung der Säfte, so muss durch ein geeignetes Heilmittel die Balance wieder hergestellt werden.

Zwölf humorale Grundmuster

Nun wird es noch einmal spannend! Hildegard beschreibt insgesamt 24 Säftemischungen. Davon entsprechen 12 der möglichen Vielfalt, die sich aus den 4 Elementen ergibt, wenn sie in ihrer Rangordnung vertauscht werden. Sie entsprechen 12 spezifischen Konstitutionen des Menschen. Zu jedem dieser zwölf Grundmuster zeigt Hildegard nun die für diese Konstitution veranlagte Veränderung der Säfte auf und schildert, welche Krankheit dann aus dieser erbbedingten Veranlagung entsteht. Zur Veranschaulichung seien hier die zwölf möglichen Mischungsverhältnisse der vier Elemente dargestellt. Die Buchstaben symbolisieren jeweils ein Element (F = Feuer, L = Luft, W= Wasser, E= Erde), wobei der Großbuchstabe dominant ist, d.h. das „Phlegma" bildet und der Kleinbuchstabe rezessiv den „Schleim".

1	2	3	4	5	6	7	8	9	10	11	12
Fl	Lf	Fw	Wf	Fe	Ef	Lw	Wl	Le	El	We	Ew

In dieser Reihenfolge werden die Säftemischungen angeführt. Die zwölf möglichen Mischungen sind kein Zufall, vielmehr liegt hier ein Konzept dahinter, nach dem der Mensch konzipiert wurde. Aufbauend auf den vier Elementen, die eine generelle Grundlage für alles Geschaffene sind, werden hier die zwölf Varianten dargelegt. Danach gehen aus den vier konstitutionellen Menschentypen -

dem fröhlichen Sanguiniker,
dem ruhigen Phlegmatiker,
dem energischen Choleriker und
dem ernsten Melancholiker -

jeweils drei verschiedene - 4 x 3 = 12 - Veranlagungen hervor. Hildegard sagt determiniert voraus, zu welcher Krankheit jeder dieser 12 Typen neigt und wie hoch die Lebenserwartung der einzelnen Typen jeweils ist. Da finden wir den Rheumatiker, den zu Krebs neigenden Menschen, die Nervenerkrankungen,

Lungenerkrankungen, den Herzpatienten usw. Auch charakterliche Eigenheiten werden dabei konkret angeführt. Dazu ein Beispiel:

„Ist aber das Feuchte stärker wie das Trockene und das Trockene stärker wie der Schaum und das Lauwarme, die für jene beiden den nachfolgenden Schleim bilden, so ist ein so veranlagter Mensch seiner Natur nach klug und beständig und verbleibt er dabei, dann ist er körperlich gesund und von langem Leben."
Das ist die Mischung Nr. 3. Gleich im Anschluss daran folgt die krankhafte Veränderung:
„Wenn Schaum und Lauwarmes, die dann den Schleim des Feuchten und Trokkenen bilden, übermäßig sich entwickelt haben, so daß der Schaum in die Höhe steigt und einen heißen, wässerigen Rauch (Gase) bildet und das Lauwarme sich in Tropfen (Kondensat) ergießt, dann beugen sie, durch solchen Widerstreit einen Sturm hervorrufend, den Nacken des Menschen, krümmen seinen Rücken und machen ihn völlig gichtbrüchig, bis er von diesem Leiden erlöst wird. Er kann aber lange so leben." [51]

Die Formulierungen sind gewöhnungsbedürftig und nicht auf Anhieb verständlich, weshalb viele aufgeben, weil sie dahinter keine besonderen Weisheiten vermuten. Dabei ist die Erkrankung klar zu erkennen: Es handelt sich um Spondylitis ankylosans, besser unter dem Namen Morbus Bechterew bekannt. Sie ist eine chronisch entzündliche rheumatische Erkrankung mit Schmerzen und Versteifung von Gelenken. Typisch dafür ist die Verknöcherung und Krümmung der Wirbelsäule.
Die Ursachen sind, wie in verschiedenen Internetquellen nachzulesen ist, *„nicht vollständig bekannt, scheinen jedoch in einer Störung des Immunsystems zu liegen. ... Es wird heute davon ausgegangen, dass die Ankylosierende Spondylitis größtenteils genetisch bedingt ist, wobei das HLA-B27-Gen der mit Abstand am besten bekannte Marker, jedoch nicht die einzige auslösende genetische Ursache ist. Das Risiko, am Morbus Bechterew zu erkranken, ist bei HLA-B27-Trägern gegenüber der Allgemeinbevölkerung um das Neunzigfache erhöht."*

Dieses Bild passt also ganz gut zu Hildegards Feststellung, denn danach handelt es sich ja tatsächlich um eine genetische Veranlagung. Die Krankheit muss nicht ausbrechen, aber sie kann, wenn verschiedene Umstände dies begünstigen. Die Formulierung - *bis er von diesem Leiden erlöst wird* -, deutet auf ein schwer zu heilendes Leiden hin. Ob eine Heilung mit dem nachfolgend angeführten Rezept möglich wäre, ist mangels hinreichender Erfahrung noch nicht zu sagen. In ihrem Naturmittelbuch (*Physica*) beschreibt Hildegard diese Gichtkrankheit:

„Aber auch wer gichtkrank ist, so daß er sich ganz zusammenzieht, sich krümmt, nimm reines Kupfer und wirf es ins Feuer, bis es glüht, und wirf es wiederum ins Feuer, damit es wiederum heiß wird, und nimm es wieder vom Feuer, und es erkalte wieder, und wirf es zum dritten Mal ins Feuer, und wenn es dann glüht, dann lege es glühend in guten Wein, und bedecke das Gefäßlein oben, damit nicht seine Wärme oder sein Dampf davongeht, und dann gib es dem Gichtkranken so mäßig warm zu trinken, und die Gicht in ihm wird weichen.“ [52]

Ein Rezept wie dieses kann nur jemand mit dieser Selbstverständlichkeit niederschreiben, der genau weiß, was in so einem Fall zu tun ist! Das Kupferstück muss zweimal ausgeglüht werden und darf erst beim dritten Glühzustand schnell in Wein gelegt werden. Dämpfe und Kondensat dürfen dabei nicht entweichen. Offenbar wird so der Wein mit Kupferatomen ionisiert. Diese bioverfügbaren Kupferatome dürften die schlechten Säfte wieder zu ihrem angemessenen Maß führen. Es wäre Aufgabe von Medizinern und Biochemikern, diese Grundlagen zu erforschen. Ein fachkundiger Leser müsste allein an diesem Beispiel sehen, dass in diesem unscheinbaren Lehrbuch mehr Weisheit steckt, als auf Anhieb erkennbar ist. Hildegard sieht „im Schatten des Lichtes“ nur Tatsachen. Obwohl die Wissenschaft heute sehr viel weiß, so kennt sie diese körpereigenen Regelmechanismen vermutlich noch nicht, sonst wären Morbus Bechterew oder Krebserkrankungen heilbar.
In anderen Säftemischungen kommen Formulierungen vor, die an die Fortbewegung der Spiralbakterien erinnern: „... so strebt bei solchen Menschen das Trockene nach oben wie jene Pflanze, welche Winde genannt wird.“ So sind z.B. die korkenzieherartigen **Borrelien-Bakterien** aufgrund der Rotation um die eigene Längsachse intensiv beweglich und schrauben sich überall hindurch, selbst durch Knorpel und Knochen. Schlechte oder unausgewogene Säfte zu haben, ist äquivalent mit einem gestörten Milieu, und das ist die Kinderstube für Krankheitserreger wie Bakterien, Viren, Pilze, die sich darin wohlfühlen. Die Harmonie der Körpersäfte ist auch eine Angelegenheit des Milieus.
Für die Wissenschaft wäre die Erforschung dieser Humoralpathologie gar nicht so schwer, weil die Experten schon sehr viel wissen und ihnen darüber hinaus zahlreiche Untersuchungsmethoden zur Verfügung stehen. Dabei würden sie auch der Krebsentstehung auf die Spur kommen, welche bei Hildegard ganz genau beschrieben steht. Dazu Worte von Dr. med. Hertzka:
„Die Wissenschaft hat dieses Problem nur deshalb noch nicht im Griff, weil sie

sich noch nicht vorstellen kann, dass der Krebsvirus sich im Menschen selber bilden kann. Jeder Mensch bildet seinen eigenen Krebs-Virus. Darum versagen alle Forschungsarbeiten, die an irgendwelchen Tieren vorgenommen werden, weil jeder Mensch seinen eigenen Virus bildet.“ [53]

Diese „allerkleinsten Würmchen“ haben ein ähnliches Verhalten wie die Borrelien: Sie sind schlangenförmig und können sich auch zu Kugeln formen. All diese Dinge konnte Hildegard von sich aus nicht wissen oder mit freiem Auge beobachten oder gar selbst erforschen. Das sah Hildegard im „Schatten des lebendigen Lichtes“.

Bruchstelle Nr. 4: Die Umwelt

Nach Übertretung des göttlichen Gebotes sind nicht allein Adam und Eva umgewandelt worden, es kam in die ganze Schöpfung Unordnung hinein. Vieles hat sich zum Nachteil des Menschen verändert. So geriet z.B. das ganze Universum in Bewegung, wodurch aus dem zeitlos Ewigen ein vergängliches Dasein geworden ist. Aus dem ewigen Sein wurde der Wechsel von Tag und Nacht, von Licht und Finsternis, Gut und Böse. Der Mensch wurde durch den Ungehorsam Beute des Bösen und dieser hat deshalb ein „Mitspracherecht“, welches er geltend macht durch seinen Einfluss auf Natur und Mensch. Rastlos stellt er dem Menschen nach, um ihm zu schaden, ihn von der Wahrheit und vom rechten Weg abzubringen. Hier nur *eine* von unzähligen Textstellen dazu:

„Luzifer ist vom Himmel so kräftig abgeschlossen, daß ihm nicht möglich ist, vom Orte des Tartarus sich fortzubewegen. Denn wenn er sich bewegen könnte, würde er alle Elemente durch seine Gewalt zum Schlechten verkehren, so daß er das Firmament rückwärts laufen lassen, Sonne, Mond und Sterne verdunkeln, die Gewässer in ihrem Lauf aufhalten und bei aller Kreatur viel Unheil stiften würde. Ihm hängt die ganze Schar der Dämonen an, von denen einige größere, andere geringere Macht besitzen. ...Sie alle arbeiten mit Luzifer vereint gegen die Welt.“ [54]

Aufgrund der zerbrochenen Ordnung Gottes befindet sich nun in der ganzen Schöpfung Gutes und Schlechtes, Heilsames und Todbringendes, sei es in Pflanzen oder Tieren. Ein Teil der Natur hat sich gegen den Menschen gerichtet. So kann ein Schlangenbiss tödlich sein oder der Verzehr einer bestimmten Frucht. Es gibt aber auch ganz winzige Feinde unserer Gesundheit, die wir mit

freiem Auge gar nicht sehen können, wie etwa Bakterien und Viren. Auch sie entstanden erst aufgrund der Disharmonie in der Schöpfung. Gerade in diesem Mikrobereich hat der Böse fest mitgemischt. Wer das erstaunlich intelligente Verhalten der Borrelien kennt, der kann erahnen, wie der Böse auf raffinierte Weise Einfluss auf den Menschen nehmen kann. Diese Tierchen können nicht nur unzählige Krankheiten verursachen, sondern sind auch imstande, das Denken und Fühlen und somit Entscheidungen des Menschen zu beeinflussen.
Viele Vorgänge in der Natur erkennen wir seit dem Sündenfall nicht mehr, weil Adam von da an „blind und taub" geworden ist, und damit auch seine Nachkommen. Er wurde mit Blindheit geschlagen und uneinsichtig, der Böse hingegen behielt seine Intelligenz und ist deshalb viel schlauer als wir.
Der Mensch bräuchte für den Gebrauch der Natur eine Art Gebrauchsanleitung, um sich vor Schaden zu bewahren. Mit „Erfahrung" und Forschung kann er zwar vieles erkennen, während ihm ebenso vieles verborgen bleibt. Sinngemäß bietet uns Hildegard genau diese Anleitung, wenn sie im Buch *„Physica"* Pflanzen, Bäume, Tiere, Vögel, Fische usw. beschreibt.

Mit Staunen erkennen wir beim Lesen dieses Buches, wie wenig wir eigentlich über Bäume, Pflanzen und Tiere wissen! Sind im allgemeinen die Leute nicht der Ansicht, Obst und Gemüse seien in Bausch und Bogen gesund? Dass dem nicht so ist, darüber klärt uns nur Hildegard auf. Wir erfahren wirklich zum ersten Mal, wofür die einzelnen Naturdinge gut sind! Beinahe entschuldigend fügt Hildegard an, dass dies niemand wissen kann, es sei denn, Gott offenbart es jemandem!
Hildegard bietet uns eine Art „Wikipedia" an, welches unschlagbares Wissen enthält. Jemand, der sich dieses Wissen aneignet, wird immun gegen all die Eintagsfliegen, die in modernen Gesundheitsbüchern und Ratgebern für Verunsicherung sorgen. Sie offenbaren oft nur die Unwissenheit der Verfasser und den Glauben an Studien, an wissenschaftliche Teilergebnisse. Mit Wahrheit und Wirklichkeit hat das oft wenig zu tun!
Machen wir eine Probe: Sind Äpfel, Birnen und Zwetschken gesund, oder, um auch Beeren zu nennen, Heidelbeeren und Erdbeeren? Eine überwiegende Mehrheit wird sagen, ja, das sind gesunde Früchte mit vielen Vitaminen, Mineralien und Spurenelementen. Nun, lassen Sie sich überraschen, was Hildegard dazu schreibt:

„Der Apfelbaum ist warm und feucht, und zwar von solcher Feuchtigkeit, daß er sogar zerflösse, würde er nicht durch die Wärme zusammengehalten... Aber die Frucht jenes Baumes ist zart und leicht verdaulich, und roh genossen schadet

©iStockphoto.com/querbeet

sie gesunden Menschen nicht..., den Kranken aber schaden rohe Äpfel eher, weil sie schwächlich sind. Aber die gekochten und gebratenen Äpfel sind sowohl für die Kranken als auch für die Gesunden gut. Aber wenn sie alt und runzelig werden, wie es im Winter geschieht, dann sind sie roh für Kranke und Gesunde gut zu essen.“ [55]

Nach heutiger Ansicht ist immer alles roh und knackfrisch am besten, weil da noch alle Vitamine vorhanden sind, die beim Kochen und Braten zerstört werden. Wenn‘s nach Hildegard geht, dann sind die verrunzelten, d.h. etwas abgelagerten Äpfel besser als die rohen, und sie dürfen auch gekocht und gebraten werden. Dann haben sie mildere Säfte (Säuren) in sich und sind bekömmlicher.

„Der Birnbaum ist mehr kalt als warm, und so schwer und so fest im Vergleich zum Apfelbaum wie die Leber zur Lunge. ..und die Frucht des Birnbaumes ist schwer und gewichtig und herb; und wenn sie jemand roh zu reichlich ißt, verursacht sie Migräne im Kopf und macht die Brust dämpfig, weil in der Lunge etwas von seinem Saft angezogen und dort hin abgeleitet wird, so daß dieser Saft um die Leber und um die Lunge wie Weinstein verhärtet, und daher entstehen in der Leber und in der Lunge oft schwere Krankheiten.“ [56]

Für Asthmatiker und Migräne-Patienten sind Birnen regelrecht schädlich. Wer zu viel davon isst, wird das unter Umständen mit einem Migräne- oder Asthmaanfall zu spüren bekommen. Der Gesunde wird damit fertig, Menschen mit schwacher und empfindlicher Lunge müssen sie aber meiden.

„Der Pflaumenbaum ist mehr warm als kalt und ist auch trocken und stachelig wie ein Dorn, und er bezeichnet den Zorn. ... Jedoch die Frucht dieses Baumes ist sowohl für den gesunden wie auch kranken Menschen schädlich und gefährlich zu essen, weil sie die Melancholie im Menschen erregt und die bitteren Säfte in ihm vermehrt, und alle Krankheiten, die in ihm sind, hervorsprudeln läßt.“ [57]

Wer unbedingt wissen will, welche Krankheiten in ihm stecken, der esse nur reichlich Zwetschken. Da kommen sie dann zum Vorschein! Diese „Behauptung“ Hildegards hat sich schon mehrmals bestätigt. Dasselbe gilt für die nächste verführerische Frucht:

„Das Kraut, an dem die Waldbeeren entstehen, die auch Heidelbeeren genannt werden, weil sie nämlich schwarz sind, hat große Kälte in sich...., die Frucht aber schadet dem, der sie ißt, weil sie die Gicht in ihm hervorruft.“ [58]

©iStockphoto.com/jublichka

Wer isst sie nicht leidenschaftlich gerne, die „Schwarzbeertatscherl“, das sind Heidelbeeren, die im Pfannkuchenteig gebacken werden. Sie schmecken hervorragend, aber ein Rheumatiker soll sie meiden, denn ansonsten hat er am nächsten Tag schon einen ordentlichen Rheumaschub. Marmelade aus Schwarzbeeren zu machen, ist fast schon ein Delikt, weil durch den häufigen Genuss der Rheumastoff produziert wird.

„Das Kraut, an dem die Erdbeeren entstehen, ist mehr warm als kalt. Es bereitet Schleim im Menschen, der es ißt (oder aus den Blättern Tee bereitet), und für Heilmittel taugt es nicht. Auch die Früchte, nämlich die Erdbeeren, verursachen gleichsam einen Schleim im Menschen, der sie ißt, und sie taugen weder dem gesunden noch dem kranken Menschen zum Essen, weil sie nahe an der Erde wachsen und weil sie sogar in fauliger Luft wachsen.“[59]

Diesen verführerischen Rotkäppchen sieht man ihre Tücke nicht an. Die Erdbeeren schmecken gut, und wenn man nicht zu viele davon isst, bleibt das ohne größere Auswirkungen. Wenn Kinder sich aber den Mund vollstopfen, dann sind Hautausschläge oder gar Mittelohrentzündung die Folge! Die Beeren nehmen die Erdgase (z.B. Menthan) in sich auf, weil sie in Bodennähe gedeihen, und sie binden diese in der Frucht. Diese Gase verschlechtern die Körpersäfte und verursachen allerlei Probleme - trotz Vitaminen!

Hildegard bietet eine unerhörte Aufklärung. Kein Mensch könnte das Buch „Physica“ von sich aus schreiben, wenn ihm dieses Wissen nicht geoffenbart wird. Die naturheilkundlichen Aussagen sind eine Fortsetzung der Grundlagen ihres Lehrbuches. Hier beschreibt sie die Subtilität der Natur, ihre Eigenheit, und welche verborgenen Heilwirkungen darin enthalten sind. Subtilität ist dabei nicht allein auf die Feinstofflichkeit zu reduzieren, sondern meint, im Kontext gelesen, das Prinzip und Wesen eines Geschöpfes, wobei stets auf den elementaren Aufbau Bezug genommen wird. Wir finden daher in den Beschreibungen zuerst immer die elementare Mischung, wie wir sie schon bei den Säften kennengelernt haben: warm, kalt, feucht und trocken. So ist zum Beispiel der Galgant „ganz warm und hat keine Kälte in sich..., die Linse ist kalt, die Bohne warm, der Hafer warm, die Gerste ist kalt, der Dinkel ist wieder warm usw. Am Anfang steht also immer die elementare Mischung. Sehr oft nimmt Hildegard Bezug auf unsere Säfte und sagt z.B. „bereitet gute Säfte“ oder „bereitet schlechte Säfte.“

Im Gegensatz zum medizinischen Lehrbuch sind die naturkundlichen Schilderungen für jedermann verständlich. Was in der Physica steht, begreift jedes Kind. Es ist quasi eine selbsterklärende Volksmedizin, die jeder vernünftige Mensch in einem gewissen Rahmen in Anspruch nehmen kann.

Für den Fachmann sind freilich höhere „Botschaften“ enthalten, weil Zusammenhänge geschildert werden, die geradezu verblüffen. Hildegard sagt uns exakt vorher, wie der Körper reagieren wird, wenn wir dies oder jenes essen. Die Einverleibung von Naturstoffen ist quasi ein Andocken von Mensch und Natur. Dabei sollte alles Schädigende möglichst vermieden werden. Im Idealfall soll die Nahrung zu uns passen wie der Schlüssel zum Schloss.

Einzig und allein Hildegard sagt uns konkret, was der Apfel, die Pflaume oder der knackfrische Salat im Körper bewirkt. Der knackfrische Saltat wurde schon angesprochen. Was bewirkt er?

Der Häuptlsalat „macht ohne Würze gegessen durch seinen unnützen Saft das Hirn des Menschen leer und erfüllt den Magen mit Schwäche. Wenn aber einer davon essen will, würze und maße er die (Kopf) Salate eine kurze Zeit vor dem Essen mit Dill oder Essig oder einer anderen Beize, sodaß sie davon durchtränkt sind. So gemaßt und gegessen bestärken sie das Gehirn und bereiten gute Verdauung.“ [60]

Macht dieses Beispiel nicht deutlich, wie nahe *gesund* und *ungesund* beisammen liegen und wie nötig wir eine „Gebrauchsanleitung“ haben?
Der marinierte Salat stärkt das Gehirn, der knackfrische macht es „leer“. Hildegard weist uns in einzigartiger Weise auf die Reaktionen unseres Körpers hin, die bislang unbekannt waren, wenn wir z.B. dies oder jenes essen. Eine pauschale und kategorische Zuordnung nach „Obst“ und „Gemüse“ ist bei Hildegard gar nicht denkbar. Jedes Geschöpf hat andere Eigenschaften, versteckte Vor- oder Nachteile, die nicht ohne weiteres zu erkennen sind. Das gilt auch für die verborgenen und geheimnisvollen Heilkräfte in der Natur. Nach Gottes Heilsplan ist jedes Geschöpf für einen bestimmten Zweck konzipiert, konstruiert und erschaffen worden. Hildegard pauschaliert daher nicht, sondern differenziert sehr genau - und darauf kommt es an!

Im Lehrbuch der Medizin (causae et curae) werden zuerst die Grundlagen erklärt, danach von Kopf bis Fuß die Ursachen aller Erkrankungen, und im letzten Teil führt Hildegard für die beschriebenen Leiden je ein Heilmittel an. Bei der Entstehung der verschiedenen Leiden werden die biochemischen Veränderungen, d.h. die Veränderung der Säfte, geschildert:

„Hat einer verschiedene Speisen maßlos und ohne Auswahl (d.h. durcheinander) aufgenommen, dann wird durch die mannigfaltigen Säfte dieser Speisen seine Leber geschädigt und verhärtet, so daß ihr heilsamer Saft, den sie wie eine Salbe in alle Glieder und Gelenke und in die Eingeweide senden müßte, durch die verschiedenen und schädlichen Säfte verdorben wird...“ [61]

Das Durcheinanderessen ist für jene Leute „typisch“, die einen robusten Mangen haben. Sie vertragen süß und sauer, heiß und kalt, und da rebelliert dann die Leber. Wenn aber auch die Leber robust ist, dann wird zuerst die Milz und danach das Herz geschädigt:

„Weil sie eine gesunde Leber haben, fühlen sie zuweilen eine Schwäche am Herzen, weil die schlechten, von der Leber fliehenden Säfte zur Milz und zum Herzen hin streben und diese heimsuchen, da sie die Leber nicht überwältigen können...
Selbst gesunde Speisen machen schlechte Säfte, wenn sie nicht „menschenfreundlich“ zubereitet sind.

Wenn ein Mensch rohe Äpfel oder Birnen oder rohes Gemüse oder sonstige ungekochte Speisen genossen hat, die weder auf dem Feuer noch mit irgendeinem Gewürz zurechtgemacht waren, so können diese in seinem Magen nicht leicht fertiggekocht werden, weil sie vorher nicht zurechtgemacht waren. So steigen die schlechten Säfte aus den Speisen ... zur Milz und verwandeln diese in eine schmerzhafte Geschwulst.“ [62]

Auf diese und ähnliche Weise erläutert Hildegard, wie die unterschiedlichen Krankheiten entstehen. Im nächsten Kapitel des Medizinbuches werden dann die dafür nötigen Heilmittel angeführt, mit denen man sie kunstgerecht beheben kann. Das Besondere dabei ist die Erklärung der Wirkungsweise ihrer Heilmittel! Ein Beispiel soll uns vor Augen führen, dass die nachfolgenden Aussagen nur jemand machen kann, der weiß, wie der Mensch organisch funktioniert und was zu tun ist, um eine bestimmte Krankheit zu heilen. Es handelt sich um das Krebsmittel, welches in unserer modernen Zeit wegen des nötigen Artenschutzes kaum machbar ist.

Von den Läusen

„Wenn Läuse (Krebsviren) innerlich einen Menschen im Leibe schädigen, so daß sie nicht aus ihm herauskommen, soll er Aalgalle nehmen, ihr dreimal weniger an stärkstem Essig zusetzen, soviel Honig, wie die zwei zusammen ausmachen, und in einem Tiegel kochen. Dann soll er Ingwer nehmen, zweimal soviel langen Pfeffer und ungefähr soviel Basilienkraut, dies zu Pulver stoßen und außerdem Elfenbein, ein Drittel soviel wie von dem Basilienkraut nehmen, ebenso die Hälfte des Gewichts des Elfenbeins von einem Geierschnabel und dem vorgenannten Pulver das Geschabsel von ihnen hinzufügen. Gleich darauf soll er dies Pulver in den obenerwähnten Essig tun und noch einmal aufkochen lassen. Hat er dies getan, so soll er das Ganze in ein kleines Säckchen gießen, damit es wie ein Lautertrank durchfließt, und so in einem neuen, tönernen Geschirr auffangen. Dann soll der Mensch, den die Läuse (pediculi) innerlich schädigen, so daß sie nicht von ihm fortgehen, diesen Trank täglich nüchtern trinken, ebenso auch zur Nacht, wenn er sich zu Bett legt. Die Läuse in seinem Leibe werden (zuerst) krank werden und (dann) sterben, und das Fett wird in ihm wieder nachwachsen.

Die Wärme wie auch die Bitterkeit der Aalgalle schwächen nämlich die Läuse, die Wärme und die Säure des Essigs zermürben sie, die Wärme und die Trokkenheit des Elfenbeins lassen sie verdorren und der Geierschnabel tötet sie, weil er kalt ist und durch allerlei Aas vergiftet, außerdem von dem Gehirnschweiß desselben Geiers durchtränkt wird.

Dies wird wieder durch die Wärme des Honigs, die starke Wärme des langen Pfeffers, die größer ist wie die des anderen Pfeffers, und die Kälte des Basilienkrautes in seiner Wirkung gemildert, durch die andersartige Wärme des Feuers erhitzt und dann in ein tönernes Gefäß eingefüllt, damit es nicht weich wird und verfault. -
Nüchtern und nach dem Frühstück soll man davon einnehmen, es tötet die Läuse, weil, wenn ein Mensch diesen Trank nüchtern nimmt, er die Läuse in ihm schneller vernichtet, und wenn er ihn nach der Mahlzeit nimmt, die Speisesäfte, aus denen die Läuse entstehen (!), verdünnt werden.“ [63]

Das soll Hildegard erforscht oder gar erprobt haben? Ist Ihnen aufgefallen, wie die Krebsviren, die offenbar ein sehr zähes Leben haben, in Etappen - geschwächt - zermürbt - verdorrt und zuletzt getötet werden? Wer kann so etwas erfinden, sich ausdenken? Sehr gut kommen in diesem Beispiel die unterschiedlichen Wärmequalitäten der einzelnen Wirkstoffe zum Ausdruck, die alle eine ganz spezifische Wirkung haben. Das Feuer hat eine „andersartige“ Wärme und auch da gibt es die verschiedensten Qualitäten. Die Strahlungswärme eines Ulmenholz-Feuers lindert z.B. Rheuma. Auch hier differenziert Hildegard sehr stark. Es ist ein Unterschied, ob eine Speise in einem Kupfergeschirr gekocht wird oder im Edelstahlbehälter. Nicht allein ihre Wärmeleitfähigkeit macht den Unterschied, sondern die Eigenschaft des Stoffes. So lindert z.B. gewärmtes Eisenblech Magenschmerzen, wenn man es auf den Bauch (Magengegend) auflegt.

Die Hildegard-Medizin ist als Ganzes einmalig und etwas Besonderes. Ihre Aussagen sind praktisch unwiderlegbar und können seitens der Schulmedizin nur bestätigt werden. Zum großen Bedauern der vielen Hildegard-Freunde wird ihre Medizin aber von ihr bislang völlig ignoriert.

Die Elemente und der Mensch

Am Ende dieser Einführung soll noch die geheimnisvolle Beziehung des Menschen zu den Elementen der Natur angesprochen werden. Vieles liegt hier noch im Bereich des Unbegreiflichen, und das wird sich nicht so schnell ändern. Dennoch weist uns Hildegard hier auf eine Realität hin, die uns so manche Frage beantworten kann.

„Die Elemente trinken alles, was zur menschlichen Natur gehört, wenn der Mensch die Elemente in sich aufnimmt, weil der Mensch mit ihnen ist und sie im Menschen sind, und demgemäß fließt auch das Blut des Menschen. Daher steht geschrieben: Himmel und Erde klagen über den Menschen!, weil die ruhelosen Zwistigkeiten in den Werken der Menschen die Elemente oft in Bewegung setzen, wie wenn ein Mann ein Netz in seiner Hand hält und dies bewegt. Ebenso auch bringt der Mensch die Elemente in Bewegung, so daß sie, je nach seinem Tun, ihre Ausstrahlung aussenden." [64]

Salopp formuliert bedeutet dies: Der Mensch hält ein Handy (Netz) in seiner Hand und ist mit allem verbunden! Mit diesem Handy - gemeint sind seine Werke - beeindruckt und beeinflusst er die Elemente. Und die Elemente antworten, weil - so Hildegard - in der Schöpfung alles mit allem verbunden ist und einander Antwort gibt. Gute Werke honorieren die Elemente mit gedeihlichen Zuständen, während sie auf böse Werke mit Anomalien reagieren. So folgt den weiterführenden Texten eine ernüchternde Feststellung bezüglich Unwetter:

„Diese Unwetter treten nach Gottes Urteil zumeist auf wegen solcher Übeltaten, die bereits in der Vergangenheit liegen, oder wegen eben erst begangener, sündlicher Werke der Menschen, oder auch, um so auf noch bevorstehendes Unheil hinzuweisen, wie etwa Kriege, Hungersnot und plötzlichen Tod. Denn alle unsere Werke berühren sich mit den Elementen und werden von ihnen angeregt, weil sie auch mit den Elementen in Beziehung stehen." [65]

Der Mensch steht in Resonanz mit den Elementen. Diese naturgesetzliche Verflechtung läuft völlig autonom ab! Er hat die Elemente so angeordnet, dass sie auf unsere Werke reagieren müssen und dieses Naturgesetz „ rührt von der ersten Bestimmung Gottes her, weil es für die Elemente so von Gott angeordnet ist, daß sie sich entsprechend den Werken der Menschen jeweils verhalten sollen, weil sie durch deren Werke getroffen werden, wenn der Mensch mit und in ihnen schafft. ... Halten sich die Menschen aber auf dem rechten Wege, verüben sie das Gute und das Böse in Maßen, dann erfüllen sie ihre Pflichten durch die Gnade Gottes so, wie es für den Menschen notwendig ist.“ [66]

Die Weisheit Gottes hat den Menschen auf unsichtbare Weise mit den Elementen verknüpft und ihr Verhalten von den Werken der Menschen abhängig gemacht. Deshalb wird der Mensch auch für die Schöpfung verantwortlich gemacht! Daran soll der Mensch denken, denn „es führt vom Herzen aus ein Weg zu den Elementen... und das ist die Tür.“ [67] Unser Herz, aus dem Gutes und Böses kommen kann, ist die Verbindungstür zu den Elementen. Damit reagieren sie auf unsere Gedanken, „weil die Gedanken Urheber der Güte, der Weisheit, aber auch der Torheit sind, und aus dem Herzen hervorgehen.“ [68] Die Herzen der Menschen sind mit den Elementen also vernetzt, und so wird unverantwortliches Verhalten von ihnen geahndet, während gute Werke mit Fruchtbarkeit und gesundem Klima belohnt werden. Der Einzelne wird selten etwas bewirken, hier ist vielmehr der allgemeine „Zeitgeist“, die allgemeine Moral oder Unmoral zu verstehen. Auch können von den Elementen gesund- oder krankmachende Wirkungen ausgehen, wie in Hildegards letztem großem Werk sehr ausführlich beschrieben wird.

Zusammenfassung

Es war nur ein kurzer Rundgang durch das große medizinische Lehrgebäude Hildegards, mit all den Abstrichen, die eine Einführung abverlangt. Wenn es gelungen ist, die urzeitlichen Bruchstellen in unserem krankheitsanfälligen Körper wiederzuentdecken, dann wird das früher oder später auch unser Denken und Handeln beeinflussen. Die vier Bruchstellen sind der Ansatzpunkt für eine Korrektur. Sie erfordert eine Art Wurzelbehandlung, eine Verknüpfung der Erbsündenlehre mit den Problemen des Menschen.
Hildegard böte der modernen Medizin viele wertvolle Erkenntnisse über die wahren Ursachen aller Erkrankungen, und zwar in einer einzigartigen Weise.
Der Papst hat die hl. Hildegard zur Lehrerin der Universalkirche erhoben, womit zukünftig ihre theologischen Werke an den Universitäten ein Thema sein werden. Wäre es für die medizinischen Fakultäten nicht auch angemessen, ihr einen Platz (Lehrstuhl) einzuräumen? Die Hildegard-Medizin ist es wert, studiert zu werden. Mit ihr haben wir eine christliche Medizin, welche Leib und Seele einbezieht. Ihr Urheber ist jener ICH BIN, der den Menschen und das ganze Universum erschaffen hat. Darauf großzügig zu verzichten wäre ein Zeichen des Hochmutes und ein gar übler Dienst an den Menschen.

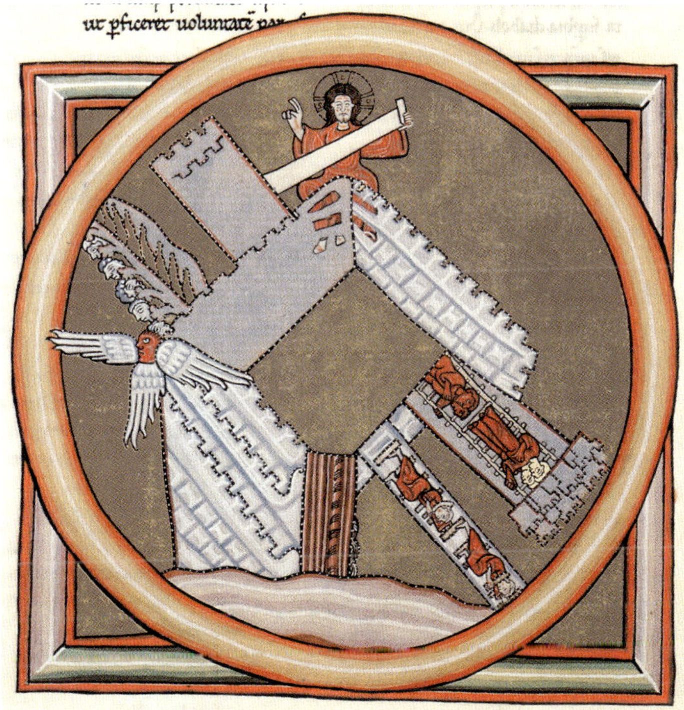

Das Gebäude des Heils, Tafel 21 / Schau III 2

Kapitel II

Über das Buch „Scivias"

In diesem zweiten Kapitel wenden wir uns dem Buch *Scivias* zu. Es ist ein Wegweiserbuch zur Gerechtigkeit Gottes. Die Gerechtigkeit Gottes weist uns die Wege zur Gotteskindschaft. Das ist es, wozu der Mensch berufen ist. Er soll seinen Erbteil bekommen, das Erbteil des Himmels. Zu diesem Ziel will uns Gottvater führen, denn Er ist Autor des Buches *Scivias*:

„Ich, das lebendige Licht, das die Dunkelheit erleuchtet, habe den von mir erwählten Menschen herausgeholt und unter große Wunder versetzt, wie es mir gut schien. Sie übertreffen alles, was die alten Seher in mir an Geheimnissen schauen durften." [69]

So spricht Gottvater am Beginn des Buches zu seiner „Sekretärin" Hildegard. Er zeigt ihr 26 Visionsbilder und diktiert dazu alle nötigen Erläuterungen. Zehn

Jahre wird sie benötigen, dieses erste Hauptwerk niederzuschreiben.
Gottvater will seine Schafe und Hirten aus ihrem Schlaf und ihren Träumereien wachrütteln, um sie zur Nüchternheit der Realität zurück zu führen! Zu lau und schal ist Glaube und Verkündigung geworden, weshalb Er Hildegard auffordert, seine Worte förmlich in die Welt hinaus zu schreien. Seine Worte sollten bei den Gläubigen einen geistigen Tsunami auslösen, der alle bis in ihre Knochen durchdringt, damit sie aus ihrem Koma erwachen.
Es besteht kein Zeifel, Hildegard schreibt und spricht im Auftrag des Vaters, des Gottes Abrahams, Isaaks und Jakobs. Das bezeugen Worte wie diese: „Denn wer Mich in Reue über seine Sünden anruft, dessen Buße nehme Ich meinem Sohn zuliebe an. Wer nämlich nur einen Finger zur Buße rührt, d.h., wer sich mit Seufzern der Herzensreue nach Mir ausstreckt und spricht: ´Gegen Dich, Herr, habe ich gesündigt´, dessen Buße hält Mir mein Sohn als Hoherpriester entgegen.“ [70]

Auch die Intention des Buches *„Scivias“* kommt in der Präambel deutlich zum Ausdruck. Gottvater bemängelt die Vernachlässigung der göttlichen Gerechtigkeit in der Verkündigung und Exegese.
Was Gottvater den Menschen von heute sagen will, ist auf hunderten Seiten festgehalten. In diesem ersten Kapitel folgen wir ganz einfach den Worten des Vaters. Womit Er das Buch beginnt, damit soll auch hier begonnen werden, denn was Gottvater an den Anfang stellt, bedeutet auch für uns einen neuen Anfang, vorausgesetzt, wir beherzigen seine Worte, die Er stets am Ende eines Themas (einer Vision) anführen lässt:

„Wer immer Erkenntnis im Heiligen Geist und die Flügel des Glaubens besitzt, übergehe daher meine Mahnung nicht, sondern sein Herz verkoste sie und nehme sie liebend gern entgegen.“ [71]
Das Verkosten bedeutet ein näheres Betrachten, ein Einverleiben in das Herz. Das geht nicht mit flüchtigem Lesen. In diesem Kapitel werden zur Einführung nur zwei Visionen genauer besprochen, nämlich die 1. und 2. Vision des Buches *Scivias*. Die Texte - Worte des Vaters - sind anspruchsvoll und es sei angemerkt, sie erschließen sich nur dann, wenn man sich die nötige Zeit nimmt, das Geschriebene in Ruhe auf sich wirken zu lassen. Würde man sich dabei auch noch die mächtige Stimme Gottes dazudenken und Ihn förmlich vernehmen, so gingen uns die Worte sehr nahe.
So weit es der Sache dienlich war, wurden auch Texte aus anderen Visionen zitiert, während zu lange Textstellen teilweise gekürzt wurden, ohne ihre grundsätzliche Aussage zu schmälern.

altam profunditatem expositionis librorum
ut prędixi sentiens. uiribusq; receptis. de
egritudine me erigens uix opus istud
decem annis consummans ad finem
perduxi. In diebus autem HEINRICI
Moguntini archiepi. & Conradi Roma-
norum regis & Cunonis abbatis in
monte beati DYSIBODI pontificis.
sub papa Eugenio hę uisiones & uerba
facta sunt. Et dixi & scripsi hęc non secundum
adinuentionem cordis mei aut ullius ho-
minis. sed ut ea in cęlestibus uidi. audiui
& percepi per secreta misteria dei. Et iterum
audiui uocem de cęlo michi dicentem.
Clama ergo & scribe sic.

Incipiunt capitula libri SCIVIAS
SIMPLICIS HOMINIS.

Capitula primę uisionis primę partis.

De fortitudine & stabilitate ęternitatis
regni dei.
.De timore domini.
.De his qui pauperes spiritu sunt.
.Quod uirtutes a deo uenientes. timentes deum
& pauperes spiritu custodiunt.
.Quod agnitioni dei abscondi non possunt
studia actuum hominum.
.Salemon de eadem re.

Der Leuchtende
Tafel 2 / Schau I 1

Es beginnt des ersten Buches erste Schau

Der Leuchtende

Ich sah etwas wie einen großen eisenfarbigen Berg. Darauf thronte eine Gestalt von solchem Glanz, daß ihre Herrlichkeit meine Augen blendete. Zu ihren beiden Seiten erstreckte sich ein lichter Schatten, wie Flügel von erstaunlicher Breite und Länge. Und vor ihr, am Fuße des Berges, stand eine Erscheinung über und über mit Augen bedeckt. Ich konnte vor lauter Augen keine menschliche Gestalt erkennen. Und davor sah ich eine andere kindliche Gestalt in farblosem Gewand, doch mit weißen Schuhen. Auf ihr Haupt fiel ein solch heller Glanz von dem, der auf dem Berge saß, daß ich ihr Antlitz nicht anzuschauen vermochte. Doch von dem, der auf dem Berge thronte, ging ein sprühender Funkenregen aus, der die Erscheinungen mit lieblichem Licht umgab. Im Berge selbst konnte ich viele kleine Fenster sehen, in denen teils bleiche, teils weiße menschliche Häupter erschienen.

Hildegard beschreibt das Visionsbild in aller Einfalt. In der Umschreibung „etwas wie ein eisenfarbiger Berg“ bringt Hildegard zum Ausdruck, daß sie etwas Erhabenes und Großes von der Gestalt eines Berges sah. Es liegt ihr fern, das Bild selber zu kommentieren, sondern sie wartet, was nun geschieht.

Und siehe, der auf dem Berge saß, rief mit starker, durchdringender Stimme und sprach:
„O du hinfälliger Mensch aus Erdenstaub, Asche aus Asche, verkünde und sprich über den Zugang zur unvergänglichen Erlösung, damit alle belehrt werden, die den inneren Gehalt der Schriften kennen, ihn jedoch nicht aussagen und verkünden wollen. Denn sie sind lau und oberflächlich in der Beobachtung der göttlichen Gerechtigkeit. Erschließe ihnen die versiegelten Geheimnisse, die sie ängstlich in einem versteckten unfruchtbaren Acker verbergen. Ergieße dich wie ein überfließender Quell, verströme dich in geheimnisvoller Lehre, damit durch den Erguß deiner Flut jene aufgeschreckt werden, die dich wegen der Übertretungen Evas mit Verachtung strafen möchten. Denn du erhältst diesen in die Tiefe dringenden Scharfblick nicht von einem Menschen, sondern du empfängst ihn vom himmlischen furchterregenden Richter aus der Höhe, wo diese Herrlichkeit mit hellem Schein strahlend unter den Lichtträgern leuchten

wird. Erhebe dich also, rufe und verkünde, was dir kraft mächtigen göttlichen Beistandes offenbart wird; denn er, der seine ganze Schöpfung kraftvoll und gütig regiert, durchströmt mit dem Licht himmlischer Erleuchtung, die ihn fürchten und ihm in freudiger Liebe im Geist der Demut dienen. Und er führt sie zu den Freuden der ewigen Schau, wenn sie auf dem Weg der Gerechtigkeit ausharren."

Das ist Hildegards Auftrag: Die „versiegelten Geheimnisse" denen zu erschließen, die theologisch gebildet sind, aber wegen ihrer Lauheit und Menschenfurcht es nicht wagen, die ganze Wahrheit zu sagen.
Die höchste Autorität selbst, der allmächtige Gott, beglaubigt Hildegard und versichert ihr, dass sie keinem religiösen Wahn unterliege und keine Halluzinationen habe. Jener „ICH BIN" teilt Hildegard mit, was sie zu schreiben und zu sagen hat. Hildegard schreibt und spricht also im Auftrag des Vaters!

Mit dieser Rückendeckung verliert Hildegard zwar jegliche Menschenfurcht, sie zittert aber vor dem „furchterregenden Richter aus der Höhe" und bringt gefügig zu Papier, was sie aus der Höhe vernimmt.
Bereits in diesen einleitenden Worten lässt Gottvater durchblicken, wer mit seiner Gunst rechnen darf. Es sind jene, „die ihn fürchten und in freudiger Liebe im Geist der Demut dienen." Gottesfürchtige führt Er zu den Freuden ewiger Schau, wenn sie „auf dem Weg der Gerechtigkeit ausharren".

1. Über die Stärke und den ewigen Bestand des Gottesreiches

„Wie du siehst, bezeichnet deshalb auch *dieser große, eisenfarbene Berg* die Stärke und den ewigen Bestand des Gottesreiches. Es kann durch keinen Angriff verderblicher Veränderlichkeit vernichtet werden."

Der Berg selber ist die Majestät Gottes und versinnbildlicht auch die ewige Unveränderlichkeit Gottes. Gott ist immer der Gleiche. So felsenfest und unverrückbar, wie ein großer Berg vor uns dasteht, ebenso unerschütterlich und unveränderlich ist das ewige Reich Gottes. Im Buch „*Scivias*" weist uns der Vater den Weg zu diesem ewigen und unvergänglichen Reich der Seligkeit.

„Der *auf dem Berge in so hellem Licht thront, dass die Herrlichkeit deine Augen blendet*, stellt den Beherrscher des ganzen Erdkreises dar. Im Reich der Seligkeit, im Glanz unvergänglichen Lichts leuchtend ist seine himmlische Gottheit unfaßbar für den menschlichen Geist."

Gott, der souveräne Herrscher über das All, leuchtet im Glanz unvergänglichen Lichtes, denn Er ist das unvergängliche Licht und wohnt im unzugänglichen Licht, welches kein sterbliches Auge zu schauen vermag. Der menschliche Geist ist nicht imstande Gott in seiner ganzen Allmacht und Größe zu begreifen. Nur so weit Gott sich den Menschen offenbart, können wir Ihn im Glauben erkennen.

„Doch zu beiden Seiten erstreckt sich ein lichter Schatten, wie Flügel von erstaunlicher Breite und Länge: Das ist der milde Schutz, der bei Ermahnung und Züchtigung die Geschöpfe beseligend umschirmt, und zeigt, daß die unaussprechliche Gerechtigkeit in Beharrlichkeit wahrer Ausgewogenheit gerecht und gütig verfährt."

Die symbolisch ausgebreiteten Flügel Gottes dienen einerseits unserem Schutze und zum andern auch der Ermahnung und Züchtigung. Daher spricht Hildegard ja auch „vom furchterregenden Richter aus der Höhe". Welch unerwartete Töne!
Eine über Jahrzehnte praktizierte gemütliche Bibelexegese hat uns solcher Worte entwöhnt! In Hildegards Werken wird nun die uralte Wahrheit bestätigt, wonach Gott das Gute belohnt und das Böse bestraft. Unser himmlischer Vater ist unaussprechlich gerecht, beharrlich, ausgewogen und gütig, das schließt aber eine Züchtigung nicht aus. Die Flügel bedeuten zuerst Schutz, so wie die Henne ihre Küken unter ihren Flügeln beschützt. Diese können aber auch „flattern", d.h. zuschlagen. In einer späteren Vision, und zwar vom „Zorneifer Gottes", wird dieser Flügelschlag ausführlich besprochen, und danach gibt es keinen Zweifel: Gott schlägt auch zu, wenn es sein muss und ganz ohne uns zu fragen, ob Er das denn darf!

2. Über die Furcht des Herrn

„Und vor ihr, am Fuße des Berges, steht eine Gestalt, über und über mit Augen bedeckt. Es ist die „Furcht des Herrn", die vor Gott steht. In Demut schaut sie auf das Reich Gottes. Eingehüllt in die durchdringende Schau guter und gerechter Absicht bewirkt sie in den Menschen Eifer und Beständigkeit.
So kannst du vor lauter Augen keine menschliche Gestalt erkennen. Denn jedes Vergessen der Gerechtigkeit Gottes, das häufig den Geist des Menschen einschläfert, verscheucht sie mit aller Schärfe ihrer Untersuchung, so daß alles menschliche Bemühen nicht imstande ist, ihre Wachsamkeit zu vereiteln."

Die „Furcht des Herrn“ ist bekanntlich der Anfang aller Weisheit. Diese Tugend steht am Beginn der göttlichen Belehrung, weil sie das Fundament aller anderen Tugenden ist. Sie stellt eine „Schutztugend“ dar, denn die Gottesfurcht verhindert das Vergessen der Gerechtigkeit und bewirkt Eifer und Beständigkeit. Diese Tugend ist die Antriebskraft und Motivation dafür, ein gottgefälliges Leben zu führen. Sie verhindert die Gleichgültigkeit gegenüber Gottes Geboten und somit auch das Einschlafen des Gewissens. Dadurch behält der Mensch die nötige Wachsamkeit gegenüber der göttlichen Gerechtigkeit.
Die vielen Augen an der Gestalt sind ein Hinweis darauf, dass der gottesfürchtige Mensch nach dem Reich Gottes trachtet, seinen Willen erfüllt und stets den Weg der Wahrheit geht. Denn die Furcht des Herrn „heftet ihre innere Erkenntnis nur an Gott und geht die ganz geraden Wege seines Willens... Sie ist von kraftvollster Zucht umgeben, bezähmt in den Menschen die Begierden des Fleisches und erblickt durch diese Enthaltsamkeit das Licht des Lebens, in dem der Mensch in Glückseligkeit wunderbar aufleuchtet.“ [72]

Ist die heutige Schamlosigkeit und Ausschweifung nicht ein Beweis für die fehlende Gottesfurcht? Der liberale und aufgeklärte Mensch hat keine Gottesfurcht mehr, weshalb auch andere Tugenden nicht mehr Fuß fassen können. Dabei zeigte selbst Jesus große Ehrfurcht vor seinem Vater. Ganz demütig sagt er zu seinen Jüngern: *„Wahrlich, wahrlich, ich sage euch: Der Sohn vermag aus sich selber nichts zu tun, was er nicht den Vater tun sieht; denn was dieser tut, das tut auch der Sohn in gleicher Weise.“* (Joh. 4,34)
Jesus prahlte nicht, sondern zeigt seine Unterwürfigkeit gegenüber dem Vater in vielen Aussagen. Auch seine Lehre bezieht er auf den Vater:
„Meine Lehre ist nicht meine, sondern sie ist von dem, der mich gesandt hat.“ (Joh. 7,16) Das ganze Bestreben Jesu war darauf ausgerichtet, den Auftrag des Vaters zu erfüllen, *„denn ich bin vom Himmel herabgekommen, nicht um meinen Willen zu tun, sondern den Willen dessen, der mich gesandt hat.“* (Joh. 6,39)
Jesus hat uns ein Beispiel gegeben für den gebührenden Respekt vor dem Vater. Man könnte sogar im übertragenen Sinne sagen: „Sogar der Sohn Gottes zeigt Gottesfurcht!“ Wie Jesus stets den Willen des Vaters im Auge hatte, so sollen auch wir mit Hilfe der Gottesfurcht den Willen des Vaters suchen und erfüllen. In einer späteren Vision lässt Gottvater die Tugend „Furcht des Herrn“ sprechen. Sie sagt:
„O weh den elenden Sündern, die Gott nicht fürchten, sondern gleichsam Spott mit ihm treiben! Wer kann der Furcht des unbegreiflichen Gottes entkommen, die den Schuldigen, der das Böse nicht von sich wirft, zugrunde gehen läßt?

Deswegen werde ich Gott den Herrn gewaltig fürchten. Wer wird mir vor dem wahren Gott beistehen?
Wer wird mich bei seinem schreckenerregenden Gericht befreien? Kein einziger, nur er selbst, der gerechte Gott. Ihn will ich daher suchen, mich immer zu ihm flüchten.“ [73]

O weh den elenden Menschen in dieser so aufgeklärten Zeit, müsste man sagen, die Gott nicht mehr fürchten. Die Geringschätzung war noch nie so groß wie heute. Für eine große Mehrheit spielt Gott so viel wie keine Rolle mehr in ihrem Leben. Welch eine Tragödie!
Sowohl Tugenden als auch Laster sind übernatürliche Kräfte! Während bei den Lastern destruktive, d.h. zerstörische Kräfte wirksam werden, sind Tugenden göttliche Kräfte, die den Menschen stark machen, „sodass alles menschliche Bemühen nicht imstande ist, ihre Wirksamkeit zu vereiteln!“ Die Bedeutung dieser Aussage muss man erst einmal im Kopf realisieren! Wie mächtig die Kraft eines Lasters auf den Menschen wirkt, sehen wir an vielen Beispielen: Der Ungläubige bleibt ungläubig und kann seinen Unglauben nicht abschütteln. Der Unversöhnliche ist außerstande seinem Mitmenschen zu verzeihen, oft nicht einmal über das Grab hinaus! Ist jemand der Missgunst verfallen, so geht er gewissen Menschen ein Leben lang aus dem Wege, weil er seine Haltung gegenüber diesen Leuten nicht ändern kann.
Tugendkräfte ermöglichen genau das Gegenteil. Der Gottesfürchtige kann verzeihen, die Missgunst ablegen und erfreut sich eines starken Glaubens. Tugenden werden in ihrem Wert heute nicht mehr erkannt, weil darüber auch kaum noch jemand spricht. So ist die Gottesfurcht wie eine hohe Spareinlage, nämlich die Basis, mehr daraus zu machen.

3. Die Armut im Geiste

„Daher *erscheint auch vor ihr eine andere kindliche Gestalt, in farblosem Gewand, doch mit weißen Schuhen.* Denn wo die Furcht des Herrn vorausgeht, folgen ihr die Armen im Geiste. Die „*Furcht des Herrn*“ hält ja in der Hingabe der Demut die Seligkeit der „*Armut im Geiste*“ kräftig fest. Sie strebt nicht nach Prahlerei und Herzenshochmut, sondern liebt Einfachheit und geistige Nüchternheit. Sie schreibt nicht sich, sondern Gott ihre Werke zu; darauf deutet ihr mattfarbenes Gewand, und sie folgt getreulich den lichten Spuren des Gottessohnes.
„*Auf ihr Haupt fällt von dem auf dem Berge Thronenden ein solch heller Glanz, daß du ihr Antlitz nicht anblicken kannst;*

Denn die lichtvolle Heimsuchung des lobwürdigen Allherrschers flößt dieser Seligkeit eine derartige Kraft und Stärke ein, daß dein unzureichendes, sterbliches Sinnen die Spannweite solcher Seligkeit nicht zu fassen vermag. Hat doch Er selbst, der die Reichtümer des Himmels besitzt, sich in Demut der Armut unterworfen."

Die Gottesfurcht hat einen Partner, die „Armut im Geiste". Wie aus dem Text hervorgeht, hat diese Tugend nichts mit geistiger Behinderung oder mangelnder Bildung zu tun. Mit der kindlichen Gestalt kommt ihre Unschuld und Reinheit zum Ausdruck. (Wenn ihr nicht werdet wie die Kinder...!) Ihr unauffälliges, farbloses Kleid ist ein Symbol für die Einfachheit und Bescheidenheit dieser Tugend. Und „der auf dem Berge thront" sendet einen so hellen Glanz auf ihr Haupt, dass er ihr Gesicht völlig überstrahlt. Dieses Licht bewirkt eine Seligkeit, Kraft und Stärke, die jede menschliche Fassungskraft übersteigt. Die „Armen im Geiste" sind demnach alles andere als geistig behindert, sondern besitzen große Einsicht und Klarheit, und sie erkennen in allem das Wirken Gottes. Sie besitzen die Einsicht, von sich aus nichts bewirken zu können und schreiben deshalb ihre Werke nicht sich selber zu, sondern Gott. Jedes Talent, jede Fähigkeit ist eine Gabe Gottes, weshalb Ihm dafür Dank gebührt. Daher „strebt er nicht nach Prahlerei und Herzenshochmut, sondern liebt die Einfachheit und geistige Nüchternheit." Diese innere Haltung schützt den Menschen vor Selbstgefälligkeit, vor Hochmut und Stolz. Armut im Geiste ist also eine Schutztugend gegenüber der verführerischen Welt. Wie sehr hätten die Menschen diese Tugend nötig! Begegnen uns nicht überall der Hochmut und der Stolz? Sei es sichtbar in der Kleidung, im Verhalten der Menschen bis hin zu den Bauten des Stolzes, die in den Himmel ragen? Hochmut und Stolz sind Attribute des Teufels!
Stolze und hochmütige Mensch stehen bei Gott daher in Ungnade:

„Ein Greuel für den Herrn ist jeder Hochmütige." (Spr. 16,5)
„Das Haus der Hochmütigen reißt der Herr nieder." (Spr. 15,25a)

Warum ist Armut im Geiste heute kaum noch anzutreffen? Weil es den Menschen an Gottesfurcht fehlt. Der Mensch macht sich selber zu Gott, indem er die Autorität Gottes verweigert. So stellt Gottvater die Gottesfurcht an den Anfang aller Weisheit und deshalb sind alle antiautoritären Strömungen, sei es in der Kirche, im Staat oder in der Familie, auch gegen die Autorität Gottes gerichtet. Sie zerstoren allmählich die Grundfesten jeder Gesellschaft, weil es ohne Autorität keine göttliche Ordnung mehr gibt.

Wenn Kinder vor niemandem mehr Respekt haben, weil sie antiautoritär erzogen wurden, dann haben sie auch keine Gottesfurcht und so wird *Demut* zu einem Reizwort. Eltern dürfen es nicht verabsäumen, ihre Kinder zur Demut und Gottesfurcht zu erziehen, auch wenn heute das Gegenteil propagiert wird.

4. Dass die göttlichen Tugendkräfte die Gottesfürchtigen und Armen im Geiste beschützen

„Daß *aber von dem, der auf dem Berge thront, ein sprühender Funkenregen ausgeht, der diese Erscheinungen mit einem lieblichen Licht umgibt*, bedeutet: Vom allmächtigen Gott gehen blitzend unterschiedliche, überaus starke Tugendkräfte aus. Sie umgeben helfend und schützend die wahrhaft Gottesfürchtigen, welche die Armut im Geiste getreulich lieben, umfangen sie glühend und gewinnen sie."

Gottesfürchtige und welche die Armut im Geiste lieben werden von Gott bevorzugt behandelt. Auf sie kommt geradezu ein Funkenregen von helfenden Gnaden hernieder! Das sind schon die „Zinsen" jener Kapitaleinlage, die wir vorhin erwähnten. Wie jedes Haus eine Grundfeste benötigt, um darauf aufzubauen, so ist das auch beim Tugendleben. Gottvater stellt uns die beiden Erziehungstugenden - Gottesfurcht und Armut im Geiste - als *die* christliche Grundfeste dar. Sie sind unser „Fels", auf dem dann viele Ziegel (Funken) zum weiteren Aufbau von Gott geschenkt werden.

5. Dem allwissenden Gott kann der Menschen nichts verbergen

„Deshalb *sieht man im Berge selbst viele kleine Fenster, in denen teils bleiche, teils weiße menschliche Häupter erscheinen.*
Denn der hocherhabenen, abgrundtiefen, alles durchschauenden Erkenntnis Gottes kann das Streben der menschlichen Handlungen nicht verhehlt noch verborgen werden. Sie tragen das Zeugnis ihrer Lauheit oder Lauterkeit in sich selbst. Manchmal ermatten nämlich die Menschen in ihren Herzen und Taten und überlassen sich schmachvollem Schlaf. Manchmal sind sie angeregt und wachen in Ehre, wie Salomon nach meinem Willen bezeugt:

Die lässige Hand macht arm, die fleißige Hand erwirbt Reichtum (Spr. 10,4).
Das heißt: Schwach und arm macht sich der Mensch, der nicht Gerechtigkeit wirken noch die Bosheit vernichten, noch Schuld erlassen will. In seinem Müßiggang hat er keinen Teil an den wunderbaren Werken der Seligkeit. Wer

aber die heldenstarken Werke des Heiles tut und den Weg der Wahrheit läuft, der gräbt sich einen Quell unversieglicher Herrlichkeit, durch den er sich die kostbarsten Schätze auf Erden und im Himmel erwirbt.

Dieses Plädoyer gilt für alle Werke Hildegards. Es ist die „Marschrichtung" für den Erdenpilger Mensch. Gottvater sagt uns, was Sache ist. Gehst du den Weg der Bequemlichkeit, dann wirst du scheitern vor Gott. Wer hingegen den Weg der Wahrheit läuft, der erwirbt sich kostbarste Schätze. Diese „Grundsatzerklärung" des Vaters sollten wir ernst nehmen. In den drei Sätzen steckt sehr viel Aussagekraft:
„Schwach und arm macht sich der Mensch...", wenn er sich nicht für Gerechtigkeit einsetzt, das Böse bekämpft und Schuld vergeben will! Durch Untätigkeit, Gleichgültigkeit und Lauheit machen wir uns schuldig vor Gott. Gott können wir nichts vormachen. Er sieht alles, beurteilt alles entsprechend seiner göttlichen Gerechtigkeit und daher fordert Er uns auf, das Böse zu unterlassen und das Gute zu tun:

Wer aber die heldenstarken Werke des Heiles tut und den Weg der Wahrheit läuft, der gräbt sich einen Quell unversieglicher Herrlichkeit, durch den er sich die kostbarsten Schätze auf Erden und im Himmel erwirbt.

Damit endet die erste Lektion, die erste Vision des Buches Scivias. Die Unterweisung sollten wir uns zu Herzen nehmen, weshalb Gottvater jeweils am Ende einer Vision sagt:

Wer immer Erkenntnis im Heiligen Geist und die Flügel des Glaubens besitzt, der gehe nicht achtlos an meiner Ermahnung vorüber, sondern er koste, umfange und trage sie in seiner Seele!"

xxi Quod uir non nisi in forti etate. non nisi nubilem uxorem ducat.
xxii De uitanda illicita ⁊ libidinosa pollutione.
xxiii Quare mulier post partum uel a uiro corrupta in occulto maneat ⁊ ab ingressu templi abstineat.
Qui in coitu pregnantis se polluunt. homicide sunt.
xxiiii Osee de eadem re.
xxv De commendatione castitatis.
xxvi Iohannes de eadem re.
xxvii Quod expulso adam deus paradysum muniuit.
xxviii Quod quia homo deo rebellis extitit. creatura ei prius subiecta se illi opposuit.
xxix De amenitate paradysi que sucum ⁊ uim terre tribuit. ut anima corpori.
xxx Quare deus hominem talem fecit quod peccare potuit.
xxxi Quod homo non debet summa perscrutari cum nec infima ualeat examinare.
xxxii Quod homo nunc clarior fulget quam prius in celo.
xxxiii Similitudo horti. ouis ⁊ margarite ad hominem.
xxxiiii De commendatione humilitatis ⁊ caritatis. que clariores ceteris uirtutibus existunt.

Der Sündenfall
Tafel 3 / Schau I 2

Des ersten Buches zweite Schau

Vom Ursprung des Bösen

Alsdann sah ich eine große Anzahl lebender Leuchten in strahlender Herrlichkeit. Wie des Feuers blitzende Glut flammten sie auf und verbreiteten so einen ruhigen, heiteren Glanz. Doch alsbald erschien ein See von großer Breite und Tiefe. Sein Schlund öffnete sich wie ein Brunnen. Feurigen, stinkenden Qualm atmete er aus. Es entstieg ihm ein abscheulicher Nebel und dehnte sich langgestreckt, bis er etwas wie eine Ader berührte, die voll des Truges zu sein schien. Durch diese drang er in ein lichtdurchstrahltes Land und wehte eine strahlendweiße Wolke an, die von einer schönen Menschengestalt ausgegangen war und unzählige Sterne enthielt. Und der Nebel vertrieb Wolke und Menschengestalt aus dem lichten Lande. Da lagerte sich der Lichtglanz gleich einem Walle um das Land. Zugleich gerieten alle Elemente der Erde, die bisher in tiefer Ruhe verharrten, in Aufruhr und offenbarten furchtbar ihre erschreckende Macht.

Hildegard bekommt nun ein neues Bild zu sehen. Sie schaut die unzählbaren Lichtwesen (Engel) in der strahlenden Herrlichkeit des Himmels. Dann als düsteren Kontrast den feurigen See der Hölle mit seinem schlundförmigen Eingang, einen daraus aufsteigenden Nebel, der ins Paradies strömt und dort Unheil stiftet. Die schöne Menschengestalt mit den unzähligen Sternen ist Eva mit ihren Nachkommen. Sie wird verführt, das erste Menschenpaar aus dem Paradies vertrieben und das Paradies selbst evakuiert. Dann die gewaltige Erschütterung des Kosmos, der in Bewegung geraten ist. Nun wird Hildegard die Bedeutung des Geschauten Satz für Satz erklärt:

1. Die guten Engel verharrten starkmütig in der göttlichen Liebe

Und wiederum hörte ich die Stimme, die schon früher zu mir geredet hatte, sprechen:

Wer mit gläubiger Hingabe Gott anhängt und in seiner Liebe brennt, wird durch keinen Ansturm der Ungerechtigkeit erschreckt und der himmlischen Seligkeit entrissen. Wer aber Gott nur zum Scheine dient, dem bleibt es nicht nur versagt, zu Höherem emporzusteigen, sondern er wird durch gerechtes Gericht von dem herabgestürzt, was er fälschlicherweise glaubte, erreicht zu haben.

Wer mit gläubiger Hingabe Gott anhängt und in seiner Liebe brennt, dem wird das ewige Seelenheil von Gottvater zugesichert. Diese Heilsgewissheit setzt allerdings voraus, dass wir Gott nichts vormachen, sondern Ihn wirklich aus ganzem Herzen lieben. Gott erinnert hier an das erste Gebot Gottes:
Du sollst Gott aus ganzem Herzen lieben ...

Jesus lehrte uns im *Vater unser*, zu unserem Vater zu beten und er sagt voraus: *„Doch es kommt die Stunde, und schon ist sie da, in der die wahren Anbeter den Vater anbeten werden in Geist und Wahrheit; denn auch der Vater sucht solche als seine Anbeter. Gott ist Geist, und die ihn anbeten, müssen in Geist und Wahrheit anbeten."* (Joh. 4,23)
Vermutlich wenden sich die meisten Menschen im Gebet an Jesus oder an die Muttergottes. Wir dürfen uns auch an unseren Vater wenden. Er ist unser wahrer Vater und sieht es gerne, wenn sich seine Kinder an Ihn wenden. Beten wir also auch zum Vater!

Das Visionsbild wendet sich den seligen Engeln zu:
Die unzählige Menge lebendiger Leuchten in strahlender Herrlichkeit stellen das gewaltige Heer der himmlischen Geister dar; in seligem Leben erstrahlen sie, herrlich geschmückt, in großer Schönheit. Als sie nämlich von Gott geschaffen wurden, machten sie nicht stolze Erhebung zu ihrem Anteil, sondern verharrten starkmütig in der Liebe Gottes.

Die strahlenden Lichtwesen leuchten in herrlichstem Schmuck und großer Schönheit auf. Es sind die treugebliebenen heiligen Engel, die bei ihrer Prüfung starkmütig in der Liebe zu Gott verharrten.

Und *sie empfingen feurige Blitze und verbreiteten einen ruhigen Glanz:* Das war, als Luzifer es wagte, sich mit seinem Anhang gegen den höchsten Herrn und Schöpfer zu empören. Da entbrannte in ihnen ob des Sturzes der Abtrünnigen der Eifer Gottes, und sie umkleideten sich mit der Wachsamkeit der göttlichen Liebe. Jene hingegen umdunkelte der Stumpfsinn der Unwissenheit, die Gott nicht zur Kenntnis nehmen wollten. Wie geschah das?
So entstieg dem Sturze des Teufels in den Engelgeistern, die unerschütterlich bei Gott verharrten, ein gewaltiger Lobpreis. Erleuchtet von der Schau (Gottes) erkannten sie mit durchdringender Klarheit, dass Gott nicht gestürzt werden kann. So entbrannten sie in Liebe zu ihm. Auch sind sie nun unbeirrbar gefestigt in der Gerechtigkeit. Alle Ungerechtigkeit ist ihnen wie Staub, den sie verachten.

Hier wird vorerst nur angedeutet, dass sich ein Teil der Engel nach ihrer Erschaffung gegen ihren Schöpfer gewandt hat. Später erfahren wir dazu mehr. Jene Engel, die Gott treu geblieben sind, erkannten nach dieser Rebellion der Abtrünnigen, dass Gott nicht überwältigt werden kann.
Der Allmächtige zeigte sich den Ersterschaffenen nicht gleich in seiner ganzen Macht und Herrlichkeit, weil dadurch eine freie Entscheidung - ob für oder gegen Ihn - nicht mehr möglich gewesen wäre. Er wollte aber ihre Treue zu Ihm prüfen. In der vornehmen Zurückhaltung Gottes sah Luzifer offenbar eine Schwäche, die ihn zu hochmütigen Plänen verleiten ließ.
Über jene unbegreifliche Dramatik, die sich innerhalb der Engelwelt abgespielt haben muss, wird hier nur so viel gesagt, dass Luzifer es wagte, sich gegen den Schöpfer zu empören, worauf er samt seinen Anhängern aus dem glorreichen Himmel gestürzt wurde. Nach diesem geistigen Kampf erhob sich bei den Treugebliebenen ein ganz gewaltiger Lobpreis. Menschlich gesprochen, standen die treuen Engel geschockt da und erkannten, dass sie nun eine Prüfung bestanden hatten! Darüber erfüllte sie große Freude und sie entbrannten noch mehr im Eifer Gottes.
Nun erfahren sie auch, dass ihnen ihr Platz im Himmel für ewig gesichert ist. Als sie die fürchterliche Strafe für die rebellischen Engel sahen, wurden sie völlig immun dagegen, sich jemals noch gegen den Allmächtigen aufzubäumen. Diese Immunität äußert sich in einer wachsamen Liebe zu Gott. *„Sie umkleideten sich mit der Wachsamkeit der göttlichen Liebe“*. Daher verachten sie jede Ungerechtigkeit wie unnützen Staub.

2. Gott verwirft die Stolzen aus jeder Herrlichkeit

„Doch Luzifer, der seines Stolzes wegen aus der himmlischen Herrlichkeit verstoßen wurde, stand im Anfang seiner Erschaffung als ein so Prächtiger und Großer da, daß ihm nichts an Schönheit und Stärke abzugehen schien. Doch er sah seine Schönheit und erwog bei sich die Gewalt seiner Kraft und - verfiel dem Stolz. Dieser redete ihm zu, er solle nur alles beginnen, was er wolle. Er werde schon fertig bringen, was er beginne. So erspähte der stolze Engel einen Platz, den er zu erreichen können glaubte. Dort wollte er seine Schönheit und Stärke sehen lassen, und er sprach in seinem Herzen so von Gott: *´Dort will ich glänzen wie der da!´* Und seine ganze Streitmacht stimmte ihm bei und rief: *´Was du willst, wollen auch wir!´* Kaum aber gedachte er, vom Stolze aufgeblasen, diesen Wahnwitz auszuführen, da erhob sich wie eine feuerspeiende, schwarze Wolke der (Zorn-)Eifer des Herrn. Die Teufelsbrut zerstob. Sie stürzte und wurde finster, lichtlos, sie, die in Himmelsherrlichkeit gestrahlt. Was bedeutet das?“

Es gab wohl kein dramatischeres Ereignis als diesen Engelssturz vor Beginn der Zeit. An ihm sehen wir die entsetzlichen Folgen des Stolzes. Er, der höchste Seraph und schönste aller Engel des Himmels, gefiel sich so sehr, dass ihm seine Schönheit und seine von Gott verliehene Intelligenz zum Verhängnis wurden. Die neun Chöre der Engel - d.h. die Engel, Erzengel, Kräfte, Mächte, Fürstentümer, Herrschaften, Throne, Cherubim und Seraphim - wurden von Gott ja mit erhabener Intelligenz ausgestattet, die entsprechend ihrem Rang zu einer immer tieferen Gotteserkenntnis führt. So sagt Gottvater z.B. in der Engels-Vision, dass die Cherubim *„das Wissen Gottes“* symbolisieren. Dieses hohe Maß an Erkenntnis, Begabung und anderen Fähigkeiten gab ihnen Gott entsprechend ihrer zugedachten Aufgabe, denn Er „hat jegliches Geschöpf nach seinem Willen wunderbar ins Dasein gerufen und jedem eine wunderbare Aufgabe gesetzt.“ [74] In den Fähigkeiten und Aufgaben der Engel steckt also ein Potential, das jede menschliche Vorstellungskraft weit übertrifft. Selbst der niedrigste Engel ist uns Menschen weit überlegen. (Somit aber auch die bösen Geister!) Der getreue Engel steht ja in der Anschauung Gottes. „Denn viele tiefe Geheimnisse umschließt das Sein der Engel und Erzengel, die der vom sterblichen Leibe beschwerte Menschenverstand nicht zu begreifen vermag.“ [75]
Dies alles müssen wir uns vor Augen führen, wenn hier beim höchstrangigen Seraph eine gewisse Verlockung zum „Machtmissbrauch“ aufkam. Der Stolz animierte ihn zur Selbstverwirklichung. Dieses Ziel halten auch in unserer modernen Zeit vor allem emanzipierte Frauen für sehr erstrebenswert. Luzifer wollte sich sozusagen selbstständig machen, denn was „der da“ kann, das kann ich auch. Nur nicht anbeten, nur nicht dienen und sich womöglich auch noch unterdrücken lassen. Damals wie heute - derselbe Stolz.
„Das wollen wir auch!“, rufen dem Rebellenführer viele große und kleinere Engel zu. Also planen sie einen Putschversuch. Und außerdem: Platz für einen zweiten Regenten wäre ja im unendlich großen, leeren Raum ausreichend vorhanden. Und die Heiligste Dreifaltigkeit schweigt. Es ist die Ruhe vor dem großen Sturm. Luzifer sieht sich schon nach einem geeigneten Platz um und will nach Norden. Dort ist nichts, absolut nichts. „Da werde ich mein Reich aufrichten und glänzen wie der da“. Die Pläne werden immer konkreter und reizvoller. Der Stolz stachelt Luzifer an und redet ihm ein, er solle nur alles beginnen, was er wolle: „Ja, du schaffst es!“ So lädt sich im Himmel eine ungeheure polarisierende Hochspannung auf, die für die gottgetreuen Engel kaum noch zu ertragen ist. Luzifer muss sich also bald entscheiden, das merkt er an den treuen Engeln. Also, worauf noch warten? Die Engel können im Himmel nichts unbemerkt vollbringen, also wissen alle Bescheid. So geht der geistige Kampf unter den Engeln auch schon los. Da durchdringt die Stimme des heiligen

Erzengels Michael wie ein Donner den ganzen Himmel: „Wer ist wie Gott!" Noch bevor Luzifer seine wahnwitzige Tat vollbringen kann, überschlagen sich die Ereignisse, denn jetzt greift die Heiligste Dreifaltigkeit selber in das Geschehen ein. Wie ein Vulkan erhebt sich der heilige Zorneifer des allmächtigen, unaussprechlichen Gottes, der vor aller Zeit war, der keinen Anfang hatte, noch nach dem Ende der Zeiten aufhören wird zu sein, zu einer feuerspeienden schwarzen Wolke, die in ihrem Tosen die ganze Teufelsbrut aus dem Himmel fegt!

So plötzlich dieses „reinigende Gewitter" alle unreinen Geister vertrieben hat, ebenso rasch kehrt wieder Ruhe und Harmonie im Himmel ein. Die ganze Rebellenschar verschmorte zu einer lichtlosen, tiefschwarzen Wolke, wie erloschene Leuchten des Himmels. In einer wortwörtlichen Übersetzung heißt es, „so dass sie zu glühend Heißen wurden,... und zu Schwarzen gegenüber der vorherigen Himmelsherrlichkeit." Jener „Schwarze" ist nun zum Satan geworden und seine Gefährten zu abscheulichsten Dämonen. Ihr himmlisches Licht konnten sie nicht mitnehmen, weil es von Gott ausging und zu Gott zurückkehrte. Der ganze Himmel wurde zutiefst erschüttert durch diese ungeheure Auseinandersetzung. Nun hat Gott seine Macht offenbart und alle sind geschockt. Die Guten sind für alle Ewigkeit davor gefeit, Gott zu widerstehen. Sie haben im Rahmen dieser Auseinandersetzung erleuchtende Erkenntnisse empfangen und „verbreiten (nun) einen ruhigen Glanz."

Luzifer bedachte nicht, dass er seinen Glanz, seine Stärke und Schönheit verlieren könnte. Er glaubte, dies sei ihm eigen und nicht verliehen. Sie, „die in Herrlichkeit gestrahlt" und zur Ehre seines Namens berufen waren, verfielen dem Stolz und wurden zu Abtrünnigen. All ihre Herrlichkeit kehrte sich in finstere, lichtlose Unwesen. Im Norden wollte Luzifer sein Reich aufrichten und dort bereitete ihm Gott den Ort ewiger Verdammnis. Das ist nun sein Reich. Ein Reich der Finsternis und ewiger Qualen. Und Gott sagt uns zu dieser Entscheidung folgende Worte:

3. Die Verwerfung der Gottlosen ist gerecht

„Hätte Gott sie nicht in ihrer Anmaßung gedemütigt, wäre er ungerecht; denn er hatte die in Schutz genommen, welche die ungeteilte Gottheit zerteilen wollten. Doch er verwarf sie und machte ihre Bosheit zunichte. So beraubt er auch alle der Schau seiner Herrlichkeit, die den Versuch machen, ihm zu widerstehen, wie mein Knecht Job zeigt und sagt."

Ist es nicht erstaunlich: Gottvater „rechtfertigt“ uns Menschen gegenüber seine Entscheidung, die rebellierenden Engel verworfen zu haben. Es gibt ja kaum eine elektrisierendere und umstrittenere Frage als die der ewigen Verdammnis. Gott selbst klärt uns über eine Ausgangssituation auf, die wir ohne Offenbarung nicht wissen könnten. So aber wissen wir, es gibt einen Luzifer, der zum „Schwarzen“ geworden ist und dem Gott das Verlies der Hölle bereitete.
Warum gab Gott den Engeln einen freien Willen, so dass sie gegen Ihn rebellieren konnten? Weil der Vater keine Zwangsbeglückung will, keine organisierte „Solidaritätskundgebung“, wie das in Diktaturen der Fall ist. Er erwartet eine von Herzen kommende Zuneigung. Sowohl Mensch als auch Engel sollten aus ehrlichem Herzen, d.h. von sich aus, ihren Schöpfer lieben. Zuneigung und Liebe lässt sich nicht erzwingen. Dabei ist die Liebe das einzige Band, welches unterschiedlichste Geister zu einen vermag. Nur liebende Herzen können sich vereinen und *wollen* zusammen sein! Wenn es an Liebe fehlt, und das sehen wir ja an den vielen zerbrochenen Ehen, ist auf Dauer ein Zusammenleben nicht gut möglich und im Himmel völlig undenkbar. Daher muss Gott sinngemäß sagen: „Nun gut, wenn du mich nicht magst, dann geh!“

Wie wir in der Natur sehen, gibt es für alle Dinge ein diametrales Gegenstück: Licht weicht der Dunkelheit, Kälte der Wärme, es gibt heiß und kalt, lang und kurz, Hass oder Liebe, Leben oder Tod usw. Diese Gegensätzlichkeiten sind naturbedingt, d.h. Naturgesetz. Daher blieb für jene, die das Licht, das Leben, die Liebe und Herrlichkeit nicht wollten, nur ihr Gegenstück zur Wahl: Finsternis und Tod, Hass und Grausamkeit usw. Aus Lieblosigkeit entsteht eben Hass, und das macht den Unterschied zwischen Himmel und Hölle.
Luzifer blieb seinem Schöpfer nicht nur Anerkennung und Liebe schuldig, sondern er wollte die Herrschaft an sich reißen! Weil er so groß, so schön und so stark war, glaubte er, sich mit Gott anlegen zu müssen oder zumindest eine Machtteilung erzwingen zu können. Das konnte Gott nicht zulassen: Er würde sich damit ja zum Knecht jener Geschöpfe machen, die Er ins Leben gerufen hat.

4. Worte Jobs zum selben Thema

„Das Licht der Gottlosen erlischt, die Flut überrollt sie und er läßt sie seinen Zorn fühlen. Sie sind wie Spreu vor dem Wind und wie Flugasche, die der Sturm verweht.“ (Job 21,17-18)
Das heißt: die unreine Leidenschaft leichtfertiger Schlechtigkeit im Streben nach trügerischem Glück geht wie eine Fackel aus dem Willen des Fleisches jener hervor, die Gott nicht fürchten. Sie spotten seiner in ihrer bösartigen Ra-

serei und wollen von der Möglichkeit nichts wissen, daß jemand sie bezwingen könnte; denn im Feuer ihrer Leidenschaft wollen sie verzehren, was sie erjagen. Wie Erde wird der Gegenstand ihrer Begierde am Tag der göttlichen Rache zertreten und vom obersten Gericht wird über diese Gottlosen die Entrüstung aller Geschöpfe unter dem Himmel verhängt, weil auch sie Gott und den Menschen lästig werden. Weil Gott ihnen nicht gewährt, was sie begehren, wird ihnen alles zur Qual und durch ihr wahnsinniges Wüten werden sie unter die Menschen versprengt, während sie darauf brennen, das zu besitzen, was Gott sie nicht erraffen läßt. Und da sie sich so von Gott entfernen, werden sie völlig untauglich. Weder für Gott noch für die Menschen vermögen sie noch etwas Gutes zu vollbringen, wenn sie vom Lebensmark unter dem Blick des allsehenden göttlichen Auges abgeschnitten sind. Darum werden solche dem Untergang preisgegeben, weil sie den unangenehmen Geruch des schlechten Rufes verbreiten, während sie nicht empfänglich sind für die Gnadenflut des heiligen Geistes."

Nun ergeht die Mahnung an uns Menschen. Durch unreine Leidenschaft und das Streben nach trügerischem Glück wird der Mensch „gottlos". Mangels Gottesfurcht werden solche Leute immun für die Gnaden des Hl. Geistes. Am Tag der göttlichen Rache werden sie „vom obersten Gericht" wie Erde zertreten. Angesprochen sind hier die Spötter, die für Kirche und Gläubige nur Hohn und Spott übrig haben. Und von dieser Sorte Mensch gibt es viele in unserer Zeit. Sie gehen im weltlichen Streben nach Genuss, Glück, Geld und sinnlichen Annehmlichkeiten auf. Karriere, Macht und Ansehen sind ihre Ziele. Diese überwältigende Mehrheit ist tonangebend in der Gesellschaft, sei es in den Medien, an den Universitäten, in der Wirtschaft, in der Wissenschaft oder der Gesetzgebung. Für sie ist die Kirche mit ihrem Anhang ein verknöcherter Haufen rückständiger Leute, die unfähig sind, das Leben selbst in die Hand zu nehmen. Sie denken gar nicht an die Möglichkeit, „dass jemand sie bezwingen könnte." Doch Gottvater lässt ihnen nicht alles durchgehen, worauf sie wütend werden und den Menschen lästig. „Weder für Gott noch für die Menschen vermögen sie noch etwas Gutes vollbringen", weil sie von der grünenden Lebenskraft Gottes abgeschnitten sind. So werden sie untauglich für das Reich Gottes.
Es ist erschütternd zu erahnen, wie groß die Zahl jener ist, die „wie Stroh vom Winde verweht keinen Anteil haben an der Herrlichkeit Gottes."

5. Von der Hölle, die unersättlich auf den Untergang der Seelen lauert

„Darum *erscheint alsbald ein breiter, tiefer See*. Das ist die Hölle. Breit wegen der Menge der Laster. Tief, denn sie ist der Abgrund des Verderbens. *Sein Schlund öffnet sich wie ein Brunnen. Feurigen, stinkenden Rauch atmet sie aus.* Denn die Hölle verschlingt gefräßig die Seelen, hält ihnen verlockende Reize vor und zieht sie durch gottlosen Betrug hinab an den Ort der Qualen, wo das Feuer brennt, der Rauch sich erschreckend zusammenballt und todbringenden Gestank ausatmet. Grauenvolle Martern sind hier dem Teufel und seinem Anhang bereitet. Da sie sich vom höchsten Gut abgewandt haben, es nicht kennen noch anerkennen wollten, sind sie nun von jedem Gute abgeschnitten. Nicht weil sie das höchste Gut nicht kannten, sondern weil sie es in maßlosem Stolz verachtet haben."

Dem Teufel war es zwar gelungen, die Existenz seines Aufenthaltsortes den Menschen aus dem Kopf zu schlagen, denn kaum jemand glaubt noch an diesen unvorstellbar grauenvollen Ort der ewigen Qualen, aber es gibt sie doch, diese schreckliche Hölle. So hat die Kirche diese Glaubenswahrheit als verpflichtenden Glaubenssatz (Dogma) festgeschrieben, aber dennoch glauben viele nicht an deren Existenz. Und so verschlingt die Hölle gefräßig die Seelen, die sie durch verlockende Reize (Fleischeslust, Unzucht) an den Ort der Qualen zieht, „wo das Feuer brennt, der Rauch todbringenden Gestank verbreitet und mit grauenvollen Martern für die Teufel und all jene Seelen, die sich von ihm verführen ließen."

Wir können es drehen und wenden, wie wir wollen, es bleibt dabei. Die Hölle ist eine Wirklichkeit. Sie existiert schon länger als das Universum, weil sie noch vor Erschaffung der Welt von Gott für die rebellierenden Engel angelegt wurde, als sie aus dem Himmel verstoßen wurden.
Die rebellierenden Engel wurden nicht verworfen, weil sie das höchste Gut nicht kannten, sondern weil sie IHN in ihrem maßlosen Stolz weder kennen noch anerkennen wollten! Wer Gott nicht anerkennt, also nicht an Ihn glaubt, der wird verworfen. Gott schenkt uns hier reinen Wein ein und sagt klipp und klar, wie wir dran sind. Gott nicht zu glauben - das ist Sünde!

6. Dass die Hölle durch den Sturz des Teufels zustandekam

„Beim Sturze des Teufels ist diese äußerste Finsternis, die jede Art von Strafe in sich schließt, erschaffen worden. Denn diese bösen Geister haben gegen die Ehre, die ihnen bereitet war, das Elend und die Strafe eingetauscht und statt der lichten Herrlichkeit, die sie besaßen, die dichteste Finsternis angezogen. Wie geschah das?

Als der stolze Engel sich wie eine Schlange emporreckte, wurde er dem Kerker der Hölle übergeben, denn es kann nicht sein, daß einer sich über Gott emporschwinge. Könnten wohl in einer Brust zwei Herzen sein? So dürfen auch im Himmel nicht zwei Götter sein. Weil aber der Teufel und die Seinen dies in stolzer Anmaßung erstrebten, deshalb wurde ihm der See des Verderbens bereitet. Menschen, die sie in ihren Taten nachahmen, bekommen Anteil an ihren Qualen, wie sie es verdienen."

Welch eine Dramatik! Luzifer hat zu hoch gepokert und alles verloren. Er, der mit großer Herrlichkeit ausgestattet war, gab sich damit nicht zufrieden, sondern strebte nach mehr. Luzifer wollte sein wie Gott. Damit hat er den Bogen überspannt. Die Strafe für diese Anmaßung übersteigt jede menschliche Fassungskraft.
Nun warnt Gottvater davor, diese Taten nachzuahmen. Wer Ihn ein Leben lang leichtfertig beiseite schiebt, bekommt Anteil an diesen Qualen! Danach erleiden unzählige Menschenseelen das gleiche Schicksal, weil sie Gott „auf die leichte Schulter" nehmen, nicht ernst nehmen und Gottes Wort nicht glauben wollen. Schon die hl. Schrift warnt: *„Irret euch nicht, Gott läßt seiner nicht spotten. Denn was der Mensch sät, das wird er ernten."* (Galater 6,7)
Es gibt kein größeres Unglück, als bei Gott in Ungnade zu fallen und verdammt zu werden. Es gehört zur Tragik unserer Zeit, dass selbst Priester es nicht mehr wagen, vor dieser Realität warnend das Wort zu erheben. Wie viele gehen dadurch verloren!

7. Bußgesinnung mit guten Werken rettet vor der Hölle

„Es gibt Seelen, die das Höchstmaß der Verdammung erleiden; sie sind von der Gotteserkenntnis ausgeschlossen und leiden höllische Qualen, ohne Aussicht auf Befreiung. Einige zeigten sich zwar nicht gottvergessen, werden jedoch durch stärkere Prüfungen von ihren Sünden, in die sie gefallen waren, geläutert. Einmal werden sie jedoch von ihren Fesseln befreit und gelangen zur ewigen Ruhe. Was bedeutet das? Die Hölle kommt auf jene zu, die ohne Reue in der Gottvergessenheit leben; die anderen Qualen jedoch jenen, die zwar Böses verbrachen, aber nicht bis zum Tode darin verharrten, sondern schließlich mit Stoßseufzern zu Gott aufblickten. Deshalb sollen die Gläubigen den Teufel in die Flucht schlagen, Gott lieben, das Böse ablegen und das Gute durch den Schmuck der Buße vollenden, wie mein Knecht Ezechiel auf meine Eingebung mahnend spricht."

Es gibt einerseits die unwiderrufliche und somit ewige Verdammung, andererseits auch zeitlich begrenzte (Höllen-) Strafen, die wir Fegefeuer nennen. Den Leiden nach sind es Höllenqualen, haben aber für die Seele läuternde Eigenschaften, während die Qualen in der Hölle wegen ihrer Aussichtslosigkeit auf ein Ende, durch den Hass und die Verzweiflung noch zunehmen. Menschlich gesagt, ist es dort gar nicht auszuhalten, weil aber die Seele göttliches Leben ist und daher nicht sterben kann, selbst wenn sie tausendmal durch Folterungen den Tod erleidet, lebt die Seele weiter in alle Ewigkeit.

8. Worte Ezechiels zum selben Thema

„Kehrt um und tut Buße für all eure Missetaten, damit die Bosheit euch nicht vernichte." (Ez. 18,30)

„Das heißt: O ihr Menschen, die ihr bisher in Sünden dalagt; gedenkt eures christlichen Namens, kehrt um auf den Weg des Heils und tut Werke, die aus der Buße entspringen, da ihr früher viele Verbrechen in lasterhaftem Leben begangen habt. Und so wird euch, wenn ihr euch von eurer schlechten Gewohnheit erhebt, jene Verfehlung, mit der ihr euch beschmutzt habt, nicht dem Todessturz preisgeben, weil ihr sie am Tag eurer Rettung abgelegt habt. Freude über euch wird deshalb auch bei den Engeln herrschen, weil ihr den Teufel verlassen habt und zu Gott geeilt seid. In guten Taten erkennt ihr ihn jetzt besser als ihr ihn früher kanntet, da der alte Verführer seinen Spott mit euch trieb."

Gott verwirft keinen zur Umkehr bereiten Menschen, nur der Unbelehrbare und Unbußfertige bekommt seine Härte zu spüren. Sobald aber der Mensch einsichtig wird und die Versöhnung mit Ihm sucht, schenkt Er ihm Verzeihung. Der „Tag eurer Rettung" ist jener Tag, an dem wir vor einem gültig geweihten Priester unsere Verfehlungen bekennen. Priester haben die Macht, Sünden zu vergeben, unabhängig davon, wie heiligmäßig oder weltlich sie auch leben. Nach jeder gültigen Beichte ist unsere Seele wieder makellos rein, weshalb selbst bei den Engeln im Himmel Freude herrscht über jede Umkehr und Bekehrung.

Nach dieser Reinigung erkennen wir die begangenen Irrwege besser als zuvor. Es ist, als hätten wir die verschmutzten Brillen geputzt, die danach ja wieder mehr Klarsicht ermöglichen. Das Gleichnis vom verlorenen Sohn, das wir aus der hl. Schrift kennen, zeigt auf, wie sehr sich Gott-Vater über die Umkehr seines verloren geglaubten Sohnes freut. Er lässt das Mastkalb schlachten, mit der Zither aufspielen und bekleidet den heimgekehrten Sohn, der sein Vermögen verprasst hat, mit herrlichen Gewändern.

Solche Ereignisse sind leider selten. Wie viele Menschen befinden sich im Stande der Gnade? Wessen Seele trägt dieses weiße Kleid? Das lässt sich daran messen, wie oft die Tür in den Beichtstuhl auf- und zugeht. Wäre dort ein Zählwerk angebracht, o weh, wie klein ist diese Zahl! So sind die verlassenen Beichtstühle ein Zeugnis für die Unbußfertigkeit der Spaßgesellschaft unserer Zeit.

9. Des Teufels List im Paradies

„Ein entsetzlicher Nebel steigt aus dem See herauf und dehnt sich in endlose Fernen, bis er etwas wie eine Ader berührt, die voll des Truges zu sein scheint. Das bedeutet: Das ist die Teufelslist, die aus dem Abgrund tiefsten Verderbens emporstieg und, um den Menschen zu täuschen, in die giftige Schlange fuhr, die den Frevel trügerischen Wollens in sich trug. Wie geschah das? Als Satan den Menschen im Paradies erblickte, rief er mit großem Schrecken aus: *'Wer ist dieser, daß er seine Stelle in der Wohnung der wahren Beseligung einnehmen soll?'* Er wußte ja, daß er seine eigene Bosheit noch nicht so weit getrieben hatte, sie in anderen Geschöpfen zur Vollendung zu bringen. Aber als er Adam und Eva in kindlicher Unschuld im Garten der Wonnen wandeln sah, rühmte er sich mit großer Bestürzung, er werde sie durch die Schlange täuschen. Warum durch sie? Weil er erkannte, daß die Schlange ihm ähnlicher sei als jedes andere Lebewesen. Durch ihre Arglist wollte er heimlich vollbringen, was er offen, in seiner eigenen Gestalt, nicht hätte vollführen können.

Als er merkte, daß Adam und Eva sich mit Leib und Seele von dem verbotenen Baum abwandten, erkannte er, daß hier ein göttliches Gebot vorliegen müsse, und so gedachte er, daß er sie mit größter Leichtigkeit beim ersten Werk (des Gehorsams), das sie beginnen würden, zu Fall bringen würde. Er wußte nämlich nicht, daß dieser Baum ihnen verboten sei. Er schloß es erst aus der Antwort auf seine listige Frage."

Nach dem dramatisch verlaufenen Engelssturz führt die heiligste Dreifaltigkeit ihren Schöpfungsplan fort und erschafft das Universum mit dem Paradies und zuletzt den Menschen. Und schon ziehen schwarze Wolken auf, die neues Unheil ankündigen. Gott verbirgt seine Werke vor den gefallenen Engeln offenbar nicht. Die bösen Geister dürfen sich als entsetzlich-schauriger Nebel aus den Tiefen des Abgrundes erheben und erblicken voll Neid das Paradies mit dem seligen ersten Menschenpaar, welches den verlorenen Glanz der Engel als Lichtkleid trägt. Voller Schrecken ruft Satan: „Wer ist dieser Mensch, der meine Stelle im Himmelreich einnehmen soll?" Und sofort geht er mit seiner teuflischen List daran, in die Schlange zu fahren, um sich so dem Unschuldspaar gefährlich zu nähern. In seiner frevelhaften Absicht erkundet er zuerst die

näheren Umstände, denn vieles hat er noch nicht durchschaut. So beobachtet er listig ihr Verhalten, um schlüssig zu werden, wie er ihnen schaden könne. Er sieht, wie Adam und Eva den Baum in der Mitte des Paradieses meiden. So bekommt der Verführer heraus, dass Adam und Eva ein Gebot einzuhalten haben! Nun reift sofort sein Plan, das Pärchen so rasch wie möglich zum Ungehorsam zu verführen.
Warum ließ Gott das zu? Er prüfte die Engel und so verlangt die Gerechtigkeit gleichermaßen eine Prüfung des Menschen. Auch sie müssen sich erst bewähren. Ihre Bewährungsprobe bestand darin, das *eine* Gebot - von der verbotenen Frucht des Baumes nicht zu essen - einzuhalten. Lesen wir weiter:

10. Der Teufel missbraucht die Frau, um den Mann zu verführen

„*So dringt denn, wie du siehst, der entsetzliche finstere Nebel in das lichtdurchstrahlte Land und weht die blendendweiße Wolke an, die von eines schönen Mannes Gestalt ausgegangen, viele, viele Sterne in sich trägt.* Das ist die unschuldige Eva, die aus dem unschuldigen Adam hervorgegangen, mit ihm im Garten der Wonne weilt. Alle Menschenkinder trägt sie - so hat es Gott vorherbestimmt - leuchtend in ihrem Schoße. Aber nun fällt der Teufel sie an, um sie durch Schlangentrug zu stürzen. Warum das? Weil er wußte, daß die Weichheit des Weibes leichter zu besiegen sei als die Stärke des Mannes. Zugleich erkannte er, daß in Adam die Liebe zu Eva so mächtig brannte, daß, wenn es gelingen würde, sie zu besiegen, Adam alles tun würde, was sie ihm sagte.
Und der Nebel verjagte die Wolke mitsamt der Mannesgestalt aus dem lichten Lande.
Wie geschah das? Der alte Verführer vertrieb durch seinen Betrug Eva und Adam aus der Wohnung der Seligkeit und stürzte sie in die Finsternis des Chaos. Eva hatte er zuerst verführt, damit sie Adam schmeichelnd zur Einwilligung überrede. Sie konnte schneller als jedes andere Geschöpf Adam zum Ungehorsam verführen, weil sie aus seiner Rippe geschaffen war. Deshalb bringt die Frau den Mann unschwer zu Fall, da er sich in seiner Zuneigung leicht ihre Worte zu eigen macht.“

Wie aus einem Vulkan giftige Nebelschwaden aufsteigen, so erhob sich auch dieser entsetzlich finstere Nebel voll böser Geister aus den Tiefen des Abgrundes und drang in das Paradies ein. Das ahnungslose Menschenpaar sah diese Geister nicht, in ihrer unschuldigen Naivität möchte man fast sagen, schenkte Eva diesen bösgeistigen Einflüssen Gehör. Satan sah in Evas leuchtendem Schoß, dass sie Mutter eines überaus zahlreichen Menschengeschlechtes ist,

also war Handlungsbedarf gegeben, bevor sie darangeht, sich zu vermehren. In der weiblichen Schwäche überwand er mit betrügerischer List ihren Gehorsam, sodass sie schwach wurde und, ohne an die Folgen zu denken, in den sauren Apfel biss. Und schon war's vorbei mit der ganzen Harmonie und Herrlichkeit des Paradieses. Die Folgen waren katastrophal und unwiderruflich. Sie wurden Beute des Bösen, weil sie das *eine* Gebot nicht befolgten.
Menschlich gesprochen war Adams Fall auch eine harte Niederlage für den gütigen Gott. Wie tief Ihn dieser Ungehorsam getroffen hat, das können wir sozusagen „zwischen" den Zeilen der folgenden Aussage des Vaters lesen:

„Doch Adam sollte kein doppeltes Gebot auferlegt werden. Wieso? Ich gab ihm ein Gebot bezüglich des Baumes, als er mich in der Unschuld seines Herzens schaute. Er aber verachtete mich und stimmte mit der listigen Schlange überein. Das erwies sich als so verderblich, daß mich jetzt kein sterbliches Auge mehr erblicken kann, solange Menschen auf dieser vergänglichen Welt leben. Doch weil Adam mein Gebot übertrat, blieb er samt seinem Geschlecht ohne Gebot, bis zu der Zeit, welche die Großzügigkeit meines Sohnes ankündigte."[76]

Welcher Vater wird da nicht traurig, wenn seine eigenen Kinder ihn verachten? So kann auch Gott der Allmächtige - weil er ein Herz hat - traurig sein oder zornig werden, wenn ihm seine Geschöpfe dazu Anlass geben. Nach diesem weiteren „Zwischenfall" war Gott - menschlich gesagt - zutiefst gekränkt. Er zog sich in den Himmel zurück und verschloss ihn. Von nun an sollte ihn kein sterbliches Auge mehr zu Gesicht bekommen, bis ans Ende der Welt. Die gottlosen Menschen überließ er sich selbst, ohne Gebot, ohne jegliche Vorschrift! Es war, als würde ein irdischer Vater zu seinen Kindern sagen: „Wenn ihr mir nicht gehorcht, dann macht, was ihr wollt! Ihr werdet schon noch sehen, wohin euch das führt!" So kam, was kommen musste: Die gesetzlosen Menschen verwilderten, entarteten und wurden für Gott ein unerträglicher Gräuel. Daher beschloss Er, alle in der Flut zu ertränken, um mit Noah sozusagen ganz von vorne zu beginnen.

Durch die Erbsünde unserer Stammeltern sind alle Menschen „vorbestraft". Ohne Erlösung wären wir samt und sonders Beute des Teufels. Der einzige Weg, um von dieser teuflischen Gefangenschaft befreit zu werden, ist das Sakrament der Taufe. Daher steht schon im Evangelium: *„Wer glaubt und sich taufen läßt, wird gerettet; wer aber nicht glaubt, wird verdammt." (Mk. 16,16)*
An dieser Stelle unterbricht Gottvater die Offenbarungen über die vorgeschichtlichen Ereignisse. Mit dem Sturz Luzifers und Adams Fall sind vorerst

die wichtigsten Dinge gesagt. Nun werden Hildegard Richtlinien für Eheleute diktiert, die mit dem Visionsbild nicht unmittelbar zu tun haben. Nach diesen ausführlichen Unterweisungen knüpft Gottvater wieder an das Visionsbild an und setzt mit der dazu nötigen Erklärung fort.
So folgen also jetzt Ermahnungen für die Eheleute. Dieses von Gottvater eingeschobene Kapitel ist offenbar sehr wichtig, weshalb auch wir uns an diese Reihenfolge halten.

11. Was in der Ehe zu beachten und zu meiden ist

„Wie nicht einem kleinen Knaben, sondern einem erwachsenen Mann eine geschlechtsreife Frau zugeführt wird, so soll auch nur ein Mann im reifen Alter mit einer erwachsenen Frau verheiratet werden. So soll man ja auch dem Baum die gebührende Pflege angedeihen lassen, wenn er beginnt, Blüten anzusetzen. Denn aus der Rippe Adams, voll Liebesglut und Lebenssaft, wurde Eva geformt,und darum empfängt die Frau nun von der Stärke des Mannes und von seiner Glut den Samen, um Nachwuchs auf die Welt zu bringen. Der Mann ist nämlich Sämann, die Frau aber empfängt den Samen. Darum bleibt die Frau unter der Herrschaft des Mannes; denn wie sich die Härte des Steines zur weichen Erde verhält, so auch die Stärke des Mannes zur Zärtlichkeit der Frau.
Daß aber die erste Frau aus dem Manne gebildet wurde, deutet auf die eheliche Verbindung zwischen Mann und Frau. Sie ist so zu verstehen: Diese Verbindung darf nicht fruchtlos und gottvergessen vollzogen werden; denn Er, der die Frau vom Manne nahm, hat diese gute und ehrenhafte Vereinigung dazu bestimmt, Fleisch aus Fleisch zu bilden. Wie deshalb Adam und Eva ein Fleisch waren, so werden auch jetzt Mann und Frau ein Fleisch in der Liebesvereinigung zur Vermehrung des Menschengeschlechtes. Daher muß auch zwischen beiden vollkommene Liebe herrschen wie zwischen den ersten Menschen. Adam hätte nämlich seine Frau verklagen können, da sie ihm durch ihren Rat den Tod einbrachte. Dennoch entließ er sie nicht, solange er in dieser Welt lebte, denn er erkannte, daß sie ihm durch göttliche Allmacht geschenkt war.
Um der vollkommenen Liebe willen verlasse der Mann sein Weib nicht, außer wegen jenem vernünftigen Grund, den ihm die gläubige Kirche vorschlägt.
Es gibt durchaus keine Scheidung für sie, wenn nicht beide einmütig, im Blick auf meinen Sohn, sagen: „Wir wollen die Welt verlassen und ihm folgen, der für uns gelitten hat." Wenn sie aber nicht beide in solch einhelliger Frömmigkeit zusammenstimmen, sollen sie keineswegs auseinandergehen. Denn wie das Blut nicht vom Fleische getrennt werden kann, solange der Geist darin verweilt, so dürfen auch Mann und Frau sich nicht scheiden lassen, sondern sollen eines

Willens miteinander wandeln.
Wenn es da aber eine Gesetzespflichtverletzung in Hurerei beim Mann oder bei der Frau gibt, sollen sie von sich aus oder vom Priester veranlaßt, als öffentliche Sünder den Urteilsspruch der geistlichen Obrigkeit nach Recht und Gericht auf sich nehmen. Der Gatte wie die Gattin können vor der Kirche und ihren Behörden gerechte Klage gegeneinander führen, doch niemals so, daß sie eine andere Verbindung suchen. Entweder sollen sie gemeinsam in ihrer berechtigten Bindung bleiben, oder sie sollen sich nach kirchlicher Entscheidung gemeinsam enthalten. Sie sollen nicht nach dem Sinne der Schlange ihr Einssein im Fleische zerreißen, sondern mit reiner Liebe einander lieben, denn sie selber - Mann und Weib - sind aus ehelicher Bindung hervorgegangen, wie mein Freund Paulus bezeugt:

12. Was der Apostel darüber sagt

´Wie die Frau vom Mann, so der Mann durch die Frau; alles aber aus Gott` (I Kor 11,12). Das heißt:
Die Frau wurde für den Mann geschaffen, und der Mann wegen der Frau.
Denn wie sie vom Manne, so stammt auch der Mann von ihr, damit sie sich bei der gemeinsamen Zeugung ihrer Kinder nicht trennen, weil sie gemeinsam ein Werk vollbringen, wie auch Luft und Wind zusammenwirken. Wie geschieht das? Die Luft wird vom Wind in Bewegung gesetzt und der Wind von der Luft umschlossen, so daß alles, was grünt, von ihnen abhängig ist. Was bedeutet das? Frau und Mann wirken bei der Erzeugung von Kindern zusammen. Daher ist es eine überaus schändliche Tat, wenn Unzucht zur Zeit der Fruchtbarkeit eine Trennung bewirkt. Denn Mann und Frau entziehen so das eigene Blut dem Gewebe des Mutterschoßes und verschwenden es an einen Fremden. Sie verfallen ohne Zweifel dem Betrug des Teufels und dem Zorn Gottes, weil sie vom Bund abgewichen sind, den Gott für sie einsetzte. Deshalb weh ihnen, wenn ihnen ihre Sünden nicht vergeben werden! Doch obgleich, wie gezeigt wurde, Mann und Frau bei der Erzeugung von Kindern zusammenwirken, entsteht doch alles, Mann und Frau und die übrigen Geschöpfe, nach göttlicher Ordnung und Planung, denn Gott erschuf sie nach seinem Willen.“

Wer den Text aufmerksam gelesen hat, dem wird nicht entgangen sein, dass Gott einen fruchtlosen und gottvergessenen Geschlechtsakt nicht will. Mit anderen Worten: Wer nur so tut als ob, aber in Wahrheit keine Nachkommen zeugen will, handelt danach sündhaft. Vor Gott ist jeder Geschlechtsakt, der die Entstehung von Nachkommenschaft verhindert, Unzucht. Die Kirche toleriert

hier mit der Regelung in der Enzyklika *Humanae vitae* ohnehin mehr, weshalb sich darüber eigentlich niemand beschweren dürfte. Vielen geht auch dieser Rahmen nicht weit genug, und so wird diese Regelung von vielen Leuten als „leibfeindlich“ bezeichnet.
Danach wird das Thema Scheidung angesprochen. Ein Drittel aller Ehepaare wird heute geschieden, Tendenz steigend. In den meisten Fällen leben sie dann in einer unrechtmäßigen Beziehung und somit ständig in schwerer Sünde. Wer in diesem Zustand unbußfertig verharrt, dessen Seelenheil ist gefährdet. „Sie verfallen ohne Zweifel dem Betrug des Teufels und dem Zorn Gottes, weil sie vom Bund abgewichen sind, den Gott für sie einsetzte.“

13. Warum vor der Menschwerdung des Herrn manche mehrere Frauen hatten

„Vor der Menschwerdung meines Sohnes hatten zwar manche Väter des alten Bundes mehrere Frauen zugleich, aber sie hatten auch noch nichts von einem öffentlich ergangenen Verbot gehört. Erst mein Sohn kündete die eine, bleibende Bindung, solange Mann und Frau in diesem Leben atmen, wie es auch die Bindung zwischen Adam und Eva gewesen war. Denn diese Bindung soll nicht aus dem Willen eines Menschen, sondern in Gottesfurcht vollzogen werden. Denn besser ist es, eine rechtmäßige Ehe gemäß kirchlicher Anordnung und Entscheidung zu führen, als Unzucht zu verüben. Da ihr Menschen jedoch dies nicht beachtet, lebt ihr eure Triebhaftigkeit nicht nur gemäß den Menschen, sondern auch gemäß dem Vieh aus.

Zwischen den Eheleuten aber herrsche aufrichtige Treue und reine Liebe in Gotteserkenntnis, damit die göttliche Vergeltung sie nicht treffe, wenn ihr Same durch Teufelslist verdorben wurde und sie ihn auf unmenschliche Weise wie übermütige Tiere vergeuden, während sie sich gegenseitig beißen und zerreißen. Deshalb quält sie der Neid nach Schlangenart, und weil sie von verdorbenem Samen ohne Gottesfurcht und Selbstbeherrschung überfließen, werden ihnen oft als gerechte Strafe Gottes Kinder mit verkrüppelten Gliedern, die kein Glück im Leben haben, für diese Vergehen zuteil; es sei denn, ich erzeige mich ihnen, durch Buße versöhnt, wieder gnädig. Denn wer mich in Reue über seine Sünden anruft, dessen Buße nehme ich meinem Sohn zuliebe an.
Wer nämlich nur einen Finger zur Buße rührt, d.h., wer sich mit Seufzern der Herzensreue nach mir ausstreckt und spricht: „Gegen dich, Herr, habe ich gesündigt“, dessen Buße hält mir mein Sohn als Hoherpriester entgegen. Denn das Bekenntnis, das meinem Sohn zuliebe vor dem Priester abgelegt wird,

gewährt den Büßenden Reinigung von ihren Sünden. Wer aber würdig seine Buße verrichtet, entgeht den Zähnen des Teufels; dieser versucht nämlich, den Angelhaken der göttlichen Macht zu verschlucken und verletzt sich dabei schwer die Backe. So gelangen auch jetzt die Seelen der Gläubigen, am Verderben vorbei, zur Rettung.
Wie geschieht das? Die Priester, die am Altar meinen Namen anrufen, sollen das Bekenntnis des Volks entgegennehmen und ihm darin das Heilmittel zeigen. Damit Gott ihnen also gnädig sei, sollen sie ihren Samen nicht mit verschiedenen Lastern verunreinigen; wer nämlich seinen Samen in Unzucht und Ehebruch vergeudet, erhält auf diese Weise schlecht veranlagte Nachkommenschaft.
Wie geschieht das? Kann jemand, der reinen Ton mit Schmutz oder Kot vermischt, etwa ein haltbares Gefäß herstellen? Wird so auch jemand, der seinen Samen mit Unzucht und Ehebruch verdirbt, lebenskräftige Kinder erzeugen? Viele von ihnen leiden unter äußerer und innerer Bedrängnis; viele verhalten sich klug gegenüber der Welt und Gott. Und mit ihnen bevölkert sich das himmlische Jerusalem, wenn sie die Laster aufgeben, die Tugenden lieben und in Keuschheit, unter großen Anstrengungen meinen Sohn nachahmen, soweit sie es vermögen, und sein Leiden an ihrem Leibe tragen.
Will ich aber nicht, daß ein Mensch Nachkommenschaft erhält, nehme ich dem Samen die Fruchtbarkeit, damit er im Mutterschoß nicht keime. So verweigere ich auch der Erde die Fruchtbarkeit, wenn es mir nach gerechtem Urteil so gefällt.
Mensch, warum wunderst du dich, wenn ich aus Ehebruch und ähnlichen Vergehen Kinder hervorgehen lasse? Mein Gericht ist gerecht: denn seit dem Fall Adams finde ich nicht mehr die erforderliche Gerechtigkeit im Menschengeschlecht. Der Teufel hat sie durch den Genuß des Apfels verscheucht. Deshalb sandte ich meinen Sohn in die Welt, rein von aller Sünde, von einer Jungfrau geboren. Er sollte in seinem Blut, das frei war von fleischlicher Befleckung, dem Teufel entreißen, was dieser dem Menschen geraubt hatte."

Der neue Bund mit Christus befreit uns von der Erbsünde und somit aus den Fängen des Teufels. Zu diesem neuen Bund gehören auch die von Jesus eingesetzten Sakramente. Sakramente sind sichtbare Rituale, die mit unsichtbaren, aber von Gott zugesagten heilbringenden Wirkungen verknüpft sind. So wird bei der Taufe

„Im Namen des Vaters und des Sohnes und des Heiligen Geistes"

Wasser über den Täufling gegossen. Bei dieser sichtbaren Handlung wäscht Gott - für uns unsichtbar - die Erbsünde vom Getauften ab.

Beim Sakrament der Ehe wird Gott der unsichtbare „Dritte im Bunde". In der gültigen Ehe ist Gott stets mit uns, wenn wir an diesem Bund festhalten. Durch seinen Beistand können wir diesem Ehesakrament gerecht werden.

Jeder Techniker schätzt die Stabilität einer Dreieckverbindung. Sie ist gegenüber anderen Konstruktionen am stabilsten. So stabil und unauflöslich wäre auch die Ehe, wenn im Leben der Eheleute Gott der Dritte im Bunde wäre.
Gottvater bestätigt die Notwendigkeit der Selbstbeherrschung. Wer seinen Samen „wie ein Esel verschleudert", gleicht in seiner Triebhaftigkeit dem Vieh. Das sexuelle Ausleben tötet die reine Liebe und macht den Menschen unfähig für geistliche Fortschritte. Ein tugendhaftes Leben erscheint so nicht mehr erstrebenswert, denn zu verlockend und unverzichtbar ist das Sündigen geworden. Daher ist die „Hormonfalle" das klassische Erfolgsrezept des Verführers. Hier findet er den größten Schwachpunkt bei den Menschen.
Wie sich der Segen Gottes über Generationen fortpflanzt, ebenso können negative Einflüsse über mehrere Generationen wirksam sein. Gottvater wirbt förmlich dafür, sich in Bezug auf Sexualität mehr Mühe zu geben. Eheleute sollten *„unter großen Anstrengungen meinen Sohn nachahmen, soweit sie es vermögen, und sein Leiden an ihrem Leibe tragen."*

Der hl. Franziskus hat sich in Dornengestrüpp geworfen, um die Fleischeslust zu besiegen. Gott lohnt das Bemühen. Wenn wir fallen, dann sollten wir in Form einer würdigen Beichte unsere Schwächen und unser Versagen dem Priester „klagen". Als Christen die Gebote noch ernst nahmen, drückten sich die Eheleute beim Beichtkämmerchen noch gegenseitig die Türklinken in die Hand. Das war ein Kommen und Gehen.
Wie entgegenkommend sind hier dieWorte des Vaters: „Wer nur einen Finger zur Buße rührt..., dessen Buße hält mir mein Sohn als Hohepriester entgegen." Gottvater wartet nur auf ein Zeichen der Umkehr und Reue und schon fließt der Gnadenstrom des Erbarmens und Verzeihens auf uns herab. Daher darf niemand wegen des Übermaßes seiner Sünden verzweifeln, denn „wer mich in Reue über seine Sünden anruft, dessen Buße nehme ich meinem Sohn zuliebe an." Welch unglaublich große Zusage des Vaters an bußfertige Menschen.

14. Warum nur Gottes Sohn den Menschen retten konnte?

„Denn weder der in Sünde empfangene Mensch noch der Engel ohne Hülle des Fleisches konnte den Menschen, der in Schuld darniederlag und sich mit der Last seines Leibes abquälte, der Gewalt des Teufels entreißen. Er allein, der ohne Sünde erschien und einen reinen, sündelosen Leib besaß, hat ihn durch sein Leiden befreit. Darum sammle Ich die Menschen, wenngleich in Sünden geboren, in meinem himmlischen Reich, wenn sie es gläubig suchen. Keine Bosheit kann mir nämlich meine Erwählten abspenstig machen, wie die Weisheit bezeugt und spricht:

15. Worte der Weisheit zum selben Thema

„Die Seelen der Gerechten sind in Gottes Hand und keine Todesqual kann sie berühren." (Weish. 3,1)

Das heißt: Die Seelen derer, die den rechten Weg einschlagen und in liebender Hingabe mit himmlischem Beistand ihre Werke vollbringen, erreichen wegen ihrer guten Taten in vollkommener Gerechtigkeit den Himmel. Die Qual des Verderbens wird sie nicht vernichten; denn das wahre Licht führt sie in Furcht und Gottesliebe.

Nachdem Adam und Eva aus dem Ort der Wonne vertrieben waren, erkannten sie das Werk, Kinder zu empfangen und zu gebären und da sie durch ihren Ungehorsam dem Tod verfallen waren, fanden sie Geschmack an der Süßigkeit der Sünde. Denn sie wußten nun, daß sie sündigen konnten.

Doch auf diese Weise kehrten sie meine weise Einrichtung in sündhafte Lust. Während sie doch wissen mußten, daß die Leidenschaft in ihren Adern nicht zu sündigem Genuß, sondern für die Liebe zum Kind bestimmt ist, mißbrauchten sie sie auf teuflische Eingebung zur Wollust; sie verloren nämlich bei ihrer Vereinigung die Unschuld und verkauften sie an die Sünde. Weil dies aber nicht ohne Einmischung des Teufels geschah, wirft derselbe immer wieder seine Netze bei dieser Gelegenheit aus, um seinen Einfluß geltend zu machen und sagt: *„Meine Macht beruht auf der Empfängnis des Menschen. Ihretwegen ist der Mensch mein!"*

Und wie er sah, daß der Mensch teilhaben sollte an seinen Qualen, weil er ihm zugestimmt hatte, sprach er wiederum zu sich: *„Dem starken Gott sind alle Unrechtstaten zuwider, denn Ungerechtigkeit ist nicht an Ihm!"*

So setzte der Verführer in seinem Herzen als sein besiegeltes Recht fest: Der Mensch, der sich aus freien Stücken eines Sinnes mit ihm erklärt, könne ihm nicht mehr entrissen werden.

Aber gerade deswegen bestand in Mir der geheime Ratschluß, meinen Sohn zur Erlösung der Menschen zu senden, damit der Mensch dem himmlischen Jerusalem zurückgegeben werde. Keine Bosheit konnte diesen Ratschluß stürzen. Denn mein Sohn, der Menschgewordene, zog alle an Sich, die auf ihn hörten, Ihm folgen und der Sünde entsagen wollten.

ICH bin gerecht und aufrichtig und will die Bosheit nicht. Doch du, o Mensch, greifst nach dem Bösen, seit du die Erkenntnis des Bösen hast. Beide stürztet ihr, du und Luzifer, da ihr - kaum gerufen aus dem Nichts - euch wider Mich empörtet. Vom Guten fielt ihr ab zum Bösen. Aber Luzifer nahm das Böse ganz in sich hinein, und ganz verwarf er das Gute. Nichts davon kostete er und - fuhr hinab in den Tod. Adam kostete das Gute, solange er den Gehorsam umfing. Dann aber stieg in ihm die Lust zum Bösen auf, und er vollbrachte es in seiner Gier und kehrte sich gegen Gott.
Warum das so geschehen ist, sollst du, Mensch, nicht erforschen. Kein Sterblicher kann wissen, was vor Grundlegung der Welt war, noch was nach dem Jüngsten Tag sein wird. Gott allein weiß es. Es sei denn, Er lasse einiges davon seinen Erwählten wissen.
Doch auch die Unzucht, die sich selbst den Menschen feilbietet, ist verabscheuungswürdig für mich; denn ich erschuf anfänglich Mann und Frau in allen Ehren und nicht sittenlos. Deshalb heucheln jene, die sagen, es sei erlaubt, dem Trieb zum Geschlechtsverkehr mit jedem Beliebigen wie ein Tier nachzugeben. Sie sind wie ein Schandfleck in meinen Augen, denn sie haben die Würde und Größe der Vernunft verachtet, sich auf das Vieh berufen und sich ihm angeglichen. Weh denen, die so ein schändliches Leben führen."

Hier erfahren wir einmal, wie Gott die Dinge sieht. Er schuf Engel und Mensch und beide fielen. „Kaum gerufen aus dem Nichts - und schon lehnt ihr euch auf gegen Mich, euern Gott!" Welch undankbare Kreaturen! Sie missbrauchen ihren freien Willen dazu, sich gegen ihren Vater aufzubäumen. Luzifer und sein Anhang bekamen keine Strafe auf Bewährung, sondern „unbedingt", waren somit nicht mehr zu retten. Ihnen blieb nur die ewige Qual der Hölle. Dem Menschen gab Gott noch eine Chance, weil Adam das Gute wenigstens „verkostet" hat. Doch Satan will diesen schmalen Pfad zum Himmel mit allen Mitteln verbarrikadieren. Dazu ersann er eine sehr hohe Barriere für den Menschen:
„Meine Macht beruht auf der Empfängnis des Menschen. Ihretwegen ist der Mensch mein."
Im ungeordneten Sexualverhalten liegt das größte Potential des Teufels. Hier kann er punkten und die meisten Menschen zu Fall bringen, weil sie - wie Adam und Eva - „Geschmack an der Süße der Sünde" finden. Es gelang dem Teufel, „die weise Einrichtung in sündhafte Lust umzukehren".
Das Feuer der Leidenschaft, diese süße, aber sündhafte Lust verdanken wir dem Einfluss des Widersachers. Er hat die weise Einrichtung des Schöpfers zu „lustvollem Sex" verwandelt. Daher ist die Beherrschung des Sexualverhaltens für Gott ein ganz wichtiger Aspekt.

Wir werden in Sünde empfangen und geboren und tragen wie ein Hund eine Kette um den Hals, die zum Abgrund führt, denn „ihretwegen ist der Mensch mein". Der Teufel in seiner Raffinesse rechnet nun damit: „Dem starken Gott sind alle Unrechtstaten zuwider, denn Ungerechtigkeit ist nicht an Ihm!" Luzifer weiß: Gott ist gerecht. Wäre er nicht gerecht, so wäre er nicht Gott! Also gehören wir dem Teufel. Nun sagt Gottvater:

„Aber gerade deswegen bestand in Mir der geheime Ratschluß, meinen Sohn zur Erlösung der Menschen zu senden, damit der Mensch dem himmlischen Jerusalem zurückgegeben werde."

Gottvater plant zur Rettung der Menschen die Erlösung durch seinen Sohn. Welch hoher Preis! Der Sohn Gottes (!) nahm die Passion auf sich, um dem Vater Genugtuung zu leisten für die Hässlichkeit der Sünde, um das Menschengeschlecht aus den Klauen des Bösen zu befreien. Der von den Menschen enttäuschte Gott wollte nur das Opfer seines Sohnes als würdige Sühne für die Sünden annehmen. Daher blieb dem Menschensohn auch der Weg nach Golgotha nicht erspart. Nach diesem Kreuzesopfer „zog sein Sohn alle an sich, die auf Ihn hörten, Ihm folgen und der Sünde entsagen wollen."

16. Dass Blutsverwandte einander nicht heiraten dürfen

„Ich will auch nicht, daß sich verwandtes Blut in einer Ehe vermenge, wo die Liebesglut der Blutsverwandtschaft noch nicht gemildert wurde, damit nicht schamlose Liebe in der Erinnerung an verwandtschaftliche Beziehungen entstehe. Es soll also fremdes Blut zusammenkommen, das noch kein Erkennen zwischen Blutsverwandten in sich brennen spürt. Denn bei dieser Begegnung soll Selbstbeherrschung geübt werden."

Bereits das Mosaische Gesetz im Alten Testament der Bibel legte den Hebräern etliche Inzestverbote auf. Auch im mittelalterlichen Christentum war das Heiratsverbot zwischen Verwandten wesentlich breiter gefasst als heute. Viele reformierte Kirchen haben die Bestrafung von Übertretungen dieser Verbote noch verstärkt. Die Normen vieler Kulturen verbieten inzestuöse Ehen, während die Vetternehe zwischen Angehörigen des Hochadels, vor allem der regierenden Dynastien, bis ins 20. Jahrhundert hinein mehr Regel als Ausnahme war. Betreffend der Eheschließung ist heute das kanonische Recht maßgeblich, das vom bürgerlichen Recht unabhängig ist. Die Ehe und damit also der Beischlaf zwischen Blutsverwandten verstößt gegen göttliches Gebot, von dem unter keinen Umständen dispensiert werden kann.

17. Beispiel von der Milch

„Ein- bis zweimal gekochte Milch hat ihren Geschmack noch nicht verloren, während sieben- oder achtmal geronnene oder gekochte ihre Kraft verliert und nur im Notfall genießbar bleibt. Wie man mit der eigenen, blutsverwandten Gattin keinen Geschlechtsverkehr pflegen soll, so ist auch verwandtschaftlicher Geschlechtsverkehr dieser Frau in einer anderen Verbindung zu verabscheuen. So eine Verbindung darf der Mensch nicht eingehen, wie es auch die Kirche durch ihre Lehrer verbietet, die sie mit großer Sorgfalt und Wertschätzung unterstützt haben."

18. Warum im Alten Testament die Ehe zwischen Blutsverwandten gestattet, im Neuen Testament aber verboten ist

Daß aber im Alten Testament für Blutsverwandte eine Gesetzesvorschrift zur Heirat bestand, geschah wegen ihrer Hartherzigkeit. Sie sollten miteinander in Frieden leben und die Liebe sollte so stark zwischen ihnen sein, daß sie sich nicht als voneinander getrennte Stämme im Umgang mit den Heiden vermischten und meinen Bund brächen, bis die Zeit kam, in der mein Sohn die Fülle der Liebe brachte und die Blutsverbindung des fleischlichen Bundes auf ein anderes, sittenreines Volk übertrug. Weil die Braut meines Sohnes nur in der heiligen Taufe das Band der Gottesfurcht und der wahren Gerechtigkeit besitzt, soll eine derartige Blutsverbindung ihr fernliegen. Denn schamlose und hemmungslose Unzucht bei der Umarmung von Mann und Frau würde sich eher an verwandtem als an fremdem Blut zu schändlicher Tat entflammen. Diesen Sachverhalt tue ich durch einen Menschen kund, der von solchen menschlichen Dingen nichts weiß, und der diese Kenntnisse nicht von einem Menschen, sondern aus der Weisheit Gottes empfing.

19. Dass der Mann erst im reifen Alter eine schon heiratsfähige Frau heiraten darf

Wenn der Mann im reifen Alter ist, so daß seine Adern voll Blut sind, dann ist sein Samen fruchtbar, und dann soll er eine Frau nach gesetzlicher Bestimmung ehelichen, die auch geschlechtsreif ist und seinen Samen ehrfürchtig empfängt, um ihm auf rechtmäßige Weise Nachkommen zu schenken.

Der in allen Schulen verordnete Sexualunterricht müsste in dieser Hinsicht aufklärend wirken. Tatsächlich wird aber das Gegenteil provoziert, womit sich alle damit Verantwortlichen vor Gott schuldig machen.

20. Unerlaubte Selbstbefriedigung ist zu meiden

Doch darf der Mann vor den Jahren seiner Manneskraft seinen Samen nicht in unnützer Ausschweifung vergeuden; es ist nämlich eine vom Teufel eingegebene Versuchung zur Sünde, wenn er in wollüstiger Begierde versucht, Samen auszustreuen, bevor dieser kraft seiner Glut und Hitze in festerem Zustand vorhanden sein kann. Und wenn ein Mann schon von großer Leidenschaft erregt ist, so soll er seine Kraft, wenn er es vermag, nicht zu diesem Akt hergeben; denn wenn er auf den Teufel blickt, wirkt er ein satanisches Werk. Er macht seinen Leib verächtlich, und das ist ganz und gar unerlaubt. Wie es die menschliche Natur lehrt, soll der Mann in der Kraft seiner Glut und mit dem Lebenssaft seines Samens seiner Gattin gegenüber den rechten Weg suchen. Und das soll er in Selbstbeherrschung und aus dem Verlangen nach Nachkommenschaft tun.
Doch will ich nicht, daß dieser Akt vollzogen wird, wenn die Frau unter der Absonderung ihres Blutflusses leidet, d.h., wenn die verborgenen Gefäße ihres Leibes sich öffnen, damit nicht mit dem Blut der reife empfangene Same ausfließt und dieser so ausgegossene Same zugrundegeht, die Frau aber sich im Kerker ihrer Schmerzen gefangen sieht, da sie ja schon einen Teil ihrer Geburtswehen verspürt.
Ich erlasse der Frau jedoch diese schmerzvolle Zeit nicht, denn ich erlegte sie Eva auf, als sie beim Genuß des Apfels die Sünde empfing. Deshalb muß die Frau in dieser Zeit das wirksame Heilmittel der Barmherzigkeit erfahren. Sie soll auch verborgen und enthaltsam leben, doch nicht derart, daß sie sich des Kirchgangs enthalte, sondern sie betrete das Gotteshaus um ihres Heils willen in gläubiger Hingabe und demütiger Gesinnung. Weil aber die Braut meines Sohnes immer unversehrt ist, darf der Mann (wenn durch die offenen Wunden seiner verletzten Berührung die Unversehrtheit der weiblichen Glieder zerstört wurde), die Kirche nur mit Furcht und in großer Bedrängnis betreten, damit sie nicht entweiht wird. So hat auch Kain die unversehrten Glieder seines Bruders Abel, der ein Tempel Gottes war, grausam zerstückelt.

Eindringliche Ermahnungen schließen diese Gedankengänge ab. Erziehungsberechtigte und Eltern sind hier gefordert, ihre im Pubertätsalter befindlichen Kinder bzw. Jugendlichen rechtzeitig über die körperlichen Veränderungen mit sachlicher Genauigkeit aufzuklären. Ein möglichst unverklemmtes, freundliches Gespräch unter Einhaltung der Intimsphäre ist hier zielführender als das Überlassen von Aufklärungsliteratur. Im heute üblichen Sexualunterricht wird die moralische Seite kaum angesprochen oder verharmlost, weshalb Eltern, Religionslehrer oder Seelsorger die Probleme aufzeigen müssen, welche auf Pubertierende zukommen. Nicht selten werden durch Sorglosigkeit oder Unwissenheit lebensentscheidende Weichenstellungen herbeigeführt, die bei sorgfältiger Unterweisung zu verhindern gewesen wären.

21. Warum die Frau nach der Geburt oder nach einer Vergewaltigung sich verbergen und sich des Kirchgangs enthalten soll

Hat aber eine Frau nach der Verletzung ihrer verborgenen Organe ein Kind geboren, darf sie mein Haus nur gemäß des von mir erlassenen Gesetzes betreten, weil die heiligen Geheimnisse dieses meines Hauses vor aller Befleckung des Mannes und den Schmerzen der Frau unberührt bewahrt werden müssen. Denn meinen Sohn hat die reinste Jungfrau geboren; sie war unversehrt und ohne jede Wunde der Sünde. Der Ort, der zu Ehren dieses meines Eingeborenen geweiht ist, muß nämlich vor aller verderblichen Verwundung und Verletzung unberührt bleiben; denn auch mein Eingeborener wußte um die Unversehrtheit seiner jungfräulichen Geburt.
Deshalb soll sich auch die Frau, die durch den Umgang mit einem Mann die Unversehrtheit ihrer Jungfräulichkeit zerstört hat, mit der Wunde ihrer Verletzung des Kirchgangs enthalten, bis ihre Verwundung geheilt ist, wie es die kirchliche Vorschrift ihr für diesen Fall entschieden gebietet. Denn als meinem Sohn am Kreuzesholz seine Braut anvermählt wurde, verbarg sie sich so lange, bis mein Sohn seinen Jüngern auftrug, die Wahrheit der Frohbotschaft in der ganzen Welt zu verbreiten; dann erst erhob sie sich öffentlich und verkündete offen den Ruhm ihres Bräutigams bei der Wiedergeburt in Geist und Wasser. So soll auch die Jungfrau, die mit einem Mann vermählt wird, handeln, indem sie in keuscher Zurückhaltung verborgen bleibt bis zu dem Zeitpunkt, den das kirchliche Recht vorsieht, und wenn die Zeit ihrer Zurückgezogenheit beendet ist, zur Liebesvereinigung mit ihrem Gemahl wieder öffentlich hervortreten.

Hier ist die Zeit der Reinigung (40 Tage) angesprochen, während dieser Zeit soll sich die Mutter des Kirchganges enthalten. Seitens der Kirche sind keine Einschränkungen bekannt, weshalb dieser Hinweis doch für viele neu ist.

22. Wer sich im Umgang mit einer Schwangeren befleckt, ist ein Mörder

Ich will auch nicht, daß der genannte Akt zwischen Mann und Frau gesetzt wird, wenn schon der Keim für ein Kindlein im Schoß der Frau ruht, damit nicht die Anlage für dieses Kindlein mit überflüssigem, verdorbenem Samen verunreinigt wird, bevor die Reinigung bei seiner Geburt erfolgt ist; dann darf dieser Akt wiederum aus Liebe zur Nachkommenschaft, in aufrichtiger Gesinnung und nicht leichtfertig, vollzogen werden. So ist das Menschengeschlecht dazu bestimmt, in ehrenhafter Selbstbeherrschung neues Leben zu zeugen und nicht so, wie es törichte Menschen beredt verkünden, die sagen, es sei erlaubt, seiner Leidenschaft nach Gelüsten zu frönen, indem sie sprechen: „Wie können wir uns so unmenschlich enthalten?" O Mensch, wenn du auf den Teufel blickst, stachelt er dich zu allem Bösen an und tötet dich mit seinem todbringenden Gift; schaust du aber auf Gott, leistet er dir Hilfe und macht dich keusch. Verlangst du bei deiner Tat mehr nach Lust als nach Reinheit?
Die Frau ist dem Mann unterstellt und er sät in sie den Samen, wie er auch die Erde bearbeitet, damit sie Frucht bringe. Bearbeitet der Mensch etwa die Erde, daß sie Dornen und Disteln hervorbringe? Keineswegs; sondern daß sie gute Frucht bringe. So soll sich auch das Bemühen des Menschen auf die Liebe zur Nachkommenschaft und nicht auf zügellose Ausschweifung richten.

So weint und klagt also vor Gott, ihr Menschen; ihr verachtet ihn so oft in euern Sünden, wenn ihr in gar böser Unzucht euren Samen vergeudet und so nicht nur Ehebrecher, sondern auch Mörder werdet; denn ihr habt den Spiegel Gottes verworfen und befriedigt eure Lust, wie es euch paßt. Deshalb verfolgt euch der Teufel immer bei diesem Tun, weil er weiß, daß ihr mehr nach der Befriedigung eurer Begierde trachtet, als daß ihr auf die Freude an Nachkommen blickt. Hört also, die ihr auf den Türmen der Kirche wacht! Nicht mich klagt an bei euerm Ehebruch, sondern schaut auf euch selbst; denn wenn ihr zum Teufel eilt, während ihr mich verachtet, vollbringt ihr unerlaubte Taten und wollt nicht keusch sein, wie mein Knecht Osee vom befleckten Volk spricht und sagt:

23. Osee zum selben Thema

„Sie geben ihr Trachten nicht auf, um zu ihrem Gott umzukehren, weil in ihrer Mitte der Geist der Unzucht ist und sie Gott nicht erkennen." (Os.5,4)
Das heißt: die bösen Menschen, die Gott nicht erkennen, verbergen das Antlitz ihres Herzens und befreien es nicht von den verschiedenen Hüllen ihrer Machenschaften, um zur wahren Herrlichkeit zurückzukehren. Mit offenem Auge

erkennen sie nämlich nicht, was Gott gebührt, sondern nähren das Böse in sich. Der Anhauch leichtfertiger Unreinheit durch die teuflische Beeinflussung verweichlicht nämlich die männliche Kraft, die sie besitzen sollten, und läßt es nicht zu, daß sie ihr gutes Gewissen auf Gott stützen, wenn er sie vom Leben der Glückseligkeit abbringt.

Diese überaus strengen Worte machen betroffen und zeigen unmissverständlich auf, was Gott von uns erwartet! Kontrastreicher könnte dieses „Programm" für unsere sexualisierte Gesellschaft nicht sein. Zählen doch Befriedigung und Fleischeslust zu der Lebensphilosophie unserer Spaßgesellschaft. In dieser Euphorie schreit das Volk auch noch:
„Laßt doch die Pfarrer heiraten, sind ja auch nur Menschen!"
Es wäre wahrlich ein Wunder, würde sich bei den Menschen etwas ändern. Anderseits ändert sich aber auch nichts an deren Folgen, wenn die Menschen ihren Lebenstil beibehalten.
Der Teufel wird nicht ganz zu unrecht *Fürst dieser Welt* genannt, und wir erkennen seine Handschrift z. B. bei der „Königsteiner Erklärung" (Recht auf Abtreibung) oder auf dem Papier eines „Gender Mainstreaming" (Recht auf freie Sexualität), das jegliche göttliche Ordnung zunichte machen will. So sind auch zahlreiche Gesetze von seinen Handlangern verordnet worden.
Wenn der Staat moralische Werte für nichtig erklärt und die Unzucht auch noch fördert, so werden die dafür verantwortlichen Politiker vor Gott zur Rechenschaft gezogen werden. Seien sie gläubig oder ungläubig. So macht sich jeder Politiker mitschuldig, der nichts gegen den moralischen Verfall unternimmt.

24. Empfehlung der Keuschheit

Doch jetzt wende ich mich an meine überaus geliebten Schafe, die als die Saat der Keuschheit in mein Herz gepflanzt sind. Durch Mich ward die Jungfräulichkeit gesät, da mein Sohn aus einer Jungfrau geboren wurde. Daher ist die Jungfräulichkeit der schönste unter den Fruchtbäumen der Täler. Sie ist hochgeachtet unter allen Großen, die im Palast vor dem unvergänglichen König stehen: Nicht das Joch einer Gesetzesvorschrift lastet auf ihr, denn sie hat der Welt meinen Eingeborenen geschenkt. So mögen sie denn hören, die meinem Sohn zu folgen verlangen in der Unschuld freiwilliger Enthaltsamkeit oder in der Abgeschiedenheit trauernder Witwenschaft: Edler ist die Jungfrauschaft, die nie befleckt wurde, als das Witwentum, das des Mannes Joch getragen hat, doch folgt die Witwenschaft nach dem schmerzlichen Verlust des Mannes der Jungfräulichkeit.

Mein Sohn litt viele Schmerzen an seinem Leibe und unterzog sich dem Kreuzestod. So werdet auch ihr aus Liebe zu Ihm große Bedrängnis leiden, wenn ihr in euch die Saat der bösen Lust überwindet, die durch den Genuß des Apfels gesät wurde. Doch werdet ihr es ertragen müssen, wenn dem Brand der Begierde Samenergüsse entströmen, weil ihr nicht so rein sein könnt, daß sich nicht heimlich die Schwäche der menschlichen Gebrechlichkeit bemerkbar macht. Ahmt in diesen Mühen das Leiden meines Sohnes nach, indem ihr euch selbst widersteht, die brennende Flamme der Begierde in euch löscht, die Laster dieser Welt, wie Zorn, Stolz, Leichtsinn u. ähnliche abschüttelt und diesen Sieg in tapferem Kampf vollendet. Dann werden eure Kämpfe vor Mir erscheinen in großer Herrlichkeit und reicher Frucht, strahlender als die Sonne und lieblicher als die süßesten Düfte der Liebe.
Denn wenn ihr in euch die brennende Lust in mannhaftem Streit niedertretet, seid ihr ein Abbild meines Eingeborenen in seinen Schmerzen. Große Herrlichkeit wird euch, so ihr darin ausharrt, im himmlischen Reich zuteil.

O ihr lieblichen Blumen, meine Engel bewundern euren Kampf, wie ihr über den Tod hinwegschreitet, ohne euch im giftigen Kot der Welt zu beflecken, obwohl ihr einen fleischlichen Leib habt. Auf diese Weise mißachtet ihr ihn, so daß ihr, an Reinheit den Engeln ähnlich, glorreich in ihrer Gesellschaft verweilen dürft. Freut euch deshalb, wenn ihr so ausharrt, denn ich bin mit euch, wenn ihr mich gläubig aufnehmt und in der Freude eures Herzens mein Wort verwirklicht, das ich in einem verborgenen Gesicht meines geliebten Johannes kundtue und spreche:

25. Johannes über dasselbe Thema

„Siehe, ich stehe an der Tür und klopfe an. Wenn jemand meine Stimme hört, so werde Ich bei ihm einkehren und mit ihm Mahl halten, und er mit Mir.“ (Offb. 3,20)
Das heißt: Ihr, die ihr mich als euern Erlöser getreulich liebt, seht, wie ich euch am Zelt eures Herzens erwarte und euch zu Hilfe eilen möchte. Ich nehme wahr, was euer Gewissen bei der Erforschung des Herzens empfindet und rüttle euern Geist mit dem Windstoß der Erinnerung auf, sich für den Empfang des guten Willens zu öffnen. Wenn dann das gläubige Herz die Stimme der Gottesfurcht vernimmt, verbinde ich mich mit ihm, indem ich ihn umarme. Und ich genieße mit ihm unvergängliche Speise, wenn er sich selbst in guten Werken als Wohlgeschmack anbietet, so daß auch er die Speise des Lebens in mir finden wird. Denn er liebt ja das, was den nach Gerechtigkeit sich Sehnenden das Leben bringt.

Nach all den Ermahnungen, die wir bisher vernommen haben, ermuntert uns Gottvater mit vielversprechenden Worten, den Weg der Keuschheit zu gehen. Angesprochen sind jene, die bereit sind, „die Saat der bösen Lust“ aus Liebe zu Gott zu überwinden. Alles Reine und Unbefleckte kommt von Gott. Die Jungfräulichkeit zählt vor Gott zu den schönsten Früchten und genießt daher großes Ansehen. Die freiwillige Enthaltsamkeit gelingt nicht ohne Kampf und ist eine Form der Nachfolge Christi. Sei es als Priester, Ordensfrau oder Ordensmann. Im weltlichen Bereich ist auch die gelebte Witwenschaft ein Weg der Jungfräulichkeit, die Gott reichlich belohnt.
Nach all diesen schönen Worten müssen wir uns die Frage stellen: „Wo sind sie geblieben, all die Berufungen zum Ordens- oder Priesterstand?“ Der Zeitgeist weht in eine andere Richtung. Er bereitet den Boden für Selbstverwirklichung und für ein Wohlfühldasein nach dem Geschmack des Fleisches. Ein Leben in Jungfräulichkeit wäre für die Teenager von heute „das Letzte“, was sie sich wünschen.
Ohne Gottesfurcht und ohne Liebe zu Gott kommen eben solche Gedanken gar nicht auf. Dennoch hält uns Gott das Ideal an Schönheit und Reinheit vor Augen. Edles hat seinen Preis, wie wertvoller Schmuck. So auch die Nachfolge Christi, deren Lohn im Himmel groß ist.
In solchen Menschen sieht Er ein Abbild Seines Sohnes, weshalb sie eine unbeschreibliche Herrlichkeit erwartet. Sie werden selbst von den Engeln bei diesem Kampfe gegen die zahlreichen Verführungen bewundert, weil sie die fleischlichen Begierden meiden. Damit werden sie der Reinheit der Engel ähnlich, weshalb der Herr mit ihnen Mahl hält.
Nach dieser Lektion für Eheleute setzt Gottvater nun seine Belehrungen entsprechend dem Visionsbild fort.

26. Gott versiegelt das Paradies vor weiterer Ansteckung

Doch du schautest weiter: Nach der Verstoßung Adams und Evas aus dem Paradies *umringt ein Lichtglanz gleich einem Walle dieses Gebiet.* Wegen ihrer Übertretung müssen sie nämlich den lieblichen Ort verlassen. Da stellt sich wie eine Scheidewand die Macht der göttlichen Majestät vor das Paradies. Jeder Makel der Ansteckung hält sie von diesem Ort fern und schützt ihn so mit seiner Herrlichkeit, auf daß ihn von nun an nichts Verderbliches mehr berühren kann. Doch sinnbildet dieser (Lichtwall) auch, daß die Übertretung, die dort geschah, einmal gütig und barmherzig getilgt werden sollte.

Nach der Vertreibung von Adam und Eva aus dem Paradies nahm Gott den

Garten Eden sozusagen unter seine Obhut. Das Paradies musste sogar physisch „evakuiert" worden sein, weil es auf Erden nicht mehr existiert. Gott beschützt es nun - außerhalb des Universums - durch einen unzugänglichen Lichtkreis vor weiteren Einflüssen bösgeistiger Mächte. Der Teufel hat dort nichts mehr zu suchen. Ein Zeichen dafür, dass Gott den Menschen eines Tages wieder ins Paradies zurückführen wird, ist daran zu erkennen, dass Gott den Garten Eden nicht einebnete, sondern unversehrt aufbewahrt. Im Notizheft (Berliner Fragmente) vermerkt Hildegard zwei gut bekannte Koordinaten für den heutigen Ort des Paradieses:

„Wo die Sonne aufgeht im wachsenden Tag und wo sie umkehrt im Sommer, dort endet das Paradies; und soweit (die Sonne) vorrückt am Mittag im Sommer, soweit reicht der Bogen des Paradieses." [77]

Gemeint ist hier die tiefste Stellung der Sonne bei der Wintersonnenwende sowie ihr höchster Stand zur Sommersonnenwende. Der Bogen spannt sich im Winkel von (2 x 23, 5 Grad) 47 Grad, in dessen verlängertem Bereich sich das Paradies befinden müsste, jedoch außerhalb des Universums. Das ist natürlich kein Dogma, sondern ergibt sich spekulativ aus den Angaben Hildegards. Im erwähnten Notizbuch wird auch die Örtlichkeit der Hölle vermerkt: „Die Hölle ist außerhalb der Welt gegen Norden in unendlicher Länge und Breite!" [78]

Alle auf ewig angelegten Örtlichkeiten, wie Himmel, Paradies und Hölle, befinden sich - lt. Hildegard - außerhalb des vergänglichen Universums. Himmel und Erde werden ja am Ende der Zeit völlig erneuert. Die Sterne werden vom Himmel fallen, die Elemente sich auflösen und die Erde bis zu ihrem festen Kern durchglüht. Nach Erneuerung von Himmel und Erde wird auch das Fegefeuer aufgelöst, weil es nicht mehr benötigt wird. Für ewig bleibt:

Himmel,
Paradies,
neue Erde
und die Hölle.

27. Weil der Mensch sich gegen Gott auflehnte, widersetzte sich ihm die Schöpfung, die ihm früher untertan war

Und so *gerieten alle Elemente der Erde, die bisher in tiefer Ruhe lagen, in Aufruhr und offenbaren furchtbar ihre erschreckende Macht.* Die Schöpfung, geschaffen zum Dienst des Menschen, hatte keinerlei Widerstand in sich verspürt, doch als der Mensch zum Ungehorsam griff und sich seinem Schöpfer widersetzte, verlor auch sie ihre Ruhe und wurde mit hineingerissen in seine

Ruhelosigkeit. Große und viele Widerwärtigkeiten trägt sie nun an den Menschen heran. Wie *er* sich zum Bösen geneigt hat, so soll er nun durch *sie* gezüchtigt werden.
Wie das? Weil der Mensch am Ort der Wonne sich zum Empörer gegen Gott aufwarf, darum stellt sich ihm nun die Schöpfung, die ihm zu Diensten unterworfen war, entgegen.

Der Sündenfall löste bei den Elementen eine große Erschütterung aus. Sie verloren ihr Gleichgewicht und gerieten in großen Aufruhr. Von da an geriet das ganze Universum in Bewegung. In sämtlichen Werken Hildegards wird übereinstimmend von einem sich drehenden Weltenrad gesprochen, vom Umlauf der Sonne, der nun *„die Länge der Zeit"* bestimmt. Die Zeit im Sinne einer Vergänglichkeit nahm mit Adams Vertreibung aus dem Paradies ihren Anfang. Die Natur folgte Zwangsläufigkeiten, die sich aus Vergänglichkeit und Tod ergaben: Es entstand die Notwendigkeit von Kreisläufen, die zuvor überflüssig waren, wie etwa das Recyclen organischer Stoffe. Der Mensch zerfällt nun zu Staub, er wird wieder Erde, aus der er genommen wurde. Auch das Wasser und die Luft unterliegen Recyclingmethoden aufgrund der Verschmutzungen, die es im Paradies nicht gegeben hätte. Es ließe sich hier noch vieles anführen, um diese „notwendige Unordnung" in der Natur zu beschreiben.

Die universalen Elemente sind daher in ständiger Bewegung und ahnden die bösen Taten der Menschen, wie wir schon im medizinischen Teil erfahren haben. Die Natur lehnt sich gegen den sündigen Menschen auf. Sie bringt seither nicht nur Dornen und Disteln hervor, sondern lässt den Menschen ihren Unmut auch in Form von Sturm, Hagel, Überschwemmungen und Erdbeben bis hin zu Seuchen und Hungersnöten spüren.
Es gibt Sünden, *„die selbst die entferntesten Gestirne erschüttern"*.

28. Von der Schönheit des Paradieses, das der Erde Saft und Kraft gab, wie die Seele dem Leib

Das Paradies aber ist ein lieblicher Ort, der im frischen Grün der Blumen und Kräuter von köstlichem Wohlgeruch prangt, erfüllt von auserlesenen Düften. Er ist zur Freude der Seligen ausgestattet. Dem trockenen Land spendet er fruchtbare Feuchtigkeit, weil er der Erde seine starke Lebenskraft zuführt, wie die Seele dem Leib Kräfte verleiht. Denn das Paradies wird von keinem Schatten und Verderben der Sünde verfinstert.

Noch einmal ist vom Paradies die Rede. Dieser liebliche Ort blieb unbeschadet und existiert zur Freude der Seligen. Wie die angedeutete Beziehung zur Erde zu verstehen ist, bleibt aber rätselhaft. Selbst eine allegorische Deutung lässt manche Fragen offen. Man kann hier aber zwischen eschatologischen Vorstellungen unterscheiden. Einerseits gab es vor dem Sündenfall im Paradies keine Feindschaft zwischen Mensch und Tier, keine Dornen und Disteln, und der Mensch konnte sich ohne Mühe (Arbeit) ernähren. Der Garten Eden war demnach ein physischer Aufenthaltsort und nicht Ausdruck eines Wohlbefindens. Andererseits sprechen wir ebenfalls vom Paradies und meinen das Leben der Erlösten nach ihrem Tod. So bezeichnet die Bibel diesen Zustand auch als „Ewiges Leben“ oder „Reich Gottes.“ Nach Johannes regiert Gott selber in diesem Reich. Es wird ein Reich des Friedens und der Gerechtigkeit sein. Tod, Krankheit und Mühe werden der Vergangenheit angehören. Es wird keine Nacht mehr geben, Gott selbst wird das Licht sein.

29. Warum Gott den Menschen so schuf, dass er sündigen konnte

Deshalb hört und versteht mich, die ihr in eurem Herzen sprecht: „Was ist das und warum ist das so?“ Ach, warum seid ihr so töricht in euerm Herzen, die ihr nach dem Bild und Gleichnis Gottes geschaffen seid? Wie könnte eine so große Ehre und Herrlichkeit, wie sie euch verliehen ist, ohne Erprobung bleiben, als wäre sie ohne Bedeutung und Sinn? Gold muß im Feuer erprobt und kostbare Edelsteine müssen gereinigt und geschliffen werden, und alle derartigen Stoffe auf alle ihre Eigenschaften untersucht werden. Ihr törichten Menschen, wie könnte also das, was als Bild und Gleichnis Gottes geschaffen ist, ohne Prüfung bestehen? Denn der Mensch muß mehr als jedes andere Geschöpf erprobt werden, und deshalb durch die ganze Schöpfung geläutert werden.
Fleisch durch Fleisch, Erde durch Wasser, Feuer durch Kälte, Kampf durch Niederlage, Gutes durch Böses, Schönheit durch Häßlichkeit, Armut durch Reichtum, Süßigkeit durch Bitternis, Gesundheit durch Krankheit, Langes durch Kurzes, Hartes durch Weiches, Höhe durch Tiefe, Licht durch Finsternis, Leben durch Tod, das Paradies durch Leiden, das Himmelreich durch die Hölle, Irdisches mit Irdischem, Himmlisches mit Himmlischem.

So wurde der Mensch durch die ganze Schöpfung geprüft, nämlich im Paradies, auf Erden und in der Unterwelt; danach wurde er in den Himmel versetzt. Deutlich seht ihr nämlich nur wenige von den vielen Dingen, die euern Augen verborgen sind.
Und warum lacht ihr über das, was recht, verständlich, gerecht und gut vor Gott

an allen Gütern ist? Warum seid ihr unwillig darüber? Gott ist gerecht, doch das Menschengeschlecht ist in der Verachtung der göttlichen Gebote ungerecht, während es danach strebt, weiser als Gott zu sein.

Unser Leben ist eine Bewährungsprobe, eine Zeit der Vorbereitung auf die letzte große Prüfung, welche in der Stunde des Todes jedem Menschen bevorsteht. Wenn die Sanduhr abgelaufen ist, fällt die Entscheidung über unseren endgültigen Aufenthaltsort. Diese Endgültigkeit wird durch das reinigende Feuer für jene noch verzögert, die nicht der Hölle anheimfallen, aber für die himmlische Herrlichkeit noch zu unrein sind. Letztlich gibt es aber nur zwei Orte, die gegensätzlicher nicht sein können. Entweder ewiges Leben oder ewiger Tod, was gleichbedeutend ist mit Himmel oder Hölle. So lehrt es uns die Kirche und wie nicht anders zu erwarten ist, sagt Gottvater zu Hildegard dasselbe.
Er führte uns soeben dieses Kontrastprogramm vor Augen, mit den Vergleichen von Tag und Nacht, von Licht und Finsternis, von Leben und Tod.
Um vor der Majestät Gottes bestehen zu können, ist es notwendig, den schmalen Weg zu gehen, weil der breite Weg ins Verderben führt. *„Geht durch das enge Tor! Denn das Tor ist weit, das ins Verderben führt, und der Weg dahin ist schmal, und nur wenige gehen ihn.“ (Mt.7,13)*
Das bedeutet Mindestanforderungen zu erfüllen, die von der Kirche vorgegeben werden: tägliches Gebet, an Sonn- und Feiertagen die hl. Messe zu besuchen und wenigstens einmal im Jahr zur hl. Beichte zu gehen. Im Falle von schwerer Sünde ist anzuraten, schon bei nächster Gelegenheit diese tödliche Last durch eine Beichte abzulegen.

30. Dass der Mensch das Erhabene nicht erforschen soll, weil er nicht einmal das Niedrige durchschauen kann

Nun sag mir doch, Mensch: Was bist du nach deiner Meinung gewesen, bevor du Leib und Seele besaßest? Du weißt ja nicht, wie du selbst geschaffen wurdest; doch jetzt willst du, Mensch, Himmel und Erde erforschen, über ihren Sinn im Plane Gottes urteilen und das Erhabene erkennen, da du nicht einmal das Niedrige durchschauen kannst, weil du nicht weißt, wie du im Leib lebst oder wie du des Leibes entkleidet wirst.
Der dich erschaffen hat im ersten Menschen, er hat dies alles vorausgesehen. Als gütigster Vater sandte er seinen Sohn, daß er für das Volk sterbe, um den Menschen aus der Gewalt des Teufels zu befreien.

Diese zurechtweisenden Worte des Vaters sind eine Positionsbestimmung. Nicht

wir sind souverän und können bestimmen, was recht ist oder unrecht, sondern der Vater. Wer seine Souveränität infrage stellt, zählt zu den Verlierern. Nicht Er braucht uns, sondern wir sind angewiesen auf Ihn. Und so begegnen wir selbst im 21. Jahrhunderts dem gleichen Gott, wie seinerzeit die Propheten. Gott bleibt immer der Gleiche, deshalb ist es müßig zu glauben, dass sich an der Wahrheit und der Lehre der Kirche etwas ändern könnte. Nicht Gott muss sich ändern, sondern wir.
Die Liebe unseres Vaters zeigt sich darin, dass Er uns aus der Gewalt des Teufels befreit hat durch das sühnende Opfer seines Sohnes.

31. Dass der Mensch jetzt heller leuchtet als vorher im Himmel

Und so leuchtet der erlöste Mensch in Gott, und Gott im Menschen. Der Mensch besitzt nämlich in der Gemeinsamkeit mit Gott im Himmel jetzt eine strahlendere Herrlichkeit als vorher. Das wäre nicht so, wenn der Menschensohn sich nicht mit Fleisch umkleidet hätte; denn wäre der Mensch im Paradies geblieben, hätte Gottes Sohn nicht am Kreuz gelitten. Doch da der Mensch durch die listige Schlange betrogen wurde, wurde Gott von aufrichtigem Erbarmen gerührt, so daß er beschloß, seinen Eingeborenen in der reinsten Jungfrau Fleisch annehmen zu lassen. Und so erhoben sich nach dem Fall des Menschen viele leuchtende Tugendkräfte im Himmel, wie z.B. die Demut, als Königin der Tugenden, die bei der Jungfrauengeburt erblühte, wie auch die übrigen Tugendkräfte, welche die Erwählten Gottes zum Himmlischen emporführen.
Wenn ein Acker nämlich mit großer Mühe bebaut wird, bringt er reiche Frucht, wie es am Menschengeschlecht zu sehen ist; denn nach dem Fall des Menschen erhoben sich viele Tugendkräfte, um ihn wieder aufzurichten. Doch ihr Menschen, vom Gewicht eures Leibes beschwert, seht nicht die große Herrlichkeit, die euch unversehrt und ohne Widerspruch in der Fülle der göttlichen Gerechtigkeit bereitet ist, so daß niemand sie zerstören kann.

Mit diesen Worten schließt sich der Kreis der Vision. Es wurden uns die dramatischen Ereignisse aus der Vorzeit dargelegt, der Sturz Luzifers, der Fall von Adam und Eva, mit all seinen negativen Einflüssen auf die Nachkommen, und zuletzt die furchtbare Herrschaft der Sünde in der unerlösten Menschennatur. In mahnenden Worten wird der Mensch aufgefordert, das Grundübel seines Versagens, nämlich den Stachel des Fleisches, zu überwinden, die Erlösungsgnaden anzunehmen, um nicht dem Verführer zu folgen, der verworfen wurde. Gott ließ den Menschen nicht im Stich, sondern wurde von aufrichtigem Erbarmen gerührt und sandte seinen einzigen Sohn in die Welt, um das Menschengeschlecht aus

den Klauen des Satans zu befreien.
Der entwürdigte Mensch erhielt mit dem Werk der Erlösung seine Würde zurück. Gottes Sohn ist Mensch geworden, einer von uns, damit würdigte er den Menschen. Mit seiner Frohbotschaft weist er uns den Weg heim ins Vaterhaus. Durch den Glauben an Ihn und durch Einhaltung seiner Gebote gelangt der Mensch zu einer größeren Herrlichkeit als Adam und Eva seinerzeit im Paradies. Jesus Christus, unser Retter und Erlöser, trug nicht nur die ganze Sündenlast, in ihm war auch die Fülle aller Tugenden, und so hat er durch sein Leiden und Sterben den Menschen unermessliche Verdienste beim Vater erworben.
Mit einem Gleichnis endet nun diese zweite Vision des Buches Scivias. Es erzählt eine Geschichte, die uns die Güte Gottes bildhaft vor Augen führt.

Bevor der Weltenbau entstanden war, hatte Gott dies alles in wahrer Gerechtigkeit vorausgeschaut. Darum, o Mensch, betrachte dieses Gleichnis.

32. Der Vergleich von Garten, Schaf und Perle mit dem Menschen

Ein Hausherr, der unverdrossen, mit großem Eifer einen Garten anlegen will, bestimmt zuerst einen geeigneten Ort für diesen Garten; darauf plant er die Anpflanzung und zieht die Fruchtbarkeit guter Bäume, ihren Nutzen, Geschmack, Duft, und die Berühmtheit der verschiedenen Gewürze in Betracht. Und so erweist sich dieser Hausherr als großer Kenner (philosophus) und unerschöpflicher Meister, wenn er die Pflanzung und ihre Nützlichkeit genau erkennen kann. Und dann überlegt er, inwieweit er ihn einzäunen soll, damit keiner seiner Feinde seine Anpflanzung zerstören kann. Dann bestellt er auch seine Salbenmischer, die diesen Garten zu bewässern wissen und seine Früchte einsammeln, um daraus verschiedene Salben zu bereiten. Darum, o Mensch, erwäge es sorgsam: wenn dieser Hausherr voraussieht, daß sein Garten wegen Unfruchtbarkeit und Nutzlosigkeit eingeebnet werden muß, warum legt er ihn dann, als so großer Kenner und Meister, mit so großem Eifer und Arbeitsaufwand an, bepflanzt, bewässert und umzäunt ihn?
Höre deshalb und verstehe! Gott, die Sonne der Gerechtigkeit, sandte seinen Strahlenglanz über den Schmutz, d.h. über die Sünde des Menschen; und dieser Glanz erstrahlte in großer Herrlichkeit, denn jener Kot war sehr abscheulich. Die Sonne strahlte nämlich in ihrer Herrlichkeit und der Schmutz verfaulte in seiner Häßlichkeit. Daher wurde die Sonne von denen, die sie sahen, mit größerer Liebe begrüßt, als wenn der Lehm ihr nicht gegenübergestellt worden wäre. Wie also der Schmutz im Vergleich zur Sonne verachtenswert ist, so ist auch die menschliche Sünde im Vergleich zur göttlichen Gerechtigkeit böse.

Daher ist die Gerechtigkeit zu lieben, weil sie schön ist, und die Sünde ist zu verwerfen, weil sie häßlich ist.

In diese Verworfenheit fiel das Schaf des Herrn, der einen solchen Garten angelegt hatte. Dieses Schaf wurde demselben Herrn also nicht durch ein Versehen weggenommen, sondern durch seine eigene Zustimmung. Aber der Herr hat das in die Irre gegangene Schaf mit vieler Mühe gesucht und in Gerechtigkeit heimgeholt. Freude, übergroße Freude leuchtete darob unter den Engelchören auf, als die Engel den Menschen im Himmel erblickten. Was bedeutet das?
Als das unschuldige Lamm am Kreuz hing, erbebten die Elemente, weil der erhabene Sohn der Jungfrau durch die Hände von Mördern leiblich getötet wurde. Und bei seinem Tod wurde das verlorene Schaf zur Weide des Lebens zurückgetragen. Nachdem der alte Feind sah, daß er das Schaf wegen des unschuldigen Blutes des Lammes, das es zur Vergebung der menschlichen Sünden vergossen hatte, entlassen mußte, erkannte er erst, wer dieses Lamm war. Er konnte ja nicht begreifen, wie Es ohne Manneszutun und ohne sündige Begierlichkeit aus der vom Heiligen Geist überschatteten Jungfrau Fleisch geworden war.
Dieser Feind also erhob sich zu Beginn seiner Erschaffung, von Stolz aufgebläht, stürzte sich selbst in den Tod und vertrieb den Menschen aus der Herrlichkeit des Paradieses. Gott wollte ihm nicht in seiner Macht entgegentreten, sondern überwand ihn in Demut durch seinen Sohn. Und weil Luzifer der Gerechtigkeit Gottes spottete, konnte er nach gerechtem Gericht Gottes die Menschwerdung des Eingeborenen Gottes nicht erkennen. Denn durch diesen verborgenen Ratschluß wurde das verlorene Schaf dem Leben wiedergeschenkt.
Warum also, ihr rebellischen Menschen, seid ihr so harten Sinnes? Gott verließ den Menschen nicht, sondern sandte den Erretter und zertrat das stolze Haupt der alten Schlange. Als der Mensch dem Tod entrissen wurde, öffnete die Hölle ihre Tore und Satan schrie: „Wehe, wehe, wer wird *mir* helfen?" Und die ganze satanische Sippe zerfleischte sich wutschnaubend und fragte sich verwundert, was das für eine gewaltige Macht sei, der sie mit ihrem Anführer nicht widerstehen konnte, als sie sah, daß die gläubigen Seelen ihr entrissen wurden. So wurde der Mensch über die Himmel erhoben. Gott erschien im Menschen und der Mensch in Gott durch den Sohn Gottes.

Derselbe Hausherr, der das Schaf verloren hatte, es aber so ruhmvoll dem Leben wiedergeschenkt hatte, besaß außer dem Schaf auch eine kostbare Perle, mit der es ihm ähnlich erging. Sie entglitt ihm und fiel in häßlichen Schmutz. Doch er ließ sie nicht im Schmutz liegen, zog sie vorsichtig heraus und säuberte sie vom Schmutz, in den sie gefallen war, wie man Gold im

Schmelzofen reinigt. Und er verlieh ihr die frühere Schönheit mit noch größerem Glanz. Gott hat nämlich den Menschen geschaffen, doch der verfiel durch teuflische Überredung dem Tod. Gottes Sohn hat ihn durch sein Blut daraus befreit und ihn siegreich zur himmlischen Herrlichkeit geführt. Wie geschah das? In Demut und Liebe.

Mit diesem Gleichnis vom verlorenen Schaf haben wir eine sehr schöne Zusammenfassung des Erlösungswerkes. Diese „wahre Geschichte" ist hervorragend dafür geeignet, den Kindern von der großen Liebe unseres himmlischen Vaters zu erzählen und ihnen die Grundwahrheiten unseres christlichen Glaubens nahe zu bringen. Ganz im Vordergrund steht unser himmlischer Vater, der alles für seine verlorenen Schäflein tut, um sie heimzuholen in sein Vaterhaus. Er sah die katastrophale Fehlentwicklung voraus, wurde aber nicht nervös und „organisierte" auch keinen gewaltigen Befreiungsschlag, sondern löste das Problem auf eine Weise, die vom Teufel nicht durchschaut werden konnte.
Wir alle waren durch den Ungehorsam der Stammeltern verlorene Schafe. Wie kostbare Perlen sind wir in den Schmutz gefallen. Aus diesem Sumpf hätte sich der Mensch selbst nicht mehr befreien können, aber der gütige Vater ließ uns darin nicht verkommen. Er sandte uns zur Rettung seinen Sohn und verlieh uns sogar einen neuen Glanz, sodass selbst die Engel im Himmel über die Menschen staunen.
Nicht durch Macht und Gewalt hat Gott den Teufel besiegt, sondern in aller Demut und Liebe wurden wir von seinen Fesseln befreit. Die Demut ist eine göttliche Tugend. In Jesus ist sie personifiziert. Er, der Sohn Gottes, hat diese Demut vorgelebt, denn der Herr ist dem Wesen nach demütig und sanftmütig von Herzen. Und diese Demut scheut der Teufel, weil er seinem Wesen nach genau das Gegenteil darstellt, nämlich den Hochmut in Person.
So folgen hochmütige Menschen dem Teufel und demütige dem Herrn. Das ist eine der Lehren aus dieser Vision. Der eine Weg führt ins Verderben, der andere zurück ins Vaterhaus. So schließt auch die zweite Schau mit der Empfehlung, sich von Demut und Liebe leiten zu lassen.

33. Demut und Liebe sind herrlicher als die anderen Tugenden

Die Demut bewirkte die Geburt des Gottessohnes aus der Jungfrau, die nicht erfunden ward in den Banden der Ehe noch in der Verlockung des Fleisches, nicht in irdischem Reichtum, in Goldschmuck und Ehren der Welt. Sondern der Sohn Gottes lag in einer Krippe, weil seine Mutter eine arme Frau war. Seufzt und weint auch die Demut immer, sie macht allen Lastern ein Ende; das ist ihre

Aufgabe. Wer immer daher den Teufel in die Flucht schlagen will, der schirme und bewaffne sich mit der Demut. Vor ihr flieht Luzifer und verkriecht sich wie eine Natter in ihrer Höhle, denn wo immer sie ihn ergreift, da zerreißt sie ihn wie einen brüchig gewordenen Faden.

Die Liebe umfängt den Eingeborenen Sohn im Himmel im Schoße des Vaters. Doch ist sie es auch, die ihn hinabsandte auf die Erde in den Schoß der Mutter. Sie verachtet nicht die Sünder, nicht die Zöllner, sondern verlangt nach der Rettung aller. Sie erweicht des Herzens Härte, indem sie den Augen der Gläubigen den Quell der Tränen entlockt.

Denn Demut und Liebe sind wie Seele und Leib, die zusammen mehr Gewalt besitzen als die übrigen Kräfte der Seele und die Glieder des Leibes.

Wie ist das zu erklären? Die Demut ist gleichsam die Seele und die Liebe wie der Leib; sie können nicht voneinander getrennt werden, sondern arbeiten zusammen, wie auch Seele und Leib verbunden bleiben und miteinander wirken, solange der Mensch im Körper lebt. Und wie die verschiedenen Glieder des Leibes - gemäß ihrer Kraft - von Seele und Leib abhängig sind, so leisten auch die übrigen Tugendkräfte ihren gerechten Beitrag zugunsten der Demut und Liebe. Deshalb, ihr Menschen, bemüht euch zur Ehre Gottes und zu euerm Heil um Demut und Liebe. Mit ihnen bewaffnet werdet ihr die Nachstellungen des Teufels nicht zu fürchten brauchen, sondern das unvergängliche Leben in Besitz nehmen.

Wer immer Erkenntnis im Heiligen Geist und Flügel des Glaubens besitzt, der gehe nicht achtlos an meiner Mahnung vorüber, sondern er koste und umarme sie und trage sie in seiner Seele. - Amen.

Mutterschaft aus dem Geiste und dem Wasser
Tafel 12 / Schau II 3

Die Kirche

Gott hat Feindschaft gesetzt zwischen den Kindern des Lichts und den Kindern der Finsternis, zwischen Wahrheit und Irrtum, zwischen Kirche und Welt. Dadurch gerät die Kirche immer wieder in Schwierigkeiten. Das war schon zur Zeit der Apostel so und so ist es auch heute. Schon Papst Johannes Paul II. beklagte: *„Man muß realistisch und mit tiefem Nachempfinden zugeben, daß heute zahlreiche Christen sich verloren, verwirrt, ratlos und sogar enttäuscht fühlen; mit vollen Händen sind Ideen ausgesät worden, die in Widerspruch zur offenbarten und seit jeher gelehrten Wahrheit stehen; es sind ausgesprochene Häresien."* Kurz vor seinem Tod sprach der Papst von der *„stillen Apostasie* (Abfall, Austritt) *der Nationen*". Und seine rechte Hand - seinerzeit Kardinal Ratzinger - verglich die Kirche mit einem *„Schiff, in das von allen Seiten Wasser läuft und das kurz davor ist unterzugehen!"*

Das ist die Lage! Als Hauptursache für die Krise in der Kirche offenbart uns Gottvater die fehlende Gerechtigkeit seitens der Bischöfe und Priester. Sie müssten die Herde vor den Wölfen schützen, die in die Kirche eingedrungen sind. Schützen vor Modernismus, Liberalismus, vor den subjektivistischen, naturalistischen, rationalistischen und evolutionistischen Irrlehren, um nur einige zu nennen.
Es wäre buchfüllend, all die Missstände und Ursachen aufzuzählen, die gegen die Lehre und Tradition der katholischen Kirche gerichtet sind.
Der entscheidende Fehler seitens der Kirche liegt in der einseitigen Betonung der Liebe und Barmherzigkeit Gottes, weshalb sich sündenbeladene Menschen ihres Seelenheiles sicher fühlen. Die Barmherzigkeit, ein göttliches Attribut, kann jedoch von der göttlichen Gerechtigkeit nicht losgelöst werden. Gott begnadigt den büßenden Sünder, verurteilt aber den Unbußfertigen. Letzeres wird verschwiegen!
Hildegard sieht in der ersten Schau des dritten Buchteiles *Scivias* in den „Lichtkreis Gottes" und „das deutet darauf hin, daß die der göttlichen Macht innewohnende Kraft in Härte und großer Strenge wirksam wird gegenüber heuchlerischer, unbußfertiger und ruchloser Bosheit. Furchtbar ist sie dann und stahlhart. Denn Gott ist die lautere Gerechtigkeit ohne jede Ungerechtigkeit weicher Nachgiebigkeit."
Daher sollten Christen die Kirche nicht als „unbarmherzig" bezeichnen, wenn wiederverheiratete Geschiedene nicht zur hl. Kommunion zugelassen werden. Den Gläubigen würde das ja zum Gericht! Priester sollten allerdings den Mut

haben, dies auch zu sagen, weil heute das allgemeine Glaubenswissen fehlt. Einerseits war die Barmherzigkeit Gottes noch nie so groß wie heute, denken wir nur an das Fest der göttlichen Barmherzigkeit, welches Papst Johannes Paul II. eingeführt hat. Wer am Barmherzigkeits-Sonntag zur hl. Beichte geht, die hl. Messe besucht und die hl. Eucharistie empfängt, dem werden alle Sündenstrafen nachgelassen! Wie viele aber nützen diese große Barmherzigkeit? Jenes kleine Häufchen, das sich (pro Pfarre) vor dem Beichtstuhl anstellt, hat unter einem Baum Platz! So muss andererseits die weitaus größere Zahl der Unbußfertigen mit der Gerechtigkeit rechnen.
Das Schiff wird trotz aller Stürme nicht untergehen, der Herr hat es versprochen. Jeder Kampf erfordert aber mehr oder weniger viele Opfer. Als Opfer ist hier der Verlust der Seligkeit, der Verlust der Erlösungsgnaden zu bedauern. Die Dimension dieses Verlustes dürfte ein noch nie dagewesenes Ausmaß haben! Nicht nur bei den Ungeweihten, auch Priester, Bischöfe und Kardinäle mit liberaler und modernistischer Einstellung bewegen sich auf dünnem Eis.

Was schreibt die hl. Hildegard über die Kirche? Im weitesten Sinne tangiert das ganze Buch *Scivias* die Kirche und ihre Lehre. Der zweite Teil des Buches geht aber konkret darauf ein, wie bereits die Titel der Visionsbilder zeigen:

1. Vision: Der Erlöser
2. Vision: Der Dreieinige Gott
3. Vision: Die Kirche, die Mutter der Gläubigen
4. Vision: Mit Kraft gesalbt
5. Vision: Die Stände der Kirche
6. Vision: Das Opfer Christi und der Kirche
7. Vision: Der Mensch in der Anfechtung

Hildegards Aussagen über die hl. Kirche sind so umfangreich und vielfältig, dass hier nur eine kleine Auswahl getroffen werden kann. Die zitierten Textstellen betreffen überwiegend jene Punkte, über die heute so viel diskutiert wird. Dadurch sollten jene gestärkt werden, die an der überlieferten Lehre der Kirche festhalten und sie sollten wissen, dass sie Recht behalten werden.

„Ich muß empfangen und gebären."

Unter **Kirche** ist nicht irgendeine Religionsgemeinschaft gemeint, sondern jene römisch-katholische Kirche, die Christus gegründet hat. Weil Christus nur diese eine Kirche gegründet hat, deshalb gibt es auch nur *eine* Kirche! Dazu gehören noch die Unierten Kirchen, die als Teilkirchen unter der römisch-katholischen Kirche stehen. Unsere evangelischen Mitbrüder und Mitschwestern sind zwar auch Christen, aber streng genommen nicht „Kirche", sondern eine Religionsgemeinschaft, weil sie mit der Urkirche - von Petrus bis Benedikt XVI. - nicht uniert sind. Andere Glaubensgemeinschaften, wie z.B. Buddhisten, Hinduisten oder Muslime sind vor Gott Heiden. Sie verehren nicht den dreifaltigen Gott wie die Katholiken und sind ungetauft. Erst die Taufe auf den

† Namen des Vaters
† und des Sohnes
† und des Hl. Geistes

macht aus dem Menschen ein Kind Gottes, und so wird er Teil des mystischen Leibes Christi. Gottvater spricht hier (*Scivias*) sehr klare Worte über den katholischen Glauben:

„Lauft also, ihr Gläubigen, unter den Geboten Gottes, damit euch nicht die Verdammnis des Todes ergreift. Ahmt den neuen Adam nach und werft den alten Menschen ab. Dem Läufer steht das Reich Gottes offen; dem, der am Boden liegt, bleibt es verschlossen. Doch unglücklich sind jene, die den Teufel verehren und Gott leugnen. Wieso?
Sie verehren nicht den einen Gott in der Dreifaltigkeit und wollen nichts von Dreiheit in der Einheit wissen. Wer also gerettet werden will, zweifle nicht am rechten katholischen Glauben. Was bedeutet das?

Denn wer den Sohn leugnet, verehrt den Vater nicht, noch liebt jemand den Sohn, der den Vater nicht kennt; und wer den Heiligen Geist verwirft, besitzt weder Vater noch Sohn. Wer Vater und Sohn nicht ehrt, empfängt auch nicht den Heiligen Geist. Also muß man die Einheit in der Dreifaltigkeit und die Dreifaltigkeit in der Einheit sehen.
O Mensch, kannst du etwa ohne Herz und Blut lebendig sein? So kann man auch nicht an den Vater ohne Sohn und Heiligen Geist, noch an den Sohn ohne Vater und Heiligen Geist, oder an den Heiligen Geist ohne sie beide glauben.
Doch der Vater sandte seinen Sohn zur Erlösung des Menschen in die Welt und holte ihn wieder zu sich zurück; so entläßt auch der Mensch die Gedanken seines Herzens und sammelt sie wieder bei sich. Deshalb redet Isaias nach dem Willen der himmlischen Majestät über die heilbringende Aussendung des Eingeborenen Gottes und spricht: *'Der Herr sandte sein Wort gegen Jakob und es traf Israel.'*"[79]

Hildegard muss mehrmals bezeugen, dass nur die katholische Kirche die wahre Kirche ist. Nur sie ist im Besitz der ganzen Wahrheit! Dieser Wahrheitsanspruch ist vielen ein Dorn im Auge. Wahrheit ist jedoch etwas Unveränderliches und Unerschütterliches! Sie ist unteilbar und keine „Diskussionsbasis". Über Wahrheit können wir gar nicht selbst befinden! Wir können die Wahrheit nur suchen und respektieren, denn sie gehört uns nicht und ist nicht verhandelbar. Es steht jedem frei, die Wahrheit abzulehnen oder anzunehmen. Mit dieser von Gott gegebenen Freiheit können wir uns für die Wahrheit oder gegen sie entscheiden. Letztlich tragen wir dafür auch die Verantwortung und die Folgen.

Die Kirche ist ein Werk Gottes und deshalb heilig, unabhängig davon, wie fromm ihre Mitglieder sind. Jesus hat sie seinen Aposteln anvertraut, mit all deren menschlichen Schwächen. Weil die Kirche ein Werk Gottes ist, kann sie von den Pforten der Hölle nicht überwältigt werden. Das bedeutet aber nicht, dass sie keinen Angriffen ausgesetzt ist, im Gegenteil: Die Zahl der Martyrer ist ein Beweis für den fortwährenden Kampf.

In ganzen sieben Visionen des *Scivias*-Buches steht diese Kirche, die mit dem Hl. Geist gesalbte Braut Christi, im Mittelpunkt des Geschehens! Sie, die Erfüllung aller Verheißungen, ist in der Vision als Frau dargestellt. In der dritten Vision des 2. Scivias-Buches heißt es:

„Danach sah ich eine Frauengestalt, riesengroß wie eine Stadt. Ihr Haupt war mit wunderbarem Schmuck umkränzt und von ihren Armen strahlte ein heller Glanz wie Ärmel vom Himmel bis zur Erde nieder. Ihr Leib aber war wie ein Netz von vielen Öffnungen durchbohrt, durch die eine große Menge Menschen aus- und einging.... Und diese Gestalt breitete ihren Glanz wie ein Gewand aus und sprach: *„Ich muß empfangen und gebären."* Und alsbald eilte blitzartig eine Schar von Engeln herbei und bereitete in ihr Stufen und Sitze für die Menschen, durch die diese Gestalt vollendet werden sollte.

Und ich sah in Bodennähe schwarze Kinder wie Fische im Wasser durch die Luft schwimmen. Sie gingen durch die Öffnungen, mit denen die Gestalt durchbohrt war, in ihren Leib ein. Und sie seufzte auf und zog sie zu ihrem Haupt empor; da gingen sie aus ihrem Mund hervor, sie selbst aber blieb unversehrt....Sie zog jedem einzelnen von ihnen die schwarze Haut ab und warf sie über den Weg hinweg, bekleidete alle mit einem blütenweißen Gewand und ließ sie ein hellstrahlendes Licht sehen, während sie zu ihnen sprach:

´Lege die alte Ungerechtigkeit ab und ziehe die neue Heiligkeit an. Denn die Tür zu deinem Erbe ist dir wiedererschlossen. Bedenke also, wie du belehrt worden bist, deinen Vater zu erkennen, zu dem du dich bekannt hast. Ich habe dich aufgenommen und du hast dich zu mir bekannt. Siehe dir nun die beiden

Wege an: der eine führt nach Osten (zum Aufgang), der andere nach Norden (zum Untergang). Wenn du eifrig mit deinen inneren Augen auf mich schaust, wie es dich der Glaube lehrte, nehme ich dich in mein Reich auf. Und wenn du mich aufrichtig liebst, will ich tun, was du nur willst. Verachtest du mich aber, so daß du zurückblickst und mich nicht kennen oder verstehen willst, wenn ich dich aus dem Sündenschmutz zu lauterer Buße zurückrufe, du aber dennoch zum Teufel eilst, als ob er dein Vater wäre, wird dich das Verderben ereilen; denn du wirst nach deinen Werken gerichtet werden. Obgleich ich dir Gutes verlieh, wolltest du mich nicht erkennen.'" [29]

Durch die Erbsünde haben die Menschen - symbolisch gesehen - eine schwarze Haut. In der Vision gehen die schwarzen Kinder in die Gestalt (Kirche) ein und kommen aus ihrem Munde mit einem blütenweißen Kleid hervor. Damit ist die Taufe beschrieben wie das Abziehen einer schwarzen Haut. Mit der hl. Taufe wird die Erbsünde abgewaschen.
Dr. Hertzka formulierte das so: „Der Mensch entsteht aus brennendem Feuer, aus einer Hitze, wie es ursprünglich von Gott so nicht gedacht war. Und der werdende Mensch ist eingewickelt in giftige Stoffe. Wenn er daher nicht wiedergeboren wird in einer neuen Geburt (Taufe) - nicht wiedergeboren wurde aus dem Wasser und Hl. Geist -, wird er zunichte werden in der Zeit seiner Verachtung, sagt Hildegard. Anders gesagt: Ein Mensch, der nicht wiedergeboren ist, wird dann, wenn es ihm schlecht geht, in diesen Zeiten untergehen, zugrunde gehen. Er wird also nicht durchhalten können, wenn er nicht die Erleuchtung des Hl. Geistes und die Wiedergeburt hat.
Hildegard erklärt das mit einem Beispiel: Wenn ein Dieb den wertvollen Schatz eines Königs stehlen will, dann tritt er ganz heimlich ein, er schleicht sich ein. So betrachtet, kann man die Empfängnis des Menschen mit dem Einschleichen eines Diebes vergleichen. Dieser raubt - wie einen Schatz - die Keuschheit, in der der Hl. Geist zu Hause ist.
Durch die Wassertaufe wird die Eintrittspforte geschlossen und ein Zuhause geschaffen, wo kein Dieb eindringen kann. Die tödliche Hitze - libido, die Begierlichkeit - ist bei der Zeugung und Befruchtung eine Wiederholung dessen, was bei der Erbsünde geschehen ist: Es ist der Verlust des göttlichen Feuers (Gnade)... Und Gott ist so gütig und wiederholt die wunderbare Schöpfung im Paradies in der Taufe und in der Sendung des Hl. Geistes.
Lesen wir dazu den entsprechenden Ausschnitt aus der Vision (Sc. 3/II):

„Amen, Amen, ich sage dir, wenn jemand nicht aus Wasser und Geist wiedergeboren wird, kann er nicht in das Reich Gottes eingehen (Joh. 3,5)

Was besagt das? Mit unwandelbarer Sicherheit und ohne unsichere Zweideutigkeit sage ich dir, der du aus Verderbnis geboren bist, daß der Mensch, der mit vergifteter Leiblichkeit bekleidet aus brennender Glut hervorging, in der Lauheit seiner Nachlässigkeit zuschanden wird, wenn er nicht in der wahren Freude der Neugeburt aus dem Wasser der Heiligung und dem Geist der Erleuchtung wiedergeboren wird. Wieso?
Der Mensch wird nämlich mit dem lebensspendenden Geist wie mit Wasser übergossen; denn wie das Wasser den Schmutz abwäscht und der Geist das Unbelebte belebt, so kann der Mensch nicht auf dem Weg der Erlösung Erbe des Reiches seines Schöpfers werden, wenn er nicht in der wahren Wiedergeburt gereinigt wurde. Denn er ist mit der Sünde des ersten Menschen, den der Teufel listig täuschte, belastet. Wieso?
Wie nämlich ein Dieb, welcher den edlen und kostbaren Schatz eines Königs stiehlt, heimlich einbricht, so schlich sich auch die im Rachen des Teufels versteckte Empfängnis verführerisch ein, so daß er das kostbare Kleinod der heiligen Unschuld und Keuschheit in denen, welche der Heilige Geist bewohnt, boshaft entwendete; deshalb muß es jetzt im heiligenden Bad gereinigt werden. Denn die todbringende Glut, welche die Lust zusammen mit dem Verlangen nach der Sünde der Übertretung der Gebote des allmächtigen Gottes entfachte, muß in dem ertränkt werden, der niemals seine Wunder eifersüchtig verbirgt, sondern es (das Kleinod) in unsagbarer Güte lobenswerterweise deutlich offenbart.“ [81]

Mutter Kirche

Jesus Christus, der Sohn des Allerhöchsten, hat die hl. Kirche gegründet, aus Ihm ging sie hervor und “seine Seitenwunde, aus der die Kirche entsprang, löschte Adams und Evas Schuld, wie ja aus Adams Seite Eva erschaffen wurde.“ Eva ging aus Adams Seite hervor und die Kirche aus der Seite Jesu. In Adam ist die „männliche Idee“, in Eva die „weibliche Idee“ verkörpert. Bei der Kirche ist Christus „der Mann“, denn Gott ist ein Mann, und die Kirche „die Frau“. Infolgedessen ist Christus Bräutigam und die Kirche Braut. Die hl. Kirche ist also unsere geistliche Mutter! Hier finden wir das göttliche Prinzip von Mann und Frau, wobei die Frau zur Mutter einer neuen Menschheit wird, weil sie Gotteskinder gebiert. Nun sieht die Frau (Kirche) auf ihre Wiedergeborenen und spricht mit trauriger Stimme:

„Diese meine Kinder werden wieder in den Staub zurückkehren. Viele empfange und gebäre ich, die mich, ihre Mutter, durch vielfältige stürmische Unruhen ermüden und bedrängen, indem sie gegen mich losziehen durch Irrlehren, Spaltungen und unnütze Streitereien, durch Raub und Mord, durch Ehebruch und Unzucht und andere ihnen ähnliche Verirrungen. Doch sehr viele von ihnen werden in wahrhaftiger Buße zum ewigen Leben auferstehen, und sehr viele verfallen in irriger Verhärtung dem ewigen Tod."

Mutter Kirche beklagt also den Rückfall in die Sünde. Das reine Taufkleid bleibt selten ohne Straßenschmutz, ohne Befleckung durch die Sünde. Dadurch fällt der wiedergeborene Mensch erneut in Ungnade vor Gott und geht verloren, wenn er nicht „in wahrhaftiger Buße" zum Leben aufersteht. Die Taufe ist noch kein Garantieschein für den Himmel, denn dieses Kleid ist schmutzempfindlich und benötigt Pflege. Ein Maßstab für diese Pflege ist die häufige Inanspruchnahme des Bußsakramentes. Daher ist seitens der Kirche mindestens einmal im Jahr die hl. Beichte verpflichtend vorgeschrieben. Darum kümmern sich heute aber nur noch wenige, und so „verfallen sehr viele in irriger Verhärtung dem ewigen Tod."
Das liberale Gewissen anerkennt die Sünde nicht und verlässt damit die „Gerechtigkeit", die göttliche Ordnung. Beim Zusammenleben ohne Eheschließung hören wir: „Das ist Privatangelegenheit und müssen die Leute selbst entscheiden." Ähnliches bei Partnerschaften von Homosexuellen: „Ihr redet von Toleranz und diskriminiert uns?" Thema Abtreibung: „Das ist mein Bauch und mein Recht". Dazu gäbe es noch unzählige Beispiele.

Die Krise in der Kirche

Die Klage der Mutter (Kirche) beinhaltet all jene Themen, die uns allen gut bekannt sind: „Spaltungen und unnütze Streitereien, Ehebruch und Unzucht, ermüden die Kirche."
Ein Hundertschaft von Priestern setzt sich z. B. in einer „Pfarrer-Initiative" für die Aufhebung des Pflichtzölibats ein, für die Zulassung von Frauen zur Priesterweihe, weiters für die Kommunionspendung an wiederverheiratete Geschiedene sowie Mitglieder anderer Kirchen und Ausgetretene. Aber nicht nur europäische Länder rebellieren gegen Papst und Kirche. So muss der Vatikan den größten Verband amerikanischer Nonnen zur Ordnung rufen, nachdem lehrmäßige Mängel zu den Themen Abtreibung, Lebensschutz, Sterbehilfe, Frauenweihe, radikaler Feminismus und Homosexualität festgestellt wurden.

Pflichtzölibat

„Lasst die Priester endlich heiraten!", schreien heute die Gläubigen und Ungläubigen landauf, landab. In noch besseren Zeiten hätte man solchen Unkenrufen entgegengehalten: *„Seid ihr denn völlig vom Hl. Geist verlassen?"* Wissen sie nicht mehr, dass der Priester durch seine Weihe bereits verheiratet ist? Jene Worte, die Gottvater zu diesen „Wünschen" gesprochen hat, sollten uns wieder zur Besinnung bringen:
„Ich will nämlich nicht, daß die Priester sich doppelt binden, d.h. von geistlichem und weltlichem Trachten erfüllt. Denn der Priester hat sich mit der Gerechtigkeit Gottes verbunden, so daß sie seine Gattin ist, mit der er das übrige Volk ernährt und belehrt, wie ein Vater seine Söhne zu erziehen und lehren pflegt. Und wie wäre er als Priester dazu fähig, im rechten Maß zwei Bindungen gerecht zu werden, die sich durch Gegensätzlichkeit unterscheiden? Wieso? Die eine ist fleischlich, die andere geistlich."

„Ein Priester nämlich, der so trotzig sündigt, daß er unerlaubterweise eine Frau nach dem Willen des Fleisches nimmt, begeht Ehebruch; denn er verläßt seine rechtmäßige Gattin, nämlich die Kirche, die ihm durch das geistliche Amt vermählt ist, und führt schamlos eine andere nach dem Verlangen seines Herzens heim. ...
Wer sich aber nicht zu enthalten vermag und in fleischlichem Begehren brennt, werde weder wegen des angesehenen Standes noch aus Streben nach Reichtum Priester oder Diener eines Priestertums, damit er nicht großen Schaden erleide, wenn er später der Lust seines Fleisches verfällt.
Denn die zu meinem Altardienst hinzutreten pflegen, halten ihren Leib von der Berührung mit Frauen zurück und schaffen sich nicht irgendeinen Vorwand zum Eingehen einer Ehe. Sie werden sich vielmehr freiwillig und um mir rechtmäßig zu dienen, keusch enthalten. Sonst müssen sie auf den heiligen Dienst an meinem Altar verzichten." [82]

Frauenpriestertum

Weiters steht heute das Frauenpriestertum auf demWunschzettel vieler emanzipierter ChristInnen. Die Kirche hat sich zu diesem Thema schon mehrfach verbindlich dagegen ausgesprochen, aber trotz allem wiederholen abtrünnige Christen immer wieder diese Forderung. Auch dazu Worte des Vaters:

„Doch aus dem ganzen Volk, das unter dem christlichen Namen lebt, sind weise

veranlagte Priester männlichen Charakters zu erwählen...
So dürfen auch keine Frauen zu diesem meinem Altardienst hinzutreten, weil sie ein schwaches und gebrechliches Gefäß sind. Sie sind dazu bestellt, Kinder zu gebären und die sie gebären, sorgfältig aufzuziehen. Doch empfängt die Frau nicht aus sich, sondern von einem Mann ein Kind, wie auch die Erde von einem Landmann und nicht durch sich selbst gepflügt wird.
Wie daher die Erde nicht sich selbst pflügen kann, so darf auch dem Priester beim Dienst der Konsekration des Leibes und Blutes meines Sohnes keine Frau gleichgestellt werden, wenngleich sie das Lob ihres Schöpfers singen kann. So empfängt auch die Erde Regen zu fruchtbarer Bewässerung; und wie die Erde jede Frucht hervorbringt, so kommt in der Frau jede Frucht eines guten Werkes zur Vollendung. Wieso?
Weil sie den Hohenpriester zum Bräutigam nehmen kann. Auf welche Weise? Die meinem Sohn vermählte Jungfrau erhält ihn als Bräutigam, weil sie ihren Leib einem fleischlichen Mann versagte. Und deshalb hat sie in ihrem Bräutigam das Priestertum und jeden Altardienst und besitzt all seinen Reichtum mit ihm.“ [83]

Frauen werden also in keiner Weise benachteiligt. Der Ordensstand ist seiner göttlichen Würde nach ähnlich dem Priestertum. Und ihr himmlischer Lohn ist groß. Daher kann von einer Unterdrückung wohl keine Rede sein. Der Ordensstand scheint aber für die Bewerberinnen keine Alternative zu sein, weil Verzicht auf dem Programm steht: Armut, Keuschheit und Gehorsam! Wenn die Ambitionen also anderer Natur sind, dann muss wohl gesagt werden dürfen, dass sich die Kirche nicht nach jenen Menschen richten kann, die in Wahrheit die Bekehrung nötig haben. Mit einer Haltung, die verwerflich ist, kann man Gott und seiner Kirche keinen Dienst erweisen. Daher sollten PriesteranwärterInnen streng mit sich ins Gericht gehen und ihren Hochmut ablegen.

Zum Thema Unzucht

Gott verabscheut die Unzucht. Unzucht im biblischen Sinne ist jeder unerlaubte Geschlechtverkehr und im weitesten Sinne auch jede Verfehlung gegen die Reinheit. Dazu zählen verhütende Maßnahmen, widernatürliche Handlungen und jene, die eine Nachkommenschaft verhindern. Unzüchtiges Verhalten hat auch Auswirkungen auf die Kinder, wie schon im ersten Kapitel gesagt wurde: „Wer seinen Samen in Unzucht und Ehebruch vergeudet, erhält auf diese Weise auch schlecht veranlagte Nachkommenschaft.“ [84]

Wie unverschämt heute der Verführer auftritt, sehen wir daran, dass er die Leute selbst zu widernatürlichen Handlungen anstachelt. Welch ungeheure Anmaßung ist es doch, Homosexualität so darzustellen, als sei dies ganz normal. *„Wehe denen, die Böses gut und Gutes böse nennen; die Finsternis für Licht und Licht für Finsternis erklären." (Jes. 5,20)* Auch dazu Worte des Vaters:
„Die aber an meinen Altar treten, sollen in Keuschheit vor meinem Angesicht erscheinen; und nicht nur sie, sondern auch die übrigen, die den Leib und das Blut meines Sohnes empfangen möchten, damit sie sich nicht selbst in den Tod und das Verderben stürzen.
Doch es gibt viele unter den Geistlichen und Laien, die sich nicht nur mit Ehebruch verunreinigen, sondern sich auch mit widernatürlicher Unzucht beflecken und sich die schwere Last eines strengen Urteils aufladen. Wieso? Ein Mann, der sich wie eine Frau mit einem anderen Mann vergeht, sündigt schwer gegen Gott und gegen jene Verbindung, mit der Gott Mann und Frau vereinigt hat. Daher erscheinen beide vor Gott entehrt, böse und geil, furchterregend, Gott und den Menschen lästig und des Todes schuldig, denn sie haben ihrem Schöpfer gegenüber die ihnen innewohnende Natur hintergangen. ...
Doch auch eine Frau, die sich solche teuflischen Künste aneignet, daß sie sich mit einer anderen Frau in männlichem Beischlaf zu vereinigen scheint, erscheint gemein in meinen Augen, und auch jene, die sich ihr zu so einer schändlichen Tat unterwirft. Denn während sie sich ihrer Affekte schämen müßten, rauben sie sich in unkeuscher Weise ein fremdes Recht. Und weil sie sich auf fremdartige Weise ausgetauscht haben, deshalb gelten sie mir als entartet und verachtenswert."[85]

In der widernatürlichen Unzucht mit Männern „liegt die schmutzigste Übertretung und alles Lasterhafte", sagt Gottvater.
Genau diese Sünde wird heute von den Regierenden gefördert und durch ein eigens dafür errichtetes Antidiskriminierungsgesetz geschützt. Welche Anstrengungen seitens der Politiker unternommen werden, um diese „schmutzigste Übertretung" gesellschaftsfähig zu machen, das bezeugt der so genannte Life-Ball, bei dem Politiker, Künstler, Prominente, Schwule und Lesben alljährlich in Wien ein Megafest veranstalten. Selbstverständlich wird dieses wichtige Ereignis im Fernsehen live übertragen. Alles, was „Rang und Namen" hat, ist dabei. Hier ist die „feine Gesellschaft" unter sich und da wird die Sau rausgelassen! Manche laufen nackt herum, andere spärlichst bekleidet oder nur bemalt und das alles für einen guten Zweck: Es wird für die AIDS-Hilfe gesammelt! Aus kirchlicher Sicht ist das eine Art Siegesfeier des Teufels. Und nun sagt uns Hildegard:

„Wenn solche Frevel unter den Menschen Einfluß gewinnen, dann wird die Einrichtung des göttlichen Gesetzes zerfetzt werden, die Kirche wird - wie eine Witwe - zusammengeschlagen."

Das ist „heute"! Diese Aussage steht in Zusammenhang mit Hildegards Prophetie. Wenn es so weit gekommen ist, dann wird die Kirche zusammengeschlagen. Aber Gott wird diesem Treiben nicht mehr lange zusehen, wie wir dann im prophetischen Teil des Buches erfahren werden. Dazu später mehr.

Die Kirche wird heute von innen *und* außen zerstört. „In ecclesia" durch die ungehorsamen Priester und Bischöfe, von außen durch die antichristliche Politik. Sowohl nationale wie internationale Politiker beseitigen die christlichen Werte, die christliche Ordnung. Es beginnt bei den Kindern in der Schule mit dem Sexualunterricht, geht weiter durch antiautoritäre Erziehung, mündet in den „Ethikunterricht" und endet bei der „Fristenlösung". Der „Fürst dieser Welt" hat überall seine gehorsamen Handlanger. Wenn bereits die Kinderseele verdorben wird, darf man sich über den Mangel an Priesterkandidaten und Ordensleuten nicht wundern. Daher steht zur Zeit die Kirche in einem Bettelanzug da. Ihr Kleid ist zerfetzt, mit schandlichsten Sünden beschmutzt und stinkt zum Himmel.

Gott ist barmherzig *und* gerecht

Wie lässt sich die Entkirchlichung und Entchristlichung der Gesellschaft in Österreich und anderswo aufhalten? Kennt man die wahren Ursachen des Glaubensabfalles? Es wurde schon erwähnt, woran es liegt:

Beschämt sollen werden, die meinem Volk den rechten Weg zeigen sollten, doch sich in leichtfertiger Weise weigern, die ihnen bekannte Gerechtigkeit zu verkünden. Sie wollen von ihren bösen Begierden nicht lassen; sie haften ihnen derart an, als wären sie ihre Führer, die sie veranlassen, vor dem Angesicht des Herrn zu fliehen, so daß sie sich schämen, die Wahrheit zu sagen..."

Darin ist die Hauptursache des Glaubensabfalles zu sehen! Eigentlich leicht zu verstehen, wenn wir an verwöhnte Kinder denken. Was zeichnet sie aus? Sie werden unfolgsam, frech und übernehmen nicht selten das Kommando. Ähnliche Verhältnisse haben wir heute bei den autonomen „Gläubigen". Auch sie werden hochmütig, glauben nur noch, was ihnen passt und fühlen sich dabei sündenlos. Das liegt daran, dass Priester und Bischöfe über die Sünde nicht mehr sprechen! Es fehlt die Zurechtweisung und es fehlt, die Sünde beim Namen zu nennen. Wo das nicht geschieht, dort fehlt die göttliche Ordnung, d.h. die göttliche Gerechtigkeit.

Gerechtigkeit hat mit Wahrheit zu tun. Wer die Wahrheit leugnet, handelt ungerecht. Ein Lügner sagt die Unwahrheit, deshalb ist Lüge immer ein Unrecht, wie auch ein Dieb unrecht handelt oder ein Ehebrecher. Wer sich an das göttliche Gesetz hält, bleibt in der Wahrheit und im Recht. Weil uns das göttliche Gesetz nicht mehr passt, deshalb wird es zerfetzt und leben die Menschen in der Unwahrheit. So kommt der Abfall mit all seinen Folgen.

Seit dem letzten Konzil werden wesentliche Teile der Glaubenslehre nicht mehr gelehrt. Das Gottesbild wurde insoweit „entschärft", als man alle unangenehmen Lehrsätze ausgeklammert hat, um niemanden zu beunruhigen. Das erzeugt nun bei den Gläubigen eine trügerische Heilssicherheit. Sie glauben, im Buch des Lebens schon mit goldener Schriftt eingetragen zu sein.
An einen Gott, der Menschen verdammt, glauben sie nicht. Auch halten sie die Hölle und den Teufel für Unterdrückungsmethoden vergangener Zeit. Würde ein Pfarrer heute darüber predigen, er hätte große Probleme! Ein Pfarrer von Ars wäre in diesen Tagen nicht möglich, man würde ihn in die Wüste schicken. Die liberalen Gläubigen sind anspruchsvoll und mit Glaceehandschuhen anzufassen, denn auf traditionelle Glaubenswahrheiten reagieren sie allergisch. Spricht der Priester auch nur ein Wort zu viel, so brausen sie auf wie Wespen, die in ihrem Nest gestört werden. Um heute die ganze Wahrheit zu sagen, braucht es Mut. Die Apostel waren auch mutlos nach der Kreuzigung. Sie versteckten sich. Als aber der vom Herrn verheißene Hl.Geist auf sie herabkam, da fingen sie an zu predigen und zu lehren und zwar völlig furchtlos. Es braucht offenbar den Hl. Geist um die Menschenfurcht abzulegen. Wenn Geistliche standesgemäß leben, dann wird der Hl. Geist nicht fehlen, und so fordert Gottvater die Gerechtigkeit ein. In der Vision über das hl. Messopfer sagt Er:

„Wenn sich mir Menschen bezüglich meines Gesetzes hartnäckig widersetzen, müßt ihr ihnen Furcht vor meinem Gericht einjagen!" (Sc.6/II)

Wer wagt das heute noch? Darf man den Leuten Angst einjagen? Der Priester müsste zur rechten Zeit auch ernste und mahnende Worte sprechen, selbst auf die Gefahr hin, dass Gläubige dadurch erschüttert werden.

„Denn die Furcht - nämlich der Beginn der Not - schafft Angst, die Angst aber bewirkt Erschütterung. Dadurch soll der Mensch wirken, was recht ist. Wieso? Daß der Mensch von Furcht befallen wird, geschieht durch die Gabe des Heiligen Geistes im Sinne der Vernunft. Deshalb kann man auch keinesfalls davon absehen, daß er um Gott weiß; und dieses Wissen um Gott bewirkt in ihm die Furcht, nämlich daß er beginnt, sich um das zu sorgen, was Gottes ist.

Und wenn er dies eifrig, im Wissen um Gott tut, dann schreckt ihn wiederum die feurige Gnade in Christus auf und mahnt ihn, daß er sich dann erschüttern lasse, um durch die Zerknirschung dazu bewegt zu werden, gläubig Gottes Gerechtigkeit zu wirken.“ [86]

Alle antiautoritären Maßnahmen, die überall durchgesetzt wurden, führten auch dazu, über das Böse zu schweigen und Ermahnung zu unterlassen, weil wir Gott nicht mehr zu fürchten haben. Ist Gott zu fürchten? Sollten wir den nicht fürchten, der über Himmel oder Hölle entscheidet? Im Visionsbild (Sciv. II/4.) ruft die von Gott gegründete Kirche den Gläubigen zu:

**„Fürchte den Vater,
liebe den Sohn und
glühe im Heiligen Geist!“**

Diesen Leitgedanken sollten wir vor Augen haben, denn „Dieser Ruf wird ihr von Mir, dem Vater, durch meinen Sohn im Heiligen Geist eingegeben.“
Wir haben Grund genug, uns vor dem Gericht zu fürchten, weil beim gerechten Gericht kaum jemand bestehen könnte. Deshalb ruft die Kirche zur Umkehr und Buße.
Viele Gläubige unterschätzen „die Institution Kirche“ und das Amt des Priesters. Nur durch den Priester und die hl. Kirche kann unsere Seele gerettet werden. Jede Seele benötigt für ihre Rettung die Kirche und den Priester. Durch ihn verzeiht uns Gott die Sünden in der hl. Beichte, durch seine Hände kommt der Herr in unsere Herzen, und nur gültig geweihte Priesterhände konsekrieren Brot und Wein in das Fleisch und Blut Christi. Er macht uns durch die hl. Taufe zu einem Kind Gottes, und was er löst oder bindet, das gilt vor Gott. Wenn sich die Seele vom Leib trennt und auf dem Weg zum Gericht ist, bringt er die Wegzehrung. Sein Gebet erlöst die Seele aus dem Fegefeuer und durch seinen Segen schenkt uns Gott große Gnaden. Deshalb müssen wir die Diener der hl. Kirche achten und ehren, auch wenn sie menschliche Schwächen haben. Es steht uns nicht zu, Fehler und Sünden an Priestern zu kritisieren, denn nur der Herr ist Richter der Lebenden und Toten.
Mit der hl. Kirche hat uns Jesus alles gegeben, was wir für unser Heil brauchen. Wer gegen das Oberhaupt der Kirche ist oder gegen die Kirche „an sich“, der beleidigt Gott! Daher muss auch der Papst als Stellvertreter Jesu auf Erden von allen Christen geehrt werden, denn durch seinen Mund spricht der Herr.

lxxxvi. Q°d nemo ppt̄ pondus peccatorū
suorum desperet.
lxxxvii. Euuangelium de eodem.
lxxxviii. Q°d peccata & p elemosinā & p cor
palem satisfactionē deleri de–
lxxxviiii. De libro sapientię. ʃ-bent
xc. Q°d elem̄ta lac uoluptatū hoīu
xci. Qui elemosinā dant. & q̄ ʃsūr.
eā suscipiunt. hoc ī uanū n̄ faci
xcii. Q°d paupes & diuites. & honoʃant.
rē potestatis appetentes. unqsq;
scdm itentionē suā remunerat̄.
xciii. Q°d sacerdotes exorando & coher
cendo moneat̄ pplm de ɔfessi
xciiii. Quod sacerdotes aucto ʃone.
ritatē magisterii pplo n̄ osten
dentes. n̄ sacerdotes s; lupi uo
xcv. Quod elem̄ta corā dō ʃcant.
ululant sup iniq̄tatē sacdotū.
& celi iniq̄tatē eq; suscipiunt.
xcvi. Q°d sacerdotes habēt potestatē
ligandi & soluendi.
xcvii. Verba euangelii de eodem.
xcviii. Quod nullus absq; culpabili
culpa ligandus ē.
xcviiii. Q°d si aliquis inocens ɔstrictus
fuerit. ppt̄ honorē dī solu
tionem querere debet.
c. Q°d rebelles ad xpm reuerti no
lentes. & obdurati nulla mīa
querentes. antiquū serpentē
imitantur.
ci. Verba diaboli.
cii. Quod homines de tenebrositate
infidelitatis p incarnationem
filii dī educti sunt.

Das Opfer Christi und der Kirche
Tafel 15 / Schau II 6

Hirten müssen belehren und ermahnen

Warum wird über wichtige Dinge des Glaubens nicht mehr gesprochen? Weil Priester und Bischöfe aus Angst vor Kritik sich in Diplomatie üben und niemanden verärgern wollen! So heben sie das Verbindende und das Gemeinsame hervor. Es wird überwiegend über Frieden, Liebe und Freude geredet, nicht mehr über die zentralen Themen der Glaubenslehre und der Moral. Über die Gerechtigkeit Gottes, die notwendige Beichte oder die Hölle ist kein Sterbenswörtchen mehr zu hören. Warum verschweigen die Priester, dass die überaus große Barmherzigkeit Gottes, die dadurch nicht geschmälert wird, nur dem reumütigen Büßer zuteil wird? Daher zählt auch die Ermahnung zu den Aufgaben der Priester: „weil sie mein Volk belehren, ermahnen, auffordern und drängen müssen, das göttliche Gesetz würdig und lobenswert zu beobachten. Und die Hirten sollten immer wieder davon reden, wenn sie das Volk flehentlich ermahnen, nicht ohne Beichte und Reue in ihren Sünden zu verharren, sondern die schlechten Werke mit Füßen zu treten und gute zu vollbringen.
Gehorcht das Volk aber nicht dieser Aufforderung seiner Priester, dann soll das Volk seine Schuld zu spüren bekommen und die Priester sind der Verantwortung für diese Nachlässigkeit enthoben.“ [87]

Die Lösung der Krise in der Kirche liegt in der „Wiederentdeckung“ der Gerechtigkeit. Sünde muss Sünde bleiben, auch wenn das vielen nicht passt. Diese Realitätsverweigerung muss eingemahnt werden, denn die Menschen wiegen sich in Sicherheit, während sie auf dem Weg ins Verderben sind.
Die Vermittlung eines einseitigen Gottesbildes führte zu Gleichgültigkeit und Interesselosigkeit in Glaubensfragen und zu einem theologischen „Analphabetismus“. So glauben z.B. viele nicht mehr an die Realpräsenz des Herrn im Allerheiligsten Altarssakrament. Dementsprechend entspannt und unvorbereitet gehen sie zur Kommunion. Nicht selten ist ihre Seele mit schweren Sünden belastet, aber das hindert sie nicht daran, im Sinne von Brauchtum zur Kommunion zu gehen.

Das ist mein Fleisch

Bei einer Konsekration durch einen gültig geweihten Priester wird das Brot tatsächlich zum Leib Christi verwandelt. Bei jeder hl. Messe geschieht also vor uns ein Mysterium, d.h. ein Wunder. Dieses vollbringt nicht der Priester, sondern Gottvater! Er ist der Hauptmitwirkende bei jeder hl. Messe und stets anwesend! Für Katholiken ist daher die Kirche eine „Wohnstätte Gottes“ und die hl. Eucharistie das Allerheiligste! Unser himmlischer Vater sagt:

„So wandle ICH, der Vater, jetzt das Fleisch und Blut meines Sohnes durch die Heiligung des Heiligen Geistes als Opfergabe und teile es dann verwandelt unter den Gläubigen zu ihrem Heil aus."
„Wenn zum Gedächtnis meines Sohnes auf dem meinem Namen geweihten Altar das Opfer von Brot und Wein dargebracht wird, verwandle Ich, der Allmächtige, es wunderbar mit meiner Kraft und Herrlichkeit verklärend, in den Leib und das Blut meines Eingeborenen." [88]

Vielleicht fragen sich auch Sie: „Wie kann uns Jesus sein Fleisch zu essen geben?" Gottvater sagt:

„Doch ihr törichten Menschen, bezweifelt nicht, ob dieses Sakrament, das euch auf diese Weise vorgestellt wird, Leib und Blut meines Sohnes ist. Denkt also daran, woraus ich Adams Fleisch und Blut schuf. Nämlich aus dem Lehm der Erde. Was meint ihr? Ist es mir leichter möglich, aus dieser Opfergabe Fleisch und Blut meines Sohnes zu machen oder aus Erdenlehm den Menschen zu bilden?
Zwar erzeugt der Mann aus seinem Blut Samen und die Frau empfängt ihn. Und was fügen sie dann hinzu? Überhaupt nichts, weder zur Zeugung noch zum Fleisch des Kindleins. Wer also bildet den Menschen mit Fleisch, Knochen, Mark und schönem Antlitz, wenn nicht ich, der Vater aller?
Vater und Mutter haben ja keinerlei Macht, ein Kindlein hervorzubringen oder zu schaffen; sie geben nur in leidenschaftlicher Lust ihr Blut von sich und haben danach keine Gewalt über seine Ausgestaltung. Könnt ihr etwa sehen, wie das geschieht, außer ihr erkennt es an seinen Gebilden?
Du aber, o Mensch, sagst: 'Ich sehe diese Opfergabe nicht als Fleisch und Blut so wie ich erkenne, daß ein Mensch aus Fleisch und Blut besteht. 'Darauf werde ich erwidern: 'Ihr habt meinen Sohn als Sterblichen von Leib und Blut auf Erden gesehen; jetzt ist er unsterblich im Himmel, und ihr könnt deshalb nicht nur ihn nicht mit leiblichen Augen sehen, sondern auch nicht, wie sein Fleisch und Blut auf dem Altar konsekriert wird. Dieses Sakrament wird dort nicht zum Ruhm des Priesters, sondern zur Ehre meines Eingeborenen gefeiert, der diese Handlung bei seinem Abendmahl mit seinen Jüngern vollzog. Doch wie ihr mich in meiner Herrlichkeit, solange ihr sterblich seid, nicht zu sehen vermögt, so seht ihr auch weder das Fleisch noch das Blut meines Sohnes auf fleischliche Weise mit euren fleischlichen Augen, denn ihr könnt das Unsichtbare nicht durchschauen, sondern euer sterblicher Blick kann (nur) das Sichtbare auf sichtbare Weise erfassen." [89]

Über die hl. Kirche gäbe es noch viel zu sagen, nimmt sie doch bei Hildegard einen sehr großen Raum ein. Darüber werden Berufene einmal mehr schreiben, denn es ist ein umfassendes und fundamentales Thema. Hier wurden nur Bruchstücke aufgezeigt und wenige Texte zitiert, aber vielen Lesern wird selbst das schon zu viel gewesen sein.
Zum Schluss soll hier noch eine Predigt abgedruckt werden, die zwar zeitlich schon eine Weile zurück liegt, aber an ihrer Aktualität bis heute nichts eingebüßt hat. Anlässlich der 800-Jahrfeier (Reliquienfeier) hielt Erzbischof Joh. Dyba 1986 in Eibingen eine Ansprache, die Hildegard nun auch als neue Kirchenlehrerin ins rechte Licht rückt.

Die Festansprache des Erzbischofs

„Im Namen des Vaters und des Sohnes und des Hl. Geistes, Amen.
Hochwürdiger Herr Erzabt, liebe Mitbrüder, liebe Mitschwestern und Brüder in Christus! Es ist mir eine große Freude, daß ich, von Fulda hergeeilt, hier teilnehmen darf an der Verehrung und Feier der großen hl. Hildegard....

Wenn wir uns heute hier versammelt haben, am Festtag der hl. Hildegard, die vor über 800 Jahren hier gelebt und gewirkt hat, dann ja nicht nur, um irgendein uraltes Jubiläum zu feiern. Nicht um Vergangenes geht es hier, sondern darum, heute *den* Glauben zu bekennen, den Hildegard bekannt und bezeugt hat. Denselben Glauben!
Heute *das* Licht zu schauen, das Hildegard widergespiegelt hat. Dasselbe Licht! Heute sich *dem* Geist zu öffnen, der die hl. Kirche erfüllt und durchdrungen hat. Demselben Geist! Und - meine Lieben - heute *die* Kirche zu lieben, die sie geliebt hat, für die sie mit jeder Faser ihres Herzens eingetreten ist. Diesselbe Kirche!
Hildegard steht strahlend und unübersehbar in der Reihe der großen heiligen Frauen, die Gott immer und zu allen Zeiten seiner Kirche geschenkt hat. Groß aber wurde sie nicht etwa durch eigene Ansprüche und Forderungen, sondern der Beginn ihrer Größe war eine ganz große Demut vor Gott. Und das ist das erste große Beispiel, das Hildegard ihren Schwestern und den Frauen aller Zeiten hinterlassen hat. Ein Beispiel, das heute gerade so wichtig ist. Frauen, die der Kirche wirklich dienen wollen, suchen nicht sich selbst, machen sich nicht selbst zum Thema, sondern sie schenken sich ganz Gott. Sie schenken sich dem Nächsten. Und aus dieser Hingabe wächst Größe, Heiligkeit und Wirksamkeit. Aus der bloßen Selbstbehauptung, aus dem Gerangel um Positionen erwächst gar nichts! Denn ein Mensch, der sich selbst nicht aufgeben will, hat

keine Zukunft im Reiche Gottes. *„Wenn das Weizenkorn nicht in die Erde fällt und stirbt"*, sagt der Herr, *„bleibt es allein."* Und so ist sie aus ihrer Hingabe heraus zu einer Großen geworden in ihrer Zeit, ja für alle Zeit. Denn eben darin erkennen wir ja die Unterscheidung der Geister. Wer aus sich selbst und für sich selbst spricht, der zündet ein Strohfeuer an. Er mag die Menschen seiner Zeit eine Zeitlang blenden, fesseln, alarmieren. Aber wenn seine Zeit abgelaufen ist, bleibt nur noch ein Häuflein Asche, die - in alle Winde verweht. Wer aber aus dem Geist Gottes spricht, dessen Wort bleibt, - bleibt wahr und bedeutsam und wirksam für alle Zeit. Das ist das Wort der Propheten, das Wort der Apostel, der Evangelisten, der Heiligen aller Zeiten. Das ist das Feuer der Lehre, von dem Hildegard spricht; das Feuer, das der Geist Gottes auf die Erde wirft und das brennen soll in unseren Herzen. Und eben darum, weil sie vom Geiste Gottes empfangen und uns weitergeschenkt sind, sind auch die Worte der Offenbarung der hl. Hildegard für uns heute noch so aktuell.
Hildegard hatte ja die Vision von der Kirche; von der Kirche in ihrer göttlichen Vollkommenheit, wie von der Kirche in ihrer menschlichen Erbärmlichkeit.

„Ich sah sie", schreibt Hildegard 1170, „von solcher Schönheit, daß Menschengeist es nicht zu fassen vermochte. Ihre Gestalt ragte von der Erde bis zum Himmel. Aber ihr Antlitz war mit Staub bedeckt, ihr Mantel zerrissen, ihre Schuhe beschmutzt. Ja, mit lauter, klagender Stimme schrie sie zum Himmel hinauf: 'Horch auf, Himmel, mein Antlitz ist besudelt! Trauere, Erde, mein Kleid ist zerrissen! Erzittere, Abgrund, meine Schuhe stehen im Schmutz!'"

Hildegard hat an diesem Zustand der Kirche gelitten. Und sie hat in ihrer leidenschaftlichen Liebe für die Kirche alles Mögliche und Unmögliche getan, um das Antlitz der Kirche wieder strahlen zu lassen. Sie ist vor Kaiser und Könige, vor Päpste und Bischöfe getreten, um das wahre Kirchesein einzufordern; dieser Kirche, die von Ewigkeit her im Vater verborgen war und aus dem Blut Christi uns geboren wurde.

Und heute: Christus ja, Kirche nein. Wird da nicht das Antlitz der Kirche verdunkelt? Kirche von unten gegen die von oben. Wird da nicht ihr Gewand zerrissen? Hildegard hat den Priestern und Theologen ihrer Zeit zugerufen: „Ihr sollt Feuersäulen sein, die den Menschen leuchten durch das Feuer der Lehre!", der Lehre der Kirche. Was würde sie in unserer Zeit den Professoren der Theologie sagen, die ihre eigenen Weisheiten der Lehre der Kirche voranstellen, die mit ihrem akademischen Gezänk die Geister der Gläubigen verwirren? Und was hat Hildegard den Seelenhirten ihrer Zeit zugerufen? „Ihr", sagt sie, „müßtet die starke Eckpfeiler sein, die die Kirche stützen. Allein, ihr liegt am Boden und seid kein Halt für die Kirche. Und da sagt ihr noch: ´wir können unmöglich alles schaffen.´"

Was würde sie zu den heutigen Seelenhirten sagen, wenn diese in die Versuchung geraten Probleme zu unterlaufen, Entscheidungen aufzuschieben oder abzuschieben, das Kreuz Christi der Welt zu verschleiern, klare Worte zu scheuen aus Angst vor dem Widerspruch der Welt. Die hl. Hildegard hat klare Worte wahrhaft nicht gescheut. Und sie sind damals so wenig unwidersprochen geblieben wie heute. Sie hat auch nicht die Konsequenzen solcher Worte gescheut. Sie ist auch in ihren Forderungen immer aufs Ganze gegangen, denn sie wusste, dass Erneuerung der Kirche noch nie durch ein Weichwerden, noch nie durch ein Weniger, sondern immer nur durch ein Mehr an Forderungen und an Hingabe erreicht worden ist.
Sind wir stark genug für noch eine Probe aus ihrem Ruf in die Zeit?
In ihrem Brief an den Klerus von Köln sagt sie denen, die in der Kirche *engagiert sind*, würden wir heute sagen: „Ihr aber laßt euch durch jeden daherfliegenden weltlichen Namen lahmlegen. Mit eurem leeren Getue verscheucht ihr aber bestenfalls im Sommer ein paar Fliegen." So hat sie gesprochen. Sollte das womöglich auch für uns gelten in dieser Zeit der großen, breiten Aktivitäten, pastoraler, synodaler, Bildungs- und Verwaltungsaktivitäten. Müssten wir nicht auch da uns einmal ganz selbstkritisch fragen, was das alles

Gesalbt mit dem Heiligen Geist
Tafel 13 / Schau II 4

eigentlich im Grunde bewirkt und bewegt in unserer Zeit? Was das eigentlich bringt, diese Fülle unserer Aktivitäten, an der Basis, an Begeisterung und Wachstum für die Kirche? „Ihr bewegt allenfalls im Sommer ein paar Fliegen." Meine Lieben, ich glaube, wenn es überhaupt einen Sinn haben soll, hier in unserer Zeit, im September 1986, das Gedächtnis einer hl. Hildegard v.B. zu feiern, dann nur, wenn wir ihren Geist wieder aufleben lassen in unserer Zeit; wenn wir bereit sind die Kirche Christi, unsere Kirche wieder zu lieben mit der ganzen Glut einer hl. Hildegard, statt sie mit einer Flut von Kritik aus allen Ecken zuzudecken. Wer sind wir denn? Was haben wir denn vollbracht, dass wir uns anmaßen diese Kirche zu kritisieren, diese Kirche, die Er uns geschenkt hat als seinen Leib; durch die Er uns alles schenkt: - das Wort, das uns erlöst und die Sakramente des ewigen Lebens. Ja, wenn wir über etwas in unserem Leben stolz und froh und glücklich sein dürfen, dann doch darüber, daß Er uns in diese seine Kirche berufen hat, dass wir dieser Kirche angehören dürfen, die alle Hoffnung und alle Verheißung in sich trägt. Ist nicht jetzt die Stunde gekommen, sich wieder einmal aus ganzem Herzen zur Kirche zu bekennen? *„Denn wer mich vor den Menschen bekennt"*, so spricht der Herr, *„den werde auch ich bekennen vor meinem Vater, der im Himmel ist."* Aber was unsere Kirche heute braucht, sind eben nicht so sehr Pharisäer, die sie dauernd auf die Probe stellen, wie sie den Herrn auf die Probe gestellt haben; nicht so sehr Schriftgelehrte, die sie dauernd kritisieren; nicht so sehr Tempelangestellte, die selbst das Allerheiligste nicht betreten. Nein, was die Kirche braucht, sind Jünger, die dem Herrn folgen mit der ganzen Hingabe ihrer selbst, Jünger, die einander lieben und in dieser Liebe Kirche bauen und Kirche bilden in unserer Zeit. Was die Kirche braucht, sind Heilige, viele kleine und so Gott will - auch ein paar große, die ihr den Weg weisen. Was die Kirche braucht, sind wir -, Menschen wie du und ich, Kinder Gottes, die sich freuen im Schifflein Petri zu sitzen, auch und gerade, wenn es einmal stürmisch wird. Die dann nicht gleich vom Untergang jammern, weil sie ja wissen, Gott, der Allmächtige, ist mit uns alle Tage - bis an das Ende der Welt. Und das Ende der Welt liegt in seiner Hand. Darum, meine Lieben, wollen wir heute die hl. Hildeghard bitten, dass sie unsere schwache und kümmerliche Liebe zur Kirche verdoppelt, verdreifacht, ja verhundertfacht, denn das müssen ja *wir* unserer trauernden, angstvollen und freudlosen Welt klarmachen, dass es auch heute einen Weg gibt, hinaus aus allen Bedrängnissen und Gefahren; dass es einen Weg gibt, der in den Frieden führt und in das Glück. Auch heute! Auch in unserer Welt! Dass Gott uns einen solchen Weg geschenkt hat: Die eine, heilige, katholische und apostolische Kirche. Amen.

Septima uisio secunde partis.

DEINDE uidi ardentem lucem tante magnitudinis ut aliquis mons magnus & altus est. in summitate sua uelut in multas linguas diuisam. Et coram luce ista quedam multitudo albatorum hominum stabat. ante quos uelut quoddam uelum tamquam cristallus perlucidum a pectore usque ad pedes eorum extensum erat. Sed & ante multitudinem istam quasi in quadam uia uelut quidam uermis mire magnitudinis & longitudinis supinus iacebat. qui tanti horroris & insanie uidebatur. ultra quam homo effari potest. Ad cuius sinistram quasi forum erat. ubi diuicie hominum atque delicie seculares & mercatus diuersarum rerum apparuerunt. ubi etiam quidam homines multa celeritate currentes. nullum mercatum faciebant. quidam autem tepide euntes & uendicioni & emptioni ibi insistebant. Uermis autem ille niger & hirsutus atque ulceribus & pustulis plenus erat. qui quinque uarietates a capite per uentrem suum usque ad pedes

Der Versucher
Tafel 18 / Schau II 7

Kapitel III

Das Buch der Lebensverdienste

Liber vitae meritorum

Auch für das Buch der Lebensverdienste bekam Hildegard einen konkreten Schreibauftrag. Es ist ihre dritte Schreibphase. Hildegard ist sechzig Jahre alt und wird fünf Jahre an diesem Werk schreiben, nachdem eine Stimme vom Himmel zu ihr sagte:

„Du, der du von deiner Kindheit an durch den Geist des Herrn nicht auf leibliche Weise, sondern geistig in der wahren Schau unterwiesen wurdest, verkünde nun das, was du jetzt siehst und hörst. Denn von Beginn deiner Schau an wurden dir einige Erscheinungen gleichsam wie flüssige Milch gezeigt; andere wieder wurden dir gleich einer erquickenden, leichten Speise angeboten; noch andere wurden dir wie feste und vollkommene Nahrung angewiesen. So rede denn auch jetzt wiederum nach Mir und nicht nach dir, und schreibe Mir nach und nicht dir nach."

Zur leichten Speise zählten die Medizinbücher, das Buch Scivias wird auch noch als Milchnahrung bezeichnet, d.h. als leicht verdauliche Speise, während ihr nun harte Kost bevorsteht. An diesem Buch muss man also schon kräftig kauen, um es verdauen zu können.
Worum geht es? Dieses Buch der Tugenden und Laster zeigt in der Eingangsvision bereits die universale Tragweite des Geschehens. Sehen wir uns dieses Visionsbild an:

„Ich sah einen Mann von solch hohem Wuchs, dass er von der obersten Höhe der Himmelswolken bis hinunter in die Abgründe reichte. So stand er da: Von seinen Schultern an ragte er über die Wolken hinaus in den strahlenden Äther. Von den Schultern abwärts bis zu seinen Hüften umschwebte ihn, unterhalb der erwähnten Wolkenschicht, eine andere blendendweiße Wolke. Von den Hüften bis zu seinen Knien umspülte ihn die irdische Luft. Von den Knien bis zu seinen Waden befand er sich in der Region der Erde. Seine Füße schließlich tauchten in die Wasser des Abgrundes, jedoch so, daß er dabei noch über dem Abgrund stand...."

Dass dieser Mann der Menschensohn ist, wird Hildegard erst gegen Ende des Buches offenbar:
„Ich bin die Kraft der Gottheit vor aller Ewigkeit und vor aller Zeit. Keinen Ursprung einer Zeit trage Ich in Mir. Denn ich bin der Gottheit Kraft, durch die Gott alles aus seiner Entscheidung und mit Seiner Bestätigung erschaffen hat. Ich bin auch der Spiegel der Vorsehung für alles. Mit allgewaltiger Kraft ertöne Ich, in der Ich das tönende Wort bin, jenes „Es werde“ nämlich, durch das die ganze Welt hervorging. Mit lebendigen Augen habe Ich die Zeiten unterteilt, wohl bewußt, was sie sein könnten und wie das alles sei. Mein Mund gab Meinem eigens berufenen Werke den Kuß, jenem Gebilde, das Ich aus dem Erdenlehm machte. In einzigartiger Weise habe Ich dieses Werk liebend umarmt. Und so habe Ich es durch den feurigen Geist verwandelt zu einem Leibe. Und ihm gab ich alle Welt zu Diensten.
Nachdem Ich zur Ruhe gekommen war und wahrgenommen hatte, wie durch den Rat der Schlange der Mensch betrogen ward, trat Ich voller Leidenschaft auf. Im Schoße der Jungfrau kam Ich, diesen entflammend, zur Ruhe. In ihrem Fleische, das keinerlei Schmutz ausgeschieden hatte und das rein war wie Adams Fleisch im Urbeginn, wurde Ich Mensch. Und so ging Ich als ein gewaltiger Held in der Tugendkraft über alle Menschen hervor...“ [90]

Jene überragende Gestalt, die Hildegard in der Vision beschreibt, ist der Menschensohn, das Mensch gewordene WORT, durch das alles geworden ist. Hildegard beschreibt die erste Vision weiter mit den Worten:
„So stand er da, dem Osten zugewandt, und schaute nach Osten und Süden. Sein Antlitz aber strahlte von solcher Herrlichkeit, daß ich es nicht voll und ganz anzuschauen vermochte. Vor seinem Munde ballte sich eine blendend weiße Wolke zu einer Posaune zusammen; sie war erfüllt vom Klang einer geschwind aufbrausenden Musik. Jedesmal, wenn dieser Mann dort hineinblies, sandte sie drei Winde aus: Der eine trug eine Feuerwolke über sich, der andere eine Sturmwolke, der dritte eine Lichtwolke, und zwar so, daß diese Winde jeweils ihre Wolken über sich trugen...“

In der Feuerwolke erscheint der Chor der Feuergeister, sie stellen die Tugenden dar und geben den bösgeistigen Lastern die himmlische Antwort. In der Sturmwolke ist die Schar der Seligen, die auf ihre ewige Heimat warten. In einer Lichtwolke erscheinen vor der Gestalt Sonne und Mond. Die Sonne ist das Symbol für Christus, der Mond symbolisiert die Kirche. Nun wird hier der Kampf gegen den Widersacher in der ganzen kosmischen Dimension angedeutet: Christus kämpft wie ein Löwe und die Kirche wie ein Steinbock gegen die bösen Mächte:

„In der Sonne stand ein Löwe, im Mond ein Steinbock. Diese Sonne erstrahlte über den Himmel und im Himmelsgewölbe, auf der Erde und unter dem Erdball, und so kam sie hervor in ihrem Aufgang und neigte sich wieder in ihrem Niedergang.
Mit der aufgehenden Sonne wuchs auch der Löwe in ihr und riß gewaltige Beute an sich. Bei ihrem Niedergang zog sich auch der Löwe in ihr zurück, wobei er vor Freude ein gewaltiges Brüllen ausstieß. Auch der Mond, und mit ihm der Steinbock, folgten den Bewegungen der Sonne im Aufstieg wie im Niedergange nach. Dabei gab jener Wind ein Brausen von sich, das sagen sollte: „Das Weib wird Frucht gebären, und der Steinbock wird ankämpfen wider den Norden.“ [91]

Die Szene des Weltendramas spielt sich im kosmologischen Bereich ab. Der Menschensohn überragt durch seine Größe das Universum und somit geht auch der Blick Hildegards über das Universum hinaus. Was außerhalb des Kosmos noch existiert, das kann kein Mensch wissen, wenn es ihm nicht Gott offenbart. Der Gottmensch steht mit den Füßen auf dem Abgrund, genauer gesagt, etwas darüber, in der kosmischen Wasserschicht. Der Abgrund ist eine undurchdringliche Finsternis, in der sich sozusagen „Werkstücke“ und Rohstoffe befinden.

„Dieser Abgrund existiert als die Werkstätte des höchsten Werkmeisters, in der sich alle Werkstücke dieses Meisters befinden. Wie eine Werkstatt nämlich glühende und nicht glühende Dinge enthält, kurzum alles, was seiner Natur nach zu bearbeiten ist, und wie der Schmied, der diese Stoffe bearbeitet, sein Werk nach dieser oder jener Richtung hin je nach seiner eigenen Vorstellung schmelzt und führt, so ist auch der Abgrund gleichsam die Werkstatt des Weltenschöpfers.“ [92]

Unter anderem wird in dieser Vision auch gezeigt, wonach die Naturwissenschaft sucht, nämlich nach dem Ursprung der Materie. Er befindet sich außerhalb des Universums, - in der Werkstatt Gottes! Das Universum ist sozusagen ein Produkt des höchsten Werkmeisters und schwebt über dem Abgrund. Oberhalb des kugelförmigen Kosmos befindet sich das Paradies. Es reicht, so weit die Sonne von der Wintersonnenwende bis zur Sommersonnenwende wandert, also in der Verlängerung eines Winkels von 47 Grad. Über dem Paradies befindet sich dann der Himmel. Die Hölle hingegen ist im Bereich des finsteren Nordens.

„Der Weltenball wird von Feuer, Wind und Luft in Bewegung gehalten und jedwede Kreatur ist in ihm geborgen. Der Himmel mit seiner Pracht nimmt den oberen Teil dieses Weltalls ein. Wo aber wäre der Mensch, der je mit einem Blick hinaufzudringen vermöchte in solche Höhen? Der Erde weites Rund steht mit den ringsum strömenden Wassern und allem, was oberhalb der Abgründe flutet, gleichsam inmitten der Weltkugel. Auch das vermag kein Mensch jemals zu erfassen. Der Abgrund endlich liegt mit all seinem Wunderbaren gleichsam auf dem Grund dieses Universums. Und wo wäre der Mensch, der je auf diesen Grund gelangen könnte? Niemand kann dies als Gott allein, der ihn gegründet hat. Der Mensch aber lebt auf diesem Erdball und ist von seinem Kreislauf umschlossen. Daher kann kein Mensch mit seiner Fassungskraft über diese Grenze vordringen.“ [93]

Das Visionsbild sprengt also den irdischen Rahmen und offenbart uns Wirklichkeiten, die unseren Augen verborgen bleiben. So auch der Ort der Verdammnis, von dem nun die Rede ist:

„Inmitten der erwähnten Finsternis befand sich eine ungezählte Schar verlorener Seelen, die sich von dem Lobgesang des Chores im Süden abgewandt hatten, da sie keine Gemeinschaft mit ihm haben wollten. Ihr Führer trug den Namen „Verführer“. Denn den Taten dessen sind sie gefolgt, der von Christus niedergestoßen wurde und der nun keine Macht mehr hat. Sie alle schrien in einem fürchterlichen Geheul: *„Weh und abermals wehe dem schadenbringenden entsetzlichen Werke, welches das Leben floh und das nun in uns dem Tode zusteuert!“* [94]

In dieser Finsternis befinden sich die Verdammten, die jetzt, wo sie in der Hölle sind, der Hölle dienen müssen und mit ihrem Ungeist auch in der Welt weiterwirken. Sie müssen dem Verführer dienen, wie er es ihnen befiehlt. Was sie vorher auf Erden nicht wollten - gehorchen -, das müssen sie jetzt in der Hölle. Wer mit Gott keine Gemeinschaft haben will und sich stets gegen Ihn auflehnt, der kommt eben in dieses Reich der Finsternis.
Nun beginnt der erste Akt im Weltendrama. Der von Gott geschaffene Kosmos bildet die Bühne des Weltgeschehens.

„Alsdann sah ich vom Norden her eine Wolke, die sich gegen diese Finsternis ausdehnte. Sie war aller Freude leer und aller Seligkeit bar. Denn die Sonne hatte sie nie berührt und sich ihr nicht einmal gezeigt. Voll war sie mit bösen Geistern, die in ihr unruhig herumfuhren, um gegen die Menschen lauter Bosheiten im Schilde zu führen. Doch vor dem Manne mußte sie erröten. Und ich hörte, wie die alte Schlange bei sich selber sprach:

„Alle Kraft meines Vermögens will ich zum Endkampf einsetzen, und ich will losschlagen gegen meine Feinde, so sehr ich vermag."

Das ist praktisch der Leitspruch des Teufels, die generelle Kampfansage gegen den Menschen. Während die Engel diesen Kampf im Himmel schon ausgefochten haben, steht er hingegen jedem Menschen noch bevor. Damit ist die Erde, letzlich sogar der ganze Kosmos zum Schauplatz einer permanenten Auseinandersetzung deklariert. Es ist ein Kampf zwischen Licht und Finsternis, zwischen Gut und Böse, sogar ein Kampf auf Leben und Tod, denn mit dem Leben ist die Glorie des Himmels gemeint und mit Tod die ewige Verdammnis. Damit bekommt alles menschliche Tun Bedeutung, nämlich einen Wert oder Mangel. Tugenden sind Werte, Untugenden hingegen jene Laster, die eine Tugend umkehren, d.h. sich für das Gegenteil stark machen. Diese Bewährungsprobe müssen wir nicht alleine austragen, denn sie richtet sich im Grunde genommen gegen Gott und seine Ordnung.

„Aber der Mann (Gott) erwies sich mächtig über seinen Feind, und zwar durch ein anderes Werk, das Er wirkte, durch den Menschen nämlich, den Er geschaffen. Mit dieser Macht begann Er gegen die Schlingen und Bosheiten des listigen Feindes aufs neue zu kämpfen. Als *´das Wort, das Fleisch geworden´*, ergriff Er das Banner der Schlacht. Und dieser Streit wird dauern, bis die Zahl der Brüder, das heißt der Seligen, voll ist.
Einen erbitterten Kampf wird dieser Mann von neuem mit dem Feinde streiten, so wie Er früher schon im Himmel mit ihm gefochten hatte. Doch wird Er ihn gänzlich zunichte machen." [95]

Die Auseinandersetzung zwischen Gut und Böse ist nicht im Sinne eines Dualismus zu verstehen, sondern ein zeitlich begrenztes Geschehen. Das Buch *„Liber vitae meritorum"* setzt sich mit diesem Schlagabtausch in voller Härte und Offenheit auseinander. Gott offenbart uns, worum es auf Erden eigentlich geht, was Sache ist, und was wir wissen müssen, um uns keine falschen Illusionen zu machen. Dahinter verbergen sich auch die Grundfragen einer christlichen Ethik, die nicht allein für die Einzelperson Geltung haben sollte, sondern für die ganze Gemeinschaft, für den ganzen Staat und für die Völker der ganzen Erde. Es ist eine Lehre vom Wesentlichen und lehrt uns recht denken und recht handeln, um den rechten Weg zu gehen. Das Buch macht frei von undisziplinierten Denken, denn undiszipliniertes Denken ist lasterhaftes Denken. Was für das Buch *Scivias* als Grundsatz galt, das gilt auch hier:
„Wer aber die heldenstarken Werke des Heiles tut und den Weg der Wahrheit

läuft, der gräbt sich einen Quell unversiegbarer Herrlichkeit, durch den er sich die kostbarsten Schätze auf Erden und im Himmel erwirbt.“ [96]

Das ist wörtlich zu nehmen und soll uns ermutigen, den Kampf gegen das Böse nicht aufzugeben, schließlich stehen wir in der Verantwortung vor Gott und seiner Gerechtigkeit. Wer den wahren Weg geht, der kann sich darauf verlassen, dass Gott ihm zu Hilfe kommt, kraft der Gerechtigkeit. Gott ist der Gerechte, er ist *die* Gerechtigkeit. Für Hildegards Werke trifft zu, was bei Johannes steht: *„Wenn dieser (Hl. Geist) kommt, wird er der Welt den Nachweis führen von Sünde, von Gerechtigkeit und vom Gericht.“* (Joh. 16,5)
Warum belehrt Johannes die Welt über die Gerechtigkeit? *„Weil ihr mich nicht mehr sehen werdet.“* (Joh. 16,9) Weil Christus unsichtbar ist, deshalb ist die Gerechtigkeit für uns notwendig, denn in der Gerechtigkeit wird Christus sichtbar. Wo die Gerechtigkeit fehlt, da fehlt auch Christus, da ist Christus nicht mehr sichtbar.
Das Buch betrifft also die Gerechtigkeit. Wenn Christus die Gerechtigkeit ist, dann ist Er es von Kopf bis Fuß. Die Welt - auch von Kopf bis Fuß - ist eine Mischung aus Lastern und guten Werken, und das wird in dem Buch einander gegenübergestellt. Die Laster gehören zum weltlichen „Aufbau“, das Reich Gottes baut sich hingegen aus den Tugenden auf. Wie nun die Tugenden, die von Christus stammen, sich mit den Lastern auseinandersetzen, das wird hier bis in Einzelheiten genau beschrieben.

Die Reihenfolge der 35 Tugenden und Laster hat mehrfache Bedeutung. Vereinfacht gesagt, baut eine Tugend auf die andere auf, wie auch ein Laster das nächste hervorruft. Das gilt zumindest innerhalb der jeweiligen Gruppe. Die Tugenden und Laster sind entsprechend den Visionsbildern in (fünf) Gruppen gegliedert und werden von Kopf bis Fuß auf „den Mann“ übertragen. Aus dem jeweiligen Einleitungstext der einzelnen Visionen geht dann die weltgeschichtliche Zuordnung hervor. So heißt es im ersten Bild: „Und dieser Mann steht von den Schultern ab über den Wolken im strahlendsten Äther, weil alles, was vor Ursprung der Welt war, Er allein im Geheimnis der göttlichen Herrlichkeit kennt.“
Das bedeutet: Im Kopf dieses Mannes ist schon alles, was vor Beginn der Welt war: Die Idee und der Plan des Menschen sowie des ganzen Universums. Damit fällt die erste Tugend- und Lastergruppe in den Bereich vor Ursprung der Welt. Sie werden daher der göttlichen Planungsphase zugeordnet. Auch wir Menschen überlegen und planen, bevor wir ein Werk ausführen. Daher nannten wir diese erste Gruppe „Kopftugenden“ bzw. „Kopflaster“. So geht es dann weiter zu

Rumpf, Oberschenkel, Unterschenkel und zu den Füßen. Mit der Reihenfolge der Tugenden und Laster ist auch der Lauf der Weltgeschichte zu erkennen. Mit dem letzten Laster (35.) geht diese zu Ende. Daher enthält die darauffolgende Vision keine Laster mehr, denn sie betrifft „die Zeit danach“, also die Ewigkeit. Es lässt sich nicht nur das Weltendrama „ablesen“, sondern ebenso die christliche Geschichte wie auch der persönliche Lebenslauf. Der ganze Plan und Sinn der Weltschöpfung ist streng logisch aufgebaut und vielschichtig in seiner Bedeutung.
In jeder Phase der Weltgeschichte wird eine neue Strategie verlangt, eine neue Kampfmethode, weil auch der Widersacher seine Taktik ständig ändert. Wenn eine „Masche“ aufgrund der Aufdeckung und Gegenstrategie nicht mehr zieht, dann lässt er sich was Neues einfallen.
Die Gruppierung in sechs Teile zeigt auch die Perioden des göttlichen Heilsplanes, mit Hilfe dessen der Widersacher am Ende für immer besiegt sein wird. Es werden jedoch bei weitem nicht alle Seelen gerettet. Es geht tatsächlich um Schadensbegrenzung, denn viele Menschen lassen sich nicht retten.
Die geschlossene Architektur und der systematische Charakter des Werkes zeigen, dass letztlich Gott Weltgeschichte schreibt und sein Ziel erreichen wird. Dabei ist keine Determinierung zu erkennen, sondern es steht immer die freie Entscheidung des Menschen im Raum, von Augenblick zu Augenblick, d.h. im Jetzt, in der Gegenwart.

Das Tugenden- und Lasterschema dient auch als Spiegel für unser persönliches Leben, für den Lebenslauf jedes Menschen, der mit dem Kindeswunsch beginnt und im Greisenalter, in der Vorfreude auf den Himmel, enden sollte.
Mit dem Lebenslauf ist die Lebensweise gemeint, die persönliche Lebensphilosophie und Weltanschauung. Nun gibt es so viele Weltanschauungen, wie es Tugenden und Laster gibt. Die Tugenden repräsentieren die Wahrheit. Hat jemand alle 35 Tugenden, dann steht dieser Mensch ganz in der Wahrheit, weil jener „Mann“ alle Tugenden in sich vereint, und dieser Mann ist Christus. So wird der tugendhafte Mensch zu einem mystischen Christus. Jedes Laster hingegen ist die Leugnung oder Ablehnung einer dieser Tugenden. Somit ist jedes Laster auch eine Abirrung von einer Wahrheit, eine Abkehr vom Glauben an den Dreifaltigen Gott und stellt einen Widerspruch dar gegenüber der göttlichen Gerechtigkeit. Der Dreifaltigkeitsglaube ist nämlich der wahre Glaube und die ganze Wahrheit. Sünde besteht deshalb im Unglauben. Der Unglaube hat viele Gesichter und diese Unwahrheiten werden bei den 35 Lastern aufgedeckt und entlarvt.
Fehlt bei einem Menschen eine Tugend, dann etabliert sich „stellvertretend“

das entsprechende Laster. Das kann vorübergehend sein, oder auch dauerhaft. Das Laster ändert nun die Meinung des Menschen, er wechselt sozusagen die Partei und läuft zu einer anderen über. Er schlägt sich auf die Seite des Lügners und Verführers, weil ihm dessen Argument glaubhafter erscheint. Weil uns der Verführer geistig haushoch überlegen ist, gehen wir ihm oft sehr leicht auf den Leim. Meist erfolgt dieser Seitenwechsel ganz unspektakulär und auf harmlose Weise. Der Mensch sieht diese Schlinge nicht, er tappt einfach hinein. Das kann aus Neugier sein, aus Ungehorsam, aus Lust usw.

Dr. Hertzka sagt: „Bei Hildegard haben wir 35 *vitien*, das sind Fehler. Das Wort *vitium* ist in der Medizin noch bekannt als ein Herz-vitium, ein Herz-Fehler. Die Fehler gehen bei Hildegard von Kopf bis Fuß als Hirnfehler, Lungen- und Brustfehler, Oberschenkel- und Unterschenkelfehler, bis hin zum Fußfehler. Das sind die *vitien*, wie sie nach dem Bild Hildegards lokalisiert sind. Wenn eine *virtus* (Wert, Tugend) ausfällt, dann entsteht ein *vitium*, ein Fehler.Und dann fehlt eben ein Wert. Und diese Werte und Fehler werden hier in diesem Buch nach einem ganz bestimmten System beschrieben."

Weil Laster letztlich aber sündhafte Vergehen sind, deshalb ruft Gott den Menschen zur Umkehr und versucht durch verschiedene Maßnahmen ihn wieder zurückzuführen auf die geraden Pfade. Eine Umkehr ohne entsprechende Buße führt dazu, die entsprechenden Strafen im Fegefeuer abbüßen zu müssen. Wenn er nicht umkehrt und auch die Buße verweigert, dann wird er Beute des Bösen. Deshalb werden für alle Laster auch die Fegefeuerstrafen genau angeführt.
Um den Inhalt des Buches lebensnah darzulegen, werden wir jetzt den Lebenslauf eines Menschen nach diesem Schema von Kopf bis Fuß durchgehen. Damit soll gezeigt werden, wie jeder auf seine Weise Nutzen aus diesem Buch ziehen kann. Die Unterweisungen dazu erteilte uns Dr. med. Hertzka im Rahmen eines mehrtägigen Hildegard-Seminares im Oktober 1985 in Salzburg. Sein Gedankengut habe ich hier sinngemäß aufgearbeitet, aus mehreren Vorträgen zusammengefasst und dazu auch einige seiner Formulierungen übernommen.

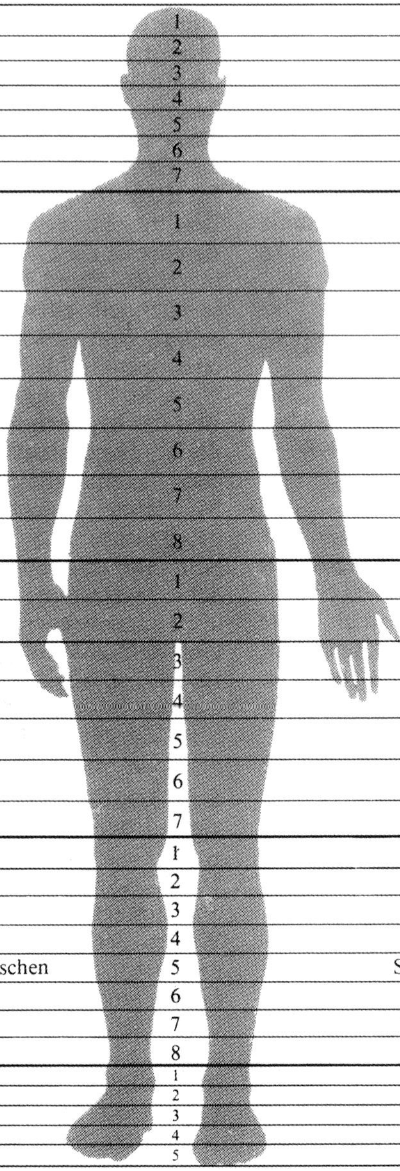

Nr.	Tugend		Laster	
1	Liebe zum Himmlischen	1	Weltliebe	KOPF
2	Zucht	2	Ausgelassenheit	
3	Schamhaftigkeit	3	Vergnügungssucht	
4	Barmherzigkeit	4	Herzenshärte	
5	Gottes Sieg	5	Feigheit	
6	Geduld	6	Zorn	
7	Sehnsucht	7	Ausschweifung	
8	Enthaltsamkeit	1	Schlemmerei	RUMPF
9	Freigebigkeit	2	Engherzigkeit	
10	Frömmigkeit	3	Gottlosigkeit	
11	Wahrheit	4	Lüge	
12	Friede	5	Streitsucht	
13	Glückseligkeit	6	Schwermut	
14	Maß	7	Maßlosigkeit	
15	Seelenheil	8	Verstocktheit	
16	Demut	1	Hochmut	OBERSCHENKEL
17	Liebe	2	Mißgunst	
18	Gottesfurcht	3	Ruhmsucht	
19	Gehorsam	4	Ungehorsam	
20	Glaube	5	Unglaube	
21	Hoffnung	6	Verzweiflung	
22	Keuschheit	7	Wollust	
23	Gerechtigkeit	1	Ungerechtigkeit	UNTERSCHENKEL
24	Stärke	2	Stumpfsinn	
25	Heiligkeit	3	Gottvergessenheit	
26	Beharrlichkeit	4	Unbeständigkeit	
27	Sehnsucht nach d. Himmlischen	5	Sorge für das Irdische	
28	Herzenszerknirschung	6	Verschlossenheit	
29	Vollkommenheit	7	Habsucht	
30	Eintracht	8	Zwietracht	
31	Ehrfurcht	1	Spottsucht	FÜSSE
32	Stetigkeit	2	Umherschweifen	
33	Gottes Dienst	3	Zauberei	
34	Genügsamkeit	4	Geiz	
35	Himmlische Freude	5	Weltschmerz	

Tugenden und Laster von Kopf bis Fuß

Der Lebenslauf

Die Grundidee ist das Bild des Mannes. Hier wird auf der Tugendseite Christus von Kopf bis Fuß beschrieben. Es zeigt, wie anders er war als die Welt. Der „Mann" vereint alle Tugenden in sich. Er ist der Gerechte. Die Auseinandersetzung zwischen Tugend und Laster ist auch ein Kampf um die Gerechtigkeit. Auf der weltlichen Seite stehen die ganzen Laster, denn die Welt ist der Tummelplatz des Verführers. Die einzelnen Tugenden und Laster sind entsprechend den sechs Buchteilen in Gruppen gebildet.

Bereich	Anzahl	Bedeutung
Kopf	7	Planung
Rumpf	8	Schwangerschaft
Oberschenkel	7	Erziehung
Unterschenkel	8	Leben
Füße	5	Alter

Die Kopflaster und die Kopftugenden

Die 7 Kopftugenden stehen für die Planung. Nach Gottes Ordnung soll ein Kind nicht ungewollt entstehen, sondern müsste dem Kindeswunsch entspringen. Wie bereits im medizinischen Kapitel gesagt wurde, soll die Zeit der Zeugung geplant werden. Jeder Mensch, der im Mutterschoß heranwächst, ist eine Neuschöpfung. Die Eltern sollten ihren Kindern die bestmöglichen Voraussetzungen für ihr Leben bereits in die Wiege legen. Daher dürfen sie nicht zu jung oder gar noch unreif sein, das wäre nachteilig für das Kind. Zur Reife gehört auch, dass sie die Jugendlaster schon bewältigt haben, also über sie bereits hinausgewachsen sind. Auf welche Laster hier zu achten ist, das sehen wir uns der Reihe nach an:

1. Amor saeculi - Amor caelestis
Die Liebe zur Welt - Liebe zum Himmlischen

Das Laster offenbart sein Argument: „Alle Reiche der Welt ... Solange ich noch dieser Welt Schönheit genießen kann, will ich sie mit Wonne umfangen." Das

ist das Lasterprinzip: Freut euch des Lebens, solange das Lämpchen noch glüht. Wer sich dafür begeistern lässt, etwa in der feucht-fröhlichen Runde, bei dem kann sich das Laster anhängen. Es kommt darauf an, wieweit das Herz dabei mittut. Jugendliche entdecken die Freuden der Welt, sie gehen dann gern in Diskotheken, Bars, auf Ballveranstaltungen und allerlei Unterhaltungen. In diesem Stadium dürfen sie nicht „hängen bleiben", sondern müssen wieder vernüftig werden und den Ernst des Lebens im Auge haben.
Die himmlische Liebe antwortet: „Du bist wohl ganz verrückt, wenn du glaubst, in einem Funken der Asche schon das volle Leben besitzen zu können." Dieses Leben, wenn man es hier auf Erden genießt, hat mit dem wirklichen Leben in Christus nichts zu tun. Daher sagt die himmlische Liebe: „Du jedenfalls suchst nicht das wahre Leben." Was ist das wahre Leben? „In seiner Jugendschöne nimmermehr welken", das ist Leben. Was ewig jung ist, ist die ewige Jugend, die sich selbst in der Reife des Alters nicht erschöpft. Das ist auch die Schönheit. Die Liebe zum Himmel lässt einen Menschen schön sein, jugendlich sein, bis ins hohe Alter. Für Jugendliche ist das aber ganz und gar nicht erstrebenswert. Sie neigen eher noch zur Ausgelassenheit.

2. Petulantia - Disciplina
Ausgelassenheit Zucht

Die zweite Gestalt hat das Argument: „Was könnte dem Menschen schon ein wenig Freude schaden, die ihn wenigstens etwas zum Lachen bringt... Was wäre ein Mensch, dem es immer nur zum Sterben zumute ist? Ein Nichts! Darum laßt uns fröhlich sein...!" Dieser Meinung schließen sich viele an. Freude kann doch nichts Schlechtes sein. Die Argumente des Verführers sind immer sehr einleuchtend und verfänglich. Humorvolle Menschen sind allseits beliebt, also was sagt hier die Tugend?
„Ganz schön verstehst du es, sie so zu nehmen, daß sie nur noch begehren, was immer sie mögen. Mit deiner müßigen, verbrecherischen Redensart setzt du den Herzen der Menschen arg zu."
Nehmen wir an, der Pfarrer ermahnt die Gläubigen zur Osterbeichte zu gehen. Nach der Messe sitzen die Leute im Wirtshaus und diskutieren über die Predigt. Der Ausgelassene macht Späße und zieht die Ermahnung ins Lächerliche. „Vielleicht will der Pfarrer erfahren, welche Freundin du hast", und ähnliche Scherze. Auf diese Weise fällt das ermahnende Wort dann auf fruchtlosen Boden. Mit Spaß kann man die Leute vom rechten Weg fast unmerklich ablenken. Mit der Pointe zerschlägt der Spötter die rechte Weisung. Eine Fortsetzung dieser Haltung ist die Vergnügungssucht.

3. Joculatrix - Verecundia
Vergnügungssucht - Schamhaftigkeit

„Die dritte Gestalt sieht aus wie ein Possenreißer. Sie sucht den Menschen vom himmlischen Weg in die bunte Darbietung unziemlicher Belustigungen zu ziehen. Darin folgt sie der Ausgelassenheit auf dem Fuße."

Wir sprechen heute von einer Spaßgesellschaft, weil ein Großteil der Gesellschaft das Vergnügen sucht. Nicht selten geht es dabei um „schmutzige Sitten und unreine Handlungen", Hauptsache, wir haben Spaß gehabt. Viele Fernsehsendungen oder Unterhaltungen sind auf Spaß angelegt, Witze und Faschingspointen sind meist zweideutig und schamlos, aber allen gefällt´s, denn alle klatschen vergnügt in ihre Hände. Eine Frau im heiratsfähigen Alter wäre gut beraten, sich keinen Nachtmenschen oder Possenreißer als Ehemann zu wählen.
Die Spaßgesellschaft folgt den Parolen:
„Darum lasst uns ausgelassen sein, solange wir noch lachen können!"
Der Vergügungssüchtige lebt nach dem Motto:
„Es ist doch viel besser herumzutollen, als Trübsal zu blasen. Spielsucht und Spaß sind doch wohl keine Schande."

4. Obduratio - Misericordia
Herzenshärte - Barmherzigkeit

Das Gegenteil von Herzenshärte ist die Barmherzigkeit. Eltern müssen barmherzig sein, denn die Hartherzigkeit ist ein schwerwiegendes Laster. Der Hartherzige sagt: „Warum sollte ich mich um etwas bemühen oder gar kümmern? So was werde ich schön bleiben lassen." Er lässt die Frau im Stich, oder umgekehrt, die Frau den Mann. „Was geht das mich an? Kümmer dich selber ..." So eine Ehe kann nicht gut gehen. Aber der Teufel ist schlau. Er „verkauft" uns die Herzlosigkeit, indem er den Menschen suggeriert, man müsse „cool" sein, denn das sei „in". *Cool* und *geil* sind heute geflügelte Worte von Schulkindern.

Auch Papst Bendikt XVI. beklagt in seiner *„Botschaft zur Fastenzeit 2012"* einen Mangel an Nächstenliebe. Er fordert dazu auf, „wieder einmal über das Herz des christlichen Lebens nachzudenken: die Nächstenliebe."
Ausgehend vom Bibelwort aus dem Brief an die Hebräer *„Lasst uns aufeinander achten und zur Liebe und zu guten Taten anspornen"*, fordert der Heilige Vater die Katholiken auf, „den Blick auf den anderen zu richten, in erster Linie auf Jesus, und aufeinander zu achten, sich nicht unbeteiligt, gleichgültig gegenüber dem Schicksal unserer Brüder und Schwestern zu zeigen."
Weiters warnt Papst Bendedikt auch „vor der Gefahr der Verhärtung des Herzens, die blind macht für die Leiden anderer." Und „eine Gesellschaft wie die

gegenwärtige kann taub werden, sowohl für das körperliche Leid als auch für die geistigen und moralischen Bedürfnisse des Lebens. Das darf unter Christen nicht geschehen."

Das ist ganz im Sinne Hildegards! Dr. Hertzka sah in der Häufigkeit der Herz- und Kreislauferkrankungen sogar einen Zusammenhang mit der zunehmenden Hartherzigkeit der Menschen. Blutgefäße werden durch die Verkalkung hart. Wenn es an „milden Säften" fehlt, dann verkalken die Gefäße und verhärten auch das Herz. Hartherzigkeit ist Lieblosigkeit und an dieser zerbrechen heute viele Menschen. Man geht sich aus dem Wege, anstatt aufeinander zuzugehen. Von diesem „Zeitgeist" ist unsere Gesellschaft geradezu geprägt. Jesus sagt: „Ich bin sanftmütig und demütig von Herzen..." Das sollten auch wir anstreben! Mildtätigkeit und Herzenswärme werden nicht nur von Gott belohnt, sie erhalten auch die Gesundheit! Daher sollten Eltern bei der Erziehung ihrer Kinder großen Wert darauf legen, dass sie für andere ein gutes Herz haben. Denn:

„Die Herzenshärte ist unter allen Übeln das schlimmste, da sie auf niemanden Rücksicht nimmt und keinem Barmherzigkeit erweist. Sie macht das Menschliche als solches verächtlich und verzichtet darauf, jemandem noch ein Interesse entgegenzubringen. Sie freut sich nicht mehr mit einem anderen, noch gibt sie ihm einen guten Rat; in allen Dingen bleibt sie einfach hart und verachtet alles."

5. Ignavia - Divina victoria
Feigheit - Gottes Sieg

Bei Hildegard wird u.a. auch erklärt, wie sich ein Laster nach dem anderen entwickelt. Es ist wie bei den Dominosteinen. Einer legt den anderen um. Und so entsteht aus der Hartherzigkeit die Feigheit. Hildegard beschreibt das so:
„Die fünfte Gestalt stellt die Feigheit dar, die der Herzenshärte wie eine Eiterbeule anhaftet... Wenn nämlich der verhärtete Mensch einmal vom Streben nach höheren Werten abgelassen hat, verfällt er der Feigheit. Ihn beseelt kein Verlangen nach Ehre und Heiligkeit; träge und aller Trefflichkeit leer lebt er dahin. Keine Lust hat er mehr, den Leidenschaften Widerstand zu leisten. Ist er doch durch seine Feigheit geradezu in sie verstrickt."

In einem ganz anderen Geist spricht die Tugend vom „Gottes-Sieg". Sie greift nicht den Menschen an, sondern jenen Ungeist, der dieses Laster verusacht:
„Da du beim ersten Irrtum deine Stimme wieder Gott erhoben, begannst du schon zu irren und wolltest der Gerechtigkeit nicht folgen. Und wie du in deiner Haltlosigkeit, zitternd und gefühllos, in die Verbannung gingst, so hast du

im Wankelmut deiner Gunst die Menschen hintergangen. Denn dir fehlt aber auch alles rechte Maß.
Ich hingegen besitze das Schwert der überstarken Kräfte Gottes, mit dem ich alles Unrecht ausrotte. Schon habe ich es gezückt, um auch deine Kinnlade zu zerschmettern. Hart will ich gegen dich sein; denn du bist Asche in Asche. Was du auch immer verlangst und an dich ziehst, es ist nur kleinliches und geringfügiges Zeug.
Denn ich mag kein Leben, das in der Asche liegt, und ich will nicht die nichtigen Eitelkeiten der Welt. Ich begehre vielmehr, an den springenden Quell selbst zu gelangen. Ich nehme den Kampf auf gegen die alte Schlange, und all ihre Rüstung zerstöre ich mit dem Geheimnis der heiligen Schriften. Sie sind meine Waffen gegen die Fangnetze des Teufels. Und so werde ich stetig in Gottes Wahrheit verbleiben."

Wer denkt hier nicht an die Preisgabe aller ethischen Werte in unserer Gesellschaft durch feige Politiker? Um nur ein Beispiel zu nennen. Wie kann ein Gesetz entstehen, welches ungeborenes Leben nicht mehr schützt, sondern „legal entsorgen" lässt? Doch nur durch die Feigheit! Wo sind die Kleriker, die dagegen aufstehen und ihr christgläubiges Volk ermutigen, mit allen legalen Mitteln dagegen anzukämpfen? Landauf und landab fehlt also „das Schwert der überstarken Kräfte Gottes". Worauf können wir stolz sein, wenn heute alle teilnahmslos zusehen, wie die ganze Gesellschaft im Sumpf der Laster versinkt? Hat jemals schon einer in der Beichte gesagt, er war feige? Es ist zu vermuten, dass 99,9 % aller Christen wegen dieser ungebeichteten und ungesühnten Sünden die dafür vorgesehenen Strafen im Fegefeuer verbüßen werden müssen. „Und ich sah einen schwarzen Nebel und wilde Winde im Tumult tosender Gewitterstürme und gewaltiger Regenschauer. Dahinein jagten nun die bösen Geister Feuerschläge (Feuerregen) gleich wie Regengüsse."

6. Ira - Patientia
Zorn - Geduld

Wenn einer feige ist, dann ist er auch zornig, „denn Feigheit schreit nach Schmach, die wieder das Feuer des Zornes entzündet, um jene Schmähung zu versengen und zu verzehren." Der Feigling schiebt die Konflikte hinaus und auf einmal wird es ihm zu dumm und dann explodiert er. Hätte er sich rechtzeitig den Problemen mannhaft gestellt, dann wäre dieser Stau mit dem anschließenden Zornesausbruch nicht entstanden. Junge Eheleute müssen also auch den Zorn schon im Griff haben. Die Neigung zum Zorn kann sich im Menschen so fest einnisten, dass man von einem „Zornbinkel" spricht. Dieses Laster kann den Kindern erspart bleiben, wenn Eltern dasselbe schon bewältigt haben.

Was steckt in Wahrheit hinter dem Zorn? Im Motto offenbaren die bösen Geister ihr wahres Gesicht:

„Alsdann sah ich andere Geister aus dieser Menge, die gegen die Heerschar Gottes anschrien: ´Welche Macht habt ihr schon gegen uns? Gar keine!´In ihrer grimmigen Wut starrten sie auf gewisse Frauen und riefen zugleich:

Die da, die sind geeignet zur Fruchtbarkeit dieser Welt, so wie der Acker für den sprossenden Keim. Beeilen wir uns daher, sie zu verführen, auf daß sie keine Helden gegen uns großziehen."

Die tiefere Ursache für den Zorn ist der Frauenhass. Der Teufel hasst die Frau, weil sie fähig ist, Kinder zu zeugen, welche im späteren Leben dann gegen ihn kämpfen und auch die Plätze im Himmel einnehmen, die durch die gefallenen Engel „frei geworden" sind. So ist Verhütung, Abtreibung und der Widerstand, Kinder zu bekommen, im Zorn zu suchen. Wie schrecklich und brutal der Zorn ist, das geht aus dem nachfolgenden Text hervor:

„Ich zermalme und vernichte alles, was mir in die Quere kommt. Sollte ich das Unrecht gar noch dulden? Was einer will, dass man ihm nicht tut, das soll er gefälligst auch mir nicht zufügen. Mit dem Schwert schlage ich um mich, und mit dem Knüppel haue ich drein, wenn jemand mir ein Leid antun wollte."

Über den Zorn gäbe es noch viel zu sagen, Hildegard beschreibt im Rahmen des Zornes auch den Mord aus Wut, den Kindermord, Selbstmord usw. Selbst in mehrtägigen Exerzitien ginge einem Exerzitienmeister, der sich auf dieses Werk der hl. Hildegard versteht, der Stoff nicht aus. Eigentlich gehört dieses Buch ja in die Hände eines geistlichen Führers, weil, wenn Menschen davon belehrt werden, ihre Buße „nach Maßgabe des Seelenführers" zu bemessen ist.

7. Inepta laetitia - Gemitus ad Deum
Ausschweifung - Sehnsucht nach Gott

Das Gegenteil von Keuschheit ist die Ausschweifung. Hier ist - so Dr. Hertzka - die Betäubung gemeint, der Rausch. Nun versucht der Geplagte mit Alkohol oder Drogen den Konflikten zu entgehen. Er gerät in das Stadium des Dahinvegetierens. Damit ist er am Ende der ersten Konfliktgruppe angelangt, und da ist Schluss. Wenn so ein Drogensüchtiger durch Überdosis stirbt, lacht sich der Verführer ins Fäustchen. Hier sehen wir also die Methode der Verführungskunst. Die Ausschweifung spricht: „In mir selber finde ich das süße Leben, und schön ist der Weg, den ich wandle. Warum soll ich enthaltsam sein?

Was soll's auch, wenn mein Fleisch der Lust nur lebt?"
Menschen mit dieser „Einstellung" wollen das Leben in vollen Zügen genießen und tun es auch, so gut es geht. Entsprechend dieser Lebensphilosophie halten sie den Besonnenen, der ein spirituelles Leben führt, für rückständig und dumm.

Es gäbe zu der ganzen Thematik natürlich noch sehr viel zu sagen, das ist aber in diesem Rahmen nicht möglich. Hier wird nur andeutungsweise aufgezeigt, wie der „rote Faden" verläuft.
Das waren also die Kopflaster, die schon vor dem Ehestand bewältigt sein sollten. Die Laster können sich auch erst im späteren Leben entwickeln, sie sind an kein Alter gebunden. Wir treffen alle Laster in allen Altersgruppen an. Es gibt auch greise Männer mit verhärtetem Herzen und Alkoholiker jeden Alters. Sie suchen Trost in der Welt, weil sie die wahren Heilmittel nicht kennen oder einfach ablehnen.
Der Tugendweg ist der christliche Weg, die Nachfolge Jesu in Form des gelebten Evangeliums. Wenn wir den Heilsweg immer mehr verlassen, ist eine Umkehr oft sehr schwer.
Ist die Frau schwanger geworden, dann sind nun die folgenden Tugenden bzw. Laster für sie von besonderer Bedeutung:

Schwangerschafts-Tugenden
Schwangerschafts-Laster

8. Ingluvies ventris - Abstinentia
Schlemmerei - Enthaltsamkeit

Wer seinen Bauch zum Gott macht, d.h. mit dem Essen einen Kult betreibt, der verlässt die Weisheit eines gesunden Maßes. Als Argument führt er an: „Gott hat alles erschaffen, warum sollte ich es mir an irgendetwas fehlen lassen?... Ich wär´ ja verrückt, wenn ich vor all den schönen Dingen nicht meiner Lust folgen wollte, zumal auch Gott will, daß der Mensch für sein leibliches Wohl Sorge trage."
Die Enthaltsamkeit sagt u.a. „Ich nehme nur so wenig an Speisen, daß die Säfte des Organismus nicht ausgetrocknet werden und dabei aus dem Gleichgewicht geraten, und so lobe ich zur Zither und singe zur Orgel..."

Die Schwangere darf nicht alles essen! Sie muss Rücksicht nehmen auf das werdende Kind. Was zu viel ist, ist auch für das Kind zu viel. Vor allem Alkohol und Ungesundes gilt es in dieser Zeit zu meiden.Ganz allgemein ist dazu zu sagen, wer es sich stets gut gehen lässt, wird zum Schlemmer und vor Gott ist das kein Kavaliersdelikt, wie die Fegefeuerstrafen zeigen:

„Ich bekam ein gewaltiges Feuer mit starker Lohe zu sehen, das in sich einen schwarzen Kern hatte, aus dem es mächtig brannte.
In diesem Feuer aber und in solcher Schwärze wurden die Seelen jener gepeinigt, die sich während ihres leiblichen Daseins an der Schlemmerei des Bauches ergötzt hatten.
Einige von den erwähnten Geistern (die sie zur Schlemmerei verführt hatten) aber hatten gewisse Funken aus diesem Feuer geschlagen, durch die sie jene Seelen quälten, wobei sie sprachen: *Wehe! Die da haben ihren Körper mehr geliebt als ihre Seelen!*“
Wenn böse Geister im Fegefeuer Seelen quälen dürfen, bedeutet das nicht, dass sie nicht verdammt sind. Denn: „Die bösartigen Geister sind mit ihren Nachstellungen für die höllischen Strafen bestimmt. Sie haben keine andere Freude als an der Täuschung der Menschen, solange sich ein Mensch nur zwischen Gut und Böse entscheiden kann.“

9. Acerbitas - Vera Largitas
Engherzigkeit - Freigebigkeit

Damit ist cinc gcwissc Zugcknöpfthcit gcmcint, hinter der eine Verbitterung steckt, denn die Freigebigkeit sagt ihr: „Du bist eine ganz gefährliche, eine abscheuliche, eine gar zu bittere Bitterkeit. Du willst weder Gott noch Seinen Geboten eine Antwort geben, bleibst vielmehr starr in deiner Verbitterung.“
Menschen mit diesem *vitium* nehmen eine verschlossene und abweisende Haltung ein. Ihnen fehlt das offene Herz für andere, die Freigebigkeit. Sie haben ein unleidliches Wesen, sind streng und neigen zur Unterdrückung der Menschen. Meist streben sie Ämterchen an, um anderen den „Herrn“ zu zeigen. Dabei sind sie aber kontaktscheu und unzugänglich. Die Haltung im Unterbewusstsein ist diese: „Opfer, Verzicht, Großzügigkeit, das ist alles Unsinn! Ich pfeife auf Triumph und Anerkennung. Ich setze mich über alles hinweg und suche lieber immer meinen eigenen Vorteil.“
An gute Werke denken Menschen mit dieser Veranlagung kaum. So landet der Erlagschein für „Nachbar in Not“ im Papierkorb. Gebeichtet werden diese Unterlassungen auch nicht: „Nichts zu spenden ist ja keine Sünde!“
Hauptursache dieses Verhaltens ist eine Aversion gegen Vorschriften und Gebote. Es fehlt ihnen an Gottes- und Nächstenliebe. Obwohl sie bei diesem Verhalten nicht glücklich sind, fehlt dennoch die Bereitschaft, sich zu ändern. Manche Laster scheinen wie angeboren zu sein.

10. Impietas - Pietas
Gottlosigkeit - Frömmigkeit

Den eigenen Worten nach rächt sich die Gottlosigkeit an allen Unannehmlichkeiten: „Wenn mir einer Unrecht antut, so bekommt er es hundertfach zurück". Die Grundstimmung ist aber der Ungehorsam: „Ich will nicht gehorchen: weder Gott noch irgendeinem Menschen!" Das sind wahrlich keine guten Voraussetzungen für ein eheliches Zusammenleben! Die werdende Mutter muss sich wohl auf ein Miteinander einstellen, es von sich aus wollen, und soll daher fromm sein. Die Frömmigkeit ist ja das Gegenteil von Gottlosigkeit. Wer findet heute noch im heiratsfähigen Alter fromme Menschen? Sehen wir nicht allein daran, wie effizient der Teufel seine Arbeit macht?
Der Gottlose "behindert die wahre Lehre und das Gute, den Gehorsam wie die Unterwerfung, welche alle aus Gott sind, und weiß nichts von der Schönheit der Gerechtigkeit in allen Dingen.
Sie will nichts wissen von Gnade und Barmherzigkeit und findet kein Maß für die Weisheit. Die Heiligen und Gerechten möchte sie treffen, wo sie nur kann."

Die Strafe der Gottlosigkeit
„Und ich sah ein gewaltiges Feuer in einem glühenden und brodelnden Brei, untermischt mit Schwefel, das im ganzen überwogte und das jede Art von feurigen Drachen in sich trug. Die Seelen jener aber, die während ihres leiblichen

Daseins der Gottlosigkeit gefolgt waren, wurden mit diesen Strafen bedrängt."
Jetzt werden manche Leser denken: „Ja, so dachte man im Mittelalter! Das ist doch alles Unsinn! Diese Drohgebärden haben wir Gott sei Dank längst hinter uns!" Doch Hildegard beschrieb nicht, was sie von Menschen hörte, sondern sagt: *Und wiederum hörte ich aus dem lebendigen Licht die Stimme zu mir sprechen:* „Dies alles ist die Wahrheit. Menschen aber, die sich das Werk der Gottlosigkeit aneignen, sollen sich, falls sie den Nachstellungen dieser Geister und jenen gefährlichen Strafen entrinnen wollen, mit Fasten und körperlichen Züchtigungen, so wie es ihnen in gerechter Weise von ihren Seelenführern gezeigt wird, im Zaume halten, da sie so zahlreiche Werke gottlos zur Ausführung brachten."

Zur Tugend der Frömmigkeit gehört die Pflicht der Eltern, ihre Kinder im Glauben zu erziehen. Der Glaube ist kein Erbfaktor, er muss vermittelt werden, und das von frühester Kindheit an, wie uns Gottvater im Buch *„Scivias"(3/II)* eindringlich sagt:

„Doch wie ein Kind mit Milch und der von einem anderen zerkleinerten Speise leiblich ernährt wird, so wird es auch die Unterweisung und den ihm in der Taufe vorgesetzten Glauben aus ganzem Herzen beobachten. Wenn es aber nicht an der Brust seiner Mutter saugt und die für es zerkleinerte Nahrung nicht aufnimmt, wird es unverzüglich sterben; so wird es auch, wenn es die Nahrung seiner gütigen Mutter Kirche nicht entgegennimmt und die Worte der gläubigen Lehrer, die ihm bei der Taufe vorgelegt wurden, nicht bewahrt, dem grausamen Tod der Seele nicht entrinnen. Es hat nämlich die Rettung der Seele und das Glück des ewigen Lebens zurückgewiesen. Und wie das Kind die leibliche Nahrung mit seinen Zähnen zerdrücken muß, damit es nicht sterbe, so muß es geschehen, daß ihm geistliche Helfer beistehen und ihm - da es bei der Taufe noch keine Worte zum Bekenntnis zu mir finden kann - die Lebensnahrung, d.h. den katholischen Glauben, vorsetzen, damit es nicht in der Schlinge des ewigen Todes gefangen werde: Wie?
Der Herr gibt seinem Diener mit befehlender Stimme seinen Auftrag und dieser erfüllt ihn, von Furcht genötigt, im Werk; und eine Mutter belehrt ihre Tochter in Liebe und diese erfüllt ihre Wünsche in Unterwürfigkeit. Auf ähnliche Weise sprechen die Verkünder des Glaubens gelegentlich heilsame Worte zu dem Getauften, damit er sie in gläubiger Hingabe zu dem Getauften aus Liebe zum Himmlischen ausführt." [97]

11. Fallacitas - Veritas
Lüge - Wahrheit

Dieses Laster zeigt sich in seiner Argumentation als angeberisch, verwegen, allen etwas vormachend, um Vorteile herauszuschinden. So sagt die Lüge: „Da ich vornehmer und vermögender sein will als andere, zeige ich mich ihnen zunächst im Reden als vornehm und vermögend.“ Da sehen wir den elegant gekleideten Autoverkäufer, der mit einem tollen Sportwagen auf Beutejagd geht. Er verkauft dem ehrlichen Mann eine alte Kiste um teures Geld. Es gibt natürlich auch Frauen, denen Aufrichtigkeit ein Fremdwort ist. So mancher gutmütige Kerl ist da schon den Verlockungen einer schillernden Figur zum Opfer gefallen. Lüge darf bei der Erziehung keinesfalls geduldet werden! Wenn dieses Laster Wurzeln schlägt, ist für das spätere Leben der Weg in die Kriminalität vorgezeichnet.
„Die Lüge ist das Laster der Unmenschlichkeit. Wenn nämlich ein Mensch in seinem fleischlichen Verlangen sündigt, so ist das menschlich. Wer aber der Lüge folgt, der verläßt den Bereich der Menschlichkeit.“
Die Lüge ist eine Folge der Gottlosigkeit, „denn sie ist so verstockt im Unglauben und besitzt keine Spur mehr an Aufrichtigkeit, um Gutes zu tun; keinerlei Rechtlichkeit wird in ihr gefunden, vielmehr durchwogt sie nur noch die Finsternis des Todes.“Wieviel hier in der Erziehung schon versäumt worden ist, sehen wir an der Kriminalität, aber auch an den zahlreichen politischen Skandalen.

12. Contentio - Pax

Streitsucht - Friede

Die Streitsucht ist ein schlimmes Laster: „Ich will es sein, der ihnen (den Mitmenschen) Schmach zufügt, damit sie sich daran in ihrem Herzen kränken.“ Leute wie diese haben es geradezu darauf abgesehen, Zank und Streit zu provozieren. Es ist ihnen eine Genugtuung. Diese Sucht ist wesenhafter Bestandteil ihres Persönlichkeits-Profiles. Da ist der tägliche Krach in der Ehe vorprogrammiert. Natürlich wird auch unter Kindern gestritten, aber bevor man sich umsieht, sind sie wieder gut miteinander. Wenn aber die Streitsucht das familäre Klima verdüstert, dann wird kein Friede in diesem Hause sein.
Der Friede sagt zur Streitsucht: „Dein Mund trieft von großer Grausamkeit, mit der du möglichst viele kleinkriegen willst und alle verunehrst, die der gewöhnlichen Lebensart folgen. Denn du zerstörst gute Vorsätze und eine ruhige Gesinnung.“
Man kann auch sagen, hier haben wir die Polarität von Krieg und Frieden. Durch einen Streit entstehen ja auch Kriege, und da bekommt dieses Laster dann eine andere Dimension. Erst daran sehen wir die zerstörerische Kraft der Friedlosigkeit. Ihre Parole lautet:
„Ich werde zurückschlagen, wenn man mich wie Schmutz behandelt, und noch mehr Dreck zurückwerfen. Ich werde alle so sehr verletzen, bis ihnen das Herz weh tut.“

Was für ein Heil habe ich, doch nur Tränen. Und was für ein Leben, doch nur Schmerz. Und welche Hilfe habe ich, wenn nicht nur den Tod? Mir bleibt nur der Abgrund.

13. Infelicitas - Beatitudo
Schwermut - Seligkeit

Schwermütige sind jene Jammergestalten, die ihr Selbstmitleid zelebrieren. „Was für ein Leben habe ich, wenn nicht Schmerz? Was wird meine Hilfe sein, wenn nicht der Tod?“ Hier handelt es sich um keine organische Erkrankung, sondern um ein Laster! Die Antwort der Seligkeit deckt das auf:

„Du bist geradezu süchtig auf Peinigung und willst nichts anderes mehr. Gott will angerufen sein, und seine Güte sollte man aufsuchen. Du mißgönnst dir dich selbst, da du nicht auf Gott vertraust. .. Ich aber rufe laut zu Gott und bekomme Antwort von Ihm. Ich erbitte mir etwas von Ihm, und in Seiner Huld schenkt Er mir, was ich will.“

Menschen, die glauben, sie seien nur zum Unglück auf die Welt gekommen, hilft man nicht, indem man selber auch noch zu weinen beginnt. Man muss sie mit Güte, aber doch ein wenig resolut behandeln.
Jene, die zu dieser lasterhaften Schwermut neigen, „sollen entweder das Leben eines Einsiedlers führen oder sich dem Gehorsam klösterlicher Lebensart unterwerfen.“ Die den Anforderungen des Lebens nicht gerecht werden, sollten also ein klösterliches Leben in der Abgeschiedenheit wählen. Da sind sie versorgt, und man wird ihnen dort auch keine allzu schweren Lasten aufbürden.

14. Immoderatio - Discretio

Maßlosigkeit - Maß

Was ein Schlemmer beim Essen aufführt, das macht die Maßlosigkeit in allen Dingen. „Was immer ich wünschen und suchen kann, das will ich auch genießen. Ich habe gar keine Lust mich zu enthalten... Und wie ich geartet bin, so lebe ich mich auch aus." Ein Genießer und Lebemensch! Das Maß hingegen sagt.: „Ich achte auf jede Satzung Gottes... ich zähle sie alle in Liebe voll und ganz." Das Walten der Maßlosigkeit sehen wir heute in allen Bereichen, in Politik, Wirtschaft und Gesellschaft. Jeder maßvolle Rahmen wird gesprengt in Megabauten. Im ganzen Land stampft man eine Shoppingcity nach der anderen aus dem Boden, um die Leute zum Konsumrausch zu verlocken. Alles ist „mega", d.h. überdimensioniert und daher maßlos. Kaufen und Genießen wird so zum Lebensinhalt. Daher müssen Mann *und* Frau zur Arbeit gehen, um sich alles leisten zu können. Die Kinder schiebt man ab, denn für sie bleibt keine Zeit. Sie werden mit Spielzeug überhäuft und mit Dingen beschäftigt, die zu ihrem Schaden sind.

Und so sagt die Maßlosigkeit:

„Wenn meine Adern strotzen vor Lust, soll ich da zur Ader lassen?
Wird mir doch jeder Reiz meines Leibes eine wahres Lust!
Und wie ich geartet bin, so lebe ich mich auch aus.
Warum sollte ich mich in etwas anderes verwandeln, als was ich nun einmal bin?"

15. Perditio animarum - Salvatio animarum
Atheismus - Seelenheil

Wie schon in der ersten Lastergruppe endet auch die zweite Gruppe mit einer „Endstufe". „Wo immer sich nämlich die Maßlosigkeit in aller Offenheit gegen Gott auflehnt, da ist sofort auch die Verstocktheit der Seelen zur Stelle. Sie mag nichts mit Gott zu tun haben und knirscht wider ihn."

Wer also rein im weltlichen Leben zu Hause ist, der kann weder mit Gott noch mit der Kirche etwas anfangen. Obwohl solche Menschen ein scheinbar normales Leben führen und nichts anderes tun als die meisten Menschen auch, so ist dennoch ihr Seelenheil in höchster Gefahr. Dem Atheisten droht nämlich die Höllenstrafe, wenn er nicht umkehrt und Buße tut. Das Laster selbst offenbart:

„Welche Verdienste und was für einen Lohn habe ich? Nur das Feuer! ... Ich will nichts wissen vom Schmuck der leuchtenden Dinge, da ich zur Plünderung der Seelen da bin. Bei diesem Raubzug aber, da bin ich zu Hause; denn so will es jener, von dem ich stamme."

Während bei den Strafen für ein bestimmtes Laster immer zeitlich begrenzte Strafen im Fegefeuer erwähnt werden, so wird hier vom Verlies der Hölle ge-

sprochen: „Für diese Verstocktheit sah ich das Verlies der Hölle samt seinem Teufel vorbereitet. Wer nämlich sein Vertrauen nicht auf Gott setzt, der ist wert, daß er die Strafen der Hölle bekomme. Und durch den lebendigen Geist sah und verstand ich dies, während ich aus dem erwähnten lebendigen Licht abermals die Stimme zu mir sprechen hörte:
Das, was du siehst, ist wahr, und es ist so, wie du es siehst."

Viele werden eine Umkehr nicht schaffen, aber theoretisch besteht immer noch Hoffnung. Sollte durch eine Gnadenstunde doch ein Lichtblick kommen, dann „sollen sie im guten Willen seine Gebote gerecht und heiligmäßig, soweit sie nur können, erfüllen und sich des Wachens und des Fastens wie auch der Almosen befleißigen, damit sie sich dem Teufel, der im Verderben west, entreißen." Wir brauchen uns nur die klägliche Minderheit jener Menschen ansehen, die noch regelmäßig zur Sonntagsmesse gehen - bei uns ca. 10-15 % -, um die besorgniserregende Lage abzuschätzen. Eine absolute Mehrheit will mit Gott und seiner Kirche nichts zu tun haben! Diese Mehrheit geht eben den bequemen und breiten Weg, der bekanntlich ins Verderben führt. Sind unsere modernen Autobahnen etwa ein Symbol dafür?

Erziehungstugenden und Erziehungslaster

Die dritte Tugenden- und Lastergruppe betrifft den Oberschenkel. Das ist die Zeit nach der Geburt. Das Kind ist geboren und soll jetzt gut erzogen werden. Vom Weltenlauf her ist der 3. Teil die Zeit Christi. Sein Leben und sein Evangelium setzten neue Maßstäbe auch in der Erziehung. Das alttestamentliche *Aug um Aug, Zahn um Zahn* wurde mit seiner Lehre „reformiert". In dieser dritten Gruppe finden wir nun jene Tugenden, welche die Eltern ihren Kindern aneignen müssen, damit sie, gut erzogen, nicht den Lastern zum Opfer zu fallen.

16. Superbia - Humilitas

Hochmut - Demut

Hochmut ist die Folge einer falschen Erziehung! Blicken wir auf das Kind in der Krippe: Christus ist in keinem Palast zur Welt gekommen, sondern in einem armseligen Stall. Das Stallkind interessierte Herodes nicht, weil er hochmütig war. Wer Christus begegnen will, muss demütig sein. Die Erziehung zu dieser Tugend ist bei kleinen Kindern relativ einfach. Ein kleines Kind ist von Natur

aus demütig. Das ist ja das Rührende an den Kindern, diese unerhörte Einfalt und Einfachheit und das Hingegebensein. Wenn die Eltern demütig sind, dann ist es nicht schwer, diese Charaktereigenschaft im Kind grundzulegen und zu bewahren.

Nicht zufällig hält uns Gottvater im Buch *Scivias* als Erstes die Demut vor Augen, denn ihr Gegensatz, der Hochmut, ist sozusagen der Virus für alle anderen Laster: „Die erste Gestalt (dieser Gruppe) bezeichnet den Hochmut, welcher der Anfang jedes Lasters und der Grundstoff und Keim aller Übel ist. Er ist es, der den Engel aus dem Himmel verstoßen und den Menschen aus dem Paradies vertrieben hat."

Der Hochmut ist eine schwer zu bändigende Hauptsünde. Nach Beschreibung der drakonischen Strafen im Fegefeuer zeigt Gott jene Maßnahmen auf, die nötig wären, um den Hochmut ablegen zu können:

"Und ich sah (die Fegefeuerstrafen) und erkannte dies. Und wieder hörte ich aus dem lebendigen Licht die Stimme zu mir sprechen: ´Das, was du siehst, ist wahr. Die Menschen sollen aber, falls sie die bösen Geister und deren Übermut ablegen und die Strafen für dieses Laster vermeiden wollen, ihren Körper durch ein Bußgewand und durch Kniebeugen, ferner mit Rutenstreichen, Seufzen und Tränen im Zaume halten und züchtigen.

Durch solche Art Bedrängnis wird Hochmut im Menschen überwunden. So nämlich ist der Kampf gegen den Hochmut zu führen:

Das Bußgewand hindert den Höhenflug des Geistes daran, sich zu erheben; das Beugen der Knie bringt den Geist zur Zerknirschung. Die Rutenschläge zermalmen seine Aufgeblasenheit; die Seufzer verletzen ihn, und die Tränen ertränken ihn. Das Seufzen nämlich sieht auf Gott, und die Träne bekennt Ihn."

In unserer Zeit ist eine Buße mit „Rutenschlägen" so gut wie ausgeschlossen. Jede Ohrfeige gilt als Kindesmisshandlung und so würden sich Eltern strafbar machen. Bleiben als Züchtigung das Bußgewand und das Knien. Dazu braucht man den Kindern nur die Markenklamotten wegnehmen, auf die sie so stolz sind. Mit den Markenartikeln wird ja schon in der Schule eine Art Modeschau inszeniert und somit der Hochmut gefördert. Wir gingen seinerzeit noch barfuß zur Schule und mit geflickter Hose. Das ist heute vielleicht noch in Afrika so üblich. Und der strenge Herr Lehrer hat uns auf die Finger geklopft, wenn wir zu übermütig waren. Da blieb die heilsame Wirkung nicht aus und so bewegten wir uns dann im „grünen Bereich". Knien zu müssen war in unserem Aufwachsen noch eine übliche Strafe für grobe Fehltritte. Geschadet hat das keinem, schreibt doch Hildegard, beim Knien ruht der Körper, weil die Beine entlastet sind. Knien ist also gesund zur Entspannung und daher ein Mittel zur Entspannung. Vielleicht sind die Betenden deshalb gelassener, weil sie viel Zeit auf den Knien verbringen.
Der hochmütige Erwachsene wird hochmütig bleiben, falls er sich vor all diesen Maßnahmen drückt, und wird nach seinem Ableben die weitaus härtere Strafe dann im Fegefeuer abbüßen müssen. Dort kann er nicht sagen: „Ich brenne nicht". Auch wird im Fegefeuer nicht danach gefragt, ob die Strafmaßnahmen „zeitgemäß" sind. Dort geht der Teufel mit den Seelen nicht zimperlich um, wie bei Hildegard ja nachzulesen ist.
Oft sieht man den Hochmut allein schon an der Kleidung. Die Modemacher sind hier Erfüllungsgehilfen des Verführers, weil sie auf raffinierte Weise die Reize der Frau durch verführerische Kleidung in den Blickpunkt stellen. Sie heben das „Selbstwertgefühl" beträchtlich und somit wird der Hochmut genährt. Männerkleidung ist heute bei Frauen ganz selbstverständlich geworden. Der einzige Unterschied: Ihre Hosen sind so eng, als wären sie angegossen, und so bleiben die weibliche Attribute deutlich sichtbar. Gottvater sieht das mit zürnenden Augen, wie im Buch *Scivias* vermerkt ist:

„Doch darf ein Mann keinesfalls weibliche Kleidung tragen, noch eine Frau ein Männergewand anziehen, damit man auf diese Weise beide Geschlechter unterscheidet. Der Mann zeige nämlich seine männliche Kraft, die er besitzt, und die Frau weise auf ihre innewohnende Schwäche hin. Denn so war es schon zu

Beginn des Menschengeschlechtes von mir festgesetzt; es sei denn, ein Mann befinde sich in Lebensgefahr oder die Keuschheit einer Frau sei gefährdet. Wenn sich dann in dieser Situation aus Kleinmut oder Todesangst ein Mann wie eine Frau oder eine Frau wie ein Mann kleiden, werden sie meine Barmherzigkeit für diese Tat finden, wenn sie sie suchen. Denn sie haben es nicht aus Verwegenheit getan, sondern wegen ihres gefährdeten Heils. Und weil eine Frau kein männliches Gewand anziehen darf, soll sie auch nicht zu meinem Altardienst hinzutreten, denn sie wird weder durch die Haartracht noch durch die Kleidung als Mann gelten.“ [98]

17. Invidia - Caritas
Missgunst- Liebe

Missgunst ist Neid. Ein neidischer Mensch gönnt dem anderen kein Glück, deshalb redet er schlecht über ihn. Neid muss in der Kinderstube bewältigt werden, denn hier kommt es unter Geschwistern schon zu so manchem „Schlagabtausch“. Wenn mehrere Kinder da sind, müssen sie gleich behandelt werden, weil Benachteiligungen die Missgunst schüren würden. Kinder müssen zu Neidlosigkeit erzogen werden. Sie sollten weder ihre Geschwister beneiden, noch ihre Eltern.
Missgunst ist ein schlimmes Laster, dementsprechend fallen die Strafen aus: Geißelung, Bußgewand und Kniebeugen. Es ist heute modern geworden, die

Knie vor Gott nicht mehr zu beugen, und siehe da, der Neid wird immer größer in der Welt. Wir sehen die Missgunst täglich in den Nachrichten, wenn über Politik berichtet wird. Egal was die Regierung macht, die Opposition ist stets dagegen, hat immer etwas auszusetzen, zu kritisieren. Es gibt kein Wohlwollen und keine Anerkennung, weil aus ideologischen Gründen eine grundsätzlich feindselige Haltung eingenommen wird. Ähnliches zeigt der Konkurrenzkampf in der Wirtschaft. Hier würden sich Bewerber und Mitbewerber am liebsten zerfleischen. In diesem Kampf gehen so manche „über Leichen", indem sie den Mitbewerber geschäftlich ruinieren.

Das Gegenteil von Neid ist die Herzlichkeit, die „Caritas", also die Liebe zu den Nächsten. Wie oft fehlt heute diese Herzlichkeit, die Nächstenliebe! Daher: Bringt den Kindern das Singen bei, damit sie als „Sternsinger" um Dreikönig von Haus zu Haus gehen, um für Notleidende zu sammeln. Das weckt das Mitgefühl für die Armen. Dafür lassen sich Kinder gerne begeistern.
Die Missgunst wird nicht gerne eingestanden, sie würde ja unser Herz als Mördergrube entlarven und ist selten Anklagepunkt in einer Beichte. Dabei erleben wir sie so oft in einer ablehnenden Haltung. Wenn z.B. nach einer höflichen Anfrage oder Bitte gesagt wird: „Das geht nicht", steckt meist eine versteckte Antipathie dahinter. Fragt ein in Freundschaft verbundener Mensch um dasselbe, dann geht es auf einmal problemlos! Geben wir doch zu, dass wir uns nicht immer „neutral" verhalten, sondern der Gesinnung nach entscheiden. So ist Missgunst eben Gift und Sünde. Im Streitgespräch mit dem Neid antwortet die Liebe:

„O du schmutziger Scharfmacher! Wie eine Schlange bist du, die sich selber den Tod gibt. Denn alles, was in Festigkeit und Ehre Bestand hat, das kannst du nicht ertragen. Du bist jenes Götzenbild, das gegen Gott aufsteht und das die Völker durch Treulosigkeit tötet.
Daher nennst du dich mit Recht eine Hölle, da auch diese gegen jedes rechte Maß ihre Vermessenheit setzt. Will sie doch alles, was der Weisheit entstammt, vernichten, und sie mag nicht einmal leben mit diesen schönen und strahlenden Dingen.
Ich aber bin jener Lufthauch, der alles Grüne nährt und die Blüten sprießen läßt mit ihren reifenden Früchten. Mit jedwedem Hauch des Hl. Geistes wurde ich belehrt, so daß ich die lautersten Bäche ergießen kann."

Eine wohlwollende Haltung gegenüber anderen kann man üben und lernen. In Familien mit mehreren Kindern ist das leichter als beim Einzelkind. Kinder

erziehen sich gewissermaßen untereinander, aber dieser Schliff fehlt, wenn sie nicht mit anderen Kindern aufwachsen. Daher sind Eltern hier mehr gefordert, denn das Grüßen, die Freundlichkeit und der Anstand müssen anerzogen werden. Bereits Kinder müssen lernen, den anderen nicht mit der Zunge zu schlagen. Wie oft hört man unter ihnen: „Du blöder Depp, du Trottel!“ Man kann andere mit der Zunge schlagen und in schlechten Ruf bringen. Das sind schwere Vergehen vor Gott! Das herabwürdigende Verhalten und Vorverurteilen ist streng zu ahnden, weil es eine schwere Sünde ist.
„Durch Spott fügen sie den übrigen Menschen Schmach zu und verunreinigen ihre Seele mit überaus bösen Geschwüren.“ [99]

18. Inanis gloria - Timor Domini
Ruhmsucht - Gottesfurcht

Das Motto der Ruhmsucht lautet: „Wir werden keinen anderen Gott anrufen als den, der Luzifer heißt. Mit ihm allein werden wir großartigen Ruhm gewinnen.“ Der Elende verspricht also Ruhm und Ehre, weshalb sie ihm gerne folgen. In vielen Menschen steckt der Wunsch, berühmt zu werden. Es beginnt schon in der Schule: „Ich will der Erste sein!“ Das übertriebene Streben nach Anerkennung und Ehren ist lasterhaft, weil mit so einer Haltung die Gottesfurcht verkümmern wird. Für Ruhm und Ehre verkaufen Menschen ihre Seele an den Teufel. Auch für Geld tun sie fast alles. Man braucht ja nur an einem Zeitungskiosk vorbeizugehen, um die (nackte) Wahrheit zu sehen. Wegen der Ruhmsucht gehen viele Seelen den Weg des Verderbens. Vor allem in Verbindung mit Unkeuschheit. Zur mystisch begnadeten Frau Juliana sagte der Herr: *„Allzu viele gehen fast nackt und sie werden nackt auch vor meinen Augen sein. Sehr viele tragen teuflische Kleider. Den Kindern, meinen Engeln, stellen sie die Hörner auf den Kopf und kleiden sie auf schamlose Art und Weise. Die Mütter, welche ihren Kindern kurze und enge Kleidung anziehen, werden im heftigen Feuer brennen müssen."* Die Gegenmaßnahme ist Gottesfurcht. Das Kind muss schon erfahren, worauf es im Leben ankommt. Wenn es an Demut und Gottesfurcht fehlt, dann fehlt sozusagen der Grundstock, das Fundament eines guten Charakters. Ohne diese Haupttugenden wird der göttliche Weg nicht eingeschlagen, denn zu verlockend ist die „Welt" mit ihrem vielfältigen Angebot. Die Gottesfurcht antwortet der Ruhmsucht mit folgenden Worten:

„Weil du vor nichts Respekt hast und jegliches Ding gierig an dich reißt, bist du die nichtige Leere eines gar üblen Götzenbildes. Was wäre das auch, was ein Mensch ohne die Gnade Gottes tun könnte?
Rein gar nichts! Wenn nämlich der Mensch das Rad seiner Erkenntnis in die Selbstverherrlichung dreht, dann tötet Gott ihn. Richtet er sich aber auf das Gute aus, wird Gott ihm zur Seite stehen."

19. Inobedientia - Obedientia
Ungehorsam - Gehorsam

Wer Gott nicht fürchtet, wird ungehorsam. Auch hier führt die Kaskade von einem Laster zum anderen! Ungehorsame Kinder haben auch keine Gottesfurcht. Das liegt daran, weil nicht mehr gesagt wird, dass Gott *nur das Gute belohnt*, das Böse hingegen bestraft! Von Strafe wird ja kaum noch gesprochen. Kinder müssen den Gehorsam lernen, spätestens im Alter von 10-15 Jahren, sonst widersetzen sie sich auch im späteren Leben gegen alles, was ihnen nicht in den Kram passt. Die ganze Schöpfung gehorcht Gott. Nur der Mensch ist ein Rebell! Um zu begreifen, welche Bedeutung der Gehorsam hat, sei hier der ganze Hildegard-Text zitiert:

„Ich gehorche Gott, und so besitze ich einen festen Halt. Wer oder was sollte das sein? Als Gott in Seinem Wort das All erschuf, indem er das *Fiat* sprach, und es ward so - da war ich das Auge. Auf Gottes Geheiß wurde ich wach, und

so ist alles geschaffen worden. Da aber der erste Engel zu leben begann, widersetzte er sich alsbald schon Gott. So ließ ich seine Werke gar nicht lebendig werden, da er auf eine andere Weise existieren wollte. Darauf suchte er mich zu bedrängen und zu verdrängen, ohne die Oberhand zu gewinnen. Denn ich bin die Sonne, der Mond und die Sterne, bin das Quillen der Wasser und die Wurzel im Wirken Gottes. Ich bin da, wie im Körper die Seele. Und wie der Wille des Menschen vollführt, was er ersehnt, so bin ich Gottes Wille, um alles zu verwirklichen, was Gott vorschreibt. Ich war schon beim ältesten Ratschluß mit Gott, und Gott hat alles durch mich angeordnet, was er erschaffen wollte. Im Geheiß Seines Wortes ertönte ich wie eine Zither, da ich Sein Gebot bin. Ich berühre nichts, ich will nichts, ich trachte nach nichts, als was aus Gott kommt, da ich von Ihm ausging, aus Ihm gewachsen bin und keinen anderen Gott will. Du aber, du Verletzer der Gebote des Schöpfers, du behauptest in deiner Überheblichkeit, Gott zu sein und nimmst daher auf nichts Rücksicht. Was du willst, das machst du auch. Doch wo wäre ein Himmel und wo die Erde, die du geschaffen hättest? Wo sieht man die Schönheit der Berge und der Felder, die auf dich zurückgingen? Nichts davon hast du gemacht und willst doch verachten, was Gott ins Leben rief? Warum nur das? Indem du nur immer über dich selber schwatzest und alles nur nach dem beurteilst, was dir allein gefällt, willst du nichts von Gott, der doch vor dem Ursprung der Tage bereits war und der noch nach der Vollendung der letzten Tage sein wird. Daher gleichst du, du schlechtes Ding, den welken Blättern der Bäume und den Schuppen der Fische. Wie sie wirst du abgeworfen werden, da dein Name auf keinen Nutzen zielt, sondern nur auf den Tod."

Ungehorsam gegenüber den Geboten Gottes und der Kirche ist kein Kavaliersdelikt. Luzifer wollte nicht gehorchen und wurde verdammt, daher droht für diese Sünde die „Todesstrafe". Es ist eine traurige Angelegenheit, wenn heute sogar Priester zum Ungehorsam aufrufen, weil sie „alles nach dem beurteilen, wie es ihnen gefällt!" Dabei glauben sie noch, dem lieben Gott einen Gefallen zu tun, wenn sie seine Anordnungen missachten, Rom den Gehorsam verweigern und viele Seelen mit ins Verderben führen.
Aber auch viele Familien harmonieren nicht, weil sich die Frau - so wie Gott es bestimmte - ihrem Mann nicht unterordnet, sondern selbst den Mann spielt. Um Auseinandersetzungen zu vermeiden, gibt nicht selten der Mann nach, aber in solchen Familien „hängt der Segen schief", weil der Wille Gottes missachtet wird. Der „Kampf der Geschlechter", wie er heute ausgetragen wird, mit der Karrierefrau als Vorbild, ist Gift für jedes Familienleben.

20. Infidelitas - Fides
Unglaube - Glaube

Der Glaube wächst aus dem Gehorsam. Wer den Gehorsam gelernt hat, dem kann man auch den Glauben beibringen. Versäumnisse in der Glaubensunterweisung sehen wir bei der Sonntagsmesse: Wo sind die Kinder und Jugendlichen? Wo sind also die zu Demut, Liebe, Gottesfurcht und Gehorsam erzogenen „Kids"? Nach der Erstkommunion sind sie kaum noch zu sehen und die Firmung gleicht schon beinahe einer Verabschiedung von der Kirche, denn danach wird sie der Pfarrer kaum noch zu Gesicht bekommen.
Sind sich Eltern der Verantwortung noch bewusst, die sie für ihre Kinder vor Gott haben? Was soll aus der jungen Generation werden, wenn sie ohne Glauben in die verführerische Welt entlassen werden? Eltern dürfen sich auf den heutigen „Religionsunterricht" nicht verlassen, denn der ist längst nicht mehr das, was er einmal war oder sein sollte. Die Unterweisung im Glauben müssen Eltern selber in die Hand nehmen. Ist der Glaube grundgelegt, „so gehorche ich Gott und besitze einen festen Halt." So hat das Laster keinen Platz. Hier werden also die Weichen für das spätere Leben gestellt.
Jeder Vater und jede Mutter soll sich bemühen, die Kinder entsprechend dem römisch-katholischen Katechismus im wahren Glauben zu erziehen. Eltern

müssen durch Gebet, Wort und Werk Vorbild sein. Kinder können zur Freude, aber auch zur Betrübnis werden. Nicht wenige Eltern sind gewissermaßen Feinde ihrer Kinder, weil sie den Weg der Glaubenslosigkeit und Finsternis gehen. So gelangen auch die Kinder in diese Dunkelheit des Unglaubens. Wenn die Kinder im Schoße ihrer Familie die Frucht des Glaubens nicht gekostet und daran Geschmack gefunden haben, werden sie selbst auch keine Früchte hervorbringen. Auf diese Weise wächst eine Generation von Heiden heran, weil sie Jesus nicht kennen und lieben gelernt haben. „Schöne, ermunternde Worte, die aus frommen und sanften Herzen hervorkommen, bleiben in den Seelen für immer eingeprägt.“

Das Glaubensleben ist ohne Gebet nicht denkbar. Wenn in der Familie nicht gebetet wird und auch die Gebote Gottes vernachlässigt werden, dann erlöscht das Leben der Gnade.

21. Desperatio - Spes

Verzweiflung - Hoffnung

Ohne Glaube gibt es keine Hoffnung. Da fehlt dann jeglicher Rückhalt und die wesentliche Zielsetzung des Lebens. Wenn ich nicht an Himmel und Hölle glaube, dann ist das Leben eine bloße Funktion ohne tieferen Sinn. So wird der Mensch „Funktionär“, den man wie einen Roboter programmieren kann. Parteigenossen haben ihre Freude daran, wenn sie Leute haben, die auch noch dafür dankbar sind, dass sie für sie Propagandaplakate kleben dürfen, weil ihnen

anstelle Gott die Partei zum Lebensinhalt geworden ist.
Unzählige Menschen leben heute wie Heiden, ohne Gebet und ohne Sakramente. Wenn sie bei den großen Kirchenfesten noch eine gewisse Anwandlung zu

einer Restgläubigkeit zeigen, so hat das eher mit Tradition zu tun, denn Einfluss auf ihr Leben hat das kaum. So schreibt Hildegard:

„Wenn nämlich das Holz nicht mehr die Grünkraft in sich trüge, wäre es kein Holz mehr, und wenn die Bäume nicht blühen würden, könnten sie keine Frucht tragen. So ist auch der Mensch ein Nichts ohne das Grünen des Glaubens, und ohne die Einsicht der Lehre und der Schriften kann er keine Frucht geben.“
Welch ernüchternde Worte! Vor der Welt mögen Atheisten Rang und Namen haben, vor Gott sind sie ein Nichts, schreibt Hildegard. Wir sind in Wahrheit nur das, was wir vor Gott sind. Und da zählt vor allem der Glaube an Gott und die Einhaltung seiner Gebote.
Ohne geistigen Rückhalt stürzt der Mensch nicht selten in die Verzweiflung. Wer sein Vertrauen nicht auf Gott setzt, sondern mit Gott umgeht, als gäbe es Ihn nicht, der erlebt eines Tages eine Krise. Es kommt der Frust, die Sinn- und Hoffnungslosigkeit. Vor allem nach Enttäuschungen. Der Betroffene hat keine Freude am Guten und keinen Trost mehr am sündigen Leben. So spricht die Verzweiflung:
“*Das Höllenfeuer ist aufgeloht rings um mich her, und Gottes Strafeifer warf mich weg in den Höllenschlund. Was bleibt noch übrig für mich, wenn nicht der*

Tod? Der Verzweifelte glaubt sich verdammt. Doch die Hoffung erwidert ihm: *Warum hältst du dir dein Verderben schon vor, wo du noch gar nicht verurteilt bist?* Daher soll kein Mensch, der etwas Gutes erreichen will, sich selbst sein Verderben vorhalten. Ist Gott doch das höchste Gut, und er läßt keine gute Tat ohne Lohn."

Das Motto der Verzweiflung ist die Eile, das Hetzen: *„Vorwärts, vorwärts, mach schon!"* Das Hetzen und der Druck schlagen sich auf die Psyche. Sie hält den ständigen Stress nicht mehr aus und rebelliert gegen die unmäßige Beschäftigung mit teils sinnlosen Dingen. Es kommt das gefürchtete Burnout, welches nur mit langen Erholungsphasen zu beheben ist. Gestresste Menschen sollen sich zurückziehen in ihr Kämmerchen und „dann sollen sie sich in lauterem Gebete und mit gebeugtem Knie auf ihren guten Willen besinnen." Im Medizinbuch steht, dass der Mensch eine Ruhestellung einnimmt, wenn er kniet. Das Knien vor dem Tabernakel stärkt auch die Hoffnung. Durch das Stehen gewinnt man keine Hoffnung. In noch besseren Zeiten war das Knien in der Kirche selbstverständlich, hat doch die hl. Messe ihrem Wesen nach das Knien als Haltung gegenüber Gott. Es ist die Grundhaltung vor dem Allerhöchsten, dem wir nicht in Augenhöhe gegenüber*stehen* dürfen.
Der Verführer will den Menschen zur Verzweiflung bringen, dann hat er meistens gewonnen! Deshalb darf ein Mensch die Hoffnung nie aufgeben. Jeder Mensch hat die Möglichkeit, sich in verzweifelter Situation an Gott zu wenden. Der Vater hält Ausschau und wartet Tag für Tag auf die Umkehr „des verlorenen Sohnes". Wir sehen heute, wohin eine Gesellschaft kommt, wenn sie die ehernen Gesetze Gottes treulos missachtet.

22. Luxuria - Castitas
Wollust - Keuschheit

Das ist die letzte Stufe der Erziehung. Die guten Familien haben immer noch das Ziel, wenigstens die Töchter zur Keuschheit zu erziehen. Das ist heute gar nicht mehr so einfach, weil die Regierungen den Glauben abschaffen wollen und anstelle dessen unzüchtige Laster bereits in der Schule fördern. Deshalb ist die Verführung der Jugend um ein Vielfaches größer, als das jemals der Fall war. Wehe den Verantwortlichen, die so demoralisierende Maßnahmen vorantreiben! Die Jugend ertrinkt förmlich in Unkeuschheit! Bereits 1917 (2017 werden es 100 Jahre!) beklagt die Muttergottes in Fatima: *„Sehr viele Seelen fallen in die Hölle, wegen der Sünden des Fleisches."*
Die Sexualisierung ist *das* Programm des Teufels. „Wegen des Urhasses näm-

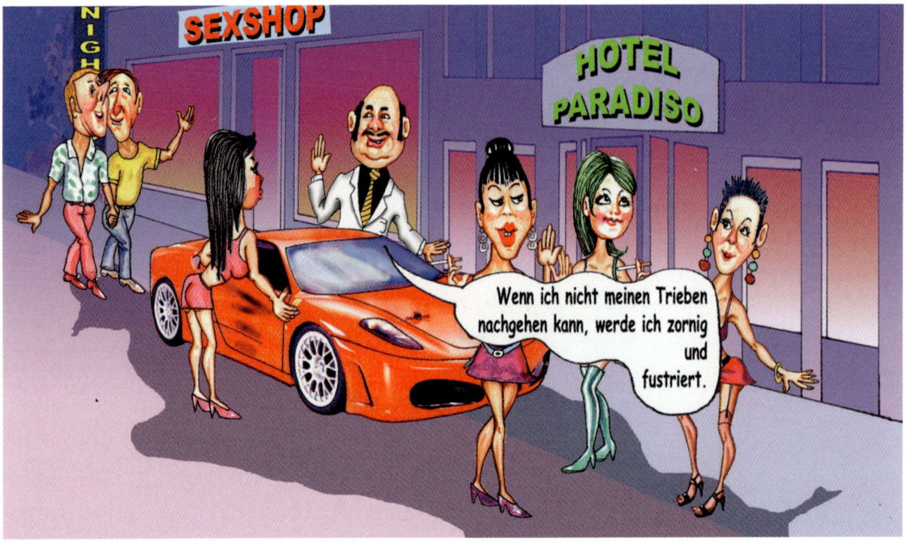

lich, den der Teufel auf die Fruchtbarkeit des Weibes hatte, verfolgt er dieses nun, daß es keine Frucht mehr hervorbringe. Daher hat er es ganz gern, wenn die Menschen den Geschlechtsverkehr auf widernatürliche Weise ausüben."

Das Verhindern der Leibesfrucht ist vor Gott widernatürlich und daher eine schwere Sünde. Dieses Ziel hat der Teufel in unserer Zeit erreicht: Die Frauen wollen kaum noch Kinder und verwenden zu deren Verhütung „die Pille", oder es verhütet der Mann durch bewährte Hilfsmittel. Gott hat aber die Ehe nicht für den Genuss des Leibes gegründet, sondern dafür, dass „sie Mir Früchte bringt". Eltern, die bei vorehelichen Beziehungen ihrer Kinder eine Auge zudrücken, machen sich mitschuldig. Die geläufige Rede „Das muss man den Jungen heutzutage schon lassen" gilt vor Gott nicht, denn „Sex" ist Sünde! Voreheliches Zusammenleben, Verhütung und all die modernen Formen der Unzucht sind nicht nur Sünde, sie schlagen sich in den Scheidungszahlen nieder. Untreue ist nur noch ein harmloses Kavaliersdelikt, weil Treue und Zusammenhalt nicht mehr zeitgemäß sind. So löst sich die Gesellschaft auf in vereinsamte Singles, kontaktlose Nachbarn und „Betreutes Wohnen", weil sich keiner mehr um den anderen kümmert. Hätte Sex mit Liebe zu tun, dann wäre die Liebe in den Menschen nicht so erkaltet, wie das heute der Fall ist.
Der hl. Don Bosco hatte seinerzeit die richtigen Maßnahmen für die Jugend gesetzt, um sie vor dem Verderben zu bewahren. Sein Orden fände eine maßgeschneiderte Aufgabe, würden sich z. B. die Salesianer dieses Werk Hildegards zu eigen machen und mit neuem Elan an die Jugendarbeit herangehen. Hier

könnte unglaublich viel getan werden und zwar mit einer großen Effizienz, weil Hildegard eine unerhörte Aufklärung ist. Die hier gegebene Einführung ist ja nur ein Blick durch das Schlüsselloch. Nimmt man hingegen das Originalbuch zur Hand und arbeitet es durch, so ist das wie bei einem Brotteig, der durch die Hefe um ein Vielfaches aufgeht.
Nach der Verzweiflung kommt die Unkeuschheit. Das ist eine Art Tröstung. Wenn nichts mehr hilft, dann geht man zur Frau, die einen tröstet oder umgekehrt: Die Frau geht zum Mann.
In diesen unkeuschen Menschen manifestiert sich eine Formel: „Ist das nicht gewaltig, was Luzifer da gemacht hat? Und wir sind ganz seiner Meinung. Was machen wir schon Großes? Das ist ja gar nicht so schlimm! Das kann doch nicht verboten sein... Wenn die Natur des Fleisches Gott wirklich so lästig wäre, dann hätte Er es schon so eingerichtet, dass sich das Fleisch nicht so bequem befriedigen lässt."
Diesem Motto folgt heute die überwiegende Mehrheit. So geht es aber mit den Familien bergab. Die Keuschheit braucht in Wahrheit Mann und Frau, denn nach Hildegard muss sich der Mann nach der Empfängnis des Kindes enthalten. Wenn er die Enthaltung nicht gelernt hat und die schwangere Frau noch plagt, dann ist damit vieles zerstört und wird gestört. Deshalb müssen Eheleute Selbstdisziplin erlernt haben, damit das möglich ist.
Natürlich wäre zu diesem Thema noch viel zu sagen, aber das würde den hier gegebenen Rahmen sprengen.
Vielleicht ist dieser Umstand ein Anlass für Priester, sich einmal die Tugenden aus dem Hildegardbuch vorzunehmen und darüber einen Einkehrtag für Jugendliche und Familien zu halten oder darüber zu predigen. Hildegard bietet ja eine unglaubliche Themenvielfalt, die nur darauf wartet, umgesetzt zu werden. Wann wird denn heute noch über Tugenden gesprochen? Welch frischer Wind würde da durch die Kirche wehen!

Zurück zum Thema: Hildegard sieht die guten wie die bösen Geister in einer bestimmten Gestalt. Ihr Auftritt symbolisiert mit ihren Attributen das Gute oder Böse zeichenhaft. So stellt sich die Wollust wie folgt dar:

„Die Erscheinung hatte die Gestalt einer Frau, die auf ihrer rechten Seite lag. Die Beine hatte sie gekrümmt und hochgezogen, so wie ein Mensch dies tut, der es sich auf seinem Lager bequem macht. Ihre Haare waren wie Feuerflammen und ihre Augen weiß wie Kreide.
Sie hatte weiße Schuhe an ihren Füßen, die aber so schlüpfrig waren, daß sie auf ihnen weder gehen noch stehen konnte. Aus ihrem Mund kam übelriechender Atem und floß giftiger Speichel. An ihrer rechten Brust säugte sie einen jungen

Hund, an der linken eine Schlange.
Mit den Händen sah man sie spielerisch Blüten von den Bäumen und Gräsern rupfen, während sie deren Duft mit der Nase einzog. Besondere Kleider hatte sie nicht angezogen, war vielmehr in das nackte Feuer gewandet, und wer sich ihr nahte, der wurde von der Brunst wie Heu gedörrt."

In einer umfassenden Beschreibung werden dann zahlreiche sexuelle Ausschweifungen angesprochen, von Ehebruch, widernatürlicher Unzucht, Verletzung des Keuschheitsgelübdes, Unzucht mit Hilfe von Kunstgriffen bis hin zur Sodomie. Damit sind wir am Ende dieses Teiles. Wenn der Mensch „flügge" geworden ist und seine Geborgenheit in der Familie verlässt, dann beginnt ein neuer Lebensabschnitt. Je nach Erziehung wird er mit einem Plus oder einem Minus sein eigenes Leben beginnen. Wurden wichtige Tugenden vernachlässigt, so ist der Start schwieriger. Ohne christliche Erziehung kann man leicht Schiffbruch erleiden und wird eher den Weg der Welt gehen.

Eltern, die hier viel versäumt haben und dies später einsehen, können dann nur noch durch Gebet und Buße Korrekturen vornehmen. Beim Gericht wird ihnen dies sicher als Milderungsgrund angerechnet und daher ist es gut, wenn Pensionisten ihr Zelt am besten in der Kirche aufschlagen. Trotz allem kann Gott alles Versagen und alles Versäumte „ausbügeln", und Er macht das auch, wenn Er den guten Willen im eifrigen Gebet sieht.

Treue in der Versuchung
Tafel 6 / Schau I 4

Die Tugenden und Laster des Lebens

Das Leben erfordert ein ständiges Bemühen, sich gegen alle möglichen destruktiven Einflüsse zur Wehr zu setzen. So richtig bequem machen kann man es sich eigentlich nie, denn nach der „Abnabelung" der Kinder aus dem Elternhaus warten neue Herausforderungen auf sie. Es beginnt der Ernst des Lebens und nun gilt es, sich die Lebenstugenden anzueignen, denn auch im Alltagsleben lauert der Böse mit zahlreichen Versuchungen.
Von den nachfolgenden acht Lastern werden die acht Seligkeiten angegriffen, denn sie sind den acht Lastern entgegengesetzt. Diese acht Laster setzt der Böse zur Zerstörung des Christentums ein! Die Seligkeiten sind das „wahre Leben", während die Laster versuchen, Christen auf Irrwege zu führen. Das vierte Bild zeigt uns die geistige Entwicklung zum vollkommenen Christen.
Was sollen wir jetzt in der Welt tun als Christen? Wir sind erzogen worden und werden in die Welt hinausgeschickt. Nun müssen wir uns selbst weiter entfalten und weiter wachsen. Womit fangen wir an? Mit der Gerechtigkeit! Als Erstes müssen wir uns die Tugend der Gerechtigkeit aneignen, weil mit ihr alle ethischen Werte verbunden sind.
Deshalb muss nicht jeder Jus studieren! Auch ein Jungbauer handelt „gerecht", wenn er z.B. den konventionellen Betrieb der Eltern übernimmt und aufgrund seines verantwortlichen Denkens den Betrieb auf biologische Landwirtschaft umstellt, um Schäden in der Natur zu vermeiden. Recht handeln kann auch darin bestehen, gute und ehrliche Arbeit zu leisten, egal in welchem Beruf jemand tätig ist. Wichtig ist Rechtschaffenheit mit „Handschlagqualität".

„Recht" ist die Verteidigung der göttlichen Ordnung, und das erfordert in allen Lebenslagen ehrliches Handeln. Gott lohnt das Bemühen! Wenn Er den geradlinigen Weg eines Menschen sieht, dann steht Er ihm stets zur Seite und wird den Lebensweg segnen. An alten Häusern ist noch manchmal der Spruch zu lesen: *„An Gottes Segen ist alles gelegen!"* Viele schmunzeln heute darüber, weil sie glauben, alles selbst in der Hand zu haben, und - täuschen sich.

Unlautere Handlungen sind „ungerecht" und sündhaft. In diesem Sinne werden *alle* 35 Laster in einem gewissen Sinne zu einem „Vergehen", weil sie der göttlichen Ordnung widersprechen. Genau genommen entsprechen die 35 Laster den 7 Hauptsünden, jedoch in einer größeren Ausführlichkeit.

23. Iniustitia - Iustitia
Ungerechtigkeit - Gerechtigkeit

Dem Ungerechten „fehlt die Freude am Leben. Von Anbeginn hängt sie dem Unrecht an, da ein Mensch, der seinem ganzen Wesen nach ungerecht ist, das Unrecht zuerst hervorbringt, um alles, was echt und wahr ist, durch dieses zu zerstören.“ Diese Uneinsichtigkeit und der innerliche Widerstand gegen die Wahrheit ist eine Ablehnung des Hl. Geistes. Dann wird der Mensch mit geistiger Blindheit geschlagen. Die Gerechtigkeit sagt nämlich u.a.: „Warum weisest du die Lehre und das Geschenk des Hl. Geistes zurück, die doch der Hl. Geist selber den Menschen eingegossen hat?“
Unerzogene oder schlecht erzogene Kinder neigen zu einem „Fehlstart“. Sie geben die Lehre auf, weil sie ihnen keinen Spaß macht, wollen eigentlich nicht arbeiten, da sie nie dazu angehalten wurden, und sind auch sonst launisch und mürrisch. So stellt sich die „Ungerechtigkeit“ im ersten Eindruck dar. Dem gegenüber geht der „Gerechte“ die Sache mit Mut, Schwung und Freude an. Welch ein Unterschied! Die Ursachen sind vielfältig und eine davon ist die Firmung:
Wenn die Firmung fehlt oder wirkungslos bleibt, dann mangelt es am Hl. Geist. So schlägt sich der Mensch auf die andere Seite und wird ungerecht. Die Gerechtigkeit ist die Tugend der *Ecclesiasticae doctores*, das sind Gelehrte, die auf der

Basis der Kirche Gelehrte sind, wie etwa Dogmatiker. Nach dem Verständnis Hildegards müssen die folgenden Tugenden - Gerechtigkeit, Tapferkeit und Heiligkeit - im Rahmen der Kirche erworben werden. Das bedeutet: Gottesdienst und Predigt sind Teil der Weiterbildung und des geistigen Fortschrittes. Der Leitspruch der Ungerechtigkeit lautet: „Luzifer wird doch tun, was ihm gefällt, und wir halten es mit ihm. Weder er noch wir werden es je anders machen! Diese Geister versteifen die Menschen im Unrecht, und sie reden ihnen ein, nur ja keinem das zu geben, was ihm zusteht."

Um nicht auf die „schiefe Bahn" zu kommen, muss der Jugendliche nun lernen, sich den Grundgesetzen unterzuordnen. Das beginnt bei kameradschaftlichem Verhalten und geht weiter zur Verlässlichkeit, Ehrlichkeit, Tapferkeit, d.h. all jenen Charaktereigenschaften, die von den Mitmenschen erwartet und geschätzt werden. Fehlen die positiven Eigenschaften, dann beginnt das eigentliche Leben nur mit Problemen: Das Vorstellungsgespräch verläuft negativ, die Bewerbungsschreiben bleiben unbeantwortet, der Jugendliche findet keine Arbeit, denn keiner will ihn haben.
Gerechtigkeit bedeutet bei Hildegard die Anerkennung der Wahrheit und der göttlichen Ordnung. So ist in diesem Sinne jedes Laster eine „Unwahrheit" und auch eine Ungerechtigkeit. Wer die Sünde nicht als solche gelten lässt, ist danach ungerecht und handelt falsch (= unwahr). So ist es auch „ungerecht" sich von der Arbeit zu drücken und auf Kosten anderer leben zu wollen. Das erfahren wir bei dem nun folgenden Laster:

24. Torpor - Fortitudo
Stumpfsinn - Tapferkeit

Aus der Ungerechtigkeit geht der Stumpfsinn hervor. Das betrifft jene Leute, mit denen nicht viel anzufangen ist, weil ihnen alles zu *strapaziös* ist:
„Warum sollte ich ein beschränktes und mühseliges Leben auf mich nehmen?... Ich finde in der Bequemlichkeit und bei meiner Scheu vor aller Arbeit ein besseres Leben als die anderen, und die Arbeit liegt mir einfach nicht."

Bei dieser Einstellung hört man dann auch: „Die gehen dauernd in die Kirche, sind aber auch nicht besser als wir. Was nützt es also?" Wer jemals mit schwer erziehbaren Jugendlichen zu tun hatte, weiß es: Gravierende Versäumnisse in der Erziehung sind oft kaum noch wettzumachen. Sogenannte „Schlüsselkinder" bekommen keine Arbeit, weil sie selbst Mindestanforderungen nicht erfüllen können. Dem Stumpfsinnigen fehlt es an Gottesfurcht und an Liebe zu Gott.

„Und so stellt der Stumpfsinn das gute Wirken hintan. Eine große Torheit hat jenen Menschen befallen, der Gott, der alles geschaffen hat und dessen Herrschaft kein Ende findet, weder verehren noch zu lieben sucht."

Heute ist diese „Ausgangsbasis" mangels christlicher Erziehung nicht selten vorzufinden. Ausgeflippte Jugendliche üben sich im Komasaufen, schlagen dann in ihrem Rausch alles krumm und klein, weil sie mit ihrem Leben nichts anzufangen wissen. Welch trauriges Resultat einer verfehlten Familienpolitik und einer verhätschelten Erziehung.

Die Tapferkeit macht gerade das Gegenteil: Sie kämpft gegen das Böse in der Welt. Sie sieht Missstände und tut etwas dagegen. So wird der Mensch „kampferprobt" und auch mutig, weil er sich für das Gute einsetzt. Der „Kampf" für eine bessere und gerechtere Welt muss natürlich im Rahmen der Nächstenliebe stattfinden und ohne Gewalt! Menschen lassen sich nur von der Güte überwältigen. In fast jeder Gemeinde ist man bemüht, Jugendliche von der Straße und von Müßiggang fern zu halten. Daher die vielen Vereine, - Blasmusik, Imkerverein, Turnverein, Pfadfinder, Musikschulen und dergleichen mehr. Das verhindert den Stumpfsinn, denn die stumpfsinnigen Leute „befinden sich im Überdruß und voller Ekel leben sie. Sie kümmern sich nicht um das Heil der Seele, noch schaffen sie für den Leib. Im Müßiggang vegetieren sie lässig dahin, um dann doch zu behaupten, sie wollten nur in Ruhe und Frieden leben."

Hier müssten viele Don Boscos parat stehen, um ihnen den rechten Weg zu zeigen. Die Versäumnisse der Eltern werden also offenbar.

25. Oblivio - Sanctitas
Gottvergessenheit - Heiligkeit

Nach dem Stumpfsinn kommt die Gott-Vergessenheit: „Sie tragen wegen der ständigen Einflüsterungen diabolischer Täuschungen kein Verlangen mehr danach, zu Ihm (Gott) zu gelangen. Sie halten vielmehr ihre eigenen Entschlüsse für ihren Gott, wobei sie statt Gott nur den Satan erreichen."
„Der moderne Mensch, mit seinem wie selbstverständlichen Heimatrecht auf Erden und seinem gekonnt ausschließlichen Aufgehen in der Gegenwart sieht die Welt nur aus der Froschperspektive seiner Zeit." (Dr. Hertzka)
Für einen großen Teil der Bevölkerung spielt Gott praktisch keine Rolle in ihrem Leben. Er ist für sie so bedeutungslos wie eine alte Tageszeitung. Wer nicht christlich erzogen wurde, der orientiert sich auch im Leben nicht nach Gott. Dabei handelt es sich nicht um Räuber und Mörder, sondern ganz normale Menschen: Das ist der nette Nachbar, der tüchtige Geschäftsmann, die freundliche Verkäuferin und so weiter. Ihr Wagen ist gewaschen, der Rasen sauber gemäht und die Wohnung picobello. Nicht selten sind sie hilfsbereiter als so mancher Christ. Nur von Gott und der Kirche wollen sie nichts hören. Kommt dieses Thema irgendwie zur Sprache, so reagieren sie allergisch und plötzlich lernt man eine verborgene Seite dieser Menschen kennen. Heiligkeit scheint hier nicht auf dem Programm zu stehen, ist nicht ihr erklärtes Ziel. Dabei sagt Gott: „Tu dies in den Tagen deines blühenden Lebens, in denen du wächst und reifst

zur Heiligkeit: bevor dich jene Zeit ereilt, da Fleisch und Blut in dir nachlassen und deine Knochen schwach werden."

Alles hat seine Zeit. Manches kann man auch versäumen! Wenn in der Mitte des Lebens Gott noch kein Thema ist, dann wird es eng. Nur wer gekämpft hat, sei es gegen die eigenen Laster oder gegen die der Welt, geht in die Heiligkeit über, schreibt Hildegard. Die Heiligkeit besteht im Wesentlichen darin, sich nach den ausgefochtenen Kämpfen zurückzuziehen und damit zufrieden zu sein, lasterfrei zu werden, das Laster meiden zu können, so dass es einem nichts mehr anhaben kann. Man geht durch die Welt gewissermaßen wie durch eine verpestete Landschaft, lässt sich aber nicht anstecken. Die kleine hl. Theresia hat nicht mehr gekämpft. Sie war froh, durch das Leben durchzukommen, ohne sich dabei schmutzig zu machen. So stellt sich auch die Heiligkeit in diesem Buch dar.
Die „Gottvergessenheit" ist sich hingegen keiner Schuld bewusst und fühlt sich auch nicht als „armer Sünder", sondern sagt:
„Woher könnten wir denn etwas wissen von einem Gott, den wir doch nie gesehen haben? Und wieso sollten wir auf etwas achten, das uns nie zu Gesicht gekommen?" Mit so verfänglichen Worten geht sie der Wahrheit aus dem Wege.
"Ein Mensch, der so spricht, gedenkt nicht seines Schöpfers, da die Finsternis des Unglaubens sein Herz belagert hat. Als nämlich der Mensch in die Sünde fiel, hat sich mit ihm die gesamte Schöpfung verdüstert."
Das Schlimme an der Gottvergessenheit ist ihre Verharmlosung. Sie finden wir beim netten Nachbarn, beim tüchtigen Geschäftsmann und bei der freundlichen Verkäuferin, um dasselbe Beispiel zu nennen. Was macht Gott mit solchen Leuten, die im Grunde genommen „eh brav" sind, weil sie nichts gestohlen haben und niemanden umbringen würden? Vor Gott leben sie in der Finsternis des Unglaubens und sie können vor IHM nicht sagen: *„Entschuldigen Sie, Herr Gott, aber ich habe Sie ein Leben lang nie zu Gesicht bekommen!"* Wer sich die Gottesfrage nicht stellt, ist deshalb nicht entschuldigt. Das Gegenteil der Gottvergesseneheit - die Heiligkeit - antwortet:

"O du überstürzendes Verderben, was redest du da? Wer hat dich erschaffen und wer dich ins Leben gerufen? Gott allein! Warum willst du das bloß nicht einsehen, daß du dich nicht selber gemacht hast?
Ich aber, ich rufe zu Gott und verlange von Ihm alles, was zum Leben nötig ist. Ich stimme mit seinen Plänen überein und bleibe dabei, indem ich Ihn sehe und erkenne. Wie das geschieht?
Durch das gute Gewissen bin ich schnell zur Stelle. Mit ihm spüre ich Gott,

und in Ihm schlage ich die Zither des Gebetes, indem ich Ihn anbete und mit ihm Gott erkenne.
Würde ich aber nur auf diese Dinge achten, so würde ich mich abwenden von Gott. Denn es ist nicht die Erde, die den Menschen Speise und Kleidung und andere Lebensmittel schenkt, sondern Gott selber.
Zwar sehen die Menschen alles wachsen, aber woher das kommt und wie es wächst, das sehen sie nicht. Das allein wissen sie, daß sie aus Gott gedeihen. Die ganze Menschheit und alle Zeitalter könnte keiner wachsen lassen, noch könnte einer das geringste Ding, das es auf der Welt gibt, lebendig machen. Nur Gott allein vermag dies, wie auch alles nur durch das, was Gott ist, erkannt wird.
Daher soll der Mensch in all seinen Handlungen Gott demütig dienen und sich vom Bösen freihalten, damit er nicht in der Übereilung seines Wissens bloß seinen eigensinnigen Willen erfüllt.
Ich aber, ich will den Gürtel der Enthaltsamkeit tragen und in der heiteren Blüte der Glückseligkeit verweilen. Denn unter dem Banner von Gottes Hofstaat bin ich der Fürst einer geordneten Schlachtreihe des Königs, mit welcher Gott Seine Werke vollbringt. "

26. Inconstantia - Constantia
Unbeständigkeit - Beständigkeit

Menschen, die sich weigern, die Himmelsleiter zu erklimmen, suchen ständig Ablenkung und Zerstreuung. Der Hang zur Mode, zum ständigen Wechsel ihrer Kleider und Sitten ist u.a. ein charakteristisches Merkmal: „In allen Gegenden der Welt werden so die verschiedenen Moden der Menschen, die offenkundig nur dem eigenen Gefallen dienen, aufgesucht, da diese Menschen weder diese noch jene feste Haltung einnehmen, vielmehr ständig die alte mit einer neuen vertauschen." Das ist also der typische „Weltmensch", immer modisch gekleidet und überall zu finden, wo etwas „los" ist. Gott sagt: „Indem sie alles, was zum Anstand gehört, von sich weisen, folgen sie der Gott-Vergessenheit." Dieses Laster benutzt jede Gelegenheit zum Hervorheben der eigenen Wertschätzung und hält alle, die nüchtern und beständig sind, für törichte Menschen. In Wahrheit sind aber ihre Augen blind für den Glauben und ihre Ohren taub für die Wahrheit. Die eigentliche Tragödie bei allen Lastern ist deren Verharmlosung. An einen bösgeistigen Einfluss wird gar nicht gedacht. Dabei ist er es, der „die Menschen verführt und zu verschiedenen Gewohnheiten antreibt, da er selbst in der Unbeständigkeit lebt und das Unbeständige mag, wie er auch jene, die einen festen Halt suchen, ständig belästigt."

Die Mode ist eine der großen Spielwiesen des Verführers. Miniröcke, enge und durchsichtige Kleidung, Hosenanzüge für Frauen, Klötze an den Schuhen und ähnliche Dinge sind eine Mode nach teuflischem Geschmack. Weil diese extravaganten Sachen meist sehr unbequem und unpraktisch sind, deshalb lässt sich der Böse laufend etwas Neues einfallen. Meist zielt der Verführer auf das Triebleben der Menschen ab, insbesondere bei Frauen, die stolz darauf sind, auf Männer erotisch zu wirken. Dementsprechend „sexy" ist ihre Kleidung. Zu *Juliana* sagte der Herr: *„Von den Frauen, die diese Mode tragen, wird kaum eine von tausend zu Mir kommen.*" (Aus „Jesus ruft uns")

Der modische Laufsteg hat schon für viele Frauen und Männer in die Hölle geführt. Die meisten Menschen kommen wegen der Unkeuschheit in die Hölle, sagte die Muttergottes zu den Seherkindern von Fatima.

Unsere Zeit ist geradezu von Unbeständigkeit geprägt. An den Tankstellen ändert sich der Preis wie die Temperaturanzeige auf dem Thermometer. Gesetze ändern sich so oft, dass die Steuerberater kaum nachkommen, die ständigen Änderungen zu berücksichtigen. Der zunehmende Verkehr hat auch mit dem Umherschweifen, der Unrast der Menschen zu tun, die ständig „auf Achse" sein müssen, um irgendwelchen Dingen nachzujagen. Das geordnete Leben in einem ruhigen Zyklus wird durch den Fremdenverkehr sogar auf entlegenen Bergbauernhöfen gestört. All diese Unruhe mündet in ein weiteres Laster, nämlich in die übertriebene Sorge für das Irdische, die sich dann einstellt, wenn der Mensch seine innere Ruhe und Beständigkeit verliert.

27. Cura terrenorum - Caeleste desiderium

Sorge für das Irdische - Sehnsucht nach dem Himmlischen

Die Sehnsucht nach Himmlischem mag nicht so recht aufkommen bei Menschen, für die nach dem Tode alles aus ist, weil sie nicht glauben, dass sie ihr Leben einer unsterblichen Seele verdanken. Sie machen sich daher viele Sorgen um das Irdische. „Solche Leute schwitzen unter diesem Laster und erleiden eine äußerste Unrast an Leib und Seele, um sich dann doch an diesem hektischen Zustand... zu erquicken. Was für andere Menschen nur Unrast (Stress) bedeutet, das rechnen sie sich zur Ruhe an." Und jene Geister, die Hildegard bei diesen Menschen sah, „verleiten sie, sich überhaupt nur noch um irdische Dinge zu kümmern."

Von dieser „Seuche" sind heute viele Menschen erfasst. Weil alle alles haben wollen und auch alles seinen Preis hat, deshalb reicht der Tag kaum aus, um das Gewünschte zu ergattern. Da bleibt keine Zeit mehr für Gott oder das Gebet. Zu kostbar ist sie, die dahineilende Zeit, denn „Zeit ist Geld".

Nehmen wir an, ein so gestresster Geschäftsmann kommt plötzlich ums Leben und steht nun vor Gott. Was „blüht" ihm, wenn er keine Buße mehr verrichten konnte, aber zum Glück noch gerettet wurde? Hildegard sieht das Fegefeuer so:

„Und ich erblickte ein gewaltiges Feuer, das in schwärzlicher Flamme brannte, während sich zahlreiche Würmer in ihm wälzten. Hier waren die Seelen jener, die während ihrer Erdenzeit die himmlischen Werte verachtet hatten, um ihre ganzen Bemühungen auf die Sorge um das Irdische zu richten, und die nun dafür von Ort zu Ort wie vom Winde hin und her getrieben wurden.

Weil sie in der Finsternis des Unglaubens Gott vernachlässigt hatten, da sie sich nur noch um Irdisches kümmerten, bekamen sie dieses schwarze Feuer zu spüren.

Weil sie sich in dieser Sorge von Habsucht verhärtet gezeigt hatten, wurden sie von den beschriebenen Würmern gequält.

Weil sie aber von diesem Lebenswandel nicht lassen wollten, wurden sie in diesem Feuer unter Züchtigungen hin und her gejagt. Und ich sah und verstand dies."

Eine übertriebene Sorge für das Irdische ist unangemessen und deshalb lasterhaft. „Der gläubige Mensch aber greife den Pflug hinter dem Ochsen so, daß er gleichwohl zu Gott aufschauen kann, der da der Erde die Grünheit und alle Frucht verleiht. So trete er nach den Vorschriften des Meisters auf, daß er die Erde pflege, ohne doch das Himmlische zu vernachlässigen." (MV 216)

Im alten Spruch „ora et labora" (arbeite und bete) ist das rechte Maß formuliert. Ein geregelter Tagesablauf ist gut für den Menschen, weil er somit beständig wird. Es darf aber die Zeit der Ruhe und Muße nicht fehlen, sonst verliert er sich in der Sorge um die irdischen Dinge.

Vermutlich blüht einem Großteil der Menschen von heute das vorhin erwähnte Fegefeuer, weil sich kaum einer in der Beichte anklagt, mit der Welt zu sehr verbunden zu sein. „Wir tun ja nur unsere Pflicht". Wer sich diese Quälereien ersparen will, muss folgende Buße verrichten:

„Das, was du siehst, ist wahr, und es ist so, wie du es siehst. Daher sollen sich die Menschen, die der Sorge für das Irdische anheimgefallen sind, falls sie die Geister, die sie dazu verleitet haben, überwinden wollen und den erwähnten Strafen entfliehen möchten, mit Fasten und Geißelungen, ganz nach dem Geheiß ihres Seelenführers, züchtigen, und sie sollen ihre Herzen wieder zurückgeleiten auf das Himmlische."

Wir sehen, es müsste Seelenführer geben, die sich mit den Tugenden und Lastern auseinandergesetzt haben, um bußwilligen Menschen eine angemessene Buße empfehlen zu können. Der Büßer soll keinenfalls alleine über das Maß der Buße entscheiden. Am ehesten kann man dafür aber die Fastenzeit nützen, wenn kundige Priester fehlen, um einmal „richtig" zu fasten.

So soll an dieser Stelle das büßende Fasten erwähnt werden, so wie es der Herr in der Broschüre „Jesus ruft uns“ schildert:
Das ist echte Buße:
„Die Buße ist etwas härter für den Leib, weil man nur zwei Mahlzeiten am Tag einnimmt: morgens nimm kein Essen und Trinken außer Mich, deinen Gott, in der Heiligen Hostie.
Mittags iss eine Schnitte Brot und trinke ein Glas Wasser von zwei Dezilitern; bis zum Abend bringe nichts in deinen Mund. Wenn die Sterne am Himmel erscheinen, nimm das gleiche Mahl wie zum Mittagessen: eine Schnitte Brot und ein Glas Wasser und nichts mehr bis zum Morgen.
Wenn du deinem Leibe abends das Mahl entsagst, hast du ein größeres Verdienst für deine Seele im Himmel.
Das ist echte Buße!
Nehmt euch in acht an Fasten- und Bußtagen, weil der Versucher kommen wird, um euren Willen zu prüfen. Überwindet euren Leib und den Teufel, die euch in die Sünde führen.“

28. Obstinatio - Compunctio cordis
Verschlossenheit - Zerknirschung des Herzerns

Der Sorge für das Irdische folgt die Verschlossenheit „auf den Fuß. Denn die Menschen, die sich ausschließlich den irdischen Interessen überlassen, verfallen einer geistigen Verschlossenheit. Sie nehmen in ihren Herzen, als wäre ihr Herz mit Pech verklebt und verleimt, keine Rücksicht mehr auf Gott. Sie schwätzen und handeln so, als gäbe es Gott gar nicht.“
Die im Irdischen verstrickt sind, werden gefühllos und hart. Es macht ihnen nichts aus, dass sie nicht seufzen oder weinen können, denn „das bringt nichts“. An Gott oder an ihr Seelenheil denken sie nicht. Das wäre Zeitverschwendung und ein unnützes Philosophieren über Dinge, die uninteressant sind.

Die Tragik aller Laster ist ihre unglaubliche Haft- und Klebekraft. Kaum einer kommt davon los, weil die „Geister... sie ermuntern, sich bei jeder Gelegenheit auf ihre verschlossene Gesinnung *zu versteifen*.“ Wie eine Schlingpflanze wickeln sie den Menschen immer mehr ein, bis er darin erstarrt und unbeweglich wird. Das ist der Sieg des Verführers. Der Zugeknöpfte bleibt verschlossen, der Hartherzige unbarmherzig, der Glaubenslose ungläubig usw. Echte Umkehr ist selten. Darin liegt das eigentliche Problem der Menschen, die Unfähigkeit, umzukehren!
„Was wirklich gut ist, kennen sie nicht; das Zarte der Frömmigkeit wollen sie nicht. In ihrer Härte stehen sie vielmehr trotzig gegen Gott. Die Gestalt hat die

Form eines Büffels, weil dieses Laster die Menschen hart und rauh in ihrem Verhalten macht."

Gott im Leben auszuklammern, Ihn ständig beiseite zu schieben, ist ein böses Spiel. Diese Boshaftigkeit und Sturheit, mit Arroganz und Hochmut gepfeffert, ist vor Gott unentschuldbar. Menschen wie diese folgen dem Motto: „Wer ist dieser Gott, der uns dermaßen in Konflikte bringt!"

Jeder Mensch hat eine Schwachstelle, eine „Achillesferse", an der der Böse einhaken kann und dieser Haken sitzt dann tief. So müsste jeder herausfinden, wo seine Schwäche liegt, um sie ein Leben lang in Schach zu halten. Das macht leider niemand. So beklagt Gott all diese toten Söhne und Töchter, die fern sind von Ihm und mit Gott zanken wie der Zugeknöpfte.

„Wer sich nämlich der geistigen Verschlossenheit überläßt, wird den Toten gleich, die nichts sehen und hören noch durch den Anhauch Gottes bewegt werden.

Die Verschlossenheit ist ja so schlecht und nichtsnutzig. Sie will sich einfach nicht in ihrer Härte, die in ihr hochkommt, erweichen oder bewegen lassen. Wie ein Maulwurf in der Erde wühlt, so wälzt auch sie alles Wertvolle um, weil nichts ihr paßt, als was sie selber aussucht."

Wie kommt so ein Verschlossener weg von dieser falschen Einstellung? Bei Hildegard klingt das sehr einfach.

„Menschen aber, welche jene Verschlossenheit des Geistes in sich tragen, sollen diese so bald wie möglich ablegen und keine Rücksicht auf jene bösen Geister nehmen, die ihnen solches vorschlagen."

So einfach scheint das aber nicht zu sein, weil sich Menschen selten ändern oder gar bekehren. Es fehlt ja auch die brüderliche Zurechtweisung und Ermahnung. Der hl. Vater sagte dazu u.a. in der Botschaft zur Fastenzeit (2012):
„Vor dem Bösen darf man nicht schweigen. Ich denke hier an die Haltung der Christen, die sich aus menschlichem Respekt oder einfach aus Bequemlichkeit lieber der vorherrschenden Mentalität anpassen, als ihre Brüder und Schwestern vor jenen Denk- und Handlungsweisen zu warnen, die der Wahrheit widersprechen und nicht dem Weg des Guten folgen."

Christen haben an sich die Pflicht, einen Bruder, der sündigt, zurechtzuweisen (vgl. Mt.18,15). Niemand dürfte durch unsere Schuld verloren gehen. Nur auf das eigene Seelenheil bedacht zu sein, ist Gott nicht wohlgefällig, wenn wir dabei unsere Nächsten aus Gleichgültigkeit oder Feigheit nicht davor warnen, Wege des Abgrundes zu meiden. Diese Mitverantwortung wird kaum wahrgenommen, weshalb sich das Böse wie eine Krebsgeschwulst ungehindert ausbreiten kann. Wir schauen bei allem schweigend zu und denken womöglich noch: „Was geht mich das an!" Natürlich muss man dabei etwas findig und klug sein und geeignete Momente abwarten, damit nicht noch mehr Porzellan zerschlagen wird. Dazwischen immer für die Bekehrung und Umkehr beten. Das ist das Mindeste, was jeder tun kann und eigentlich tun muss.
Würde der boshafte Mensch den Zorn Gottes und das Ausmaß der Strafe kennen, die Gott für sein Fehlverhalten bereit hält, er würde gellend schreien vor Angst und bereit sein, alles zu tun, um diesen Qualen zu entgehen. Doch niemand kennt sie. Deshalb hat Gott sie der hl. Hildegard gezeigt. Die Strafen für die boshafte Verschlossenheit sind grauenhaft und unvorstellbar, - aber wahr.

Vom Fegefeuer der Verschlossenheit

„Und ich erblickte ein Dunkel, in welchem Pech und Schwefel loderten. Hier wurden unter großem Wehklagen die Seelen jener gequält, die sich während ihres leiblichen Daseins der Verschlossenheit des Geistes anheimgegeben hatten. Weil sie sich innerlich gegen Gott verhärtet hatten, brannten sie in diesen Finsternissen.Weil sie keinerlei Gemeinschaft mehr mit dem Tugendleben pflegten, hatten sie das Pech auszuhalten. Und weil sie jedes Wohlwollen weit von sich wiesen, verletzte die Pein des Schwefels sie. Weil sie aber ihre Herzen im Seufzen zu Gott nicht mehr erhoben hatten, stießen sie nun diese gewaltigen Wehklagen aus. - Und ich sah und verstand dies."

29. Cupiditas - Contemptus mundi
Habsucht - Weltverachtung

In der Gier nach Reichtum und Besitz kennt der Habsüchtige kein Maß und will immer mehr. Am Ende gönnt er seine Habe weder sich noch anderen. Sie können das Gesammelte „wegen anderwärtiger Verpflichtungen auch nicht mehr loslassen". Hierin liegt das Verfängliche am Reichtum. Es ist ein Teufelskreis, aus dem jene nicht mehr herauskommen, die keine ethischen Werte kennen oder anerkennen. Schon die hl. Schrift warnt die Reichen. Wieso? Weil aller Reichtum nur zum Verhängnis wird, wenn der Mensch dadurch sein ewiges Seelenheil verspielt. Der Wohlhabende muss wissen, dass er seine Talente und allen Reichtum Gott zu verdanken hat und nicht sich selber. Das verpflichtet ihn, sein Vermögen so gut wie möglich anzulegen. Geld ist am besten angelegt, wenn man es den Armen gibt. Der Reiche hat an das Allgemeinwohl zu denken und soll dort investieren, wo Menschen hungern oder keine Möglichkeit haben, in die Schule zu gehen. Ein soziales Engagement ist für Wohlhabende verpflichtend, denn dafür bekam er von Gott die Fülle an materiellen Gaben. Das wirft die Tugend „Weltverachtung" auch dem Reichen vor:

„Was hat ihnen all diese Eitelkeit geholfen? Und wo sind ihre Reichtümer und Ehren und Besitztümer? Im Abgrund der Hölle! Denn sie leiden die verdienten Strafen, da sie nicht sitzen im Zeichen des Hl. Geistes, und da sie das Himmlische nicht ersehnten, sondern immer nur Irdisches und Gebrechliches im Sinne hatten."

Ihr Fegefeuer gleicht dem Höllenfeuer, weil sie dort auch von bösen Geistern geplagt werden:
„Und ich gewahrte die außerordentliche Länge und Breite wie auch Tiefe eines Gewässers, das in äußerst starker Feuersglut kochte und in welchem es von schauerlichen Drachen und zahlreichen bösen Geistern wimmelte. In diesem Wasser erlitten die Seelen jener ihre Strafe, die während ihrer Erdenzeit der Habsucht gefrönt hatten und die auf alle mögliche Weise nur ihrer Gier lebten."

Reichtum ist „lebensgefährlich", er bringt das ewige Leben in Gefahr, wenn man sich davon nicht distanzieren und loslösen kann. Wenn die wahren Werte verachtet werden, wird der Mensch zum Raubtier. Selbst wenn einer die ganze Welt gewinnt, es würde kein Friede und keine Zufriedenheit in seinem Herzen einkehren, denn die Habsucht führt letztlich zum Streit.

30. Discordia - Concordia
Zwietracht - Eintracht

Der Streit steht am Ende dieser Lastergruppe. Dieser Unfriede hat sich schon abgezeichnet, denn
„wer die Zwietracht liebt und bestrebt ist, ihr ständig nachzujagen, der wird vom boshaften Geiste arg abgehetzt, bis er schließlich in dieser seiner Schlechtigkeit gezwungen wird, zu Mord und Totschlag überzugehen."

Das ist das Ende dieser Kaskade. Wir brauchen nur die Tageszeitung aufschlagen oder Nachrichten hören, um von der Realität überzeugt zu werden. Hildegards Ethiklehre ist kein Phantasiegebäude, sondern entspricht geistigen Gesetzmäßigkeiten, die hier von Gott beleuchtet und bis in kleinste Details erklärt werden.
„So regt sie (die Zwietracht) Spiele an, in welche sie den Zorn einbaut und mit denen sie großes Ungemach erwirkt, von dem sie sich dann nur allzu gern wieder absetzt... Der einfältige Mensch aber, der in seiner Einfalt in Schuld fällt, durchschaut solche Hintergünde nicht.
Daher verachtet Gott ihn auch nicht, führt ihn vielmehr der Reue zu, während der zwieträchtige und unbußfertige Mensch im Zorne Gottes immer weiter fällt, und weil er die Furcht Gottes nicht kennt, nach rückwärts geht, indem er den rechten Weg nicht mehr findet.
Und so hat dieses Laster auch sein Werk voll erfüllt, als die Juden Meinen Sohn in Seiner Menschheit erblickten und Seine Wunder zu sehen bekamen. Wegen der Boshaftigkeit ihrer Herzen aber wandten sie sich von Ihm ab und stürzten

sich selber in den Tod, wie geschrieben steht. Das Wort des Evangeliums: *´Da wichen sie zurück und stürzten zu Boden´* - (Jo 18,6) ist so zu verstehen:
Alle, welche die Wahrheit verleugnen und Satan in seinem widersprüchlichen Tun folgen, gehen dem Untergang entgegen. Sie weichen nach rückwärts aus, indem sie in ihrem Innern die Augen des Glaubens verschließen. Daher stürzen sie in die schlimmste Versuchung, die sie zu Mord und Totschlag treibt.
Wie aber Gott am Jüngsten Tag die Menschen zu unsterblichem Leben auferweckt, so erweckt Er sie auch jetzt schon durch die Buße zum Leben. Denn alle, die während ihres leiblichen Daseins ihr Vergehen beweinen, indem sich ihre Seelen der körperlichen Dinge entledigen, werden schleunigst der Bestrafung entrissen, auch wenn sie eigentlich die Strafen des Fegefeuers verdient hätten."

Die Worte des Vaters verdeutlichen es: Wer im Laster verharrt und nicht bereit ist, sich zu ändern, dessen Seelenheil ist gefährdet! Wer hingegen „hineintappt", sei es, dass er sich zu Zorn hinreißen ließ oder einem anderen Laster für eine Zeit lang erliegt, sich aber besinnt und wieder zusammennimmt, dem wird verziehen. Die Reue und Umkehr ist etwas Mächtiges. Sie ist eine weltverändernde Kraft und kann aus großen Sündern Heilige machen: Vorausgesetzt, der Mensch zeigt sich bereit, wirklich unzukehren, echte Buße auf sich zu nehmen und dem Bösen zu entsagen. Die Reue ist, wie Hildegard an einer anderen Stelle sagt, eine welterneuernde Kraft.

Möchten doch die Menschen erkennen, was ihnen einmal erspart bleibt, wenn sie ihre Vergehen bereuen und durch Buße Genugtuung leisten, um der gerechten Strafe zu entgehen, denn der Strafeifer Gottes ist ständig am Werk: „um alles mit Rechtschaffenheit zu durchdringen, was durch die Buße noch nicht gesühnt und geläutert ist. Denn was die Reue reinigt, das prüft Gottes Zorneifer nicht, weil die Reue als solche schon ein Feuer und eine Geißel ist. Was aber die Reue noch nicht durchkocht hat, das verzehrt dieser Strafeifer.“ [100]
Gott will keine Seele verdammen, aber wenn sich der Mensch gegen Ihn stellt, wird er gerichtet. Gott ruft uns auf, die Irrwege zu verlassen und uns dem Guten zuzuwenden. Ohne Gebet, ohne Liebe zu Gott und fern von kirchlichen Segnungen wie Beichte, hl. Messe und dem Wort Gottes ist eine Kehrtwende schwer und selten. Eine letzte Chance bietet uns noch das Alter, wenn leibliche Gebrechen die Ausübung mancher Laster unmöglich machen und zu einem zwangsweisen Umdenken führen. Damit kommen wir zum letzten Teil des Buches.

Tugenden und Laster im Alter

Nach dem aktiven Leben kommt allmählich das Rentenalter und somit der letzte Lebensabschnitt. Nun soll der Mensch die himmlische Freude erreichen, wenn er alt geworden ist, wie ein reifer Apfel zum Pflücken.
Bei Hildegard steht, Gott lässt den Menschen nicht sterben, bevor Er nicht das Letzte aus ihm herausgeholt hat - zu seinen Gunsten. Er stirbt erst dann, wenn Er von diesem Menschen nichts mehr erwarten kann - im positiven Sinne. Das besagt auch, dass das Leben ein Fortschreiten ist, eine geistige Entwicklung, die zu einem guten Ende führen soll. Aber selbst mit zunehmenden Jahren sind noch so manche Hürden zu meistern. Die Gruppe beginnt mit der Ehrfurcht, die wir allmählich gegenüber Gott und allen Kreaturen haben sollten. Doch auch hier scheiden sich schon wieder die Geister. Was den einen mit Ehrfurcht bewegt, darüber kann ein anderer nur lachen:

31. Scurrilitas - Reverentia
Spottsucht - Ehrfurcht

Spötter versuchen „die Wahrheit in Stücke zu reißen“. Das macht die Spottsucht mit spielerischen und höhnischen Worten. „Das rechtmäßige Gesetz verlacht sie, so wie eine Motte ein Kleid zerstört. Mit ihrem Spott täuscht sie den Menschen und bringt ihn so zu Tode.“ Im Extremfall wird am Stammtisch jemand von ein paar Spöttern derart aufs Korn genommen, dass der Betroffene

hinausgeht und sich erhängt. - Hat es alles schon gegeben! „Meinen Bogen werde ich weit spannen mit dem Pfeil meiner Sprüche. Was sollte das schon schaden? Nichts will ich verheimlichen, nichts verschweigen; ich gebe vielmehr jedem nach seinem Maß das, was ich habe“, sagt die Spottsucht.

Gar manchen Menschen ist es geradezu ein Anliegen, über andere herzuziehen. Sei es bei Mann oder Frau: Sie wissen alles, weil sie sehr neugierig sind, um dann alles in den Dreck zu ziehen nach dem Motto: „Ich habe meine eigene Ordnung und bilde mir über alles ein (eigenes) Urteil.“

Dieses lasterhafte Benehmen ist eine Ehrfurchtslosigkeit, ja Geringschätzung des Mitmenschen, der in ihren Augen nie etwas recht machen kann. Immer gibt es etwas auszusetzen, zu bemängeln, um ihn herabzusetzen. Dieses „Prinzip“ finden wir auch bei gewissen Medien, wenn sie z.B. jemanden verleumden wollen. Da „recherchieren“ sie bis ins Schlafzimmer hinein oder gar bis ins Grab. Im Gegensatz dazu kennt die Ehrfurcht ihre Grenzen. Jeder Mensch hätte das Recht, ehrfürchtig behandelt zu werden. Auch die Welt und die Geschöpfe Gottes verdienen Ehrfurcht. Letztlich stehen sie in einem Geheimnis Gottes, das zu respektieren ist.

Hinter allen Untugenden stehen also bösgeistige Mächte, die den Menschen auf vielfache Weise von einem disziplinierten Denken und Handeln abbringen. Der Ehrfürchtige hingegen erfreut sich an den großen und kleinen Geschöpfen, sieht in allem die Handschrift Gottes, sei es der Gesang der Vögel, das Lachen der Kinder oder der ergreifende Klang der Kirchenglocken.

32. Vagatio - Stabilitas
Umherschweifen - Stetigkeit

„Das wäre mir doch ein törichtes Verlangen, wenn ich immerfort an der gleichen Stelle und bei denselben Leuten verkehren sollte... Überall soll man gelegentlich von mir hören."
Das sind dann die Ansichtskarten aus Mallorca, Thailand, Gran Canaria, Südafrika und das SMS aus New York. Man muss heute alles gesehen haben und überall gewesen sein, so gebietet es das Laster der Unrast. „Die da so gern herumvagabundieren, *haben keine Liebe zu Gott*, noch kann Gott sie liebhaben. Ihnen fehlt jede Weisheit, solange sie sich nicht einsichtig der Ehrfurcht unterwerfen. Sie können keine wachsame Verantwortlichkeit erlangen, wenn sie sich nicht der Liebe beugen."
Weil die Liebe zu Gott fehlt, wahrscheinlich nie Wurzeln schlagen konnte, deshalb kosten sie dieses irdische Leben aus, so gut es eben noch geht. Menschen mit dieser Untugend sind „in ihrer Vertrauenslosigkeit wie gelähmt und in ihrem Eigensinn wie gefesselt."
Es fehlt die altersbedingte Gemütsruhe und Beschaulichkeit, deshalb vergessen sie, was Gott gebührt. Ganz andere Früchte bringt hingegen die Beständigkeit. Es lohnt sich, den folgenden Abschnitt ohne Hast zu lesen!

„Denn wenn ein Mensch sich nach der himmlischen Heimat ausstreckt, wird er auch im Angesicht des Glaubens Gott anschauen und von Ihm mit dem Kuß

seiner überaus liebenswürdigen Gegenwart und in allertreuester Liebe umfangen werden. Dann erfüllt sich in einem solchen Menschen, was bei David geschrieben steht. David spricht:
'Habe deine Freude im Herrn, und Er wird alles Verlangen deines Herzens stillen'.- Ps 36,4
Das will folgendermaßen verstanden werden:
Du, der du treu an Gott glaubst und getreulich dein Leben verwirklichst, pflücke alle Freuden der Tugend in dich hinein und erfreue dich in dem, der da ist der Herr des Alls. Folge Ihm nach in Treu und Glauben, und liebe getreulich Den, der da dein Schöpfer ist.
Wenn du so in Ihm allein deine Wonne findest, dann wird Er dich mit allem Guten überschütten, so daß du keinerlei Mangel mehr leidest. Alles wird erfüllt, worum du nur bittest und wonach sich das Verlangen und Heimweh deines Herzens richtet.
Und wie der Glaube, in dem du in rechter Weise Gott glaubst, dir nichts anderes zu erbitten erlaubt als das, was gerecht ist, ebenso erbittet auch jene Beschaulichkeit, welche der Glaube lehrt, im Anblick Gottes nichts anderes, als was Gott gefällt und was ewiglich währt."

Alles wird erfüllt, worum du bittest! Dieses Privileg bekommt der im Glauben gereifte Mensch durch seinen gottgefälligen Lebenswandel. Heilige hatten bekanntlich schon zu Lebzeiten besondere Gnaden. Auf ihr Gebet hin geschahen nicht selten Wunder, wie das ja auch bei der hl.Hildegard der Fall war. So können aber ganz normale und unscheinbare Menschen, die ein gottgefälliges Leben führen, speziell im Alter sehr viel für ihre Kinder, Enkelkinder und die Anliegen der Kirche erbeten. Es sind jene unbeachteten, alten und gebrechlichen Menschen, die Gott erhört, obwohl sie aus weltlicher Sicht „unproduktiv" geworden sind und oft als Last empfunden werden.
Sie belasten nicht nur die Pensionskassen, sondern füllen auch die Alten- und Pflegeheime. Deshalb wird in einigen Ländern schon über die „Sterbehilfe" laut nachgedacht, um hier ein wenig nachzuhelfen. In den Niederlanden, so steht in „*Vision 2000 (2/2012)*", „*will eine Vereinigung mobile Teams bereitstellen, die ambulante Sterbehilfe zu Hause leisten... Jeweils ein Arzt und eine Pflegekraft sollen Patienten, bei denen die Hausärzte ... Euthanasie verweigern, zu Hause beim Sterben helfen.*" So will es der Teufel: Er schickt seine Mörder aus, um „Hilfe" zu leisten durch „Arzt" und „Pflegekraft". Es sind Diener Satans im weißen Mäntelchen und mit netten Worten! Ehrfurcht vor dem Leben kennen sie offenbar nicht. Ihr „Lohn" wird groß sein, wenn sie sich anmaßen, über Leben und Tod entscheiden zu können.

33. Maleficium - Cultus Dei

Magische Kunst - Gottes Dienst

Die magische Kunst und das Umherschweifen „pflegen gemeinsame Sache zu machen, weil man von beiden Lastern naturnotwendig zugleich besessen ist," schreibt Hildegard. Also wird ein Flug nach Asien oder Indien gebucht, um sich von einen berühmten Guru beraten zu lassen. Hier ist die Esoterik angesprochen, die ja einen Boom erlebt, weil der wahre Gottesdienst nicht „zeitgemäß" ist. „An solchen Menschen hat der Teufel seinen Spaß!... So übergeben sie ihre Seelen dem Teufel, wie ein Lamm dem Wolf, zum Verschlingen. Sie setzen nicht das Endziel ihres Tuns in vertrauensvoller Hoffnung auf Gott..."
Entsprechend dem fortgeschrittenen Alter wäre es ratsamer, in die Kirche zu gehen. Wir gehen ja dem Ende entgegen, und darauf sollten wir schon vorbereitet sein. Wer sich altersmäßig in diesem Zustand befindet, der muss diese Tugend der wahren Gottesverehrung schon haben. Und die Tugend „Der wahre Gottesdienst" sagt: „Was ist Gott wohl angenehmer, wenn man Ihn selbst oder nur seine Werke verehrt? Die Geschöpfe, die aus Ihm hervorgehen, können doch keinem Ding das Leben verleihen." Es ist Gott, der uns das Leben gibt, die Talente, die Gesundheit, die Nahrung und alles, was wir sonst noch nötig haben. Das Befragen der Geschöpfe, sei es durch Pendel, eine Zauberkugel oder sonst was, ist Okkultismus, Götzendienst und Zauberei. Selbst wenn jemand mit dem Rosenkranz pendelt, es bleibt Okkultismus und daher Sünde.

34. Avaritia - Sufficientia
Geiz - Genügsamkeit

Mit den letzten beiden Lastern bzw. Tugenden nähern wir uns dem Lebensende. Der (Alters-) Geiz interessiert uns hier nicht sonderlich, sondern die Tugend der Genügsamkeit. Der alternde Mensch wird, wenn er den richtigen Weg gegangen ist, genügsam. „Wozu soll ich mehr wünschen, als ich brauche? Weil ich Barmherzigkeit für alles aufbringe, ist mein Gewand aus weißer Seide, und weil ich milde gesonnen bin, wo es um Lebensbedürfnisse geht, ist mein Kleid mit kostbaren Edelsteinen geschmückt.
Daher wohne ich im Palast des Königs. Und es fehlt mir an nichts, was nur mein Herz begehrt. Am Gastmahl des Königs nehme ich teil, da ich des Königs Tochter bin.“
Alt und reif gewordene Menschen brauchen nicht mehr viel. Das alte Kleid, die alten Schuhe, sie reichen. Neues wird gar nicht mehr gern angezogen, da ist man ja nicht mehr derselbe. Wenn von der Rente etwas bleibt, steckt es die Oma den Enkelkindern zu - fürs Sparschwein.
Alles ist ein Werdegang. Die Weichen, wohin die Reise gehen soll, stellt der Mensch selber. Immer wieder muss er sich entscheiden, entweder für das Gute oder für das Böse. Der breite Weg führt in den Abgrund, der mühsame nach oben. Der alte Mensch muss zuletzt die „Himmlische Freude“ erreichen, wenn er reif ist zum Heimgang in das unvergängliche Leben.

35. Tristitia saeculi - Coeleste gaudium
Weltschmerz - Himmlische Freude

Auf der enttäuschten Seite stehen am Ende ihres Lebens jene, die sich die falsche Lebensphilosophie ausgesucht haben. Nun kommt der Jammer:
„Weh mir, daß ich geschaffen bin! Weh! Was soll mein Leben! Wer wird mir beistehen, wer mich erretten? Wüßte Gott um mich, so könnte mich doch solche Not nicht treffen...Ich weiß ja nicht einmal, was ich selber bin. Geschaffen zum Unglück und im Unglück geboren, lebe ich ohne Trost dahin..."

Wenn wir im Leben unserem Erlöser nicht begegnen, uns nicht erlösen lassen, weil uns immer anderes wichtiger schien, dann kommt am Ende diese Trostlosigkeit. Das christliche Leben ist ein anderes Leben, eines, das die Welt nicht kennt. Es ist ein Glück Christ sein zu dürfen, weil es uns ein Leben ermöglicht, welches vom Diesseits gewissermaßen lückenlos ins jenseitige Leben hinübergeht. Wer ein christliches Leben geführt hat, für den ist das Entschlafen wirklich nur ein Schlaf. Er schließt seine Augen und wenn er sie wieder aufmacht, ist er in der anderen Welt. Das ist das Ziel, dass ihm das Sterben nur wie ein Wegziehen eines Vorhanges ist, das Verlassen eines Wartezimmers, um in die neue Wohnung zu kommen, die der Herr für uns bereitet hat. Das machen die acht Seligkeiten möglich, die machen das Sterben leicht und schön.
Mitnehmen können wir nur gute Werke: „Immer wenn der Mensch Gutes

wirkt, wird ihm der Schmuck aus seinen guten Taten in der Herrlichkeit des unausschöpflichen Lichtes auf ewig vorbereitet, so wie auch das Firmament mit den Gestirnen und wie die Erde mit Blüten hier in der Zeit geschmückt werden."

Am Ende jedes Kapitels folgt immer die Ermahnung: „Dies ist gesagt über die Seelen der Büßer, die geläutert und gerettet sein wollen, und es ist die Wahrheit. Der gläubige Mensch achte darauf, und er eigne es sich an im Gedächtnis seines guten Gewissens."

Das war eine Kurzfassung des Lebenslaufes nach dem von Gott gezeigten Erziehungsschema. Die Erziehung der Christenheit ist im Grunde genommen genau dieselbe wie die Erziehung des auserwählten Judenvolkes, aber ohne Beschneidung und Abstammung von Abraham, d.h. für alle Völker zugänglich. Wir sahen, der gefallene Mensch wird von destruktiven Kräften getrieben, aber von göttlichen Kräften gelenkt und geführt, vorausgesetzt, er lässt es zu.

Tugenden sind Werte und sollten die Norm des Menschen bilden, weil das Fehlen der Werte zu einem Verhalten außerhalb der göttlichen Norm führt. Sei es Diebstahl, Spielsucht, Schlägerei, Drogen etc. Jede Abweichung aus der Norm, wie beispielsweise in der Kleidung, Frisur oder dem ganzen Verhalten des Menschen, hat ihre Ursache in einer undisziplinierten Denkweise. Hildegard zeigt uns auf, wie wir uns entsprechend der göttlichen Ordnung verhalten sollten, und welche Denkfehler wir begehen, wenn wir durch Laster belastet sind. Um im Sinne Gottes eine „normales Leben" führen zu können, bedarf es, wie uns Gottvater zu Beginn des Werkes *Scivias* mitteilt, der „Armut im Geiste" und der „Furcht des Herrn". Diese beiden Grundtugenden ermöglichen es uns, nüchtern, rechtschaffen und gottesfürchtig zu leben. Wer dafür nur ein Achselzucken übrig hat, der hat vermutlich schon zu viele Waren auf dem Marktplatz der Welt gekauft, wo der Teufel seine Ware feilbietet.

Das vorgegebene Tugenden- und Lasterschema gilt auch für die christliche Entwicklung allgemein, nicht nur für den Einzelnen. Der Einzelne kann fertig sein, die ganze Christenheit ist noch lange nicht fertig. Gott hat also mit den Christen noch etwas vor, sie müssen noch einige Etagen höher steigen, bevor es zu Ende geht. Hildegard wird dabei sicher eine Rolle spielen, denn ihr „Programm" kann noch vielen Generationen etwas beibringen. Die Welt kennt ihre Werke ja noch nicht, aber so Gott will, wird sich das ändern.

Bisher war die nachchristliche Zeit eine dunkle Zeit. Diese geht jetzt zu Ende. Die Nacht der Christenheit weicht jetzt dem Tag der Christenheit. Die kommenden tausend (?) Jahre werden gekennzeichnet sein von einer hellen Zeit der

Christen. Da werden die Gläubigen erst ihres Christseins froh, während sie bis heute im Grunde genommen Martyrer waren. Die nachchristliche Zeit stand ja unter dem Zeichen des Rappens, des dritten apokalyptischen Pferdes, wie wir noch erfahren werden. Das war, so schreibt Hildegard, die Zeit der Martyrer. Nun stehen wir in der Wende. Nach dieser Wende beginnt die Zeit des vierten apokalyptischen Reiters, die des fahlen Rosses. In dieser Endzeit werden die Christen bis zum Auftreten des Antichrist eine gewisse Möglichkeit haben, sich von der Welt abzusetzen. Es ist ja der Kirche eine große Blüte und eine lange Zeit des Friedens vorhergesagt.

Auszug der Seele aus ihrem Zelt
Tafel 7 / Schau I 4

Vom Wirken des Bösen in der Welt

Eine über das Leben der einzelnen Menschen hinausgehende Sichtweise des Buches der Lebensverdienste *„Liber vitae meritorum"* ist das Wirken des Bösen in der Welt. Hier nehmen die Laster dramatische Formen an und gehen in eine erschreckende Dimension. Die Verführung zielt letztlich zwar auf den Menschen ab, betrifft aber ganze Regionen, Länder, Völker und Staaten. Hier zeigt sich der Teufel wahrlich als „Fürst dieser Welt".

Er diktiert gewissermaßen die Weltmeinung, prägt den Zeitgeist und bestimmt zum Teil auch, was die weltlich gesinnten Menschen glauben. Mit dieser Machtstruktur sagt er auch der Kirche den Kampf an und bringt vielerorts die Gläubigen in Bedrängnis. In zahlreichen Ländern werden Christen verfolgt, misshandelt und nicht selten auch getötet. Den Erfolg seiner Verführungsmethoden sehen wir an der Zahl jener Menschen, deren Erbschuld noch nicht durch das Wasser der Taufe abgewaschen wurde.

Über eine Milliarde Menschen werden z. B. durch den herrschenden Atheismus in China von der Lehre des Dreifaltigen Gottes fern gehalten. Hinzu kommen Millionen von Seelen aus anderen atheistischen Staaten, die glaubenslos sind, weil der Glaube und die Kirche unterdrückt werden. Weitere Milliarden von Heiden weigern sich hartnäckig, das Evangelium anzunehmen, denn für sie sind ausgerechnet die *Christen* Ungläubige.

Eine andere Taktik des Teufels ist dann die Spaltung der Kirche. Durch einen geistigen Rebellen, der sein Ohr dem Teufel zuwendet, spaltet er die Christen. Hier die Katholiken, da die Nachfolger von Martin Luther. Was hat er damit erreicht? Er hat sie betrogen! Aus der Eucharistiefeier wurde eine Abendmahlfeier und die Beichte hat er ganz gestrichen. Die evangelischen Christen lösten sich von Rom und sind deshalb nicht mehr „Kirche", sondern nur noch eine Religionsgemeinschaft. Seine Nachfolger sind daher keine gültig geweihten Priester und können auch keine hl. Messe mit gültiger Konsekration feiern. Dadurch müssen Protestanten auf das Altarssakrament verzichten. Der Teufel hat ihnen also sehr viel weggenommen. Aber selbst nach 500 Jahren hinterfragt kaum einer, ob es sich lohnt, all die Nachteile auf Dauer hinzunehmen, oder ob es nicht besser wäre, diesem Mann die Gefolgschaft aufzukündigen und in den wahren Schafstall zurückzukehren. Der Retourweg ist immer mit großen Schwierigkeiten verbunden, weil ein „Überlaufen" nicht gerne gesehen wird und daher selten vorkommt. Mit anderen Worten: Jeder bleibt, was er ist, und das setzt sich von Generation zu Generation so fort. Jude bleibt Jude, die Evangelischen evangelisch und ein Atheist bleibt Atheist. Aus teuflischer Sicht ist

das eine „bombensichere“ Methode, um viele Menschen von der Wahrheit fernzuhalten.
Wenn es die Modernisten noch an die Spitze treiben, dann droht eine Spaltung zwischen den konservativen und den liberalen Christen. Die Modernen - geistig längst mit dem Papst im Clinch - wollen eine “Kirche light“, die es mit dem Gehorsam und den Geboten nicht mehr so genau nimmt. Sie bringen den Stephansdom zum Wackeln und versprechen sich davon einen großen Aufschwung. Es wird sehr bunt und fröhlich werden, fast wie beim Lotto: Alles ist möglich!

Der Widersacher arbeitet aber auch mit Ideologien und Weltsystemen, die Milliarden von Menschen den Glauben an Gott aus dem Kopf schlagen. Zum Beispiel mit einer wissenschaftlichen Methode! Diese Methode ist ebenfalls „bombensicher“ und für den Teufel äußerst effizient: Man lehre den Menschen ein wissenschaftlich untermauertes Weltbild und sie werden daran glauben. So glaubt heute eine überwiegende Mehrheit an die längst widerlegte Evolutionstheorie, an den Urknall und daran, dass Affen und Menschen gemeinsame Vorfahren haben. Aufgrund dieser Lehre, die in Wahrheit eine falsche These darstellt, glauben unzählige Menschen nicht mehr an Gott! Weil die Wissenschaft scheinbar eine „glaubwürdigere“ Entstehungsgeschichte anbietet als die Kirche, deshalb glaubt man eben der Wissenschaft und nicht dem „Bischof von Rom“. Die alte Schlange verfügt also über reiche Fischgründe, bei denen ihr ganze Schwärme ins Netz gehen. Vielleicht sind die gestrandeten Wale, die immer wieder in großer Zahl verenden, ein Zeichen dafür, dass heute selbst „große Fische“ irritiert sind und deshalb stranden.
Allein die wenigen Beispiele zeigen, wie gewaltig der Einfluss des Bösen in der Welt ist. Dies wird uns nun auch im Buch der Lebensverdienste vor Augen geführt.
Hildegard hörte, wie die alte Schlange bei sich selber sprach:„Alle Kraft meines Vermögens will ich zum Endkampf einsetzen und ich will losschlagen gegen meine Feinde, so sehr ich vermag.“ Mit dieser Drohung wird offenbar, dass der Böse nichts unversucht lässt, um möglichst große Beute zu machen. Nicht weil er den Menschen liebt, sondern weil er ihn hasst. Wenn wir das Umfeld beachten, aus dem diese Drohungen kommen, so sehen wir, wie ernst die Sache gemeint ist.

„Und sogleich stieß sie voller Giftigkeit ihren Geifer, und damit alle Laster unter die Menschen aus. Einen ganz abscheulichen Nebelschwaden stieß sie aus, der den ganzen Erdkreis wie mit nachtschwarzen Nebelschwaden bedeckte, aus dem ein fürchterliches Gebrüll ertönte:

Daß ja kein Mensch einen anderen Gott anbetet als den, den er sieht und kennt! Was wäre das auch für ein Unfug, daß der Mensch etwas verehrte, das er nicht einmal versteht!"

Das ist der Leitspruch des Widersachers! Sein Ziel ist die Verführung zum theoretischen und praktischen Atheismus, indem er den Menschen suggeriert, nur das zu glauben, was man sieht und beweisen kann.
Mit nachtschwarzem Nebel ist die geistige Vernebelung der Welt gemeint. Die Menschen sollen blind werden gegenüber Gott und dazu ist ihm jedes Mittel recht. Dabei versteckt er sich gar nicht, sondern bedient sich der Medien, der Propaganda und brüllt seine atheistischen Thesen in die Welt hinaus. Brüllen bedeutet so viel wie organisiertes und großangelegtes Verbreiten von Parolen, Ideologien oder neuen Religionen, die den Dreifaltigkeitsglauben ablehnen. Auch Spaltungen der Kirche und die Verbreitung von Häresien gehören zu diesem Programm. Es geht hier primär nicht um die Verführung einer einzelnen Seele, sondern um Massenabfall vom wahren Glauben.
„Massenweise bringt er ihnen Verführung und Abfall bei. Die einen lehrt er, Götzenbilder anzubeten, die anderen, sich in die Sklaverei vielfacher Schlechtigkeiten zu begeben." [101]

In indischen Tempeln wird z. B. Unzucht und Zauberei dargestellt und vergöttert. Ohne es zu wissen (?), verehren diese Leute statt Gott die Dämonen. Sie wollen unser Verderben und deshalb setzen sie alles daran, dem lieben Gott so viele Seelen zu entreißen wie nur möglich, egal mit welcher Methode: Hauptsache - sie wirkt! Bildlich gesprochen wird bei diesen Dimensionen die einzelne Seele nicht mehr mit der Hand gepflückt wie beim Sammeln eines Blumenstraußes, sondern hier fährt der Böse mit dem breiten Vollernter über die dann „gemähte Wiese". Das muss man sich einmal plastisch vor Augen führen. Milliarden von Menschen glauben nach 2000-jährigem Christentum nicht an den wahren Dreifaltigen Gott! Das ist die wirkliche Geschichte und das eigentliche Geschehen auf der Bühne dieser Welt: der Kampf um jede Seele, der Kampf gegen die Kirche und gegen Gott. Dieser Kampf dauert bis zum Sturz des Antichrist am Ende der Zeiten.
Bei dieser Auseinandersetzung spielt auch das politische Konzept eine große Rolle. Heute gibt es kaum noch eine christlich orientierte Regierung. Wie würde so eine christliche Regierung aussehen, was wären ihre wichtigsten Werte? Das erfahren wir in folgendem Beitrag:

Der ideale Staat

Es gibt eine von Gott gegebene Weltordnung. Wie diese konkret aussieht, wird im Buch *Scivias* in ganzen zehn Visionen ausführlich dargelegt. (Sc. 3. Teil) Eine nach diesem Modell eingerichtete Welt würde den Gläubigen ein höchstes Maß an freier Entfaltung hier auf Erden garantieren.
In der 6. Vision des Buch *Scivias* wird die ständische Ordnung dargelegt. Eine Analogie dazu sind die Tugenden bzw. Laster, die wir als „Schwangerschaftstugenden“ schon kennengelernt haben. Sie gelten auch für das Staatsgebilde, d.h. für alle Bürgerinnen und Bürger, weshalb wir sie auch „die staatstragenden Tugenden“ nennen. Genau diese Tugenden sind es, die ein Staat fördern und bewahren muss. Zur Zeit gibt es leider nur einen einzigen Staat auf dieser Welt, der auf diesen Säulen steht, und das ist der Staat Israel, weil er auf der Thora aufbaut. Deshalb wird er immer Bestand haben! Sehen wir uns diese Werte der Reihe nach an:

1. Abstinentia
(Enthaltsamkeit)

Man kann für das Wort Enthaltsamkeit auch „Disziplin“ einsetzen, um den tieferen Sinn besser zu erkennen. Die Disziplin ist zwar eine Tugend für sich, aber zur Erlangung der Abstinentia eine Voraussetzung.
Bekanntlich herrscht in jenen Ländern ein hohes Maß an Disziplin, in denen der Staat seine Bürger „kurz hält“, d.h. einer Wegwerfgesellschaft entgegenwirkt. Er lässt das Volk nicht hungern, aber auch nicht in Saus und Braus leben. Militärstrategen und Trainer wissen es: Ein voller Bauch fördert die Trägheit, vermindert das Leistungsvermögen und verweichlicht die Menschen. Auch Reiche, die in Überfluss schwelgen, werden egozentrisch, stolz und hartherzig. Heute leben wir in einem noch nie erreichten Wohlstand und dennoch sind viele unzufrieden, weil eine Übersättigung nicht hinreichend ist, um auch glücklich zu sein.
Abstinentia bedeutet für einen Staat, für eine Gesellschaft, mit allen Ressourcen sorgsam umzugehen, keine Pflanze und kein Tier auszurotten, Ausbeutung und Verschwendung in allen Bereichen zu vermeiden und die Staatsbürger zu Sparsamkeit anzuleiten. Natürlich müsste der Staat mit gutem Beispiel vorangehen, aber da liegt heute vieles im Argen. Die Staaten sind, wohin man auch sieht, überschuldet, weil sie mit Steuergeldern verschwenderisch umgegangen sind, Korruption und Bereicherung an der Tagesordnung sind und sinnlos Geld ausgegeben wird für Dinge, die vermeidbar wären, wie etwa die Gratisschulbü-

cher, die Jahr für Jahr weggeworfen werden, um deren Inhalte immer mehr der Parteiideologie anpassen zu können.

©iStockphoto.com/cagan

Wie wir aus Fernsehberichten erfahren, wird in Wien täglich so viel Brot weggeworfen, wie die Stadt Graz an einem Tag benötigt. Also fehlt den Menschen die Tugend der Enthaltsamkeit. Brot wegzuwerfen ist ein Frevel! Wenn Brot vernichtet wird, geht es den Staatsbürgern offenbar zu gut. Wer nur gefüttert, aber nicht gefordert wird, der erweist sich untauglich wie die Made im Speck. Die „soziale Hängematte" führt zu Bequemlichkeit, Trägheit und Unzufriedenheit.
In einem Fernsehfilm wurde gezeigt, wie seinerzeit die Bergbauern in Südtirol 1-2 Mal im Jahr Brot gebacken haben. Damals gab es nur hartes Brot zu essen. Ältere Menschen weichten das harte Brot in der Milchsuppe auf, so wurden auch die Zahnlosen damit fertig. Und es gab kein Murren, kein undiszipliniertes Aufbrausen, im Gegenteil, sie dankten Gott für ihr täglich Brot. Bei einem kleinen Landbäcker ist auf seinem Geschäftshaus zu lesen:

„Altes Brot ist nicht hart, *kein Brot* - das ist hart."

Menschen, die gewohnt sind, in Überfluss zu leben, würden das harte Bergbauernbrot verächtlich in die Mülltonne werfen. Der Wohlstand hat die Leute nicht dankbarer und gläubiger gemacht, sondern hochmütig und glaubenslos.

Wer macht noch ein Kreuzzeichen über das Brot, wer spricht ein Dankgebet vor Tisch? Sind überhaupt noch christliche Zeichen in der Wohnung zu sehen? Wer greift in den Weihwasserkessel, bevor er aus dem Haus geht?
Ein Attribut der modernen Zeit ist die Kurzlebigkeit. Viele Dinge sind deshalb kurzlebig, weil man sie z.B. nicht mehr reparieren kann. Eine gebrochene Plastikhalterung ist kaum zu reparieren. So landen nicht nur Gebrauchsgegenstände und Lebensmittel in der Mülltonne, sondern auch viel überflüssiges Zeug, weil es veraltet ist, nicht mehr funktioniert oder als unmodern verachtet wird.

„Konsum" ist zu einer modernen Droge geworden. Einkaufszentren stürmen und „shoppen" zu gehen, das ersetzt heute den Gottesdienst. Der Konsument muss alles kaufen, weil das Ideal einer gewissen Selbstversorgung aufgegeben wurde.
Wie vorbildlich waren in dieser Beziehung früher die vielen Kleinbauern. In ihrem Keller hatten sie Obst, Gemüse, Eier, Wein oder Most, selbst gemachte Marmelade und Schweineschmalz. Im Kamin hing der Speck und im Getreidekasten lagen Säcke voll Mehl. Gemahlen wurde mit einer alten Steinmühle, die trotz ihres hohen Alters noch heute funktioniert. Sie waren Selbstversorger, kauften nur das Nötigste und kamen mit wenig Geld aus. Kinder spielten nicht mit Plastikspielzeug, sondern fütterten ihre Kaninchen und übten sich im Melken der Ziege.

Der Industrielandwirt hat hingegen nichts mehr zu Hause. Als Milchbauer liefert er seine Milch ab, und beim Körndlbauer wird die Ernte schon vom Feld abgeholt. Diese Entwicklungen kamen nicht von ungefähr, sondern unter dem Einfluss von Regierungen und „Interessensgemeinschaften". Wie viele Fehlentscheidungen hier passiert sind, das zeichnet sich ja an der exponentiell ansteigenden Wachstumsspirale ab, die schon viele Betriebe ins Schleudern brachte.

Die fehlende „Abstinentia" führt auch zu gesellschaftlichen Veränderungen. Während noch vor ein paar Jahrzehnten drei Generationen unter einem Dach lebten, so brauchte es heute drei „Dächer" für eine Familie, weil Vater von Mutter und das Kind von den Eltern getrennt leben. „Single-Wohnungen" sind gefragt, da sich die Menschen untereinander nicht mehr verstehen. Mangels ethischer, d.h. charakterlicher Werte scheitern viele Beziehungen und so lösen sich die Familien auf. Man sieht, es gibt Gesetzmäßigkeiten, die auf Dauer nicht ungestraft vernachlässigt werden dürfen, und dazu gehört nach der göttlichen Ordnung auch die Abstinenz.
Vieles im Leben ist mit Verzicht verbunden. Glücklich zu preisen sind daher jene,

die Verzicht und Entbehrungen von Jugend auf gelernt haben. Sie werden mit Widerwärtigkeiten leichter fertig als verwöhnte Menschen. Kinder bekommen heute alles, was ihr Herz begehrt, und tun sich dann im Leben oft sehr schwer, wenn nicht alles ihren Wunschvorstellungen entspricht. Ohne religiöses Fundament geraten sie nicht selten auf die schiefe Bahn. Sie ertränken ihre Sorgen in Drogen oder Alkohol und bringen ihre verborgene Verzweiflung durch aggressives Verhalten zum Ausdruck. Wie oft sind sie die eigentlichen Opfer einer zerrütteten Ehe und egoistischen Gesellschaft. An dieser Entwicklung ist der Staat nicht unschuldig, denn mit familienfeindlichen Maßnahmen fördert er auch gesellschaftliche Probleme, anstatt ihnen entgegenzuwirken.
Die Mutter-Kind-Beziehung ist eine Säule im Staat. Fehlt sie, weil Politiker andere Interessen verfolgen, dann schädigen sie das Staatsgefüge. Es wäre besser, den Sparstift an anderer Stelle anzusetzen, wie etwa bei „Kunst und Kultur", bei den Theatern, die ein Vermögen kosten, und vielen anderen Einrichtungen, die nur staatsschädigende Auswirkungen haben.

2. Freigebigkeit

Soeben haben wir gelesen, Sparen sei angesagt, und nun steht die Freigebigkeit auf dem Programm. Wie ist das zu verstehen? Das Gegenteil der Freigebigkeit ist die Engherzigkeit. Egoisten sind engherzig und haben für andere nicht viel übrig. Je egoistischer im allgemeinen die Menschen sind, umso kälter und herzloser wird die Welt.
Zu Beginn der Industrialisierung wurden Arbeiter noch ausgebeutet. Sie mussten um einen Hungerlohn schuften. Was war die Folge? Es bildeten sich Gewerkschaften, die für gerechteren Lohn und für bessere Arbeitsbedingungen kämpften. Nachdem sie alles erreicht hatten, wurde das Sozialsystem derart überzogen, dass lohnintensive Betriebe entweder pleite gingen oder ihren Betrieb in Billiglohnländer verlegen mussten. Ohne definiertes Wertesystem ist soziale Gerechtigkeit schwer im Gleichgewicht zu halten. So schwappt Unrecht und Unmaß wie eine Welle hin und her. Für schmutzige Arbeit müssen Ausländer her, weil sie der verwöhnte Arbeiter dank gewerkschaftlicher Errungenschaften als unzumutbar ablehen kann und natürlich ablehnt.
Der Staat müsste in seiner Autorität für ein Klima sorgen, in dem die Standesordnungen nicht verwischt werden. Demnach wird es immer einen Herrn geben und einen Diener. Wer für sich selber sorgen kann, ist „Herr", und wer dazu nicht in der Lage ist, bleibt - im biblischen Sinne - „Knecht", Lohnempfänger und Untergebener. Viele Landwirte, speziell Bergbauern, geben ihren Kleinbetrieb

oft deshalb nicht auf, um ihr „eigener Herr“ zu bleiben. Sie haben nicht viel, aber sie können mit einem kleinen Zuverdienst für sich selber sorgen. Diese Autonomie und Eigenständigkeit müsste viel mehr gefördert werden.
Wenn Unternehmer nur noch an Profit, Wachstum, Rationalisierung und Börsenwerte denken, aber nicht mehr an das Allgemeinwohl, und somit ihre Solidarität mit den Mitarbeitern aufkündigen, dann bricht früher oder später auch ein florierendes Wirtschaftssystem zusammen. Die Realität der heutigen Wirtschaftskrise liefert selbst den Beweis, dass auch die Wirtschaft Gesetzen unterworfen ist, die man nicht ungestraft übertreten darf.
Zur Freigebigkeit gehört auch die Abgabe des „Zehnten“ an die Kirche. Damit könnten Mitglieder der Kirche auch soziale Aufgaben übernehmen bzw. delegieren. Wie aus dem Buch *Scivias* hervorgeht, ist noch heute jeder Christ zu dieser „Kirchensteuer“ verpflichtet:

„Jeder Gläubige nämlich, der zur zehnten Ordnung der Himmelsbürger gehört, muß immer den zehnten Teil seines Besitzes für meinen Tempel spenden, um zurückzuerstatten, daß er zur Zehnzahl der Auserwählten gerechnet wird, d. h. derer, die in der Gotteserkenntnis leben und zum wahren Tempel, nämlich dem himmlischen Jerusalem, gehören...
Die aber,... die die von mir festgesetzte Gerechtigkeit bezüglich des Zehnten... aufgeben, - o weh die Unglücklichen, o weh den Elenden, o weh diesen unglückseligen Menschen, die sich so schändlich täuschen und so töricht vor den Augen meiner Majestät dastehen, indem sie nämlich - wie gesagt - meine Anordnungen übersehen, die alle vom alten Gesetz überliefert wurden.“ [102]

Mit dieser Deutlichkeit haben wir noch nicht vernommen, wem 10 Prozent allen angehäuften Ertrages und Geldes gehört. Hier sind vor allem die Reichen und Wohlhabenden angesprochen, um sich in Freigebigkeit zu üben! Wenn der Staat mit einer (Transaktions-)Steuer ein wenig nachhilft, so löscht das vielleicht ein wenig ihre Gier und bewahrt die Leute im Nadelstreif vor der grausigen Herzenshärte.
Dass es um die Herzen der einfachen Menschen in unserem Lande nicht so schlecht bestellt ist, beweisen die enormen Spendenbeträge, welche Jahr für Jahr bei der Aktion „Nachbar in Not“ zusammenkommen. Wenn der Bürger weiß, wofür seine Spende eingesetzt wird, dann ist er auch zum Geben bereit. In diesem Sinne kann das soziale Engagement vom Staat nur gefördert werden. Das erspart ihm nicht nur hohe Kosten, sondern sorgt auch für ein gedeihliches Miteinander, unterdrückt den Neid, festigt die Gemeinde und bringt Segen für den ganzen Staat.

3. Frömmigkeit

Ein Staat, der vorgibt, für Frömmigkeit nicht zuständig zu sein, fördert damit das Gegenteil, nämlich die Gottlosigkeit, d.h. den Atheismus. Christliche Länder müssten den christlichen Glauben fördern, denn er führt zu einem kultivierten Verhalten, zur sogenannten „Volksfrömmigkeit“. Eine Eigenschaft davon ist zum Beispiel, dass man bitten kann. Für den Frommen ist Bitten kein Problem, betet er doch täglich zu Gott und bittet Ihn um gewisse Dinge, während der Ungläubige weder betet noch bittet.
Wenn die Staatsbürger nicht mehr fromm sind, sondern überwiegend ungläubig, dann hört sich auch das Bitten auf. Man fordert einfach oder nimmt sich, was man haben will, sei es redlich oder nicht. So entstehen die Skandale und Drehereien, von denen es genügend Beispiele gibt, bis hinauf in die höchsten Kreise. Dabei sehen wir nur die Spitze des Eisberges, denn eine Hand wäscht bekanntlich die andere, und so bleiben viele Delikte im Verborgenen. Da helfen weder verstärkte Kontrollen noch unzählige Gesetze. Wenn die Tugend der Frömmigkeit fehlt, so tritt das Laster der Gottlosigkeit an deren Stelle. Der „Gottlose“ kümmert sich wenig um Anstand und Rechtschaffenheit.

Gott kommt mit 10 Gesetzen aus, während die Regierungen Gesetze am laufenden Band produzieren, die Probleme aber nicht in den Griff bekommen. Dies beweist ihre Unfähigkeit, die entscheidenden Werte in die Gesetzgebung einzubeziehen. Ohne verbindlichen Wertekodex, an den sich auch Politiker zu halten haben, gibt es auf Dauer keinen Rechtsstaat. So wird der Korruption Tür und Tor geöffnet und der Nährboden für radikale Parteien bereitet.
Der rigorose Glaubensabfall in der Bevölkerung ist kein Zufall, sondern u.a. das Ergebnis einer bewusst antichristlichen Politik, die wir in allen europäischen Staaten beobachten können. Deshalb ist es eine Illusion zu glauben, die europäischen Länder werden zusammenwachsen und zu einem starken vereinten Europa. Da haben sie die Rechnung ohne den Wirt gemacht, denn wenn nicht der Herr das Haus baut, dann ist das Bemühen der Bauleute vergebens. Einem Konglomerat atheistisch gewordener Länder fehlt der verbindende Mörtel, deshalb wird eine EU ohne christlichen Wertekodex nicht von langer Dauer sein.

Dazu passt natürlich die Diskussion um die Kreuze in den Schulen, die heute für viele ein Dorn im Auge sind. Sie müssen raus, weil sie für Andersgläubige anstößig sind. So geben wir alle christlichen Traditionen nach und nach auf. Nur eines ist auch sicher: Wenn dann einmal die Not auf uns zukommt, wird es zu spät sein, das Kreuz erneut aus dem Kasten hervorzuholen.

4. Wahrheit

Wahrheit hat mit Wahrhaftigkeit zu tun. Solange ein Mensch vor Gericht ungestraft lügen darf, kann man nicht von einer Gerechtigkeit im Staate sprechen. Für Wahrheit und Gerechtigkeit sollte die Justiz sorgen, aber durch die Einführung des Zivilrechtes zerfiel die Gerechtigkeit, weil sie sich nicht mehr an die Normen der göttlichen Gerechtigkeit gebunden fühlt. So bleibt heute z.B. Kindesmord (Abtreibung) in den meisten Ländern ungestraft, nachdem die universale Weltherrschaft moralische Ungerechtigkeiten für rechtens erklärt.
Jede Regierung müsste den jeweiligen Staatsbürgern im Zivilrecht eine absolute Wahrhaftigkeit abverlangen, andernfalls kommt es nur darauf an, wer sich vor Gericht besser „verkauft", d.h. wer am besten lügen kann. Dadurch wird nicht Recht gesprochen, und so kann Recht nicht hergestellt werden. Wenn wir öffentliche Prozesse verfolgen, z. B. von hochgestellten Personen, dann haben Unbeteiligte den Eindruck, dass es im Staat keine Gerechtigkeit mehr gibt! Noch schlimmere Erfahrungen kann man in den kleinen Bezirksgerichten erleben, wenn z. B. eine neue Generation von Juristen ohne Überprüfung moralischer Qualitäten zu Richtern gekürt werden, die dann Testamente fälschen, bestechlich sind und die dann schließlich selbst auf der Anklagebank sitzen.
„Die Lüge ist das Laster der Unmenschlichkeit, denn wer der Lüge folgt, der verläßt den Bereich der Menschlichkeit."
Auf diese Weise wird der Mensch würdelos. Jedes Laster nagt an der Moral und an der Würde des Menschen. So verliert z. B. der zornentbrannte Mensch seine Fassung, der Betrunkene den Respekt seiner Mitmenschen und der Lügner das Vertrauen. Jedes Laster hat also seinen Preis und schwächt ingesamt die Gesellschaft. Eine unmoralische und von ehtischen Werten „befreite" Gesellschaft hat die denkbar schlechtesten Voraussetzungen für die Zukunft eines Staates.
Zur Zeit des Hitler-Regimes stand am Eingang eines Konzentrationslagers der zynische Spruch: *„Arbeit macht frei!"* Der Herr hingegen sagt: *„Die Wahrheit macht frei!"* Gott hat den Menschen nicht für die Arbeit erschaffen, sondern die Arbeit für den Menschen, damit er sein tägliches Brot hat und seine Glieder nicht durch Untätigkeit erlahmen.
Die wahre Freiheit liegt im Erkennen der Wahrheit, und für diese muss der Staat durch Recht und Gerechtigkeit sorgen. Dazu bedarf es aber geradliniger und unbescholtener Politiker, die ihr Amt ehrenhaft ausüben und an *den* glauben, der von sich sagt, dass er die Wahrheit ist.

5. Friede

Ohne Gerechtigkeit gibt es auf Dauer auch keinen Frieden. Daher wird fest gestritten, sei es in der Politik oder im privaten Bereich. Durch Ungerechtigkeiten entsteht Unfriede und so kommt die Streitsucht wie von selbst.
Wenn wir sehen, wie sich Politiker gegenseitig „befetzen", das heißt, in heftigen Streit geraten, dann geht eigentlich nichts mehr voran. Ein Untersuchungsausschuss löst den anderen ab, da wird viel Zeit, Geld und Energie für „Verhandlungen" verschwendet. Sie lenken von den eigentlichen Aufgaben ab und binden die Kräfte an kontraproduktive Tätigkeiten. Das ist der sprichwörtliche Sand im Getriebe, der alles hemmt oder gar zum Stillstand bringt. Sei es in der Politik oder in der Wirtschaft. „Nichts geht mehr", sagen dann die Kritiker.
So baut der Staat ab, und so geht es auch gesellschaftlich bergab. Auf politischer Seite ist es die Uneinigkeit, in wirtschaftlichen Belangen der Konkurrenzkampf. Jedem ist das sprichwörtliche Hemd näher als die Weste. Es gibt keinen Gedanken mehr für das Gemeinwohl, für eine gemeinschaftliche Aufgabe im Sinne des Christentums. Christus ist nicht mehr zu sehen, sagten wir, wenn die Tugenden fehlen. So haben wir heute eine antichristliche Gesellschaft, die entsprechend dem Darwinismus handelt: Der Große frisst den Kleinen.
Frieden kann man nicht per Gesetz verordnen. Dazu müssen ganz einfach die Rahmenbedingungen geschaffen werden. Auch „Brot und Spiele" sind auf Dauer dafür nicht hinreichend. Der Friede beruht auf christlichen Werten. Sie sind es, die erneut entdeckt werden müssen und in die Statuten der Regierungsprogramme gehören.

6. Glückseligkeit

Der Staatsbürger spricht vom „Vater Staat", weil sich in der Regel der Staat wie ein Vater um die Belange seiner Untertanen kümmert. So mancher Landeshauptmann wurde schon „Landesvater" genannt, weil er rechtschaffen war und für die Anliegen der „kleinen Leute" ein offenes Ohr hatte. Solche Vorbilder machen die Staatsbürger „glückselig", d. h. sie fühlen sich behütet, geborgen und väterlich betreut. Das gilt auch für gute Bischöfe. In noch besseren Zeiten waren Christen z.B. glückselig, wenn sie das Glück hatten, in einer Bischofsstadt, d.h. unter dem Hirtenstab, zu wohnen.
In der modernen Zeit hat sich hier vieles zum Nachteil geändert, weshalb die Staatsbürger zum Teil nicht mehr „glückselig" sind, sondern frustriert. Das Gegenteil der Seligkeit ist die Schwermut. Wenn die Zahlen stimmen, die so

zu hören sind, dann nehmen erschreckend viele Menschen regelmäßig Antidepressiva zu sich, um mit ihren Depressionen fertig zu werden. Hier helfen im Grunde genommen keine Medikamente, denn in vielen Fällen zeigt sich hier ein kollektiver Seelenschmerz. Sensible Menschen offenbaren damit, dass sie den Vater (Staat) verloren haben. Es ist die orientierungslose, die hoffnungslos gewordene Seele, die leidet.
Schwermut kommt nach der Streitsucht. Dem Streitsüchtigen fehlt die Bereitschaft zum Frieden und er schadet sich damit selbst. Er wird so nicht glücklich, nicht „glückselig", wie Hildegard es bezeichnet, sondern verfällt in Schwermut.
Eine Gesellschaft ohne die wahren Werte bleibt orientierungslos und in gewissem Sinne unselig. Ebenso kann echte Kultur nur durch ethische Werte entstehen. Sie geben dem Menschen seine Würde zurück, die er durch die Verfehlung Adams verloren hat. Eine „wertfreie" Gesellschaft hat keine Kultur und keine Zukunft. Wenn die Verantwortlichen ihr antichristliches Programm weiter betreiben, dann nähern wir uns in Riesenschritten dem „Point of no return", dem Zeitpunkt, an dem die Talfahrt nicht mehr zu verhindern sein wird. Am Ende steht dann das Chaos.

7. Die Discretio (Maß)

Nach der Schwermut kommt die Maßlosigkeit. Das rechte Maß, eine Kardinaltugend, ist auch für den Staat von großer Bedeutung, weil Maßlosigkeit sozusagen der Anfang eines Hurrican ist, der am Ende in eine Anarchie übergeht. Die *Discretio* ist der Garant dafür, das gewisse Grenzen nicht überschritten werden. Sie steht für das rechte Maß in allem und anerkennt grundsätzlich *jede* Staatsform.
Wer Maß hält, ist auch klug, nur der Unkluge ist maßlos. Wenn Gott also eine Diktatur zulässt, so findet sich die Discretio damit ab. Sie macht das Beste daraus und bleibt damit ein wichtiger Wertefaktor!
Nach dem 2. Weltkrieg mangelte es bei uns an allem. Mit aller Kraft ging man an den Wiederaufbau, um die Not zu lindern. Die Nachkriegsgeneration arbeitete für eine bessere Zukunft, „damit es unsere Kinder einmal besser haben" Die Mangeljahre steckten also in ihren Gliedern. Sie schafften das Wirtschaftswunder, das bescheidene Eigenheim, und am Ende noch einen VW. Die Kirchen waren voll und die Menschen dankbar und zufrieden. Jene Generation, „die es besser haben sollte", ist damit längst nicht mehr zufrieden. Sie ist mit Schokolade aufgewachsen, weiß nicht, was Hunger ist und wirft Brot in den Mülleimer, weil

es vom Vortag ist. Sie will immer mehr Lohn, mehr Rechte, kürzere Arbeitszeit und weniger Pflichten. So darf dem Herrn Lehrling z.B. kein Besen mehr in die Hand gedrückt werden, weil zu Reinigungsarbeiten nur eine diplomierte Putzfrau berechtigt ist.
Nachkriegsbauten, mühsamst errichtet, werden geschliffen und es wird neu gebaut: größer, schöner und zur Doppelgarage gleich ein Carport dazu, um alle Fahrzeuge unter Dach und Fach zu bringen. Aus Bescheidenheit wurde Maßlosigkeit. Der überzogene Wohlstand wurde zur Falle. Die Überflussgesellschaft verlor das Augenmaß, die Dankbarkeit und den Glauben. Heute sind die Kirchen leer und kaum jemand ist mit dem zufrieden, was er hat.
Es wäre Aufgabe der Politiker gewesen, ihren Bürgern die schon erwähnten Werte nahezulegen, dann wäre die gesellschaftliche Ordnung im „grünen Bereich" geblieben. Sei es in der Landwirtschaft, der Industrie, im Fremdenverkehr usw.: Überall war der Tenor nach mehr und nach noch Größerem und am Ende wurde alles „mega". So starben die Kleinbetriebe, die Nahversorgung, die Selbstversorgung usw. Jetzt, am Ende dieser Fehlentwicklung, offenbaren sich die Probleme, und es ist zu spät, dem Auswuchern noch Einhalt zu gebieten.
Ein Grundübel dafür ist das Zinseszins-System. Dieses System sorgt automatisch für Teuerung und für ein nötiges Wachstum. Daran kann ein einzelnes Land nur schwer etwas ändern, es sei denn, der Staat übernimmt wieder die Finanzhoheit über eine eigene Währung. Das wird natürlich von der Hochfinanz verhindert, denn über dem Mammon steht der „Fürst dieser Welt".

Der Maßlosigkeit begegnen wir heute auf Schritt und Tritt. Die Städte wuchern wie eine Krebsgeschwulst und verschlingen das Land wie ein hungriger Dinosaurier. Autobahnen zerstückeln die Landschaft und schlingen sich durch Städte, sei es oben drüber oder unten durch. Trotz drei- oder vierspuriger Fahrbahnen: zäher Verkehr oder Stau. Der Tourist will schleunigst in die Altstadt und fährt an den Industriegebieten, den Wohn- und Schlafsilos sowie an den Megaflachbauten der Moderne achtlos vorbei. All diese neuzeitlichen Bauten interessieren ihn nicht. Er will die alten Gemäuer sehen, die dicken Wände und Gewölbe, die alten Kirchen und die gemütlichen kleinen Gassen, um ein wenig die längst vergangene Zeit zu „erleben". Jeder Winkel strahlt Ruhe und Geborgenheit aus und hat das rechte Maß. Jetzt erlebt er Kultur. Eine Kultur, die entstanden ist, als Europa noch als christliches Abendland galt.
Wir haben uns verrannt, das rechte Maß verloren und sehen es noch immer nicht ein! Das Schlimme an der bösen Sache ist ja die Zweckmäßigkeit, diese Bequemlichkeit, diese Unverzichtbarkeit von tausend Dingen, und so hetzen wir

dem Neuen entgegen, zur nächsten Ausstellung und zu dieser oder jener Fachmesse, nur: In die *hl. Messe* geht keiner mehr. Die „große Masse“ lebt lieber in der Gefangenschaft des Zeitgeistes, der sie rund um die Uhr beschäftigt, abhetzt und blind macht für das wahre Leben. Der moderne Mensch hat „keine Zeit“, er ist ein ständig Getriebener und kümmert sich nicht mehr um Dinge, die am Ende seines Marathons für alle Ewigkeit ganz entscheidend sind.
Es ist daher ein verdammt gefährliches Spiel, das Maß zu verlieren, und hier tragen auch Politiker eine große Mitverantwortung, denn in ihrem Machtbereich wäre es gelegen, das rechte Maß für die weltlichen und kulturellen Dinge vorzugeben.

8. Seelenheil

Die Maßlosigkeit mündet, so schreibt Hildegard, in die Verstocktheit der Seele. Das passendere Wort dafür ist Atheismus. Denn darum geht es. Wo die entsprechende Tugend der Seelenrettung fehlt oder schwach ausgeprägt ist, da entsteht an dieser Stelle eine Belastung mit Atheismus.
Wir hörten früher in einigen Weihnachtsliedern, dass die Welt vor der Geburt Jesu „verloren“ war. Alle jene Menschen, welches letztlich die Geburt Jesu in den Herzen der Menschen zu verhindern trachten, verhindern das Heil der Seele, ihre „Rettung“. Von der Geburt im Herzen schreibt auch Angelus Silesius, wenn er dichtet:

„Wäre Christus tausendmal geboren und nicht in Dir,
du gingest dennoch ewiglich verloren.“

Wir sehen am Beispiel kommunistisch regierter Länder, in denen keine Religionsfreiheit herrscht, dass der Glaube erlischt. Wenn die Regierenden den christlichen Glauben bekämpfen, dann ist für die ehemals christlichen Länder ein islamischer Gottesstaat vorprogrammiert, oder es kommt der Atheismus (Kommunismus). Wollen wir das nicht, dann müssen die heutigen Politiker christliche Werte in ihr Regierungsprogramm aufnehmen. In Anlehnung an die göttlichen Gesetze müssen die europäischen Staaten für ehtische Werte in die Pflicht genommen werden, um eine christliche Ethik abzusichern.

Warum soll sich ausgerechnet der Staat um das Heil der Seelen kümmern? Weil eine Gemeinschaft, die nicht mehr an Gott glaubt, „verdirbt“, d.h. zu einem atheistischen Staat wird. Lässt der Staat das Programm der Seelenrettung - in Rundfunk, Fernsehen, Schulen und Kultur - fallen, dann folgt „stellvertretend“ als letzte Staatsform die Seelenverderbnis des Teufels. Eine andere Alternative gibt es nicht, - auch kein Entrinnen! Wenn sich ein Staat um die Rettung der Seelen nicht kümmert, die ethischen Werte nicht fördert, so verfällt er automatisch in den Atheismus. Für nicht wenige Politiker wurde das „Nach mir die Sintflut“ zur herrschenden Moral. Solche Leute müssten wegen ihres verantwortungslosen Handelns eigentlich abgesetzt werden, denn sobald dem Staat das Seelenheil seiner Bürgerinnen und Bürger gleichgültig geworden ist, leistet er dem Atheismus Vorschub. Die Seelenrettung wäre eigentlich die Krönung aller Staatstugenden und seit der Geburt Christi letztlich der Sinn aller christlichen Staaten und Völker.

Was es für ein Unterschied ist, ob man als „Verlorener“ in einem atheistischen Land geboren wird oder in einem gläubigen Land, mögen die Leser der Bücher von Tatjana Goritschewa erahnen. Der Atheist weiß sich letztlich in einem sinnlosen Dasein verloren. Das System, die Ideologie des Atheismus, anerkennt am Menschen nichts anderes als - die Arbeit. Hildegard symbolisiert dies im Bilde „menschlicher Arme, die in Finsternis, wie von Ärmeln umhüllt sind und an denen nackte, aber feurige Hände hängen.“

Das heißt:

„daß vom Standpunkt des Atheismus die Tapferkeit mit Gott nichts zu tun hat, sondern mit dem Teufel, weil der Mensch durch den Unglauben sich immer nach dem Bösen ausstreckt, indem er über seine fluchwürdigen Werke ein mörderisches Netz von Sicherheiten spannt. Denn seine Hoffnung beruht nicht auf Gott, sondern auf einem aufgeblähten Wahnsystem. Die Stärke und auch Perversität des Atheismus hüllt sich nach Art der Diebe in Verdunkelungen und Geheimhaltung, wobei er die Seelen der Anhänger unmerklich tötet. Denn das Tun perverser Menschen ist nackt, das heißt ohne Bezug auf die Heiligkeit, aber brennt im Feuer der Verbitterung ohne Hoffnung auf das Heil. Denn der Atheismus sucht nichts anderes und wünscht nichts anderes als alle Seelen dahin zu führen, wo er selbst ist, wie aus seinen Worten hervorgeht...“

Dr. Hertzka schrieb dazu im Hildegard-Kurier Nr.31:

„Ehe wir uns diese Worte anhören, möchte ich noch auf das Wesentliche der Handlungsweise des Atheismus aufmerksam machen: Arbeit, Arbeit ohne Hoffnung, während es nach Hildegard eine Hoffnung ohne Gott nicht gibt. Dazu gehört ein kompliziertes Sicherungssystem, wie wir ja immer wieder hören, daß atheistische Staaten einen Großteil ihrer Anstrengungen auf ihr (irdisches) Sicherungssystem richten, da ihnen jene letzte Sicherheit fehlt, die nur ein gläubiger Mensch in Gott besitzt. Außerdem erkennen wir die Methode der Verdunkelung und Verschleierung recht schön als einen Teil des atheistischen Staatsapparates.“

Auf Dauer hat ein Staat nur dann Bestand, wenn er die göttliche Ordnung beachtet und die Gesetze danach ausrichtet. Obwohl Kirche und Staat getrennt sind, so hätten christliche Regierungen die Pflicht, kirchliche Interessen zu unterstützen und zu fördern. Letztlich muss auch ein Kaiser oder Bundeskanzler vor Gott hintreten und sich verantworten.

Heute trauern „die letzten Frommen" einem ehemals christlichen Abendland nach, weil europaweit eine antichristliche und somit atheistische Politik betrieben wird. Europa wird einen sehr hohen Preis dafür bezahlen. Waren doch die europäischen Länder dafür von Gott auserkoren, das Christentum zu etablieren und in der ganzen Welt zu verbreiten. Daher haben die Europäer sozusagen christliche Gene, und dieser Genpool ist es, der ein längst fälliges Chaos bislang noch verhindert hat.

Der rapide Abfall vom Glauben, von den Mächtigen verordnet, hat in kurzer Zeit ein atheistisches Europa geschaffen. Auf der einen Seite feierte man den Zerfall des Kommunismus, während über die Hintertür der Atheismus hereinspaziert ist und alle Länder erfasst hat.

In La Salette sagte vor 166 Jahren die Muttergottes in einer Botschaft:

„Die Regierungen werden alle dasselbe Ziel haben, das da ist, die religiösen Grundsätze abzuschaffen und verschwinden zu lassen, um für den Materialismus, Atheismus, Spiritismus und alle Arten von Lastern Platz zu schaffen."

Das war bis vor wenigen Jahrzehnten für viele Menschen nicht vorstellbar, aber heute ist es so weit. Wir haben den Materialismus, Spiritismus (Esoterik) und Menschen ohne Glauben, obwohl die Religionsfreiheit bislang nie attackiert wurde. Es gab andere Methoden, den Leuten die Laster schmackhaft zu machen. Es begann damit, die Pornographie zu dulden, im Zuge der Aufklärung für Verhütung zu sorgen, und im Falle einer Unachtsamkeit die natürlichen Folgen zu verhindern.

Durch die allgemein eingeführte „Fristenlösung" werden täglich den Dämonen Blutopfer dargebracht. Das Blut dieser unschuldigen Kinder schreit zum Himmel und wird eines Tages von der verkommenen Menschheit einen hohen Blutzoll fordern, denn solche Frevel bleiben bei Gott nicht ungestraft.

„Abtreibung ist die häufigste Todesursache der Welt! Während etwa 18 Millionen Menschen jährlich an Herz- und Kreislauferkrankungen sterben, hat die Abtreibung in jedem Jahr mindestens 42 Millionen getötete Kinder zur Folge." (lt. Zeitschrift *Vision* Nr. 2/2012)

Wenn Regierungen weder das Leben noch die Familie schützen, sondern einen Werteverfall verordnen und alles zerstören, was mit Gott, Familie und Heimat zu tun hat, dann können wir nur noch von einem gottlosen Gender Diktat sprechen. Damit wird jedes Wertesystem mit Füßen getreten und somit weiß vor allem die Jugend nicht mehr, was wichtig und wertvoll für sie ist. Ethische Werte verschwinden aus dem Bildungssystem und so geht die Jugend ohne Orientierung in eine ungewisse Zukunft.

Ein paar Worte zur modernen Kunst

Ein Indiz für die politische Unterdrückung des Glaubens sehen wir auch in der massiven Förderung moderner Kunst. Jene „Künstler“, die den Glauben am meisten verhöhnen, werden von Politikern wie Götzen geehrt, bekommen eine Auszeichnung nach der anderen und dürfen machen, was sie wollen. Bei ihnen ist alles „Kunst“, sei es in Wort, Schrift oder in Skulpturen, „Gemälden“ usw. Sie genießen eine Immunität wie kein anderer Staatsbürger. Dabei überschreiten sie nicht nur die Grenzen der Geschmacklosigkeit, sondern wollen gezielt provozieren, verhöhnen und die religiösen Gefühle verletzen.
Kunst müsste in erster Linie zur Verherrlichung Gottes und seiner Schöpfung da sein. Echte Kunst ist dem Heiligen, dem Schönen, Ästhetischen und Harmonischen verpflichtet. Sie soll uns das Edle, das Himmlische durch Musik, Dichtung, Bilder und Kunstwerke vermitteln, denn alles andere ist verwerflich und dem Schöpfer ein Gräuel.

Damit haben wir die staatstragenden Tugenden kurz dargelegt. Es hat sich gezeigt, dass sich ein Staat ohne ethische Werte selbst zu einem Auslaufmodell macht. So gehen Reiche unter und so versinken klangvolle Namen in Vergessenheit. Hat es ein „Reich“ zu weit getrieben, versinkt es in Schutt und Asche, in Elend und Not, denn es gibt einen Gott, der über allem steht.
Tugenden sind „essenzielle“ Werte, die erworben werden müssen. Dazu braucht es seitens der Regierung verpflichtende Ethikgesetze. Der Staat muss nicht mit der Kirche vereint sein, sich aber an die christlichen Werte halten, dieselben im Gesetz festlegen und von allen Staatsbürgern einfordern! Keine Gesellschaft kann letztlich auf sie verzichten, denn Werte schaffen Kultur, geben dem Leben einen Sinn und dem Staat die nötige Beständigkeit.

Der große Weltgestank

Die Auswirkungen destruktiver Einflüsse und geistiger Verirrungen sind so vielschichtig wie die Welt selbst. Wie weit, so müssten wir uns fragen, hat das Versagen des Einzelnen Einfluss auf das Ganze? Sind Laster nur der privaten Verantwortlichkeit zuzuordnen, oder haben sie Auswirkungen auf ein ganzes Dorf, Land, auf die Gesellschaft oder gar die Umwelt? Man wird sicher differenzieren müssen, aber ein "überregionaler" Einfluss ist in vielen Dingen unbestritten. Von einzelnen Personen kann Gutes wie Böses ausgehen und großen Einfluss auf die Welt haben. Wir kennen zahlreiche Herrscher, die die Welt im Negativen verändert haben. Es gibt aber auch Heilige, die im positiven Sinn Veränderungen bewirkten. Bruder Klaus wird z.B. zugeschrieben, er habe die Schweiz im 2. Weltkrieg beschützt. Die Schweiz war ein Ort der Ruhe und des Friedens, während es rund herum gekracht hat. Das tugendhafte Leben des Bruder Klaus hat also ein ganzes Land vor Not und Elend bewahrt.
Auch Erfindungen wie die „Pille" können das Verhalten einer ganzen Gesellschaft verändern. Sie führte zu einem rapiden Geburtenrückgang und in weiterer Folge zu einer Überfremdung der Länder, weil es an eigenen Arbeitskräften fehlte. Eine Zeitung schreibt: *„Der deutsche Nachwuchs heißt jetzt: Mustafa, Giovanni und Ali"*. Ein stummer Krieg also gegen Kinder.

Als ein Landwirt die Abwässer eines Zeltlagers als Dung auf einer Wiese ausbrachte und später das frische Gras den Kühen verfütterte, wurden sie aufgrund des hohen Östrogengehaltes unfruchtbar. Alle Kühe trieb man zur Schlachtbank! Das sind die Folgen „modernen Lebens".
Durch die „grüne Revolution" wurde z.B. die ganze Umwelt stark verändert. Die moderne Agrarindustrie hat mit dem Einsatz von Pestiziden und anderen Giften viel Grund und Boden verseucht, die Tier- und Pflanzenwelt dezimiert und ihren Lebenraum durch „Flurbereinigung" zerstört. All diese Empfehlungen kamen „von oben". Allein die paar Beispiele zeigen, wie sich Böses auf vielfältige Weise einschleichen kann. Undiszipliniertes Denken führt eben zu falschen Ansichten und das kann verheerende Folgen haben.

Im Buch „Der Mensch in der Verantwortung" wird mit drastischen Worten auf die Eigenverantwortlichkeit des Menschen hingewiesen. Jeder Mensch muss für all seine Handlungen vor Gott Rechenschaft ablegen, und Er nimmt alles viel genauer, als wir denken. Hildegard schenkt uns hier reinen Wein ein. Gottes Wort will uns wachrütteln und für die Belange der gesamten Schöpfung sensibilisieren, weil wir für sie verantwortlich sind. Ein Aspekt, der weithin

geleugnet wird, ist das Ahnden der bösen Werke durch die Natur und andere Gottesgerichte.
Die weltlichen Gottesgerichte erfolgen in zweierlei Weise: In mehr oder weniger großen Gerichtsaktionen über die glaubens- und gesetzlos dahinlebenden Menschen, und im Einzelgericht, d.h. im Einzelschicksal. Wenden wir uns zuerst jenen Strafmaßnahmen zu, die über den Einzelnen oder den familiären Bereich hinausgehen:

©iStockphoto.com/eyecrave

Weltliche Gottesgerichte

Bereits im medizinischen Kapitel haben wir gelesen, dass die Elemente auf die Werke der Menschen reagieren. Zur Erinnerung: „Das rührt von der ersten Bestimmung Gottes her, weil es für die Elemente so von Gott angeordnet ist, daß sie sich entsprechend den Werken der Menschen verhalten sollen.“
Entsprechend den Werken der Menschen reagieren also die Elemente, wobei ihre Sensibilität einen relativ großen Toleranzbereich aufweist. Es fällt also nicht gleich Feuer vom Himmel, wenn einige Menschen böse Werke verrichten. Es müssen schon gravierendere Dinge sein.
Im 3. Kapitel des Hildegard-Buches wird das Walten Gottes in den Elementen aufgezeigt. Die Szene zeigt, wie alle Kräfte der Natur unmittelbar und permanent von Gott ausgehen. „Und ich sah“, schreibt Hildegard, „wie der erwähnte Mann sich gegen Norden wandte. ... Aus dem Mark seiner Hüften schwitzten

©iStockphoto.com/treasurephoto

die Kräfte der Elemente, und sie kehrten wiederum in dieses Mark zurück, so wie ein Mensch seinen Atem ausstößt und ihn wieder in sich zieht."

Hildegard sieht, wie der lebendige Gott mit seiner Schöpfung in ununterbrochener Verbundenheit als Spender aller Kräfte und allen Lebens wirkt. Es gibt keinen abwesenden, teilnahmslosen Gott oder eine abstrakte Größe eines evolutionistischen Urhebers. Das gesamte Universum wird von Gott permanent erhalten und belebt. Jene Kraft zum Beispiel, die „der Mann" ausschwitzt und die wieder zu ihm zurückkkehrt, wird in ihrem letzten großen Werk als die universale Schwerkraft erklärt, welche alles hält und ordnet. Diese aus Gott pulsierende Urkraft versorgt die kosmischen Winde mit einer unermesslichen Energie. Sie wird dann vom kosmischen Windsystem nach dem Willen Gottes im gesamten Universum wirksam. Im nächsten Kapitel erfahren wir mehr dazu. Nun vernimmt Hildegard, wie die Elemente die Menschen vor Gott anklagen. Diese schauerliche Anklage richtet sich gegen eine Menschheit, die den göttlichen Willen und die göttliche Ordnung missachtet. Der Mensch verlässt entgegen der Stimme des Gewissens den Willen Gottes. Das Gewissen klagt ihn an, wenn er Böses tut. Aber auch die Natur. Deshalb wird er für seine Übeltaten bestraft. So hört Hildegard, wie sich die Elemente an den Mann wenden und schreien:

„Wir können nicht mehr laufen, und unsere Bahn nach unseres Meisters Bestimmung vollenden. Denn die Menschen kehren uns mit ihren schlechten Taten wie in einer Mühle von unterst zu oberst. Wir stinken schon wie die Pest und vergehen vor Hunger nach der vollen Gerechtigkeit."

An anderer Stelle sagt Hildegard, die ganze Schöpfung stehe in wechselseitiger Verbindung und alles antworte einander, weil alles mit allem verbunden ist. So bekommen die Elemente die guten wie auch die bösen Werke der Menschen zu spüren. Es gibt hier verborgene Zusammenhänge zwischen dem Wirken des Menschen und den Elementen. Naturkatastrophen sind demnach keine sachlich neutralen oder vom Menschen unabhängige Vorgänge, es ist der Mensch selber, der sie durch seine lasterhaften Werke hervorruft. Das gilt nicht allein für physische Zerstörungen in der Natur, wie etwa durch das Leck eines Ölfrachtschiffes, welches durch auslaufendes Rohöl ganze Strände verseucht und Tiere verenden lässt. Auch die Sünden der Menschen zeigen Auswirkungen auf die Natur. Sie bewirken ein Ungleichgewicht bei den Elementen, so wie auch eine Disharmonie der Körpersäfte zu Erkrankungen führt. Die „Krankheit“ der Elemente zeigt sich im „Erbrechen“, d.h. in Form von Naturkatastrophen.
Wie der Wissenschaft aus der Chaosforschung bekannt ist, genügt theoretisch der Flügelschlag eines Schmetterlings, um einen Tornado auszulösen. Sie wissen, die Natur ist aufgrund ihrer Sensibilität zutiefst unvorhersehbar. Es gibt in der Regelmäßigkeit den Mechanismus des Unvorhersehbaren. Die Herren der Wissenschaft haben aber noch nicht erkannt, dass dieses Ordnungsprinzip durch eine Rückkoppelung mit den Werken der Menschen verküpft ist, wie Hildegard es uns erklärt. Dazu fehlt der Glaube, die Demut und nicht zuletzt die nötige Gottesfurcht, welche solche Gedanken ausreifen ließen. Deshalb sagt Gott den gottvergessenen Menschen:

„Mit einem Besen will Ich euch reinigen und die Menschen so lange heimsuchen, bis sie sich wieder zu Mir wenden. In der Zwischenzeit aber werde Ich viele Herzen vorbereiten und hinziehen zu Meinem Herzen. Mit den Qualen derer, die euch verunreinigt haben, will Ich euch reinigen, so oft ihr besudelt werdet. Wer denn wäre Mir gewachsen? Doch nun sind alle Winde voll vom Moder des Laubes, und die Luft speit Schmutz aus, so daß die Menschen nicht einmal mehr recht ihren Mund aufzumachen wagen.
Auch welkte die grünende Lebenskraft durch den gottlosen Irrwahn der verblendeten Menschenseelen. Nur ihrer eigenen Lust folgen sie und lärmen: *'Wo ist denn ihr Gott, den wir niemals zu sehen bekommen?'*
Ihnen antworte Ich: Seht ihr Mich denn nicht Tag und Nacht? Seht ihr Mich nicht, wenn ihr sät und wenn die Saat aufgeht, von Meinem Regen benetzt? Jegliches Geschöpf strebt zu seinem Schöpfer und erkennt klar, daß nur Einer es hervorgebracht hat. Nur der Mensch ist ein Rebell. Er zerreißt seinen Schöpfer in die Vielzahl seiner Geschöpfe...“ [103]

„Gottloser Irrwahn“ wird einerseits mit Naturkatastrophen geahndet, bewirkt andererseits aber auch das Welken der grünenden Lebenskraft bei „verblendeten Menschenseelen“. Es klingt, als wären diese Worte für unsere Zeit geschrieben, in der sich der Mensch selbst zum Maß aller Dinge macht und von niemandem etwas vorschreiben lässt. Der autonom gewordene und selbstverwirklichte Mensch missachtet jegliche Schöpferordnung. Wir sehen das nicht nur in der skrupellosen Ausbeutung der Natur, in ihrer Schändung und Zerstörung durch vielfältige Eingriffe, sondern auch in der ganzen Denkweise der Menschen, die immer rücksichtsloser und egoistischer wird.

Es ist müßig, Beispiele anzuführen, denn ihrer gibt es zu viele: Sei es das rücksichtslose Leerfischen der Weltmeere, die Ausrottung von Pflanzen und Tieren, die Genmanipulation oder die Massentierhaltung. Wo immer der überhebliche Atheismus wütet, dort hinterlässt er eine Spur der Verwüstung.

Mit „gottlosem Irrwahn“ ist nicht allein die weltliche Zerstörung angesprochen, sondern die ganze Denk- und Lebensweise der Menschen, für die kein Gott und kein Gebot existiert. So brachte der Kommunismus für viele Länder großes Leid und Elend.

Hildegard sieht, wie die bösgeistigen Mächte förmlich die Erde verfinstern und mit ihrem lauten Geschrei den Menschen Unwahrheiten einflößen. Das ist ein Hinweis auf die modernen Medien, die heute alle gleichgeschaltet sind und mehrheitlich im Dienste des „Fürsten dieser Welt“ stehen. Ihr „Evangelium“ richtet sich gegen die göttliche Ordnung, gegen den wahren Glauben und gegen die Kirche.

Wie jeder beobachten kann, werden seitens der Medien überwiegend Modernisten, Kirchenrebellen und Papstgegner hofiert, ständig wird nach ihrer Meinung gefragt und es wird so getan, als sei dies die wahre Kirche und der wahre fortschrittliche Glaube.

Medien bestimmen in einem hohen Maße, was die Leute glauben, und missbrauchen ihre Macht und ihr Ansehen dazu, den Glauben zu zerstören, die wahre Kirche zu bekämpfen und viele Laster zu fördern. Vor allem das Fernsehen vermittelt den Eindruck, in Glaubens- und Sittenfragen kompetenter zu sein als die Kirche, so dass sogar Papst Benedikt XVI. in einem Fernsehinterview sinngemäß meinte: *„Ich komme mir ein wenig vor wie vor Gericht!“* Manche Zeitungen rühmen sich „unabhängig“ zu sein, meinen damit aber die Unabhängigkeit von Gott und seinen Geboten.

Die Sprachrohre der modernen Zeit nützt der Verführer geschickt für seine Interessen und er findet hinreichend Helfer. Welchen Schaden sie dem ganzen Land und den Menschenseelen zufügen, weiß Gott allein. Hier findet sich kein Politiker, der ihnen Einhalt gebieten würde, weil heute keine Partei mehr wirk

lich hinter Kirche und Papst steht. Nach außen mag der Apfel noch schön sein, innen ist er längst voller Würmer und Fäulnis.
Gott wird seine Schöpfung aber gegen den Verwüster verteidigen. Und siehe: „Bei dem Manne erschien ein eherner Knüttel, wie der Knüttel eines Totschlägers," der wie zum Dreinschlagen geschwungen wurde und in seinem Tönen vernehmen ließ: „O Täuschung des Verrates, die ihr euch Gott entgegenstellt, im Flug den Gipfel zu erschwingen, wo ihr doch nur in den Abgrund stürzt. Allen Ruhm will ich euch rauben und alles Glück von euch nehmen. Aus dem Mund der alten Schlange brodelt ihr, um die Menschen zu Fall zu bringen. Und so bedrängt ihr sie voll Leidenschaft, die Gerechtigkeit Gottes zu verlassen und Gott verächtlich zu machen. Bei solcherlei Machenschaften ersehnt ihr nichts weiter, als das Werk Gottes in Verwirrung zu bringen." [104]

Gott sieht die Kräfte der Zerstörung in der Welt und all die Handlanger des Widersachers, gegen die sich nun sein Knüttel richtet. Hinter den verheerenden Naturkatastrophen steht also der richtende Gott. Während die Naturgewalten sozusagen „autonom" auf die Werke der Menschen reagieren, so stehen für andere Gottesgerichte, wie etwa Hungersnöte oder Kriege, Gerichtsengel parat, um im flügelschnellen Gehorsam den Willen Gottes auszuführen. Sie greifen in das politische, d.h. geschichtliche Geschehen ein und führen harte Strafgerichte Gottes aus.

„Gott hat in seiner geheimnisvollen Vorsehung noch andere geheimnisvolle Entscheidungen, welche die seligen Geister mit höchster Aufmerksamkeit erwarten. Wenn Gott nämlich sieht, daß die Menschen Götzenbilder verehren oder auf andere Weise sein Gesetz übertreten, dann erregt Er durch die feurigen Gesichte der höchsten Himmelsbürger, die in Liebe zu ihm entbrennen, immer wieder von neuem die Flügel der Winde und schickt Blitz und Donner auf die Erde. Er setzt die Völker mit Hungersnöten, Krankheiten und Kriegszügen in Schrecken, und so bringt er dem ganzen Erdkreis entsetzliche Katastrophen." [105]

Atheisten und hochmütige Menschen lehnen eine Deutung der Katastrophen in Zusammenhang mit einer Strafe Gottes natürlich strikt ab. Zugegeben: Nicht jedes Wärmegewitter ist eine Strafe Gottes, wenn aber faustgroße Hagelkörner und sintflutartige Regengüsse die Ernte vernichten, die Dächer ganzer Dörfer zertrümmern und Ortschaften überschwemmen, dann ist das nicht mehr „normal". Dasselbe gilt für die Häufung zerstörerischer Wirbelstürme, Überschwemmungen, Dürrekatastrophen mit verheerenden Waldbränden, Erdbeben, Vulkanausbrüche und dergleichen mehr. Bereits im Medizinbuch vermerkt Hildegard:

„Wenn der Mensch so handelte, wie er eigentlich müßte, würden alle Jahreszeiten und die Luft in den Jahreszeiten gleichbleiben, also in dem einen Frühling so wie im vergangenen Frühjahre, in diesem Sommer so wie im letzten Sommer und so auch die übrigen.“ [106]

Die Witterung wäre der Jahreszeit angemessen und ohne Anomalien. Wir könnten uns auf das Wetter und die sogenannten „Lostage“ verlassen, weil die Elemente im Gleichmaß wären. Doch das gilt für diese Zeit nicht.

Um den vorhin zitierten Worten Nachdruck zu verleihen, musste Hildegard gleich im Anschluss daran die Auslegung einer Stelle aus der Apokalypse niederschreiben: *„Herr, allmächtiger Gott: Wahrhaft und gerecht sind deine Gerichte.“* (Apok 16,7) Nun wird Hildegard diese Stelle aus der Hl. Schrift erklärt:

„Diese Stelle bedeutet: O Herr, der da genannt wird „Herr“ wegen der Furcht, „Gott“ der Liebe wegen und „Allmächtiger“ wegen der alles umfassenden Gewalt! Wahrhaftig und gerecht sind Deine Gerichte, weil die wahre Furcht vor Dir alles Fürchten austreibt, und weil die wahre Liebe zu Dir alles Lieben in seinen Bann zieht, und weil Deine Macht in Wahrheit alle Gewalt niederhält... Wenn der Mensch so weit gekommen ist, daß er sich über Deine Gebote hinwegsetzt und statt deines Namens ein Götzenbild verehrt (heute eine politisch-weltanschauliche Ideologie oder die Technik und Wissenschaft), dann kämpfest Du in Deinen gerechten Gerichten gegen Deinen Feind, der von der ersten Täuschung an den Menschen überredet hat, Dich für ein Nichts zu erachten. Dann entsendest du Blitz und Donner auf die Erde und ergießest überschwemmende Wasser. Du gebietest der Erde, unfruchtbar zu sein, und lässest Krankheiten und Kriege über die Menschen kommen, damit sie spüren, daß alles dies nur durch Dich allein geschehen kann, und damit sie erkennen, daß Deine Gerichte gerecht und wahr sind.“ [107]

Die auffällige Häufung von Naturkatastrophen in den letzten Jahren und Jahrzehnten hat in Wahrheit nichts mit der Klimaerwärmung zu tun, wie uns das Wissenschaftler erklären, sondern mit dem Übermaß an Sünden in der Welt. Wenn viele Menschen so leben, als gäbe es keinen Gott und somit nicht im Entferntesten an eine Umkehr denken, so bekommen dann viele Menschen den Zorn Gottes zu spüren. Es ist bezeichnend für unsere Zeit, dass Priester die Gottesstrafen in ihrer Verkündigung völlig ausschließen. Sie wagen es nicht, über einen strafenden Gott zu sprechen. Gott straft nicht um des Strafens willen, sondern aus der Notwendigkeit heraus, um die Seele durch Umkehr vor ihrem Verderben zu bewahren. Bekanntlich erinnern sich im Schützengraben sogar

Atheisten an Gott und beginnen zu beten. Es ist offenbar die einzig wirksame Methode, dem Menschen seine Grenzen zu zeigen. Daher wird Gott so lange Not und Elend „verordnen“, bis die Menschen wieder seinen Geboten gehorchen.

Der Eifer Gottes
Tafel 26 / Schau III 5

Personelle Ahndung

Zu den allgemein verhängten Strafen kommt noch die zurechtweisende Hand Gottes an jedem einzelnen Menschen. Wie schon im vorigen Kapitel gesagt wurde, muss der Mensch geprüft werden. Der in Verantwortung stehende Mensch wird durch Gericht und Strafe gereinigt, sei es auf dieser oder in der zukünftigen Welt, um in den Himmel eingehen zu können. Mit klaren Worten bezeugt Gottvater diese Tatsache auch im Buch Scivias:

„Daher bezeuge Ich, der Herr aller, daß der Mensch unter schmerzlichem Seufzen in reuevoller Zerknirschung oder mit geziemender Strafe seine Sünden sühnen muß, ob auf dieser oder in der künftigen Welt.“ [106]

In der Vision *„Die Säule des Wortes Gottes“* offenbart uns Gottvater seine Erziehungsmethode. Jede Seele ist sein, und um jede einzelne Seele kümmert Er sich, wenn sie aber sehr widerspenstig ist, dann fehlt es auch nicht an Züchtigungen. Lesen wir dazu den erklärenden Absatz:

„Denn einige von ihnen, in denen die Lust an der Welt nicht mit so starkem Verlangen brennt, züchtige ich nicht mit kräftigerer Geißel, sondern mit einer milderen; denn Ich sehe in ihnen nicht eine so große Verbitterung wie in den anderen. Sobald sie nämlich mein Mißfallen zu spüren bekommen, verlassen sie sofort schnell ihren Willen und kommen unter Verzicht auf die Pracht der Welt zu mir.
Manche aber strafe ich mit kräftigerem Schlag, weil sie so leidenschaftlich und großspurig bezüglich ihrer sündhaften Fleischeslaster sind, daß sie nicht für mein Reich geeignet wären, wenn sie nicht kräftig von mir bedrängt würden. Meine Erkenntnis sieht voraus, erkennt sie und weist sie gemäß der Unmäßigkeit ihres Leibes in Schranken.
Manche wiederum überwinde ich mit größter und stärkster Drangsal und Elend an Seele und Leib, weil sie so widerspenstig und so maßlos im Ausführen der fleischlichen Lust sind, daß sie im Mutwillen ihres Fleisches nicht von den Lastern ablassen würden, wenn sie nicht durch schwerstes Unglück gezüchtigt würden. Ginge es ihnen nämlich nach ihrem Wunsch gut, würden sie sich nicht zu Gott bekehren. Denn worüber einer aus Kleinmütigkeit ganz der Verzweiflung verfällt, darüber macht sich ein anderer in der Großspurigkeit seines Hochmutes lustig; und wodurch dieser von Verzweiflung ganz zunichtegemacht wird, dadurch erfährt jener in seiner satten Seele kaum eine Beeinträchtigung.
Auf diese Weise strafe ich die, welche zu mir gehören, wenn sie sich mir in ihren Werken widersetzen, damit sie, weil ich sie kenne, wenigstens durch das an Leib oder Seele erlittene Unglück angetrieben werden, zu mir zu gelangen, um gerettet zu werden.“ [109]

Hier lernen wir unseren himmlischen Vater kennen. Er muss seine Schäfchen mehr oder weniger kräftig bei den Ohren nehmen, wenn sie zu übermütig werden. Dabei wägt Er das Strafausmaß genau ab. Was für den einen zu viel wäre und ihn verzeifeln ließe, das rührt einen „Dickhäutigen“ noch nicht einmal an. Deshalb wird der Robuste vom Vater gröber behandelt als der Sensible. Letztlich geht es Gott darum, die Seele vor der Hölle zu bewahren! Darin liegt der Sinn der Strafe. Gott sieht alle belehr- und bekehrbaren Seelen voraus und „zwingt“ jene, „welche zu mir gehören“, zu einer Umkehr, damit sie gerettet werden.
Nun folgen wunderbare und kostbare Worte der göttlichen Gnade. Sie offenbaren, wie Gott mit uns umgeht, sich um jede Seele bemüht, diese aber auch verwirft, wenn sie Ihn abweist. Wegen des großen Umfangs kann hier nur ein Teilabschnitt zitiert werden. Eine männliche Gestalt spricht:

Gottes Gnade

„Ich bin die Gnade Gottes, meine kleinen Kinder! Deshalb hört und versteht mich, denn ich schenke denen das Licht der Seele, die mich bei der Ermahnung erkennen...

Manchmal berühre ich einen Menschen in seinem Herzen und mahne ihn, damit zu beginnen, Gerechtigkeit zu wirken und das Böse zu meiden. Doch er verschmäht mich und glaubt, daß es ihm möglich sei, zu tun, was er will. Er setzt sich selbst die Frist für die Reue fest, bis zu der Zeit, da sein Leib einfach aus altersbedingter Schlaffheit seine Zustimmung gibt.

Dann (im Alter) ermuntere ich ihn wiederum zum Guten und daß er seinem Trieb widerstehe. Solange er sich nicht um mich kümmert, wird er oft durch viele Widerwärtigkeiten bezüglich seines Reichtums oder aus ähnlichem Anlaß, der ihm Leiden verusacht, dazu geführt, gleichsam unfreiwillig das Gute tun zu müssen. Ich will ihn aber nicht im Stich lassen,... denn er hat mich nicht gänzlich verachtet...

Ich ekle mich nämlich nicht, schwärende Wunden zu berühren, die vom Unrat des Wurmfraßes - unzählige Laster, übler Geruch des schlechten Rufes und Siechtum der eingewurzelten Sündenbosheit - bedeckt sind. Ich wende den Blick nicht ab, ohne sie sanft zu schließen, zu der Zeit, da ich beginne, das verzehrende Übel der Bosheit herauszuziehen, d.h. wenn ich diese Wunden besehe und sie mit dem gelinden warmen Hauch des Heiligen Geistes berühre.

Doch häufig setzt sich ein solches Übel unter einem alten Verband fest, so daß die Sünde im Herzen des Menschen brennt und glüht und so auch schmerzhafte Sündenwunden entstehen. So bilden sich als Gerinnsel dieser Unreinheit gleichsam Geschwülste und Beulen aus dem großen Schmutz der Würmer und dem im Verband eingehüllten Kot. Aus ihm entspringt das tödliche Gift von Skorpionen, Schlangen, Kröten und ähnlichen giftigen Gewürms. Und wenn sie selbst dann so steinhart bleiben, in einer Hartnäckigkeit, die niemand zu brechen gedenkt - es sind die unerträglichen Bürden der Vergehen in jenen Menschen, die mit schwersten Lasten beladen sind - was soll dann geschehen?

Die Menschen können dann nämlich wegen ihres Unglaubens nicht darauf vertrauen, daß es diesem Menschen möglich sein soll, sich von seiner Bosheit zu Gott zu bekehren, weil sie ihn gleichsam als Speise des Teufels betrachten.

Ich aber will diesen Menschen nicht verlassen, sondern mit meinem Beistand und meinem Kampf für ihn streiten, da ich zuerst sanft beginne, gleichsam die Steinhärte seiner Sünde zu berühren; denn es ist schwierig, ihn im schlimmen Geruch der schrecklichen Frevel zu brechen, welche die erwähnten Ursachen der großen Unreinheit und der Bosheit sind. Wie ein verwesender Leichnam sind sie und eine Speise des Teufels, die er sich einverleibt hat."

Gott gibt den Menschen nicht so ohne weiteres auf. Er geht bei seiner „Behandlung" wie ein Arzt vor, indem er zuerst eine genaue Diagnose erstellt und dann mit einer sanften Behandlung beginnt. Selbst die hartnäckigsten und schlimmsten Sündenwunden bricht Er auf und heilt sie, wenn der Mensch es zulässt. Er muss sich nur der Gnade öffnen, denn nur so kann Gott in ihm wirken.

„Die mich nämlich nicht verachten, sondern meine Ermahnung annehmen und mich hingebungsvoll suchen, für die bin ich bereit, zu tun, was sie wollen! Die mich aber verächtlich abweisen, sind tot und ich kenne sie nicht....
Daher sind sie auch oft von meiner Ungnade dazu bestimmt, zur Befriedigung ihres Herzens zu tun, was sie wollen, weil das Leben der ewigen Glückseligkeit ihnen entgeht, als ob sie nichts seien.
Oft verläßt sie auch sowohl das Glück des gegenwärtigen als auch des künftigen Lebens, weil sie abgestumpft und unbeweglich sind für das Glück, das im Guten liegt. Ich gebe nämlich den halsstarrigen Sünder, der auf seinen Übeltaten beharrt, auf und belebe den wieder, der in sich blickt und sich von seinen Sünden in Gottesfurcht mit aufrichtiger Reue zu mir bekennt.
Denn ich bin eine standfeste Säule, die den, der mich sucht, niemals verläßt. Wer mich nämlich ergreift und sich mir tief und gläubig verbindet, wird nie der Vergessenheit anheimfallen! Wer mich aber in seinem Herzen vergißt und sich stolz über mich erhebt... den will ich von mir werfen und töten.
Ich bin nämlich in seiner Seele wie ein Wirbelwind, er aber vernachlässigt mich spöttisch und stolz, während sich die Verzweiflung erhebt, und er spottet meiner nicht ob der Schwere seiner Sünden, sondern wegen seines Stolzes, indem er spricht: „Was ist die Gnade Gottes?" Ich entscheide mich, ihn nicht aufzurichten, weil er für die ewige Glückseligkeit tot ist."

Gott geht es um das ewige Leben, um die ewige Glückseligkeit, die auch verspielt werden kann. Die Gnade Gottes, die viele so gering achten, führt an uns oft schmerzliche Operationen durch, damit wir nicht am Krebs der Sünde zugrunde gehen. Weil es im Himmel weder Schmutz noch Schuld geben kann, deshalb darf nichts Unreines und Ungesühntes dort eingehen. Wir sollten also unsere „Hausaufgaben" am besten hier auf Erden machen, denn bei Ablehnung der irdischen Bußübungen werden wir im Fegefeuer geläutert, bis alle Schuld getilgt ist. Dort sind die Qualen allerdings um ein Vielfaches größer! Ist der Mensch bereit, zu seinen Verfehlungen zu stehen und hier auf Erden Buße zu tun, so wird ihm Gott sofort mit Gnade und Liebe begegnen. Er handelt wie ein irdischer Vater, der alle Verfehlungen vergibt, wenn er den guten Willen seiner Kinder sieht. Die Widerspenstigen gehen jedoch verloren.

„Die unter Furcht sündigen und sich in schmerzvoller Reue wegen ihrer Sünden ängstigen, verdienen durch die Gnade Gottes, sich oft von ihren Vergehen zu erheben, um sich von ihnen zu reinigen (Beichte); und wenn sie dennoch in dieser Zeit keine vollständige Läuterung erreichen, erlangen sie sie in der kommenden zum Leben.
Die jedoch ein so verhärtetes Herz haben, daß sie ihre Sünden nicht in der Furcht und im Schmerz der Reue anerkennen möchten oder wollen, sondern in so großer Bosheit verharren, als ob sie Gott nicht zu fürchten hätten, erlangen die Läuterung von ihren Sünden weder in diesem noch im künftigen Leben. Sie erhalten vielmehr die Strafen ohne den Trost auf Läuterung zum Leben, weil sie mit der von mir erschaffenen Vernunft keine Rechenschaft über den Ungehorsam geben wollen.“ [110]

Wenige Menschen glauben heute an die Existenz des ewigen Strafortes. Hildegard musste ihn bezeugen, ihr wurde dieser Ort des Grauens gezeigt und sie schreibt:
„Ich sah noch weitere tiefschwarze, entsetzliche und unermeßliche Finsternisse... Mitten darin lag die Hölle, die jede Art von Qual, Elend, Gestank und Folterung in sich schloß. Doch konnte ich nichts von alledem, was sich darin wie auch in jener Finsternis zutrug, erblicken, da ich diese Düsternis nicht von innen, sondern nur von außen sah. Und ich wollte auch nicht in die Hölle selber sehen. Dagegen hörte ich aus ihr ein außergewöhnliches und maßloses Wehgeschrei der Klagenden, ferner gewaltiges und unermeßliches Zähneknirschen der jammernden Seelen wie auch das unzählbare grenzenlose Knirschen der Folterungen. Es war ein Getöse wie das Tönen eines antobenden Meeres und wie das Rauschen vieler Wasser. Denn alle nur möglichen Arten von Strafe, die es gibt, befinden sich in der Hölle, weil hier die Hochburg der bösen Geister ist, die alle Laster den Menschen, die mit ihnen übereinstimmen, eingießen. Diese Strafen sind derart, daß keine Seele, vom Körper beschwert, sie anschauen oder verstehen könnte, weil sie alles Maß des Menschlichen übersteigen. Und durch den lebendigen Geist sah und verstand ich dieses.“
Es gibt viele Dinge, die wir nicht wahrnehmen und die unseren Augen verborgen bleiben. Dazu zählen Fegefeuer, Himmel und Hölle. Gott lässt uns aber nicht im Unklaren, sondern sagt uns sehr genau, was „Sache“ ist. Für den Gläubigen ist das auch kein Problem, schließlich ist das alles ja schlüssig und warum sollten wir Gott misstrauen?

Für den aufgeklärten Menschen, der mit seiner neoliberalen Weltanschauung in solchen Äußerungen ein längst überholtes Gottesbild sieht, sind das nur Drohbotschaften und ein zeitgeschichtlicher Rückfall in die vorkonziliare Zeit. Der moderne Gläubige umhüllt sich heute mit einer Immunität gegenüber Vorschriften und Geboten. Er pocht auf seine Autonomie, die ihm wichtiger ist als kirchliche Ver- oder Gebote. Es fehlt nicht nur das Sündenbewusstsein, sondern auch die Einsicht, dass seine moderate Glaubenseinstellung einem undisziplinierten Denken zugrunde liegt. In gleicher Weise, wie der Teufel brüllt: „Wo ist denn ihr Gott, den wir niemals zu sehen bekommen!", verleugnet der mündig gewordene Christ den Erzlügner, der seiner Ansicht nach zur Unterdrückung der Gläubigen erfunden wurde. Und er meint, sich weder von der einen noch von der anderen Seite beeinflussen zu lassen.
Wie bei Hildegard völlig außer Zweifel steht, beruht die Macht des Bösen in der geistigen Einflussnahme. Der Mensch erliegt den überzeugend klingenden Argumenten, die oft in raffinierter Weise der Wahrheit widersprechen. Durch diese „Gehirnwäsche" lenkt uns der Böse von der Wahrheit ab. So würde heute z.B. eine Abstimmung darüber, ob Priester heiraten dürfen, von einer überwältigenden Mehrheit bejaht werden. Schuld daran ist die allgemeine Unwissenheit in Glaubensfragen, dazu die gezielte Desinformation in Medien und so ändert sich die allgemeine Meinung. Sie wird zur „persönlichen Meinung" und natürlich weitaus höher eingeschätzt als die der Kirche.

Ohne festen Glauben, regelmäßiges Gebet und sakramentale Lebensweise kann der Mensch den Willen Gottes heute nur schwer erkennen. Daher ist es für viele sehr schwer geworden, den Weg der Wahrheit zu gehen. Wer sich auch noch von der Kirche lossagt oder mit der Faust nach Rom zeigt, der wird im Getöse der Welt seine Wertorientierung verlieren.

Das Buch der Lebensverdienste kann uns helfen, die Fallstricke des Bösen besser zu erkennen. Darin offenbart Gott die Verführungsmethoden des Erzlügners und gibt uns die Möglichkeit, die wahren Ursachen einer falschen Denkweise zu erkennen. Es ermöglicht jedem Menschen sein persönliches Leben so zu ordnen, dass er keiner falschen Lebensphilosophie zum Opfer fällt.
Die 35 Laster sind im Grunde genommen, wie schon erwähnt wurde, ein ausführlicheres Verzeichnis der sieben Hauptsünden: Stolz, Habsucht, Neid, Zorn, Wollust, Unmäßigkeit und Trägheit. Bei Hildegard werden diese sieben Stammsünden detailliert vorgestellt, so dass daraus 35 Laster werden. Aus diesem Blickwinkel lässt sich die ganze Tragweite der Stammsünden ausführlicher beleuchten. Ihnen stehen 35 Tugenden bzw. Werte gegenüber. Sie stellen die Vollkommenheit dar, zu der jeder Christ berufen ist: *„Ihr sollt also vollkommen*

sein, wie es auch euer himmlischer Vater ist.“ (Mt 5,48)
Dieser hohe Anspruch scheint uns unerreichbar, aber dennoch dürfen wir nicht gleich das Kind mit dem Bade ausschütten und den Dingen freien Lauf lassen. Gott lohnt das Bemühen! Und Er hilft uns mit seiner Gnade, damit wir „im grünen Bereich“ bleiben, selbst wenn es Rückschläge gibt.
Das Bemühen wird bis zu unserem Lebensende andauern, weil uns der Böse nie in Ruhe lässt, es sei denn, wir sind fest in seiner Hand!
Jener „Mann“, der in diesem Werk die Tugenden vertritt und alle in sich vereint, ist Jesus, der Gekreuzigte. Er ist unser Herr, unser Lehrmeister, unser Retter und Erlöser, aber auch unser Richter. Und Er, durch den die ganze Welt geworden ist, ließ sich die grausamsten Wunden schlagen, um unsere Sündenwunden zu heilen, aber auch, um uns die Heimkehr in das Vaterhaus zu ermöglichen. Tief im Herzen trug Er jede einzelne Seele. Ergreifen wir diese rettende Hand und lassen wir uns erlösen und heimholen in den Frieden und die Liebe, die sein Sühnopfer für uns erworben hat. Er kann all unsere Probleme lösen, denn Er ist *der Weg, die Wahrheit und das Leben.*

Ende gut, alles gut?

Wenn wir schon einen schaurigen Blick zum Ort der Verbannung machen mussten, so darf ein Blick in den Himmel hier nicht fehlen. Hildegard beschreibt die Glorie des Himmels sehr ausführlich und ordnet sie nach den jeweiligen Verdiensten, wie sie Ordensleute, Seelenführer, Bekenner, Büßer, Martyrer usw. erworben haben. Wir wählen hier die Beschreibung der Gehorsamen aus, denn das trifft doch für viele Menschen zu. Wenn dabei von Gold, Edelsteinen und feinstem Schmuck die Rede ist, dann ist das so zu verstehen:

„Solcher Freuden Schmuck ist geistiger Natur und dauert ewig und kann nicht abgeschätzt werden. Dabei ist es nicht so, als ob sich Gold oder Edelsteine oder Geschmeide aus irdischer Asche in der Ewigkeit des himmlischen Lebens vorfände, vielmehr werden die Auserwählten mit den guten und gerechten Werken auf geistliche Weise geziert, so wie auch ein Mensch sich nur körperlich mit kostbarem Geschmeide schmückt.
Ich aber, der Baumeister der Welt, gab Meinem Werk, dem Menschen nämlich, mit jener Wissenschaft, die ich in ihm anlegte, die Möglichkeit, seine eigenen Taten zu wirken,... Immer wenn er Gutes wirkt, wird ihm der Schmuck aus seinen guten Taten in der Herrlichkeit des unausschöpflichen Lichtes auf ewig vorbereitet....“
Immer wieder kommt der aufmerksame und allgegenwärtige Gott zum Ausdruck.

Jedes noch so kleine gute Werk wird sofort „registriert“ und dafür ein Lohn im Himmel vorbereitet. Wer denkt im hektischen Treiben unserer Zeit darüber nach? Und merke: Auch böse Werke werden „registriert“:

„Wie das Werk Gottes, der Mensch nämlich, niemals aufhört, sondern dauernd wird, so werden auch die Taten des Menschen nicht verschwinden. Des Menschen Tat, die zu Gott strebt, wird strahlen im Himmel, während das Tun, das sich zum Teufel erstreckt, an den Strafen offenkundig wird. Denn als Gott den Menschen erschuf, gab Er ihm die Fähigkeit, mit aller Welt zu wirken.
Und wie der Mensch nie aufhören wird, ehe er in den Staub verwandelt wird, und wie er später auferstehen wird, so wird man auch seine Werke immer sehen können. Seine guten Taten werden ihn verherrlichen, seine bösen ihn beschämen, soweit sie nicht durch offenkundige Buße getilgt wurden.“ [106]

Von den Himmelsfreuden der Gehorsamen

„Noch andere Selige konnte ich beobachten: sie waren angetan mit einem Gewande, schöner als das Morgenrot und klarer als der Sonne Glanz, zudem geschmückt mit dem feinsten Geschmeide. In der Sanftmut mildester Blüten strömte daraus ein gar lieblicher Lufthauch wie im Duften von Balsam und anderen Heilkräutern. Die Seligen trugen auf ihren Häuptern Kronen, geziert mit edelstem Hyazinth, und mit Schuhen waren sie angetan, die mit kostbaren Edelsteinen aufs feinste geziert waren. Ihre Stimme hatte den Klang der allerschönsten Musik, und ohne dabei müde zu werden, sangen sie immer wieder neue Lieder. Hin und wieder erschienen sie durchleuchtet von einer herrlichen und lauteren Lichtluft, die aus dem Geheimgrund der Gottheit brach. Und alles war so großartig und so strahlend, daß kein Auge es sehen, kein Ohr es hören und keines Menschen Herz es ermessen konnte.

Den übrigen Schmuck aber (Symbol für Verdienste), der noch überreichlich vorhanden war, konnte ich kaum ahnen. Die Seligen erfreuten sich der Ergebenheit ihres Glaubens wegen und wegen der unausschöpflichen Stärke ihrer guten Werke in inniger Gemeinschaft solcher Herrlichkeit und solcher Freuden, der schönsten Wonnen.

Weil sie den Anfang guten Wollens mit Eifer rechter Werke eingeleitet hatten, indem sie ihren eigenen Willen mit all seiner Mühseligkeit verließen, wurden sie von einem Gewande, schöner als das Morgenrot und herrlicher als der Sonne Glanz, wie auch mit dem edelsten Geschmeide bekleidet.

Weil sie in der Unterwürfigkeit ihres Gehorsams, der da ist die Blüte aller Heiligkeit, die fleischlichen Triebe abgelegt hatten, indem sie den Menschen den Wohlgeruch des Lebens wie auch ein Beispiel heiligmäßiger Tugendkräfte wiesen, strömte nun aus ihren Gewändern ein gar lieblicher Hauch wie im Duften von Balsam und allen nur möglichen Heilkräutern.

Weil sie in ihren Herzen getreulich die Hoffnung mit äußerster Anstrengung auf Gott gerichtet hatten, trugen sie auf ihren Häuptern Kronen und einen Schmuck aus edelstem Hyazinth.

Weil sie aber auf dem rechtmäßigen Pfade eines geistlichen Lebenswandels Beständigkeit gezeigt hatten, waren sie mit Schuhen bekleidet, die mit kostbaren Edelsteinen aufs feinste geschmückt waren.

Des Lobpreises wegen, mit dem sie Gott in der Stimme des Jubelns demütig und ehrfurchtsvoll auf dieser Welt ihr Lob brachten, nahm ihre Stimme jetzt den Wohlklang aller Arten von Musik an, und wegen des unablässigen Dienstes beim göttlichen Amt des Herzens und Mundes während ihrer Lebenszeit wiederholten sie nun einstimmig die Tugendgüte und sangen ohne Überdruß immer neue Lieder.
Im engelgleichen Dienen, in gänzlicher Hinneigung des Geistes wie des Leibes, der Stimme wie der Taten, folgten sie lobpreisend dem Lob der Engel zu Gottes Ruhm. Den Geboten ihrer Obrigkeit hatten sie gehorcht; unter Gebet und Schweigen wie auch den übrigen guten Werken solcher Art hatten sie sich inständig eines beschaulichen Lebens befleißigt und die fleischlichen Begierden abgelegt. Deshalb wurden sie jetzt vom schönsten und reinsten Glanze, der aus der Geheimtiefe der Gottheit hervorbrach, erleuchtet. Diese Schönheit war so großartig und so strahlend, daß kein Auge sie sehen, kein Ohr sie hören noch eines Menschen Herz sie ermessen konnte, wie schon oben beschrieben ward. Diese Seligen hatten sich bereits in ihrem leiblichen Dasein auf der Welt vom eigenen Grundstoff, in dem sie empfangen und geboren waren, losgelöst, um sich durch den wahren Gehorsam einem geistlichen Lebenswandel zu unterwerfen. Und so dienten sie ihrem Schöpfer in aller Ergebenheit und in demütigster Unterwerfung, voller Verachtung für die Welt mit ihren Lüsten. Der übrige Schmuck dieser Seligen wie auch ihre sonstigen Bezeichnungen waren meiner Schau und meinem Verstande verborgen."

Die Schilderung der verschiedensten Himmelsbürger endet mit den Schlussworten:
„In dieser so oft schon erwähnten Herrlichkeit nahm ich nun eine noch viel größere, unermeßliche Herrlichkeit wahr. Wie ich darauf achten wollte, wurde mir klar, daß der Glanz ihres Strahlens eine solche Schönheit in allem Schmuck,

eine solche Lieblichkeit aller Lieblichkeiten und Wonne über Wonne an Glückseligkeit in sich trug, daß kein Auge es sehen, kein Ohr es hören, noch je es im Herzen eines Menschen aufsteigen könnte, solange er im gebrechlichen und vergänglichen Leibe weilt. Daher wurde mir auch eine Art von Siegel vorgesetzt, durch das mir weitere Erscheinungen und noch mehr Wonnen solcher Art verborgen wurden, als ich sie schon zuvor gesehen. Lediglich so, wie ich dies sah, wurde es in mir zurückgeworfen. Und ich sah dies und verstand es durch den lebendigen Gott.
Und aus dem lebendigen Licht hörte ich abermals die Stimme zu mir sprechen: Das, was du siehst, ist wahr, und es ist so, wie du es siehst, und es ist noch viel mehr."

Immer wieder wird der hl. Hildegard gesagt, es ist so, wie es ihr gezeigt worden ist und es ist die Wahrheit. Mehr kann man dazu nicht sagen, denn wer nicht glauben will, der findet für alles irgendeinen Einwand. Die geistige Verblendung und Vernebelung der Tatsachen ist Werk des Bösen. Gegen diese Einflüsse müssen wir sensibler werden. Wir sollten auch die relativ kurze Lebenszeit besser nützen. Die schöne Erde, unser vorläufiger Wohnort, bildet ein großes Potential für gute wie für böse Werke. Unsere Handlungen werden davon abhängen, ob wir zum Schöpfer aufblicken oder uns von den Begierden leiten lassen und den Einflüsterungen der Dämonen folgen. Am Ende unserer irdischen Pilgerschaft werden wir für das Gute belohnt und für alles Böse bestraft. Nützen wir doch unsere Pilgerschaft für ein gottgefälliges Leben mit guten Werken. Sie werden uns sofort gutgeschrieben. Überlegen wir, wofür wir Zeit haben und wofür nicht. Wieviel kostbare Zeit wird sinnlos vergeudet und kommt nicht wieder! Wie viele Seelen stehen am Ende mit leeren Händen da oder mit Schuld beladen, weil sie für die Buße nicht bereit waren oder keine Zeit hatten. In der anderen Welt wird alles offenbar. Nur im Bußsakrament getilgte Taten werden uns nicht mehr zur Anklage. Wer denkt darüber heute schon nach? Wie viele Selbstvorwürfe wird sich die Seele einmal machen, wenn sie das erkennt!
Die Vorwürfe: „Hätte ich doch... es wäre so einfach gewesen", kommen zu spät. Jetzt wird über das ganze Leben das göttliche Urteil gefällt. Jetzt erkennt die Seele die Gerechtigkeit Gottes und hat keine Möglichkeit mehr, auch nur die geringste Verfehlung zu beschönigen.
Wie ernst die Menschen von heute ihr Glaubensleben nehmen, wird an der Zahl jener ersichtlich, die zur Beichte gehen. Es bedarf keines Kommentares, wie es danach um das Glaubensleben bestellt ist.
Am Ende dieses Beitrages vernehmen wir die Stimme des Menschensohnes. Hören wir, was uns der Herr und Baumeister dieser Welt sagen will:

Die Stimme des Menschensohnes

„Ich bin die Kraft der Gottheit vor aller Ewigkeit und vor aller Zeit. Keinen Ursprung einer Zeit trage ich in Mir. Denn Ich bin der Gottheit Kraft, durch die Gott alles aus Seiner Entscheidung und mit Seiner Bestätigung erschaffen hat. Ich bin auch der Spiegel der Vorsehung für alles. Mit allgewaltiger Kraft ertöne Ich, in der Ich das tönende Wort bin, jenes *„Es werde"* nämlich, durch das die ganze Welt hervorging. Mit lebendigen Augen habe Ich die Zeiten der Zeit unterteilt, wohl bewußt, was sie sein könnten und wie das alles sei. Mein Mund gab Meinem eigens berufenen Werke den Kuß, jenem Gebilde, das Ich aus Erdenlehm machte. In einzigartiger Weise habe Ich dieses Werk liebend umarmt. Und so habe Ich es durch den feurigen Geist verwandelt zu einem Leibe. Und ihm gab Ich alle Welt zu Diensten.

Nachdem Ich zur Ruhe gekommen war und wahrgenommen hatte, wie durch den Rat der Schlange der Mensch betrogen ward, trat Ich voller Leidenschaft auf. Im Schoße der Jungfrau kam Ich, diesen entflammend, zur Ruhe. In ihrem Fleische, das keinerlei Schmutz ausgeschieden hatte und das rein war wie Adams Fleisch im Urbeginn, wurde Ich Mensch. Und so ging Ich als ein gewaltiger Held in der Tugendkraft über alle Menschen hervor. Denn der Mensch hat das in seinem Zeugungsgeschäft nicht gesät, mit dem die Schlange den ersten Menschen bei jener Erschütterung des Blutes verspottet hat, zu der er beim fleischlichen Genuß erregt wird. Der Teufel nämlich hat den Menschen seiner Ehre entkleidet und ihn Mir weggenommen. Daher habe Ich ihn bei der Beschneidung verwundet, um über die Vorschriften des Gesetzes jede Einflüsterung seiner betrügerischen Täuschungen in Verwirrung zu bringen.

Nachdem Ich so aus dem Schoß der Jungfrau hervorgegangen war, holte Ich den Menschen in der Taufe Flut wieder heim. Auf diese Weise habe Ich den Samen des Mannes mit dem gleichen Wasser rein gemacht, wie auch das Feuer Wasser herauszieht, und so habe Ich alles geläutert.

Mein Rad setzte Ich in Umlauf, um auch andere Geschlechter zu erneuern. So habe Ich dadurch, daß Ich der Gestalt des Menschen, der Mich berührt hat, einen Kuß gab, die rechtmäßige eheliche Verbindung begründet.

Dadurch, daß Ich den Menschen innerhalb der Geschöpfe zum eigens berufenen Geschöpf erhob, habe Ich ihm das Maß gegeben.

Dadurch, daß Ich aus der Jungfrau kam, habe Ich eine Lebensregel der Jungfräulichkeit, für den Mann wie für die Frau, für jeden gesondert, geschaffen. Ich setze den Mittelpunkt in der Mitte des Rades; denn in diesem Punkt habe Ich vorausgesehen, wie das geistliche Volk ohne die weltliche Lebensart sein

Leben zu gestalten habe. So habe Ich Meinen Kreislauf vollendet gegen die List der alten Schlange, die Mich nie ganz kennenlernte, da meine Menschwerdung im Stillen kam und ihr verborgen blieb. Adam hatte sie bereits geahnt, ohne es voll zu erkennen. Daher schwankte er, was er tun sollte, und sie verführte ihn mit ihren Schlichen.
Ich aber band ihre äußerst starke Macht in Meiner Menschheit und habe sie so zertreten. Denn jene konnte Mich nicht ganz erkennen, bevor Ich nicht auf Meinem Richterstuhl thronte, wo sie alsdann völlig zunichte wurde. Und so habe Ich durch die wahre Läuterung die wahrhaft Gläubigen und die wahrhaft Seligen zur Herrlichkeit des Paradieses wie auch zur Herrlichkeit der himmlischen Freuden zurückgeführt.“ [106]

Die wahre Dreiheit in der wahren Einheit
Tafel 11 / Schau II 2

Die Weltkräfte
Dritte Schau
Von der Natur des Menschen

Kapitel IV

Das Buch vom Wirken Gottes

Liber divinorum operum

Beim Verfassen ihres letzten großen Werkes "blickte ich auf zum wahren und lebendigen Licht, was ich denn schreiben sollte. Denn alles, was ich von Beginn meiner Visionen geschrieben hatte oder was ich später zu wissen bekam, sah ich in den himmlischen Geheimnissen", schreibt Hildegard in der Einführung. Mit den zehn Visionen mühte sie sich fünf Jahre lang ab, und es entstand ein monumentales und fundamentales Buch, welches dem Leser sehr viel abverlangt. Es ist keine Milchnahrung mehr, wie beim Buch *Scivias*, sondern feste Kost. Hier wird unsere Glaubensfähigkeit hart auf die Probe gestellt, weil der hl. Hildegard unter anderem auch ein Weltmodell gezeigt wird, welches unserem heutigen Weltbild widerspricht. Selbst gläubige Christen sträuben sich, Hildegards Kosmos-Vision für realistisch zu halten. Mit beschönigenden Worten wird ihre Vision *"vor den Hintergrund des damaligen Weltbildes"* gerückt, weil sich *"der Schöpfer bei seinen Offenbarungen an der Fassungskraft des jeweiligen Menschen orientiert."* Demnach wäre ihre Vision nicht ernst zu nehmen, und nur mit dieser Einschränkung können sie dann *"die Visionen Hildegards als echte Offenbarung ansehen."* Bei diesem falschen Spiel macht aber Gott nicht mit. Seine Offenbarung will ernst genommen werden, weshalb Gottvater selbst den Inhalt ihres Buches beglaubigt. So musste Hildegard am Beginn des Werkes schreiben:

"Du armseliges Wesen, Tochter vieler Mühsal, die du von schweren Krankheiten ausgezehrt, aber dennoch von der Tiefe der Geheimnisse Gottes durchströmt bist, übermittle das, was du mit deinen inneren Augen siehst und mit den inneren Ohren deiner Seele vernimmst, in dauerhafter Schrift zum Nutzen der Menschen. Denn die Menschen sollen dadurch ihren Schöpfer erkennen und nicht davor zurückweichen, Ihn in gebührender Ehrfurcht zu verehren.
Nicht nach deinem Herzen, sondern nach Meinem Zeugnis, der Ich das Leben ohne Anfang und Ende bin, schreibe also auf, was weder du durch dich erfunden noch von einem anderen Menschen ersonnen, sondern durch Mich vor Beginn der Welt angeordnet ist. Denn wie Ich um den Menschen schon vor seiner Erschaffung im Voraus wußte, so habe Ich auch das, was für ihn notwendig ist, vorausgesehen."

Der Allmächtige hat vorausgesehen, was für uns notwendig ist. Dazu gehört eine Zusammenschau von Mensch, Welt und Kosmos. In der zweiten Vision dieses Buches wird Hildegard der Aufbau und die Mechanik des Universums gezeigt. Dieses Weltbild entspricht den biblischen Aussagen, geht aber weit darüber hinaus und gibt uns bislang unerkannte und unerforschte Erkenntnisse. Sie stehen zum Teil in Widerspruch zu der heute geltenden Meinung, weshalb sich die moderne Wissenschaft massiv dagegen sträubt, dieses Weltmodell für realistisch zu halten.
Hildegard soll uns übermitteln, was sie mit inneren Augen sieht und mit ihren inneren Ohren hört, und zwar zum Nutzen der Menschen. Eine Folge dieser Offenbarung sollte bei den Menschen bewirken, "dass sie dadurch ihren Schöpfer erkennen und nicht davor zurückweichen, Ihn in gebührender Ehrfurcht anzubeten." Um zu erfahren, worum es thematisch in diesem rund 500 Seiten umfassenden Buch geht, sehen wir uns die Titel der 10 Visionen an:

1. Vision: Der Ursprung des Lebens
2. Vision: Die Elemente im Bau der Welt
3. Vision: Der Mensch im Bau der Welt
4. Vision: Die Gliederung des Firmaments
5. Vision: Die fünf Bereiche des Erdkreises
6. Vision: Das Vorauswissen Gottes
7. Vision: Die Erfüllung aller Vorausbilder und Prophetien
8. Vision: Das Wirken der göttlichen Liebe
9. Vision: Der Heilsplan Gottes in der Zeit
10. Vision: Die Heilsgeschichte von Beginn bis zum Ende der Zeit

Allein an den Überschriften ist schon erkennbar, dass es in diesem Buch um fundamentale Dinge geht. Gott sieht voraus, was für uns Menschen notwendig ist. Damit ist nicht allein die Grundversorgung gemeint, sondern auch ein höheres Wissen über seine Schöpfung. Gott sieht weiters voraus, dass dieses Werk erst 2000 Jahre nach der Menschwerdung des Herrn einem größeren Leserkreis zur Verfügung stehen wird, und Er weiß auch, was die Menschen in naturwissenschaftlicher Hinsicht glauben bzw. was sie gelehrt werden.
Was wird uns heute von der Grundschule bis hin zu den Universitäten eingetrichtert? Es müsste hier nicht extra erwähnt werden, jeder weiß es: Eine der Grundlagen ist der Darwinismus, mit dem durch Begriffe wie "zufällige Selektion" und "Mutationen" die Entstehung der Arten erklärt wird. In weiterer Folge entstand daraus die Evolutionstheorie, mit Hilfe derer eine Schöpfung ohne Schöpfer erklärbar wurde. Was für die Entstehung der Arten gilt, das

wird auch übertragen auf die Entstehung und Entwicklung des Kosmos, der mit einem zufälligen Urknall (engl. Big Bang)"*vor exakt 13,75 Milliarden Jahren*" zufällig stattgefunden habe.
Die Menschen glauben also an Theorien, die im Grunde genommen der Schöpfungslehre widersprechen. Wenn Gott sagt, Er habe den Menschen aus Lehm gemacht, dann war der Mensch von Anfang an Mensch und nie Affe. Nach der Evolutionstheorie ist er aber entwicklungsgeschichtlich aus gemeinsamen Vorfahren von Mensch und Affe hervorgegangen.
Im Hinblick auf den Kosmos glauben fast alle derzeit an das geltende heliozentrische Weltbild, wonach die Erde als Planet um die Sonne läuft und sich dazu noch täglich einmal um ihre eigene Achse dreht. Das sind, verkürzt gesagt, die wissenschaftlichen Lehren und Fakten, an die heute die gesamte Menschheit glaubt. Genau genommen dürften wir gar nicht von einem Sonnenaufgang oder Sonnenuntergang sprechen, denn nach geltender Lehre dreht sich die Erde am Morgen sozusagen zur Sonne hin und am Abend von der Sonne weg.
Wie zum Trotz spricht aber der Priester bei der hl. Messe immer noch "vom Aufgang der Sonne bis zu ihrem Untergang". Wider besseres Wissen sozusagen, denn auch der Herr Pfarrer ging einmal zur Schule und wurde dort "eines Besseren" belehrt.
Nun zeigt Gottvater der hl. Hildegard in einer gewaltigen Schau über den Bau des Kosmos, wie es wirklich ist. Wer könnte es besser wissen als der Urheber selbst? Er gibt der Kirche recht, indem Er bestätigt, dass die Sonne tatsächlich um die Erde kreist, so wie wir das Tag für Tag sehen. Das einzige Problem dabei scheint zu sein, dass der Glaube an die Wissenschaft größer ist als der Glaube an Gottes Wort. Lehrsätze und Axiome der Wissenschaft haben quasi dogmatische Wirkung und werden auf ihren Wahrheitsgehalt nicht mehr hinterfragt, obwohl sich wissenschaftliche Erkenntnisse auch ändern. Hervorragende Gestalten wie Newton oder Einstein haben den Rang von "Evangelisten". Was ihrer Lehre widerspricht, wird verworfen. Selbst Theologen und hochrangige Kleriker beurteilen deshalb die Visionen Hildegards nach dem Stand "moderner" wissenschaftlicher Erkenntnisse.

Weil es mit Hilfe der Keplerschen Gesetze, der Newtonschen Axiome und Einsteins Relativitätstheorie möglich ist, die astronomischen Vorgänge exakt zu berechnen, deshalb besteht für niemanden ein Grund, an der Gültigkeit wissenschaftlicher Lehrsätze zu zweifeln. Es ergeben sich scheinbar keine Widersprüche und wir haben auch nichts Vergleichbares, denn nur so könnte das eine bestätigt und das andere für unrichtig befunden werden.
Mit der Kosmos-Vision Hildegards offenbart uns Gott eine neue Version. Und

zu dieser sagt Gottvater sein Amen, - so ist es. Wer Gott ernst nimmt und auch an der Offenbarung nicht zweifelt, die Hildegard zuteil geworden ist, für den ergibt sich eine neue Situation. Wir werden vor die Entscheidung gestellt, Gott zu glauben oder der Wissenschaft, denn beide können nicht Recht haben, wenn es divergierende Ansichten über so fundamentale Vorgänge gibt.
Das inspirierte Werk beginnt mit einer fast poetisch-hymnischen Selbstoffenbarung Gottes als Urheber dieses Universums. Es ist auch Ausdruck Seiner Allgegenwart:

“Ich, die höchste feurige Kraft, habe alle lebendigen Funken entzündet und nichts Sterbliches ausgehaucht, aber Ich unterscheide es, wie es ist. Indem Ich mit meinen oberen Flügeln, das heißt mit Weisheit, den Erdkreis umflog, habe Ich ihn in richtiger Weise geordnet.
Ich, das feurige Leben der göttlichen Wesenheit, flamme über die Schönheit der Fluren, leuchte in den Wassern und brenne in der Sonne, dem Mond und den Sternen. Mit dem Windhauch, dem unsichtbaren Leben, das alles erhält, erwecke Ich alles zum Leben. Die Luft lebt nämlich im Grünen und im Blühen, die Wasser fließen, als ob sie lebten, auch die Sonne lebt in ihrem Licht. Und wenn der Mond abgenommen hat, wird er vom Licht der Sonne entzündet, und lebt gleichsam; auch die Sterne leuchten in ihrem Licht, als ob sie lebten. Auch die Säulen, die den gesamten Erdkreis tragen, habe Ich aufgerichtet, das heißt, jene Hauptwinde, die ihnen untergeordnete Flügel haben, nämlich die sanfteren Winde, die mit ihrer Lindheit jene aushalten, die stärker sind als sie selbst, damit diese sich nicht gefährlich zeigen. So schützt auch der Leib die Seele und hält sie, damit sie sich nicht aushaucht. Und wie der Hauch der Seele den Leib stärkt und zusammenhält, damit er nicht vergeht, so beleben auch die stärkeren Winde die ihnen untergeordneten, damit sie ihre Aufgabe übereinstimmend erfüllen.
Ich bin also als feurige Kraft in diesen Winden verborgen, und sie brennen durch Mich, wie der Atem ständig den Menschen bewegt und wie im Feuer die windbewegte Flamme ist. Dies alles lebt in seiner Wesenheit, und in ihm ist kein Tod zu finden, weil Ich das Leben bin. Ich bin auch die Vernunft, die den Windhauch des tönenden Wortes in sich hat, durch den jedes Geschöpf gemacht ist; und in das alles habe Ich Leben gehaucht, so daß keines davon seiner Art nach sterblich ist; denn Ich bin das Leben.
Ich bin nämlich das volle Leben, das nicht aus Steinen gehauen ist oder aus Ästen ausgetrieben oder seine Wurzeln aus der männlichen Zeugungskraft geschlagen hat. Vielmehr hat alles Lebendige in mir seine Wurzeln. Die Vernunft nämlich ist die Wurzel; das tönende Wort aber erblüht in ihr.
Da aber Gott Vernunft ist,wie könnte es da geschehen, daß Er nicht wirkt, da

jedes Werk von Ihm durch den Menschen blüht? Er schuf ihn nach seinem Bild und Gleichnis und zeichnete im Menschen alle anderen Geschöpfe nach ihrer Maßgabe ein. Denn es lag von Ewigkeit her immer fest, daß Gott Sein Werk, den Menschen, schaffen wollte; und als Er dieses Werk vollendete, gab Er ihm alle Geschöpfe, damit er mit ihnen wirke, und zwar so, wie auch Gott Sein Werk, den Menschen, geschaffen hatte.
Aber Ich diene auch dem Leben, da ja alles Lebendige aus Mir brennt, und Ich bin das gleichbleibende Leben in der Ewigkeit, das nicht entstanden ist und nicht endet. Und eben dieses Leben, das sich bewegt und wirkt, ist Gott, und doch ist dieses Leben in dreifacher Kraft: Die Ewigkeit wird der Vater genannt, das Wort der Sohn, und der Hauch, der beide verbindet, der Heilige Geist. So hat es Gott im Menschen bezeichnet, in dem Leib, Seele und Vernunft sind.
Daß Ich aber *über die Schönheit der Fluren flamme*, das ist nämlich die Erde, die der Mutterstoff ist, aus dem Gott den Menschen machte; daß *Ich in den Wassern leuchte*, das entspricht der Seele; denn wie das Wasser die ganze Erde durchströmt, so durchdringt die Seele den gesamten Leib. Daß Ich aber *in Sonne und Mond brenne*, das entspricht der Vernunft; die Sterne aber sind die unzähligen Worte der Vernunft.
Daß *Ich mit dem Windhauch, dem unsichtbaren Leben, das alles erhält, alles zum Leben erwecke*, das bedeutet: durch Luft und Wind kommt alles Wachsen hervor, und wenn es belebt ist, bleibt es erhalten und weicht in nichts von dem ab, was ist."

Wenn nach diesen Worten noch jemand an die Evolutionstheorie glaubt, die keine schöpferische Hand, keine Vernunft oder höhere Intelligenz zulässt, so ist dieser an der Wahrheit nicht interessiert.
In dieser ersten Vision werden die Ereignisse aus der Vorzeit erneut angesprochen, wie Engelssturz, Sündenfall und das Werk der Erlösung. Der Mensch hat ja ohne Antwort auf die Frage, woher er komme und wohin er gehe, keine Orientierung und wüsste somit auch nicht, wozu er auf der Welt ist. So aber weiß er:
"Gott, der alles erschaffen hat, hat den Menschen nach seinem Bild und Gleichnis gemacht (vgl. Gen 1,26) und in ihm die höheren und niederen Geschöpfe eingezeichnet. Und er hat ihn so sehr geliebt, daß Er ihn für jenen Ort bestimmte, aus dem der Engel bei seinem Sturz geschleudert worden war, und ihn in den Ruhm und die Ehre einsetzte, die jener mit seiner Seligkeit verloren hatte." [113]

Zweite Vision

Die Elemente im Bau der Welt

In der zweiten Vision sieht die hl. Hildegard ein wunderbares Bild, welches bei näherer Betrachtung eine Skizzierung des ganzen Universums zeigt. Der Kosmos ist demnach eine Megakugel von bestimmter Größe. Anders als die Astrophysiker sagen, dehnt sich diese Kugel aber nicht aus, sondern dreht sich!

Die 6 Schalen des Universums

Das Visionsbild zeigt einen schalenförmigen Aufbau des kugelförmigen Universums, in dessen Zentrum sich die Erdkugel befindet. Sie, die kleine Erde, ist der archimedische Punkt im All, um den sich das ganze Firmament dreht.
In konzentrischen Schalen sind im Kosmos die subatomaren Elemente Feuer, Wasser und Luft angeordnet, welche den vermeintlich leeren Raum mit jenen unteilbaren und somit kleinsten Elementarteilchen füllen, nach denen die Wissenschaft sucht. In den nahtlos ineinander übergehenden Schichten befinden sich der Reihe nach folgende Urelementarteilchen:
Die beiden äußeren Schalen bestehen aus dem Element Feuer. Die erste und somit äußerste Schicht bezeichnet Hildegard als Glanzfeuerzone. Vermutlich leuchtet das Universum, würde man es von außen betrachten können, wie eine Sonne. Unter der Glanzfeuerschicht befindet sich das schwarze Feuer. Dieses "Schattenfeuer" wird auch Gerichtsfeuer genannt, weil es Blitz und Donner verursacht, also ein Straffeuer ist. In dieser Zone befindet sich offenbar Hochspannung oder eine unglaublich hohe Ladungsdichte des Straffeuers.
Ebenso wie das Element Wasser drei verschiedene Aggregatzustände haben kann, nämlich fest, flüssig und gasförmig, so ist es auch mit dem Element Feuer. Die feste Form wäre danach die Flamme, als "flüssig" könnte man das Feuer ansehen, wenn es als elektrischer Strom in der Leitung fließt. Deshalb *brennt* die Lampe, wenn wir mit einem Schalter den Stromkreis schließen. "Gasförmig" zeigt sich das Feuer in Form von Strahlung. Elektrischer Strom, d.h. Feuer in "flüssiger Form", kann durch hohe Frequenz abgestrahlt werden. Jeder Sender und Empfänger arbeitet demnach mit "gasförmigem" Feuer, d.h. mit Wellen und Strahlung.
In der ersten Schale ist das "gute" Feuer und in der zweiten das "böse" Feuer. Und: "Beide Kreise verbanden sich so, als bildeten sie nur einen."

Unter den beiden Feuerschichten befindet sich eine doppelt so breite Ätherschicht.

Der Beschreibung nach ist der Äther ein Produkt der beiden Feuerschichten, denn er geht aus ihnen hervor.

Schale	Inhalt	Element	Breite
1.	Das lichtvolle Feuer	Feuer	2
2.	Das schwarze Feuer	Feuer	1
3.	Die Ätherschicht	Feuer	3
4.	Die Wasserschicht	Wasser	2
5.	Die lichtvolle Luftschicht	Luft	1
6.	Die Erdatmosphäre	Luft	9
(7.)	Die Erdkugel	Erde	9

Die vierte Schale enthält den Stoff für das Urelement Wasser. Es ist unsichtbar und nicht mit dem irdischen Wasser zu vergleichen. Die “oberen Wasser” werden schon in der Hl. Schrift (Genesis) erwähnt.

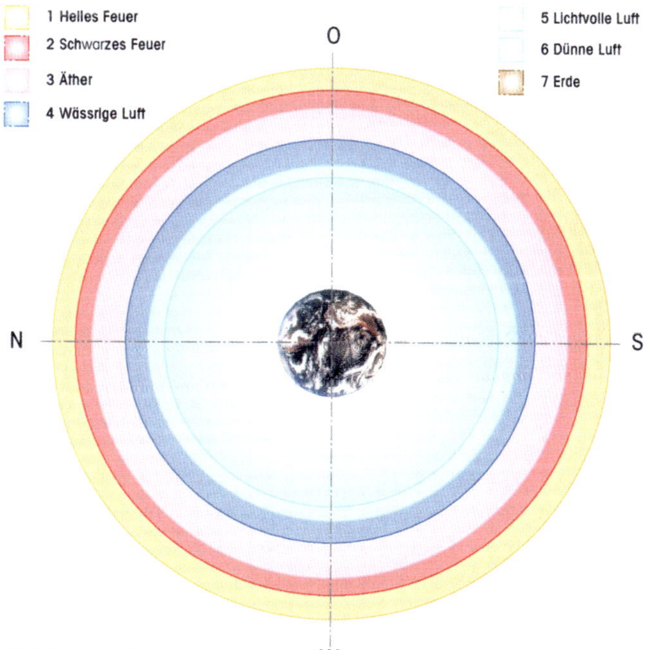

Die 6 Schalen des Universums

“Die oberen Wasser bleiben im selben Urzustand, wie Gott sie schuf, und fließen in ihrem Kreislauf. Sie sind stofflich anders als die unteren (irdischen) Wasser, nämlich viel feiner und unsichtbar für unsere Augen. Durch ihre Feuchtigkeit und ihr Feuer, das sich dort bemerkbar macht, befestigen sie über sich das Firmament.”

Unterhalb der Wasserzone befindet sich eine lichtvolle Luftschicht; sie geht bis zur untersten Schale, der atmosphärischen Luft unserer Erde. All diese Urelemente stehen in Wechselwirkung miteinander. Sie befeuchten und temperieren das Universum, “damit es seine Kraft behält und nicht auseinanderfließe.” Danach gibt es im gesamten Universum keinen wirklich leeren Raum! Das All ist in hoher Dichte mit diesen feinstofflichen Elementarteilchen erfüllt. Wäre der Raum leer, so hätten die Astronauten bei der Mondlandung keine Funkverbindung zur

Erde herstellen können. Wo im Sinne des Wortes *nichts* ist, kann auch nichts übertragen werden, weil das Nichts keinerlei Eigenschaften hat.
Diese unsichtbaren Urelementarteilchen sind beinahe masselos, weil Hildegard schreibt, sie könnten nicht bewegt werden, hätten sie nicht eine Hülle, die ihrer Beschaffenheit entspricht. Simpel gesagt bedeutet dies: Jedes der allerkleinsten Elementarteilchen muss mit einer Art Seifenblase umhüllt werden, damit es überhaupt transportiert werden kann. Und mit diesen "Luftbläschen" ist das gesamte Universum voll gepackt. Sie sind so winzig, dass sie unseren Körper und jede Materie durchdringen können. Der Text dazu lautet:

"Einem jeden der höheren Elemente wohnt eine Luft inne, die seiner Beschaffenheit entspricht. Durch diese Luft wird jenes Elementarteilchen aus der Kraft der Winde zur Umdrehung angetrieben, sonst würde es sich nicht bewegen." [114]

16 Hauptsterne

Am äußersten Rand des Weltalls, das ist in der Glanzfeuerzone, sind zwischen den vier Hauptwinden, die nach Tierköpfen benannt werden, sechzehn Hauptsterne symmetrisch positioniert. Es handelt sich um die 16 größten Sterne des Universums. Sie geben ihm die nötige Stabilität, wie vergleichsweise die Speichen eines großen Rades, schreibt Hildegard. Sie sind wie auf einem Ring in gleichen Abständen "aufgefädelt". Ihr Abstand beträgt 18 Grad, weil jeweils 4 zwischen den 4 Hauptwinden positioniert sind.

"In der Glanzfeuerzone siehst du die 16 Hauptsterne, weil die größten Sterne am äußersten Bereich des Himmelsgewölbes liegen. Vier zwischen dem Leoparden- und dem Löwenkopf, vier zwischen Löwen- und Wolfskopf, vier zwischen Wolfs- und Bärenkopf und vier zwischen Bären- und Leopardenkopf.... Wären es mehr, würden sie das Himmelsgewölbe überbelasten. Weniger würden das Gewölbe empfindlich schwächen.... Sie sind gleich wirksam und haften fest am Himmelszelt wie Nägel in der Wand. Sie verlassen ihren Ort nie, sondern drehen sich mit dem Urgewölbe, das sie mitbegründen."

Diese Riesensterne bilden gewissermaßen eine Schwungmasse für die Firmamentdrehung. Nun werden Hildegard Worte diktiert, die erstaunlich klingen:
"Von diesen Hauptsternen senden die zwei mittleren zwischen je zwei Köpfen (Winden) ihre Strahlen nach einem in der Wetterzone *gegenüberliegenden* Punkt, gleich wie Spalträume vom Kopf des Menschen zu dessen Füßen herabziehen.

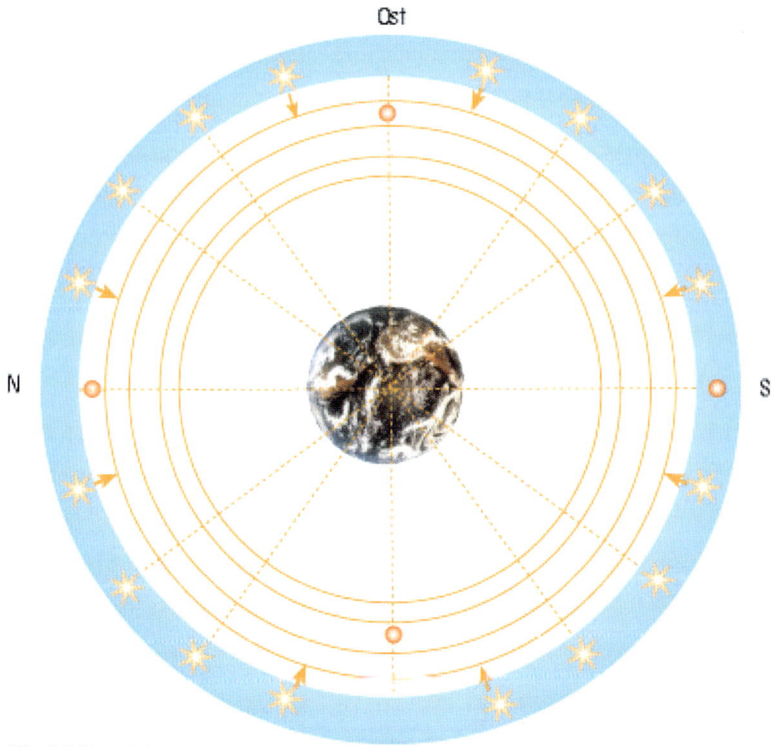

Die 16 Hauptsterne

Wie diese Spalträume den ganzen Leib des Menschen stärken, so verstreben auch diese Sterne das ganze Urgewölbe und leisten den benachbarten Winden Widerstand, damit sie das Firmament nicht zu stark bewegen. Sie bringen der kosmischen Luft den richtigen Ausgleich und sind sich gute Nachbarn, weil einer dem anderen das Himmelsgewölbe tragen hilft."

Der Text besagt, dass die Strahlung von acht Hauptsternen bis zu unserer atmosphärischen Wolkenschicht reicht! Obwohl wir ihre Lichtstrahlen nicht sehen, muss eine dunkle, d.h. unsichtbare Kraft, wirksam sein, denn sie hat in etwa die Funktion wie die Speichen eines Rades. Durch diese Kraft wird das Universum verstrebt und gefestigt. Der Vergleich mit den Spalträumen von Kopf bis Fuß besagt, dass die Wirkung der Hauptsterne quer durch das ganze Universum geht. Es ist zwar spekulativ, aber der Sachverhalt erinnert an ein Polrad, welches ja auch durch das unsichtbare Magnetfeld ein Drehmoment auf den Rotor ausübt. Die Gestirne *könnten* demnach ein riesiges Magnetfeld bilden und wie ein Motor funktionieren.

Über die unvorstellbare Anzahl an Sternen, die es darüber hinaus noch gibt, wird der hl. Hildegard gesagt:

"Du siehst, dass der Kreis des reinen Äthers und der Kreis der hellen Klarluft voller Sterne sind, welche ihr Funkeln zu den gegenüberliegenden Wolken senden. Es sind nicht zu viele. Mit ihrem Feuer wärmen sie das Firmament und stärken es. Mit ihren Strahlen durchdringen sie die Klarluft bis hinein in die Wolken unter der starken, weißen, leuchtenden Luft und *halten sie fest* (!), damit sie die von Gott gegebene Grenze einhalten." [115]

Auch eine erstaunliche Aussage! Danach werden die Wolken u.a. auch von den Gestirnen getragen. Man denkt ja kaum darüber nach, wieviel Tonnen und Abertonnen Wasser bei einem ausgedehnten Tiefdruckgebiet über uns hinwegziehen. Rechnen wir den Niederschlag aus, so kommen unglaubliche Wassermengen zutage, die problemlos in der Luft schweben, obwohl Wasser viel schwerer ist als Luft. Hildegard beschreibt sehr ausführlich, wie durch den Umlauf der Gestirne sich die Hoch- und Tiefdruckgebiete bilden und welche Rolle dabei der Mond, die Planeten und die Sterne haben. In Hildegards Werken harren noch viele Wunder Gottes ihrer Entschlüsselung durch die Menschheit.

Kosmische Winde

In einer sehr ausführlichen Abhandlung wird nun das kosmische Windsystem dargelegt. Die Hauptwinde sind symmetrisch auf die vier Himmelsrichtungen verteilt. Der Südwind befindet sich in der Feuerzone und ist daher warm. Der Westwind ist in der Wasserzone positioniert und feucht. Der Ostwind hingegen ist trocken und der Nordwind kalt. Allen vier Hauptwinden stehen jeweils zwei untergeordnete Nebenwinde bei. Das ergibt eine symmetrische Windrosette mit zwölf Winden, die nach einem genau definierten System "blasen". Die Winde selbst sind unsichtbar, zu sehen ist nur ihre Wirkung.
Die Hauptwinde blasen bogenförmig "nach hinten" zur Glanzfeuerzone, die das All begrenzt. Dort wird ihre Strömung reflektiert und gelangt zu den Nebenwinden. Hildegard schreibt, "ihr Blasen biegt sich zurück", d.h. ihre Strömung wird am Ende des Universums reflektiert und mündet in die Nebenwinde. Von diesen geht dann eine mildere Strömung in die Mitte des Weltraumes. Somit steht das ganze Universum unter einem gewissen Strömungsdruck, der auch die Urelemente - Feuer, Luft und Wasser - mit ihren "Seifenbläschen" bewegt. So vermischen sich die kleinen Elementarteilchen im Universum wie feinster Nebel und temperieren es, "damit es nicht zerfließe".

Zeichnung 4 Haupt- und 8 Nebenwinde

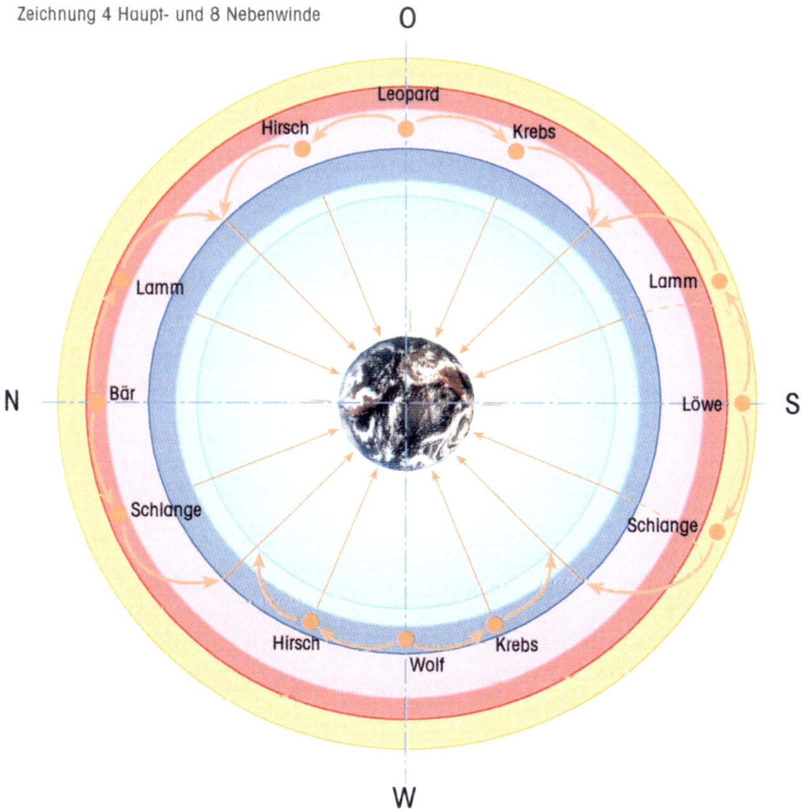

Diese unsichtbare Masse ist raumfüllend und im ganzen Universum isotrop verteilt und wird von den Winden bewegt. Dabei leisten die Sterne "den benachbarten Winden Widerstand, damit sie das Firmament nicht zu stark bewegen." Wie für den irdischen Wind eine Mauer oder ein Segeltuch einen Widerstand darstellt, so stellen auch die Gestirne für den kosmischen Wind einen Widerstand dar, obwohl er die Materie mit Leichtigkeit zu durchdringen vermag, wie Hildegard an anderer Stelle sinngemäß schreibt: Der kosmische Wind durchdringt den Menschen ungehindert und die Seele nimmt ihn auf und verändert die Säftemischung des Menschen.

Die Schwerkraft

Was bei Hildegard mit so einfachen Worten beschrieben wird, ist im Grunde genommen die Erklärung für die Schwerkraft.
„Wie die Seele den ganzen menschlichen Körper zusammenhält, so halten

auch die Winde das ganze Firmament zusammen, damit es nicht in Unordnung gerät. Sie sind unsichtbar, wie auch die Seele unsichtbar ist... Wie ein Haus ohne seine steinernen Eckpfeiler keinen Halt hat, ebensowenig würden weder das Firmament noch die Erde, noch der Abgrund, noch die ganze Welt mit all ihren Bestandteilen ohne diese Winde bestehen können, weil all dieses mit ihnen verbunden ist und durch sie gehalten wird".

Die kosmischen Winde sind also die wahre Ursache der Gravitation. Das geht aus obigen Worten eindeutig hervor.
Gravitation ist demnach ein universeller Strömungsdruck. Ihr Medium sind die unsichtbaren subatomaren Elementarquanten, bestehend aus Feuer, Luft und Wasser. Sie erfüllen den gesamten Raum und durchdringen zum Teil auch die Materie. Wir sehen das Durchdringungsvermögen ja daran, dass sich die Schwerkraft nicht abschirmen lässt. Auch unter einer dicken Kellerdecke sind wir gleich schwer. Die "Anziehungskraft", wie Schwerkraft auch genannt wird, sieht in ihrer Wirkung zwar so aus, tatsächlich dürften wir aber zur Erde gedrückt werden.
Wenn Astronauten im schwerelosen Raum Flüssigkeit aus einer Flasche entweichen lassen, so bilden sich fast augenblicklich Kugeln! Wieso? Weil der allseitige, d.h. universale Druck gar keine andere Form zulässt. Daher sind auch alle Gestirne kugelrund. Durch die Eigenrotation wurden sie zwar abgeflacht, aber die Grundform ist eine Kugel.
Diese das ganze Universum tragende Energie kommt von Gott. Erinnern wir uns an die Textstelle der 1. Vision:

"Ich bin also als feurige Kraft in diesen Winden verborgen, und sie brennen durch Mich, wie der Atem ständig den Menschen bewegt und wie im Feuer die windbewegte Flamme ist."

Die feurige Kraft Gottes ist also Ursache der Schwerkraft. Sie aktiviert die Winde und diese bewegen nicht nur die kleinen Elementarteilchen, sondern das ganze Universum. Das All steht unter dem Strömungsdruck der Winde und das bewirkt die Gravitation. Es ist ein notwendiger Energiefluss, denn das Universum ist kein Perpetuum mobile. Die "Anziehungskraft" allein aus der Existenz von Materie abzuleiten, ist demnach eine willkürliche Annahme.

Die Dynamik des Universums

„Und weiter sah ich, wie das Weltgewölbe durch starkes Wehen des Ost- und des Südwindes mit ihren Seitenwinden sich umwälzen ließ über die Erde hinweg von Osten bis Westen. Und da fingen es der Westwind und der Nordwind samt ihren Seitenwinden auf und warfen es unter der Erde vom Westen zum Osten zurück.“ Die kosmischen Winde setzen also das Universum von Ost nach West in Bewegung. Die größten Massen bilden dabei die 16 Megagestirne, die sich wie ein kardanisch aufgehängter Ring nun von Osten nach Westen bewegen und alle Gestirne mitnehmen. Die Drehachse verläuft in Richtung Nord-Süd.
Für die Rotation und Stabilität des Universums wird Energie benötigt. Deshalb wehen die Winde *“gelinde, so daß sich das Firmament im rechten Maß umwälzt.”* Aufgrund der unvorstellbaren Entfernungen hören wir von ihrem Getöse nichts, denn vom “höchsten Schöpfer” ist alles so gefügt worden, damit die Erde nicht “vom Getöse der oberen Elemente oder durch die Gewalt der Winde oder die Überschwemmungen der Wasser aufgelöst werden kann.” [116]

Bei längerer Beobachtung des nächtlichen Sternenhimmels sehen wir, wie sich das ganze Firmament gemütlich von Osten nach Westen um uns herum bewegt. Am schönsten sieht man das mit Aufnahmen im Zeitraffer. Obwohl der Himmel scheinbar keine Eile hat, so wird uns doch mulmig bei dem Gedanken, mit welcher Geschwindigkeit sich das ganze Firmament gegenüber der ruhenden Erde bewegt. Doch nach Gottes Anordnung dreht sich das All genau im rechten Maß. Sowohl ein schnellerer als auch ein langsamerer Umlauf würde alles durcheinander bringen, schreibt Hildegard.
Die Drehung des Firmamentes wird in Hildegards Werken so oft erwähnt, dass man daran nicht vorbeikommt. Sie ist für heutige Astrophysiker aber unvorstellbar und wohl ein Grund dafür, das hildegardische Weltmodell nicht ernst zu nehmen.

Nun ist es nicht so, dass die einzelnen Sterne mit zigfacher Lichtgeschwindigkeit dahinsausen, sondern sie bewegen sich mit dem feinstofflichen Medium, d.h. mit dem ganzen Volumen des Universums um die Drehachse Nord-Süd. Diesen unsichtbaren Äther können wir uns als durchsichtiges Fluid vorstellen, welches das ganze All erfüllt, und dieses Fluid überträgt die gravitativen Kräfte und bestimmt dadurch die Distanz der Gestirne zueinander. Es bewegt sich das ganze Universum als Einheit. Die Sterne “merken gar nicht”, dass sie schnell dahineilen. Es ist wie bei einer Ballonfahrt. Der Ballon fährt *im Wind*, weshalb die Passagiere *vom Wind* nichts spüren. Hätten sie keinen Sichtkontakt zum

Boden, so könnten sie nicht einmal feststellen, ob sie in der Luft stehen oder sich bewegen. Bei den Gestirnen ist es auch so. Sie umrunden mit der universalen Raumdrehung die Erde Tag für Tag. Mit ihr werden Sonne, Mond und Sterne ganz einfach mitbewegt. Daher ist die Sonne kein Fixstern, sondern der größte Planet.

„Für die Sonne hat Gott es so bestimmt, daß sie über der Erde leuchten und unter der Erde sich verborgen halten sollte. Deshalb erstrahlt sie tagsüber auf der Erde, wie auch ein Mensch bei Tag mit offenen Augen wachsam lebt; nachts aber geht sie unter die Erde, wie auch ein Mensch bei Nacht mit geschlossenen Augen schläft.“

Die universale Raumdrehung ist ein Zwangsumlauf, den alle Gestirne mitmachen müssen und verläuft exakt äquatorial, d.h. radial um die Nord-Süd-Achse der Erde, die den Mittelpunkt des Kosmos bildet. Sie ist der stabile Drehpunkt des Weltenrades. Um diese Radnabe dreht sich das All.
Nun fällt auf, dass die Sonne um eine Spur langsamer ist gegenüber der Firmamentdrehung. Sie benötigt für eine Umdrehung im Schnitt 24 Stunden, das Firmament hingegen braucht dazu nur 23 Stunden und rund 56 Minuten. Daher zählen wir 366 Firmamentumläufe im Jahr und “nur” 365 Sonnentage. Die Ursache dafür ist eine langsame Gegendrehung der Sonne, die sie im Laufe eines Jahres auf der Ekliptikebene macht.

Die Gegendrehung der Sonne

„Auch schaute ich: Im oberen Glanzfeuer erschien ein Kreis, der das ganze Firmament von Osten bis zum Westen umgürtete. Von dort aus zwang ein Wind die Planeten entgegen der Drehrichtung des Firmamentes vom Westen nach Osten zu gehen.“

Die Sonne befindet sich also im Einflussbereich einer flachen Gegenströmung, die sich entgegen der Firmamentdrehung von West nach Ost dreht, weshalb alle Planeten im Gegensinn um die Sonne laufen. Dieser Wirbelstrom verläuft nicht äquatorial wie die Raumdrehung, sondern “in schräger Bahn”, sagt Hildegard. Mit schräger Bahn ist die Ekliptikebene gemeint, die gegenüber dem Himmelsäquator um 23,5 Grad geneigt ist. Auf dieser Ebene macht die Sonne mit ihren Planeten im Laufe eines Jahres eine Relativbewegung, d.h. eine langsame Gegendrehung.

Durch die geringfügige Rückläufigkeit verändert sie ihre Position. Sie hebt sich von ihrem tiefsten Punkt (Wintersonnenwende) allmählich nach oben bis zur Äquatorebene, dann sprechen wir von der Tag- und Nachtgleiche. Danach wandert sie weiter zu ihrem höchsten Punkt, der Sommersonnenwende, um von da an wieder tiefer zu sinken. Im Herbst erreicht sie erneut die Tag- und Nachtgleiche auf Äquatorebene und geht dann wieder zu ihrem tiefsten Punkt, der Wintersonnenwende. Dabei läuft sie entlang des Zodiakkreises, also entlang der zwölf Sternbilder.
Weil auch alle Planeten auf dieser Ekliptikebene mit unterschiedlicher Geschwindigkeit von West nach Ost um die Sonne laufen, deshalb entstehen gegenüber dem Sternenhimmel all die komplexen Bewegungen, wie Vor- und Rückläufigkeit der Planeten, welche ohne das richtige Konzept nur schwer zu erklären sind. Zum besseren Verständnis und zur besseren Veranschaulichung habe ich dazu ein Animations-Video ins Internet gestellt.

http://www.youtube.com/watch?v=5GFuxhO7W6c
oder den Titel eingeben: Hildegardisches Weltbild

„Mit der Stärke der Umwälzung des Firmamentes wird die Sonne vom Osten durch den Süden hindurch in schräger Bahn (Ekliptik) zum Westen hin getrieben, obwohl sie auf ihren Reisen gegen die Bewegung des Firmamentes zu laufen sich anstrengt."

Diese zwei Drehbewegungen - Firmamentdrehung und Relativbewegung der Sonne - erklären die gesamte Himmelsmechanik. Einerseits die globale Raumdrehung und dazu die "regionale" Gegendrehung des ekliptikalen Wirbelstromes. Mehr ist nicht nötig, um alle beweglichen Vorgänge am Firmament beschreiben zu können.
Hildegard erwähnt im Medizinbuch ein fiktives Beispiel der beiden Drehbewegungen und erklärt uns, was geschehen würde, wenn sich das Firmament nicht drehen würde:

"Das Firmament dreht sich mit Geschwindigkeit und die Sonne läuft ihm mit den übrigen Planeten in umgekehrter Richtung langsam entgegen und hemmt seine Geschwindigkeit. Denn wenn die Sonne das Firmament nicht durch ihr Aufhalten hemmte, würde alles durcheinandergeraten und das ganze Firmament zu Bruch gehen. Wäre nämlich das Firmament unbeweglich, dann würde die Sonne fast den ganzen Sommer hindurch über der Erde stehen, ohne daß es Nacht sein würde, und beinahe den ganzen Winter unter der Erde, ohne daß es Tag sein würde." [117]

Denken wir uns die Firmamentdrehung weg, dann stünden wir tatsächlich vor einem "Fixsternhimmel", und so könnte die Sonne ihren täglichen Umlauf nicht vollführen, weil sie ihn ja nur aufgrund der Firmamentrotation macht. Also bliebe noch die ekliptikale Gegendrehung übrig, von der wir wissen, dass sie mit dieser langsamen Gegendrehung nur eine Umdrehung pro Jahr von Westen nach Osten macht. Dadurch würde die Sonne tatsächlich ein halbes Jahr lang benötigen, um vom Westen zum Osten (!) zu gelangen, weil sich diese Strömung gegensinnig dreht. Im Osten würde sie dann untergehen und nach ungefähr einem halben Jahr erneut im Westen aufgehen. Vermutlich hat Hildegard dieses Beispiel angeführt, damit wir die zwei Drehbewegungen besser nachvollziehen können.
Die Frage der Berechenbarkeit des hildegardischen Weltbildes wird mit dem tychonischen Weltmodell beantwortet, welches von den Bewegungen her mit dem hildegardischen ident ist. Der dänische Astronom Tycho Brahe, bei dem im Jahr 1600 Kepler Assistent wurde, ersann folgendes Weltmodell:

* Die Erde ist das Zentrum des Weltalls und unbeweglich.
* Die Erde ist Zentrum für Mond und Sonnenbahn.
* Die Sonne ist das Zentrum der Planetenbahnen.
* Die Fixsterne rotieren täglich um die Erde.

Damit löste Brahe die mathematischen Widersprüche im ptolemäischen Modell, welches aber dennoch zugunsten des heliozentrischen Weltbildes aufgegeben wurde. Tycho de Brahe hatte seine Erkenntnisse nicht aus der Hildegard-Literatur, sondern zog seine Schlüsse aus den akribischen Aufzeichnungen eigener Beobachtungsdaten. Er gilt noch heute als einer der bedeutendsten Astronomen, und es hat nicht viel gefehlt, sein Modell als gegeben anzunehmen. Dieses scheiterte an wenigen, aber einflussreichen Männern.

Schlussbetrachtung

In dieser Kurzfassung der Kosmos-Vision Hildegards wurde nur ein Bruchteil ihrer Aussagen erwähnt, weshalb es zu diesem Thema noch sehr viel zu sagen gäbe. Den meisten Lesern wird aber selbst das Wenige zu viel sein, weil damit unsere Vorstellung von einer sich drehenden Erde revidiert werden müsste. Selbst gläubige Christen haben damit ein Problem. Sie bekennen sich zwar einerseits dazu, dass Gott die Welt erschaffen hat, trauen Ihm andererseits aber nicht zu, dass Er das Firmament auch in Bewegung versetzen kann. Unsere beschränkte Vorstellungskraft ist es, die *das* nicht zulässt. Wir wollen selber bestimmen, was möglich ist und was nicht. Und danach ist es leichter, sich die Erde drehend vorzustellen, als umgekehrt. Das Problem der Raumdrehung liegt nicht in der physikalischen Unmöglichkeit, sondern in unserer beschränkten Fassungskraft. Die allgemeine Wissenschaftsgläubigkeit macht uns unfähig, eigenständig zu denken oder gar eine Sache auf ihre Gültigkeit hin zu hinterfragen. Dieses Denkverbot führt bei einem großen Teil der Menschheit zu einer gewollten Blindheit, von der uns Gott durch Hildegards Werke befreien will.

Im Buch der Lebensverdienste wird auch die Wissenschaft häufig angesprochen. Unter anderem lesen wir bei der Ruhmsucht: "Alles, was passiert, untersuche ich auf das genaueste. Ich bin mein eigener Zeuge dafür, wenn ich nach meinen Richtlinien alle Dinge aufs beste zusammenfasse. Was ich so in den Blick und zu wissen bekomme, warum sollte ich nicht das mir selber zur Ehre gereichen lassen?"

Treffender könnte man das autonome System der herrschenden Wissenschaft nicht formulieren: Sie sind die *eigenen Zeugen* der *eigenen Richtlinien*, d.h. es gilt nur, was sie für richtig finden. Niemand anderer hat da ein Mitspracherecht, offenbar nicht einmal Gott. Daher können sie tun, was sie wollen. Aber die Gottesfurcht antwortet: "Weil du vor nichts Respekt hast und jegliches Ding gierig an dich reißt, wird dein Kopf hinuntergebogen, während deine Füße nach Gottes Urteil nach oben gezogen werden."

Mit anderen Worten: Gott wird solchen Menschen den Boden unter den Füßen wegziehen und die Wissenschaft (noch) auf den Kopf stellen!

Der unruhige Geist des Unglaubens sucht die grenzenlose Wissbegierde und das Erkennen aller Dinge damit zu begründen, dass es nur diese sichtbare Welt gebe. Der Unglaube sagt: "Ein anderes Leben kenne ich nicht als dieses hier... Und wie ich sonst auch suche und forsche... ich finde keine andere Wirklichkeit,... ich treibe keine andere Wissenschaft, als in den Bereichen, die ich genau kenne. Und: Nur das, was ich sehe, das weiß ich. Also will ich nur das tun, was mir den meisten Nutzen bringt." [118]

Der glaubenslose Mensch versucht die Wirklichkeit seiner Welt bis ins Letzte zu erkennen, um in einer ruhelosen Forschung zur wahren Wirklichkeitserkenntnis zu gelangen. Jedoch, er täuscht sich:

"Alle Menschenkinder, die da so großartige Dinge mit gewaltigen Untersuchungen ausgeklügelt haben, um sie zu erforschen und je nach Vermögen ins Werk zu setzen, sie alle sind eitel. Sie lassen die Wirklichkeit aus den Augen, die Gott ihnen zeigt und gibt, und sie bauen sich dafür mit ihren falschen Götzen trugerische Planungen wie ein Gebirge auf. Überall suchen sie jenen Geschehnissen auf die Spur zu kommen, die uns die Welt doch nur durch Zeichen andeutet. Indem sie so verfahren, halten sie das falsche Wissen für die Wirklichkeit selbst und täuschen sich und andere. Denn was immer ohne Gott gesucht und ohne Gott gefunden wird, geht dem Verderben entgegen." [119]

Eitel ist das Forschen eines atheistischen Geistes, und es geht dem Verderben entgegen. Wer denkt da nicht an die zerstörerischen Einflüsse unserer Industriegesellschaft, an die gnadenlose Ausbeutung von Rohstoffen, an die Rüstungsindustrie, die im Handumdrehen die Welt in Schutt und Asche legen kann?

Es geht hier nicht um eine allgemeine Verteufelung der Wissenschaft, denn jeder Christ weiß es, eine der sieben Gaben des Hl. Geistes ist die "Gabe der Wissenschaft". Jede Gabe ist eine Aufgabe, und wer diese Gottesgabe hat, wird in verantwortlicher Weise Forschung betreiben. Es muss letztlich eine Suche nach Wahrheit sein. Die Forschung darf nicht gegen die Natur, nicht gegen das Leben oder gegen den Glauben stattfinden. Sie muss dem Leben dienen und der Verherrlichung Gottes, dann wird sie nicht zum Fluch, sondern zum Segen für die Menschheit. Wenn wir vor der Schöpfung und vor den Geschöpfen Gottes keine Ehrfurcht mehr haben, dann wird Forschung zum Fluch. Der Mensch ist zu einer ehrfürchtigen Forschung der Geheimnisse Gottes berufen, und sie soll zum Wohl und zum Heil der Menschen dienen.

Jetzt aber "zerreißt der Mensch seinen Schöpfer in die Vielzahl der Geschöpfe", er zerstückelt die lebendige Schöpfung in tote Einzeldinge.

"Was recht von Gott eingerichtet ist, das zerreden und zerschreiben sie nach ihrem Eigensinn auf verkehrte Weise. Sie zerrupfen alles in ihren Herzen..."

"Die Menschen, die auf die Geschöpfe wie auf eine lesbare Schrift blicken (Genetischer Code) und so aus der Schöpfung gleichsam wie aus Büchern mancherlei herauslesen möchten, verehren statt Gott den Teufel. Ihm stehen sie zu Diensten, weshalb er auch an ihre Seite tritt und spricht: *'Was ihr auch von mir fordert, ich will es euch geben!'* Und so behauptet der Elende, der damit dem Teufel nur dient, bei sich selber: *'Ich finde all mein Heil in der Natur.... Daher versuche ich, alles, was ich will, in der Welt zu erforschen. Daß ich damit eine Schuld auf mich laden könnte, dafür habe ich gar kein Verständnis.'* So spricht einer zu sich, der sich auf gar üble Weise selber zum Narren hält, und so setzt er auch seine verkehrten Künste ins Werk. Daher wird er an Leib und Seele vernichtet, weil er dem Fall des ersten Engels nachfolgt, und weil er sich mit dem Teufel gemein macht, indem er auf die unvernünftigen Geschöpfe sein Vertrauen setzt. Indem er nämlich mit seinen schlechten Forschungsmethoden immer nur auf die Natur starrt, löst er den Anblick seiner eigenen Seele aus. Und indem er die schlechten, verkehrten und nichtsnutzigen Handlungen und all das, was gegen die Natur und das Heil der Menschen ist, zur Durchführung bringt, schickt er seine eigene Seele in den Untergang."[120]

Diese erschreckende Gerichtsdrohung ergeht an eine glaubenslose und seelenlose Wissenschaft, die vor nichts zurückschreckt und mit ihren Methoden Unheil in der Schöpfung anrichtet. An einer Stelle heißt es: "Auf diese Weise werden sie aufgeblasen, als wären sie Götter." [121] Die Wissenschaft steht heute erhaben über allem und jedem. Das sind die modernen "Götter", die uns sagen, was sein darf und was nicht. Kein Politiker der Welt ist in der Lage, sie in Schranken zu weisen, denn sie sind autonom.

"Warum sollte unsereins Respekt haben vor den Vorschriften anderer? Was *ich mir selber* vorschreibe, von dem weiß ich genau, was ich daran habe und was es mir nutzt." [122]

Die Wissenschaft lässt sich nichts vorschreiben, auch nicht von Politikern oder Klerikern. Daher müssen wir genmanipulierte Nahrungsmittel schlucken, angebaut von Landwirten, die genmanipuliertes Saatgut kaufen müssen, welches nur einmal keimt, weil die Herren der Wissenschaft die Natur manipuliert haben. Dadurch geraten die Landwirte in Abhängigkeit, denn die natürliche Vermehrung, wie Gott sie in der Natur festgelegt hat, ist nicht mehr möglich. Das sind schwere Vergehen an der Natur, am Menschen und vor Gott. Hier geht es um Macht, Gier und Knebelung der Menschheit. Diese Haltung ist der magischen Kunst zugeordnet, weil vieles in der Wissenschaft mit Hilfe des Teufels erfunden und erkannt wird. Er will ja die Vernichtung der Schöpfung und der Menschheit. Hören wir, was Gott dazu sagt:

"Du aber, du magische Kunst, hast nur einen Kreis ohne den Mittelpunkt! Gar mancherlei Untersuchungen stellst du im Kreislauf der Natur an, aber die Schöpfung selbst wird dir Ehre und Besitz wegnehmen und dich wie einen Stein in die Hölle werfen, weil du ihr den Namen ihres Gottes geraubt hast. Daher werden alle Völker der Erde über dich klagen, denn du verhöhnst sie durch die Lästerung Gottes. In die Irre führst du sie bei ihrer Gottesverehrung, wo sie doch Gott dienen sollten. Daher bleibt kein anderer Lohn für dich übrig als ein Teufelslohn." [123]

Die Schöpfung selbst wird sich gegen diese atheistisch gewordene Wissenschaft erheben. Es ticken ja unzählige Zeitbomben in den Weltmeeren, in den aufgelassenen Bergwerken und im Erdboden. Jeden Tag kann so eine chemische Verseuchung oder ein anderes Übel mit ungeahnten Folgen auftreten. Die Reaktorkatastrophen, zuletzt in Japan, sind nur eine von vielen Gefahrenquellen, die nicht mehr auszuschalten und nicht mehr beherrschbar sind. Dank der Wissenschaft lagern so viele Atombomben, dass man die Erde x-mal vernichten kann. Das alles hat der mörderische Geist erfunden und sich zurechtgelegt. Und hier sagt uns Gott vorher, dass die Natur sich rächen wird. Der vom Menschen verursachte Klimawandel führt zu Naturkatastrophen und so erfährt der Mensch, dass die Natur Gesetze hat, die man nicht ungestraft übertreten kann.

Nicht allein deshalb schlägt die Natur zurück, sondern: “Weil du ihr den Namen ihres Gottes geraubt hast!” Das wissenschaftliche “Evangelium” hat Gott verabschiedet, hat ihn völlig ausgeklammert aus seinem Denken. So sagt ein Physiker: “Die These eines Gottes brauchen wir nicht”. Daher ist, wie jeder weiß, alles “rein zufällig” und “ganz von selbst” entstanden. Sie kennen ja diese Evolutionslehre, die eine Schöpfung ohne Gott konstruiert. Und daran glauben heute alle! Wo bleibt da der Hausverstand? Wie soll zufällig aus dem Nichts etwas Vernünftiges werden? Das Nichts ist nichts und hat deshalb auch keinerlei Eigenschaften, und so kann aus dem Nichts nichts werden! Dieses Nichts hat man zum “Schöpfer” erhoben, bezeichtet es als Evolution, während der Urheber allen Seins sträflich verleugnet wird. Das wird sich wieder ändern müssen, wenn die Menschen etwas anderes wünschen als Teufelslohn, wie wir gehört haben. Mahnend ruft Gottvater:

”O Mensch, wo warst du, als die Gestirne und die übrigen Geschöpfe entstanden? Hast du etwa Gott beraten, als sie gebildet wurden?” [124]

Gott wird der Wahrheit zum Sieg verhelfen, auch wenn die Menschen oft lange darauf warten müssen. Wenn wir eines Tages wieder glauben dürfen, was sich Tag für Tag vor unseren Augen abspielt, nämlich der Umlauf von Sonne, Mond und Sternenhimmel, dann müssen zwar einige Lehrbücher neu geschrieben werden, aber wir werden andererseits mit Staunen zum Himmel blicken und so den Wunsch des Vaters erfüllen, der dazu sagt:
“Die Menschen sollen dadurch ihren Schöpfer erkennen und nicht davor zurückweichen, Ihn in gebührender Ehrfurcht zu verehren.”
Gott wird die Wissenschaft demütigen, weil sie Ihm seinen Namen geraubt hat, indem sie Ihn als Urheber allen Seins leugnet! Sie wird ihre Anmaßung und ihren Stolz ablegen müssen, weshalb Wissenschaftler der Zukunft demütige Menschen sein werden, die ihre klare Erkenntnis nicht im Labor erfahren, sondern aus den Werken der hl. Hildegard, die sie mit Glauben studieren. Es gilt nicht, die tote Materie weiter zu zerstückeln, sondern die göttliche Ordnung zu suchen, das Leben, die Fruchtbarkeit und Vielfalt zu fördern und alles Zerstörende zu meiden. Dabei werden uns noch viele kosmische Geheimnisse offenbar werden, die bei Hildegard zwar beschrieben sind, die aber faktisch niemand kennt. Zuvor aber muss der Quantensprung zur Realität erfolgen, zu jenem sich drehenden Sternenhimmel, von dem die Wissenschaft annimmt, er stehe still. Gott offenbart uns

keine Märchen, sondern die Wirklichkeit. Wie realistisch die Kosmos-Vision der hl. Hildegard gemeint ist, das besagen die folgenden Worte:

"Vor dem Sündenfall Adams war das Firmament unbeweglich und drehte sich nicht. Nach dem Fall aber fing es an, sich zu bewegen und umzudrehen. Vom Jüngsten Tage ab wird es aber wieder unbeweglich dastehen, wie es am ersten Schöpfungstage vor Adams Fall gewesen ist.
Jetzt aber dreht es sich deshalb, damit es von der Sonne, dem Mond und den Sternen seine Kraft und Stärke empfängt, weil wenn es unbeweglich stehen würde, es in kurzer Frist verflüssigt und aufgeweicht auseinanderfließen würde. Aus demselben Grunde, weil es nämlich nach einem bestimmten Maße sich dreht, reinigt es auch die Elemente. Diese Reinigung äußert sich zuweilen in Gestalt wasserführender, schwarzer Wolken, wie wir sie sehen. Das ist so, wie wenn Wasser, in einem Topf aufs Feuer gesetzt, unter dem Einfluß der Siedehitze Schaum auswirft und gereinigt wird."[125]

Die Firmamentdrehung wurde durch den Sündenfall ausgelöst, weil dadurch Vergänglichkeit und Tod entstanden sind. Damit auch Schmutz, Sünde, Verwesung und die Unruhe der Zeit, der Wechsel von Tag und Nacht, von Licht und Finsternis, von Glaube und Unglaube, von Bewährung und Versagen.
Gott musste die Welt den Gegebenheiten anpassen, damit die Elemente immer wieder gereinigt werden. Alle Vorgänge sind seither zyklisch und laufen in Kreislaufsystemen. Ohne Recyclemethoden hätten wir kein sauberes Wasser und keine frische Luft mehr zum Atmen. Es gibt kein neues Wasser, keine neue Luft, alle Elemente sind so alt wie die Welt selbst. Für die ständige Erneuerung und Reinigung sorgt der ganze Kosmos mit seinem Umlauf. Ohne diesen könnte der Mensch nicht bestehen. Daher ist die Firmamentdrehung für die Welt und den Menschen so unverzichtbar wie die Sonne mit ihren Planeten, wie der Mond und die Gestirne. All das ist notwendig für das Leben auf Erden und unser täglich Brot. Erst nach dem Jüngsten Tag, wenn sich die Elemente auflösen und Gott einen neuen Himmel und eine unvergängliche Erde schaffen wird, dann wird der Urzustand wieder hergestellt und der Kosmos zum Stillstand kommen.

"Und wie du siehst, werden die Elemente, nachdem dies alles (Erneuerung) geschehen ist, in größter Klarheit und Schönheit erstrahlen, d.h. alle hinderliche Schwärze und Schmutzigkeit ist verschwunden. Das Feuer wird dann nämlich ohne Glut wie Morgenröte schimmern und die Luft ohne Trübung ganz rein und glänzend sein; das Wasser wird ohne heftigen Erguß und Überfließen durchsichtig und ruhig daliegen und die Erde wird ganz unverwüstlich und ohne Verunstal-

tung fest und eben erscheinen, wenn das alles in große Ruhe und Schönheit übergegangen ist. Doch auch die Sonne, der Mond und die Sterne werden wie kostbare Edelsteine auf Goldhintergrund (!) sehr klar und mit großem Glanz am Firmament schimmern und nicht mehr auf ihrer unruhigen Kreisbahn Tag und Nacht zu trennen haben. Denn am Weltende sind sie nunmehr unbeweglich, so daß von jetzt an keine nächtliche Finsternis erscheint, weil der Tag dann nicht zu Ende geht; so bezeugt und spricht auch Mein geliebter Johannes:
'Und es wird keine Nacht mehr geben und sie benötigen kein Lampen- und Sonnenlicht, weil Gott der Herr ihnen leuchtet.'" (Off. 22,5)

Soweit ein Zitat aus *Scivias,* 12. Vision, mit dem sich der Kreis dieser göttlichen Offenbarung, Belehrung und Ermahnung schließt. Alle Werke Hildegards tragen dieselbe Handschrift, sie sind wie aus einem Guss und kommen von *einem* Autor: von Gottvater bzw. der Weisheit Gottes. All diese Lektionen, die Vision für Vision uns hier erteilt werden, tragen dazu bei, ein ganzheitliches Bild zu bekommen vom Weltgefüge und der Weltgeschichte, die Gott schreibt. Die ausführlichen Darlegungen schmücken die oft kargen Worte der hl. Schrift aus zu einer lebendigen Wirklichkeit, beleben unseren Glauben und machen ihn verständlicher. Noch nie hat uns Gott so umfassende Einblicke in alle Bereiche unseres Lebens gegeben wie in Hildegards Werken. Sie verpflichtet uns dazu, für die Wahrheit Zeugnis abzulegen, denn

"Die Wahrheit wird euch frei machen",

sagt der Herr! Wenn wir durch die wunderbaren Werke Hildegards so viel neue und tiefere Erkenntnis über die ganze Schöpfung und ihre Heilsgeschichte erfahren, so darf vor allem die Kirche die ausgestreckte Hand Gottes nicht zurückweisen. Sie müsste nun den Mut haben, Gott mehr zu glauben als der Wissenschaft, denn sie ist vor allem Gott verpflichtet und nicht der Welt.

Wenn Gottvater sagt, diese Offenbarungen übertreffen alles, was bisher von Gott Sehern offenbart worden ist, dann ist damit auch ein Auftrag verbunden, nämlich die moralische Verpflichtung, sich dieser Werke anzunehmen und gegebenenfalls daraus auch die Konsequenzen zu ziehen.
Dann werden eines Tages die Worte der Aufopferung bei der hl. Messe keine leeren Worte mehr sein, sondern man wird Gottvater das heilige Messopfer mit größter Ehrfurcht und überzeugendem Glauben darbringen:

Vom Aufgang der Sonne bis zu ihrem Untergang!

Der Kosmosmensch
Zweite Schau
Vom Bau der Welt

Die Prophetie der hl. Hildegard

Bereits in den 1970er Jahren, kurz nach Gründung des ersten Hildegard-Vereines *"Bund der Freunde Hildegards"* (1977), brachte Dr. med. Hertzka in unserem Vereinsblatt *"St.Hildegard-Kurier"* eine Fortsetzungs-Serie über Hildegards Prophetien.
Die Menschen hatten damals wie heute Zukunftsängste und es kursierten verschiedene "Botschaften" im Lande, die Angst machten. Es wurde vor dem Kommen des Antichrists gewarnt und der damals aufkommende Strichcode auf Verkaufsartikeln löste Ängste aus im Sinne einer bevorstehenden Markierung auf der Stirn des Menschen. Der Strichcode wurde also verdächtigt, das Zeichen des Antichrists zu sein.
Prophezeiungen über einen 3. Weltkrieg machten die Runde, von den Fatima-Botschaften bis zum hellsichtigen Irlmayr aus Freilassing. Zugegeben, die Zukunftsängste sind auch angesichts der Hildegard-Prophetie nicht unbegründet, wenngleich wir das Kommen des Antichrists nicht erleben werden. Die Kriegsgefahr hingegen bleibt, wie Sie noch erfahren werden.

Um diese Zeit begannen wir, Dr.med. Hertzka und der Verfasser, die noch völlig unbekannte Hildegard von Bingen mit unserer Vereinszeitschrift ein wenig populär zu machen. "Hildegard" war so bekannt wie der Name "Maria", "Agnes" oder "Kunigunde". Ein Vorname, mehr nicht. Das änderte sich allmählich mit der Veröffentlichung ihrer medizinischen Ratschläge durch den "St. Hildegard-Kurier".
Am Anfang waren wir wirklich nur zu zweit, Dr. med. Hertzka und ich, und ich musste all meine Überredungskunst aufwenden, um ihn für die Öffentlichkeitsarbeit zu gewinnen. Er schrieb zumeist theologische Beiträge und ich medizinische, obwohl ich in Bezug auf "Hildegard-Medizin" noch völlig ahnungslos war. Damals war ich zwar in der Volksheilkunde gut bewandert, kannte die meisten Heilkräuter und wofür sie gut sein sollten, aber "Hildegard" war mir neu. Das Abenteuer "Hildegard" begann also ein wenig ironisch. Als erfahrener Arzt mit Hildegard-Erfahrung wäre Dr. Hertzka dazu prädestiniert gewesen, die medizinischen und naturheilkundlichen Beiträge zu schreiben, doch das gebot er mir. Ich bekam seine persönliche Übersetzung der *"Physica"* in die Hand gedrückt, weil es eine vollständige Übersetzung seinerzeit noch nicht gab, und somit hatte ich genug zu tun. Aus der Beschäftigung mit diesem Werk heraus schrieb ich in volkstümlicher Weise Beiträge über Hildegards Naturheilmittel.

Wenigstens die Korrektur übernahm mein strenger Herr Doktor und manchmal schrieb er sogar über die Medizin. Er war, und ich glaube, da kann ihm niemand die Hand reichen, einer der besten Kenner *aller* Hildegard-Werke. So lagen ihm die theologischen Werke Hildegards sehr am Herzen. Da passte natürlich "Deutschlands Prophetin" gut in die Zeit, um hier etwas Licht in die Verunsicherung zu bringen, und so startete er in der Vereinszeitschrift eine Serie über Hildegards prophetische Aussagen.

Der erste Teil der Prophetie betraf die vier apokalyptischen Reiter, deren Bedeutung bei Hildegard gut beschrieben ist. Die vier Rosse betreffen demnach die vier großen Weltzeiten, von Adam bis zum Jüngsten Tag. Anhand dieser Prophetie wird ersichtlich, dass drei Weltzeiten schon abgelaufen sind, bzw. dass das dritte Zeitalter in unseren Tagen zu Ende gehen wird.

In einer zweiten Serie erklärte uns Dr. Hertzka die Zeit von Hildegard an bis zum "Sohn des Verderbens". Hildegard beschreibt in ihrer letzten Vision des letzten Buches die Weltgeschichte von ihrer Zeit an bis zum Sturz des Antichrists in fünf Zeitabschnitten. Jede Etappe steht da im Zeichen einer Bestie. Aufgrund der geschichtlichen Ereignissse, die für jeden Zeitabschnitt beschrieben werden, ist eine Orientierung gut möglich. So wissen wir, dass von den fünf Etappen zur Zeit die zweite Etappe zu Ende geht. Der dritte Zeitabschnitt beginnt nämlich mit einer Friedenszeit, die es bislang noch nicht gegeben hat. So haben wir eine grobe Einteilung nach den vier apokalyptischen Reitern und eine feinere nach dem Fünfzeitenbuch. Der Überschaubarkeit wegen soll die Prophetie auch hier in zwei Teilen erfolgen.

Ein Grund für die Geschichtsschreibung von Hildegards Zeit an bis zur Niederwerfung des "Sohnes des Verderbens" ist die Wiederherstellung der göttlichen Gerechtigkeit, welche zur Zeit Hildegards zerbrach. Dabei spielen Dinge eine Rolle, die kaum jemand weiß. Weil die Gerechtigkeit auch mit kosmischen Einflüssen zu tun hat, deshalb steht das alles im Kosmosbuch (*Liber divinorum operum*). Um den tieferen Sinn der Gerechtigkeit nicht zu vernachlässigen, sind diese wichtigen Fakten im zweiten Teil der Hildegard-Prophetie enthalten. Eine wortwörtliche Wiedergabe der zahlreichen Beiträge von Dr. Hertzka war wegen der Länge und Wiederholungen nicht möglich. Ich habe sinngemäß sein Gedankengut zusammengefasst und viele Textpassagen wortwörtlich übernommen. Letztlich ist aber doch ein unvermeidliches Konglomerat daraus geworden.

Teil 1
Die vier Rosse der Geheimen Offenbarung

In der Kirche, die an dem Platz steht, wo Bruder Klaus die Gottesmutter gesehen hat, ist ein Gemälde angebracht, welches die vier apokalyptischen Reiter darstellt, und diese Darstellung ist falsch. So falsch wie die gewöhnliche Ausdeutung, dass es sich dabei um endzeitliche Ereignisse handelt, bei welchen die vier Rosse nacheinander über die Erde traben.
Diese endzeitlich gedachten Ereignisse werden bei Hildegard völlig anders gedeutet. Wenn es nach Hildegard geht, ist in diesen vier Rossen die ganze Weltgeschichte im Lichte Gottes vom Anfang, von der Vertreibung aus dem Paradies, bis zum Ende, bis in die Zeit des Antichrist und nach dem Antichrist, dargestellt.
Das Ross gilt hier als Sinnbild der wild gewordenen Menschheit, welche gezügelt werden muss von einem Reiter, der im Auftrag Gottes die Weltgeschichte doch immer wiederum so weit korrigiert, dass Gottes Plan und Gottes Autorität nicht zu Schanden wird. Diese Einteilung der Welt in vier ganz große Abschnitte ist wichtig zum Verständnis der Hildegard-Prophetie.

1. Reiter auf dem Schimmel

"Das Lamm öffnete das erste Siegel und eines der vier Wesen sprach: ´Komm und sieh!´Und siehe da, ein weißes Roß und der auf dem Roß saß, der hat einen Bogen in der Hand..."
So weit der Text der geheimen Offenbarung. Dieses weiße Ross stellt nach Hildegard die Menschheit gewissermaßen als unbeschriebenes Blatt dar, als weiße Landkarte auf dem Wege, den die Menschheit noch zu nehmen hat. Das Weiß symbolisiert auch die Unkenntnis der Menscheit über das Walten Gottes. Die Menschen lebten in den Tag hinein, verwilderten völlig, von wenigen Ausnahmen abgesehen, und Gott korrigierte die dahinstürmende Menschheit mit dem Bogen. Dieser Bogen ist nicht, wie auf den meisten künstlerischen Darstellungen gezeigt wird, der Bogen, mit dem man einen Pfeil abschießt. Nein, der Bogen symbolisiert den Himmelsbogen, den Tierkreisbogen. In ihm liegt eines der Regierungsgeheimnisse Gottes verborgen.
Wenn eine Korrektur für die Menschheit nötig war, dann ließ Gott durch die Mechanismen der kosmischen Welt Katastrophen entstehen. Das war damals (wie heute) die Art, die Menschen zu zügeln. Je zügelloser die Menschen wurden, desto dramatischer wurden die Katastrophen. Die Zeit des weißen apokalyptischen Rosses endete mit der Sintflut.

Gegen Schluss dieser ersten Zeit hat Gott die Geheimnisse seines Himmelsbogens einem seiner Vertrauten mitgeteilt. Noah war in dieses Geheimnis eingeweiht und Gott hat ihn als den Letzten des Bogenzeitalters bestimmt, die wenigen Überlebenden in die nächste Zeit zu führen. Deshalb baute er die Arche.

Aus dem kosmischen Bogen heraus wurde das Sintflutereignis gesteuert. Als es vorbei war, setzte Gott den Bogen an den Himmel als Zeichen, daß er nie wieder mit einer gleichen Flut die Menschen vernichten wolle.
Unser Regenbogen, der vor der Sintflut nach Darstellung Hildegards noch nicht existiert hat, weil die Atmosphäre damals noch nicht so von Feuchtigkeit durchdrungen war wie heute, dieses Bogensymbol wurde dann an den Himmel gesetzt, als Zeichen, dass diese Zeit vorbei ist. Gott offenbart das geheimnisvolle Symbol des Reiters erst dann, wenn diese Zeit abgelaufen ist.
Bei der Sintflut ließ Gott die "oberen Wasser" des Kosmos auf die Erde stürzen, und nicht die Regenwolken, denn solche gab es vor der Sintflut noch nicht. Hildegard erklärt das ganz genau. Das irdische Wasser hatte ein "Häutchen", so dass es nicht so "hurtig fließen konnte wie heute". Es konnte auch nicht (in dem Ausmaß) verdunsten, daher gab es vor der Sintflut noch keinen Regen und keine hohe Luftfeuchtigkeit. Beim Wasser musste sich durch das Sintflutereignis physikalisch etwas verändert haben, weil es erst seither wasserführende Wolken und Regen gibt, und damit auch den Regenbogen.
Wie weit die Vorsehung Gottes reicht, sehen wir auch daran, dass Gott nach der Flut ein neues Gewächs entstehen ließ: den Weinstock. Damit gab Er einen ersten Hinweis auf das Kommen des Erlösers.

2. Reiter mit dem Schwert

Im zweiten hildegardischen Weltalter war das Blut der rote Faden, welcher sich durch die Geschichte hinzog. Seit den Tagen der Sintflut bestand zwischen der Menschheit und Gott ein Bund. Die Nachkommen Noahs hielten sich an die sogenannten noachitischen Gebote. Vertragsbrüche dieser zweiten Weltzeit ahndete der Reiter auf dem Ross durch das Schwert.
Wenn wir von der hildegardischen Annahme ausgehen, dass in der ersten Weltzeit die Menschen Gott nicht kannten, beginnt die eigentliche Gottesgeschichte erst mit dem Sintflutereignis. Der Schock, den die Menschheit damals erfuhr, war die unumgängliche Voraussetzung der Heilsgeschichte. Sich die Sintflut wegdenken, heißt dem Alten Testament die Grundlage entziehen. Nach Hildegard ist die Geschichte Israels nur zu verstehen, wenn man sich vor Augen hält, dass alle seine führenden und frommen Menschen ganz stark im Bann jenes heilsamen wie auch tröstlichen Gottesschrecken standen, welchen das Sintflutereignis unauslöschlich ihnen eingeprägt hatte. Tröstlich, weil sie und alle nachfolgenden Menschen "noch einmal davon gekommen waren". Heilsam deswegen, weil unter dem Eindruck eines absoluten Machterweises Gottes darüber kein Zweifel mehr herrschen konnte, dass der Mensch Gott gegenüber ohnmächtig ist. Die jüdische Gottesvorstellung ist aus diesem Grunde von der alles übertreffenden Allmacht Gottes geprägt. Diese Haltung ist die Voraussetzung, auf welcher die Erlösung und jedes weitere Geschichtsverständnis der Menschheit aufbaut. Wo die Gottesfurcht nicht als Anfang aller guten Gedanken festgehalten wird, kommt der Mensch nicht aus dem tödlichen Kreisel von Schuld und Untergang heraus.
Gott ist Herr der Geschichte und Gott bleibt Gott, aber das Gottesbild, die Gotteserkenntnis ändert sich, wie Gott auch in der nachsintflutlichen Zeit seine Methode änderte, um die Menschheit zu zügeln. Die Methode des Fuchsreiters in der zweiten Weltzeit wird bei Hildegard so geschildert:

"Und es zog ein anderes Roß hinaus, ein rotes, und der auf ihm saß, dem war gegeben, den Frieden zu nehmen von der Erde und daß sie sich gegenseitig töteten und es wurde ihm ein großes Schwert gegeben." (Offenbg. 6,4)

Das ist so zu verstehen: Dieses (fuchsrote) Roß ist jene Weltzeit, da nach der Sintflut durch den Zorn Gottes nach gerechtem Richterspruch der Friede denen weggenommen wurde, welche sich Gott entgegenstellten, weil sie vor IHM nicht den Frieden vermittelten. Und deshalb ließ das Gericht Gottes es zu, daß sie sich gegenseitig grausam töteten und in großen Schlachten vernichteten, weil sie durch ihre Untreue von Ihm abgefallen waren, wie auch die Seelen sich töten, wenn sie nicht mehr den Zusammenhang mit Gott suchen."

Gott braucht nur seine schützende Hand zurückziehen, und schon geht das Blutvergießen unter der wilden Menschheit los. Die Kriege im Altertum waren Gottes Gerichte. Das Eigentümliche in der Weltgeschichte scheint zu sein, dass die Menschheit erst dann zufrieden ist, wenn Gott sich ihr als Richter offenbart, wenn er, zum Gericht herausgefordert, die Welt seine absolute Macht spüren lässt. Der Gott der Geschichte ist der richtende Gott. Ein ungeschichtliches Denken, wie es uns heute suggeriert wird, kann damit nichts anfangen. Das Ross und sein Reiter geben die Situation wieder:
Die Menschheit als Ganzes will sich immer gegen Gott aufbäumen, so oft sie auch belehrt wird, dass es zwecklos ist. Die Art der Menschen, sich gegen den Reiter-Gott zur Wehr zu setzen, wechselt vier Mal; dadurch ergeben sich die vier Zeitepochen der Menschheit. Und vier Mal wechselt auch Gott die Art, man könnte sagen sein Regierungsgeheimnis, das wildgewordene Menschheitsross wieder zur Räson zu bringen. Das Geheimnis wird erst dann enthüllt, wenn Er es nicht mehr braucht.
Erst nach der Sintflut zeigte sich der Bogen, und etwas Ähnliches geschah auch am Ende der zweiten Weltzeit, der des Fuchsreiters mit dem Schwert. Es ging damals das Bundesverhältnis zwischen Gott und der Menschheit zu Ende. Als Gott diese Zeit des Schwertreiters beenden wollte, sandte Er seinen Sohn. In ihm haben sich alle Bündnisverheißungen Gott erfüllt. Wieder war die Zeit gekommen, ein Regierungsgeheimnis zu enthüllen, das zweite Geheimnis der Weltregierung Gottes. Jesus enthüllte es, als er sagte:

"Ich bin nicht gekommen, den Frieden zu bringen, sondern das Schwert."

Gemeint ist damit: Ich bin gekommen, um das Geheimnis des Schwertes zu enthüllen. Mit der Selbstoffenbarung als Schwertüberbringer offenbart Jesus das Regierungsgeheimnis von Gottvater. Das scharfe Schwert Gottes, das WORT Gottes als scharfes Schwert, hatte damit seinen Dienst getan für diese Zeit und alle übrigen Zeiten. Christus als das menschgewordene WORT hat uns im Evangelium sein Wort des Friedens gebracht. Das Evangelium stiftet keinen Krieg mehr. Der Geist des Evangeliums spricht eine andere Sprache. *"Wenn dich einer auf die linke Wange schlägt..."*, oder: *"Wer zum Schwert greift..."* Mit Christus begann eine neue Weltzeit und eine neue Art der Zügelung. Während in der alttestamentlichen Zeit Gott die Vergehen der Menschen umgehend ahndete, wartet Er wegen des Werkes der Erlösung nun geduldig auf die Umkehr der Menschen.

3. Reiter mit der Waage

Nun wird es noch einmal spannend. Nach dem bisher Gesagten ist klar, dass mit der Menschwerdung des Wortes Gottes eine neue Zeit begann. Hildegards Zeitrechnung beginnt aber nicht mit der Geburt Christi, sondern mit der Kreuzigung. Danach hätten wir die Jahrtausendwende noch vor uns, weil ja die 33 Lebensjahre des Herrn davon abzuziehen sind. Die grundsätzliche Frage aber ist, ob wir noch in dieser nachchristlichen Zeit leben oder schon im Banne des vierten apokalyptischen Reiters stehen?
Wie lässt sich diese Frage klären? Stünden wir bereits in der letzten Weltzeit des Reiters mit der Sense, dann müssten wir auch das Geheimnis der Waage längst kennen. Wer aber kennt deren Bedeutung? Dieses Geheimnis scheint also noch nicht zum Allgemeinwissen zu zählen. Auch wäre zu hinterfragen, wann genau die Rappenzeit zu Ende ging und mit welchen weltbewegenden Ereignissen diese Wende verbunden war? Hat etwa Martin Luther eine große Zeitwende herbeigeführt? War es vielleicht der Untergang vieler Monarchien nach dem Ersten Weltkrieg oder der Holocaust?
Wenn eine Weltzeit zu Ende geht, dann müssen damit auch katastrophale Ereignisse verbunden sein, vergleichbar mit der Sintflut, wo noch Generationen danach allen Menschen die Gottesfurcht im Nacken steckt. Hat sich schon ein weltwendendes Ereignis vollzogen, welches das Denken der Menschen geändert und wieder mit Gottesfurcht erfüllt hat? Die Frage stellen, heißt sie beantworten. Von Gottesfurcht hören wir zur Zeit herzlich wenig. Das ist außerodentlich verdächtig, denn immer dann, wenn eine Weltzeit zu Ende geht, schwindet diese Gottesfurcht. Der Vorhang des dritten Aktes ist demnach noch nicht gefallen und auch das Siegel des dritten Reiters - die Waage - ist noch nicht offenbar geworden. Danach leben wir noch in der dritten Weltzeit des Rappens.

Das Merkmal für die dritte Zeitwende müsste bei Hildegard eigentlich zu finden sein, wenn sie eine Prophetin Gottes ist, denn Gott weiß ja, wie alles kommt. Wenn die hildegardische Auslegung der vier apokalyptischen Rosse richtig ist, dann muss zwischen dem schwarzen Roß und dem fahlen Ross ein unverkennbares Ereignis stattfinden.
Hildegard schildert dieses Großereignis in einer eigenen Vision, und zwar an einer Stelle, wo man es nicht vermutet. Es ist die 7. Vision im dritten Teil ihres Buches *Scivias*. Dort schreibt sie von einer Dreifaltigkeitswende. Die Vision trägt den Titel: *"Die Säule der wahren Dreieinigkeit"*. In dieser Vision erfahren wir, wie die Rappenzeit zu Ende geht.
Bevor wir darauf näher eingehen, sollten wir neben der Zügelungsmethode Gottes

auch etwas von der Verführungsmethode des Teufels erfahren, insbesondere in der dritten Weltzeit, die uns betrifft. Hildegard schildert ja auch die wesentlichen Feldzüge, welche der Teufel im Laufe der Geschichte unternahm, im Krieg gegen Gott. Sie entsprechen genau den Prinzipien der bisher über die Welt hinweg gezogenen Zeiten, des weißen, des roten und des schwarzen Rosses. Diese Farben verkörpern eine Art Reinrassigkeit des Bösen. Welche Taktik hat sich der Verführer für die Zeit des Rappens ausgedacht? Hildegard schreibt:

"Unter seinen aufgeblasenen Plänen hatte er auch den Plan, sich störend einzuschalten in den Strom der menschlichen Fortpflanzung, wobei (als schlimmstes) Männer an Männern sich entflammen in schändlichem Tun. Das freute ihn so sehr und er rief aus: *Das ist doch der größte Hohn auf Gott, der den Menschen formte, wenn der Mensch seine eigene Form zerstört, sodaß er den natürlichen Umgang mit Frauen verwirft."*

Mit diesen Worten umschreibt Hildegard den teuflischen Ursprung der Homosexualität. Demnach wäre das die schlimmste sexuelle Verirrung der Menschheit. Dieses Laster schließt offenbar alle anderen Sexualverirrungen in sich ein, und es muss somit als *die* Kampfmethode des Teufels in seinem Krieg gegen Gott in der Rappenzeit angesehen werden.
Wenn wir nun die Strategie des Teufels kennen, so lässt sich auch die göttliche Gegenstrategie erahnen. Die Lösung liegt in der Offenbarung der Waage, die der dritte Reiter in Händen hält. Hildegard offenbart uns die Bedeutung der Waage. Ich habe darüber schon in meinem Buch "*Kommt alle zu mir*" [126] geschrieben, weshalb die Lösung nicht ganz neu ist.
Gewogen wird mit Weizen oder Gerste. Für 1 Maß Weizen oder 3 Maß Gerste erhält man einen Denar. Dieser Tageslohn ist die ewige Seligkeit im Himmel. Ein Maß Weizen ist so viel wert wie drei Maß Gerste. Für wen gilt das Weizenmaß und für wen die Gerste?
Drei Maß Gerste gelten für "diejenigen, die sich nach den Vorschriften des Gesetzes in Selbstbeherrschung der Sünden enthalten und sich vom Verkehr mit einem Manne oder Weibe frei machen, den Reichtum verlassen und arm werden, was alles hart und bitter ist, die gehen über drei Maß (Gerste) jener Bitterkeit einen Liebesbund mit dem einen Denar ein, der die himmlische Heimat bedeutet. Solches tut die Weisheit, die alles in Barmherzigkeit ausgewogen hat, weil Gott allen barmherzig ist."

Damit sind die Ordensleute gemeint, der Ordensstand. Sie geloben nämlich

Armut, Keuschheit und Gehorsam. Für diese drei harten Entbehrungen bekommen sie den einen Denar, das "Ticket" für den Himmel.
Für den weltlichen Stand und die Eheleute gilt das Weizenmaß. Sie brauchen nur *ein* Maß Weizen auf die Waage bringen für denselben Lohn! Sind Eheleute etwa bevorzugt, und ist das gerecht? Eheleute sind nicht an die drei Gelübde gebunden, für sie gilt ein anderer Maßstab. Der Weizen bedeutet nicht Armut oder Gehorsam, sondern Abstinenz.

"So besteht auch die Waage darin, daß ein Mensch aus dem Geiste der Abstinenz von Früchten der Erde sich ernährt, und von Natur aus in der Jungfrau die himmlische Heimat liebt...
Doch diese zwei nämlich, die Abstinenz und die Liebe zur Himmelsheimat, sind Wesenszüge der Märtyrer, wie beschrieben. Denn die Märtyrer plagen ihren Leib durch Enthaltsamkeit und sie fassen einzig den Himmelswunsch fest ins Auge, wie der Adler seinen Blick zur Sonne richtet." [127]

Vom "Gottesweizen" der Eheleute wird ein ebenso großes Opfer verlangt wie von den Ordensleuten, denn sie müssen sich in Enthaltsamkeit üben. Daher ist ein Maß Weizen gleichwertig mit drei Maß Gerste. Doch kaum jemand hält sich daran, weshalb der Herr die mahnenden Worte spricht:

Die Ermahnung des Menschensohnes

"Ihr törichten Menschen, ihr welkt dahin in Lauheit und Schande...
Hört auf mich, den Menschensohn, der zu euch spricht: O Mensch, bedenke was du warst, als du noch als Gerinnsel im Schoß deiner Mutter lagst. Ohne Bewußtsein und Kraft warst du, als du das Leben empfingest. Doch dann em-pfingst du Geist, Beweglichkeit und Gefühl, damit du dich lebhaft regest und in deiner Bewegung nutzbringenden Gewinn erkennst. Du besitzt die Erkenntnis des Guten und Bösen und die Fähigkeit zu handeln. Deshalb kannst du dich nicht entschuldigen, als ob du damit nicht alle Talente in dir hättest. Liebe darum Gott in Wahrheit und Gerechtigkeit, wenn dich die himmlische Eingebung dazu ermuntert und widerstehe dir selbst in der Begierde und im Ergötzen an der Ungerechtigkeit. Du sollst dich darin kreuzigen und auf diese Weise mein Leiden verehren. Wenn du in diesen Leidenschaften wider dich streitest, trägst du mein Kreuz an deinem Leibe, da du die unerlaubte Begierde fliehst, obgleich dich das Sündigen ergötzt.

Und warum besitzt du so viel Macht? Damit du das Böse meidest und das Gute tust. Denn du wirst mir über die Erkenntnis des Guten und Bösen, mit der du begreifst, daß du ein Mensch bist, Rechenschaft ablegen. Doch du verachtest das Gute und vollbringst das Böse, in fleischlichen Begierden brennend, weil dir das Gute zu beschwerlich scheint, sich das Böse aber leicht in dir regt. Und weil das so ist, willst du dich nicht in Zucht nehmen, sondern frei sündigen.

Was habe Ich getan, als Ich in der Schwäche meines Fleisches am Kreuz litt, zitterte und mich ängstigte, Ich, der Menschensohn? Deshalb verlange Ich von dir das Martyrium, das dir zuwider ist und das du durch die Lust deines Fleisches, in anderen Stürmen und unerlaubten Begierden, die gegen meinen Willen sind, erduldest. Du kannst dich nicht entschuldigen, als wenn du nicht wüßtest, wann du Gutes oder Böses tust:
Nicht verwerfe Ich hingegen das Band der keuschen gesetzmäßigen Vereinigung, die nach göttlichem Ratschluß zur vermehrenden Zeugung der Söhne Adams eingesetzt ist. Sie soll in wahrem Verlangen nach Nachkommenschaft und nicht in trügerischer Fleischeslust vollzogen werden, welche sich der Welt widmen." [128]

Das hätten die Früchte der gläubigen Weltleute in der nachchristlichen Zeit sein sollen. - Ein Eheleben im Rahmen der göttlichen Ordnung ist demnach auch rau und hart, ja ein Martyrium, welches Gott verlangt, weshalb der Kirche ja "Leibfeindlichkeit" vorgeworfen wird.
Das erklärte Ziel des Verführers war hingegen Unenthaltsamkeit, Ausschweifung und sexuelle Verirrung, wie wir gehört haben. Welche Gegenstrategie hatte Gott? Er setzte auf Herzensreinheit und gebändigte Sexualität. Dieses Opfer brachten vor allem die Ordensleute.
Hildegard spricht (in Sciv. II/5) von drei Glanzzeiten der Kirche, die sie erreichen müsse. Die neue (3.) Weltzeit begann praktisch mit der Entstehung der Kirche, die Christus gegründet hat und die von nun an eine tragende Rolle in der Weltgeschichte haben wird.
Die erste Glanzzeit hat die Christenheit mit der Erfüllung des Missionsgebotes durch die Apostel und ihre Nachfolger erreicht. Ihr glorreiches Apostolat war mit der Ausarbeitung, der Ausbreitung und Festigung der kirchlichen Lehren, durch Festlegung der unverrückbaren Aussagen der Evangelien und kirchlichen Gebräuche in Form von Lehrsätzen und Dogmen einem Höhepunkt zugeeilt.
Diese Zeit ging parallel mit der Missionierung Europas, als die apostolischen Missionare auf ihren Wanderungen das Evangelium praktizierten und verbreiteten. Die zweite Glanzzeit beschreibt Hildegard so:

"Als die Kirche nach der Lehrtätigkeit der Apostelnachfolger so weit sich gekräftigt hatte, daß sie imstande war, die heilbringende Speise ihrem Wahrheitskern nach zu erkennen und diese sich einzuverleiben, da erhob sich als höchster Adel die Vervollkommnung der Kirchen-Religion. Mit heller Begeisterung genoß sie die süße Himmelsspeise und bemühte sich um den Gürtel geheimer Kräfte mit rauher Askese, doch ohne bis zu den Problemen der bitteren Geschlechtlichkeit vorzustoßen, weil sie ja die Vereinigung im menschlichen (Geschlechts-) Verkehr von sich wies..."

Mit anderen Worten gesagt: Hildegard bringt zum Ausdruck, dass man erst zum wahren Genuss der Sakramente, vor allem des Altarsakramentes, vordringen könne durch die Einschränkungen eines rauen Lebens, wie das ja in den Klöstern mit rechter Klosterzucht der Fall war. Und durch diese Entbehrungen wurden im Menschen geheime Kräfte mobilisiert, die alle Opfer reichlich entschädigten.
Die Enthaltsamkeit in Verbindung mit der hl. Eucharistie bringt so süße Früchte, dass in der Regel keine Begehrlichkeiten aufkommen. Den Wissenden konnten deshalb die Mönchsregeln nicht streng genug sein. Natürlich hat eine inzwischen liberalisierte Welt dafür kein Verständnis mehr.
Aus den Klöstern sind viele Heilige hervorgegangen und solche, die sich den einen Denar mit den drei Gelübden verdient hatten. Auf weltlicher Seite wussten vor allem die Adeligen vom "Opfer des Gottesweizens" und hielten, soweit es die Kirche forderte, die nötige Abstinenz. Doch je weiter die Zeit voranschritt, um so nachlässiger wurden beide Stände. Deshalb kamen über sie Gottesgerichte, wie wir noch erfahren werden.
Die dritte Glanzzeit sieht Hildegard erst in der Zukunft und sie geht von den Weltleuten aus, d.h. von den Laien.
"Von der Zeit ab, da die Keimkraft (= christliche Nachkommenschaft) ihren Höhepunkt erreicht hat bis zu jenem äußersten Termin, wo sie an Kindern nicht mehr zunimmt, reicht ihr Weltleben (saecularis vita) genannter Abschnitt..."

Hildegard meint hier das Visionsbild der *Mutter Kirche,* die Gotteskinder gebären soll *"vom Nabel der Frau Kirche abwärts.."* und meint damit auch das Volk der Weltleute, durch welche die Kirche erst zur Vollzahl ihrer Ordnungen gelangen wird. Also gerade jener Stand, welcher in der apostolischen Zeit (erste Glanzzeit) und in der Ordenszeit (zweite Glanzzeit) zu kurz kam. Der Laienstand (Weltleute) wird der Kirche die dritte Glanzzeit bringen! Aber das ist "Zukunftsmusik", diese Zeit kommt erst nach Vollendung der jetzigen Zeitwende. Für eine dritte Glanzzeit sorgen dann "die Könige und Generale, die Fürsten und

Präsidenten mit ihren Anhängern (Parteigenossen) und überhaupt die Reichen und die Armen und Bettler". Sie alle werden zum Schmuck der Kirche, wenn sie als "Weltleute das Gesetz Gottes, das für sie festgelegt ist, getreulich einhalten." Diese neue "Göttliche Gesetz" (lex divina) ist im Grunde genommen ein soziales Engagement, welches die Weltleute in die Hand nehmen, indem sie Fremde beherbergen, Nackte bekleiden und Hungernde mit Nahrung versorgen. Vermutlich wird die Zeit solche Maßnahmen erfordern. Der Wortlaut dafür lautet:

"Wer von den Weltleuten sich nicht scheut, den Fuß auf den rechten Weg zu setzen, in Gehorsam gegen die Aufträge Gottes, der müht sich ab mit der Aufnahme von Fremdlingen, kleidet die Nackten und ernährt die Hungernden... Jene, die gemäß meinem Willen ein solches ihnen gegebenes Gesetz beachten, sind mir gar sehr lieb...."

Praktizierende Christen werden dann diese Werke der Barmherzigkeit als ihre Aufgabe ansehen und sich in sozialen Tätigkeiten engagieren. Aus dem passiven Gehorchen und fast widerwilligen "Gebote erfüllen" wird ein aktives Tun und Wirken im Sinne des Evangeliums.
Kehren wir zurück zum dritten Siegel und der Waage. Wie es heute mit Abstinentia, Armut, Keuschheit und dem Gehorsam aussieht, muss nicht extra erwähnt werden. Das Verteidigungssystem Gottes wirkt nicht mehr. Seine Waffe (Enthaltsamkeit) ist stumpf geworden und so bekommt der Verführer immer mehr die Oberhand. Die Glanzzeit der Orden - von Ausnahmen abgesehen - ist vorbei; sie lösen sich mangels Nachwuchs auf. Familien lösen sich auf, Priester hingegen wollen heiraten, während Frauen zum Altar drängen. Die Liberalisierung, Sexualisierung und Pervertierung erlebt also eine "Hochzeit", und so fordert die Menscheit Gott wieder einmal dazu heraus, diesem Treiben ein Ende zu setzen. Damit ist der Fall des Vorhanges, der eigentliche Schlussakt der Rappenzeit, in Sichtweite geraten, wie wir aus der Vision über die Dreifaltigkeit nun erfahren werden.

Die Säule der wahren Dreieinigkeit

Die Säule der wahren Dreieinigkeit - *Scivias* 3. Teil 7. Vision - ist nur *ein* Eckpfeiler eines großen "Gebäudes des Heils", welches wir, vereinfacht gesagt, in Gestalt einer viereckig angelegten Stadt, die mit einer lebenden Mauer umfriedet ist, betrachten können. In dieser Stadt herrscht eine ungestörte Ordnung Gottes, während außerhalb davon der Strom der Weltgeschichte vorbeifließt und sich an den schützenden Stadtmauern bricht. Der Friede in dieser Stadt, in diesem Reiche Gottes, hängt davon ab, ob die umhegende Mauer genau jene Form hat, die es ermöglicht, dem in seiner Art stets wechselnden Ansturm der Welt immer den angemessenen Widerstand entgegenzusetzen. Diese Mauer besteht aus "lebendigen Steinen", vom Geist Gottes geführten Menschen, welche dem jeweils in der Weltgeschichte wirksamen Ungeist ihren Gottesgeist gegenüberstellen.

Die vier Ecken der "Stadt Gottes" entsprechen genau einem der vier Wendepunkte der Weltgeschichte. Wenn man davon ausgeht, dass mit dem Verlassen des Paradies-Zustandes die Menschheit im Dunkel der Vorgeschichte untertaucht, dann wird als erste historische Wende sozusagen als Anfang des Heils (Ostecke) die Gestalt des Patriarchen Noah sichtbar. Von dort erst beginnt die eigentliche Heilsgeschichte, die Festungsmauer Gottes, Gestalt anzunehmen. Wer im Schutze des Allerhöchsten die Stadt Gottes bewohnt, darf sich also glücklich schätzen. Als Sinnbild des göttlichen Schutzes werden nun in 13 Bildern (Visionen) weltgeschichtliche Situationen beschrieben. Während draußen die Weltgeschichte tobt, herrscht im Reich Gottes der Friede, "den die Welt nicht geben kann".

Nur die geistigen Verteidiger - die eine Mauer bilden - erleben den Anprall der Weltgeschichte und müssen sich mit ihr auseinandersetzen, ihr standhalten, indes die "Kinder des himmlischen Vaters" die Ereignisse der Geschichte nur am Rande staunend mitbekommen.

Alle, die sich "draußen" befinden, die "Welt" und ihre Herrscher und deren Fürst, d.h. der Herrscher der Welt, sind schon Gerichtete, Verurteilte, vom Strom der Welt mit Fortgerissene und gewissermaßen zum ewig erfolglosen Sturm auf Gottes heiligen Bezirk verdammt. Dies wird ihnen zum Gericht. So skizziert der dritte Teil des Buches *Scivias* in den 13 Visionen die Weltgeschichte als Gottesgericht. Die Stürme der Welt brechen sich immer wieder am göttlichen Bollwerk. Aber die Welt ist dazu verdammt, es immer wieder neu zu versuchen, so oft sie auch scheitert.

Je deutlicher Gott seine leuchtenden Marksteine setzt, desto dunkler wird es in der Welt, wenn sie diese Zeichen Gottes nicht zur Kenntnis nehmen will. So war letztlich nur im Volk des alten Bundes die Erinnerung an Noah und das Sintflutereignis als Zeichen Gottes wachgeblieben und war zur "Mauer" geworden, welche der Spekulation aller führenden Geister des alten Bundes festen Halt gab. Einem Abraham und Moses vor allem. Damals wurde der Wille Gottes wie ein fester Turm zur markanten Grundlage im Dunkel aller künftigen Geschlechter von Gotteskindern.
Die Welt vergaß bald wieder, dass Gott auch radikal zuschlagen und seinen Willen durchsetzen kann. Auf der Leugnung dieser Tatsache und dem Vergessen der Menschheitserfahrung beruht die Weltgeschichte, von welcher man ja sagt, dass die Menschheit nichts aus der Geschichte gelernt hat. Die Welt nicht, aber für die Erkenntnis Gottes wurde die Tradition eine geistige Mauer aus unverrückbaren Marksteinen. Die Tradition bildet bis zum heutigen Tag einen unabdingbaren Bestandteil im System der frommen Denker. Wo solche erhellenden Orientierungen fehlen, tappt die Welt weiterhin im Dunkel. Sie geriet sogar noch tiefer in eine "mitternächtliche" Finsternis, als das Volk Gottes seinen Messias ignorierte (*Scivias* III/5). Dass Gottes Zorneifer in so Fällen verhärteter Bosheit zuschlägt, war am Beispiel der Eroberung und Zerstörung Jerusalems und sogar des Tempels durch die Römer im Jahr 70 n. Chr. für alle Frommen ersichtlich. Bis zum heutigen Tag.
Wieder aber hat die Welt davon keine Kenntnis genommen. Weiterhin verlief die Weltgeschichte im Dunkel des Gottvergessens, obwohl zur Abwehr dieser Ignoranz ein christliches Volk aus vielen Nationen erstand (*Scivias* III/6).
Das neue Gottesvolk hatte sich teils nach altjüdischen Vorbildern, teils auf der in Christus wiedergefundenen Wahrheit in seinem Verteidigungssystem als Mauer gegen die Welt organisiert. Noch aber befand sich nach Hildegard die Welt in der "nordischen", dunklen Phase der Geschichte. Die Welt hatte die Finsternis weiterhin lieber als das Licht. So ist wahr, dass sich die nach-christliche Zeit in bezug auf das Geheimnis der Geschichte von der vorchristlichen nicht viel unterscheidet. Bis zum heutigen Tag tappen die Menschen im Dunkeln über den Sinn der Geschichte. Dies muss so sein, bis die Zeiten der Heiden abgelaufen sind und das nordische Dunkel nach Gottes Plan in eine südlich- erhellte Phase übergehen wird, wie Hildegard sie in Bild 8, 9 und 10 ihres Buches *Scivias* (Teil 3) beschreibt. Damit dies geschehen kann, muss die Welt, und mit ihr auch die Stadt Gottes, wieder einmal um eine weltgeschichtliche Ecke "herumkurven". Das geht nie ohne große Erschütterungen ab.
Deutschlands Prophetin Hildegard sieht an dieser kritischen Stelle der Geschichte von der göttlichen Vorsehung einen eigenartigen Eckpfeiler in der

aut acutas aures interiores intellectus
habet. hic in ardente amore speculi
mei ad uerba hec anhelet. et ea in
conscientia animi sui conscribat.

Explicit sexta uisio tertie par
tis. Capitula septime uisi
onis tertie partis.

i Quod ineffabilis trinitas in fine temporum
declarata simplici et humili
a fidelibus credenda et colenda
est. ne quis plus inuestigans quam
oportet. quia comprehendi non potest.
in deterius cadat.

ii Quod in sanguine christi mundus sal
uatus est. et cultus sancte trinitatis
manifestissime declaratus est. ipsa
tamen nulli intellectui patet.

iii Quod ineffabilis trinitas omni creatu
re aptissime in pio et potestate
apparet. exceptis incredulis cor
dibus. cuncta tamen uelut incidens
gladius penetrat. § succidit.

iiii. Qui in christiano populo catholice fidei
in ariditate infidelitatis aduer
santur. hos diuinitas in confusionem

v Quod diuinitas iactantiam iudaici
populi deicit.

vi Quod diabolicum scisma gentilis populi
a deo abscisum uadit in perditionem.

vii Parabola ad eandem rem.

viii Verba iohannis ad eandem rem.

viiii De differentia et unitate trium personarum.

x. De tribus similitudinibus ad trinitatem.

xi. Verba de libro regum ad eandem rem.

Die Säule der Dreieinigkeit
Tafel 28 / Schau III 7

Stadtmauer eingeplant, nämlich die Dreifaltigkeitssäule.

"Dann sah ich an der Wegstrecke des gezeigten Gebäudes eine wunderbare, geheimnisvolle und äußerst starke Säule von dunkelroter Färbung. Sie war so in den Mauerwinkel eingefügt, daß sie sowohl innerhalb als auch außerhalb dieses Gebäudes zu sehen war....
Sie hatte aber an ihrer Außenseite drei stahlfarbene Kanten, vom Fuß bis zur Spitze schneidend wie ein scharfgeschliffenes Schwert. Eine davon richtete sich nach Süden, wo viel trockenes Stroh lag, das von ihr abgeschnitten und verstreut worden war, und eine nach Nordwesten; dort hin waren eine Menge von ihr zerschlissene Federchen gefallen. Die mittlere Kante zeigte gegen Westen, wo so viele von ihr abgesägte, morsche Hölzer lagen. Diese schnitten diese Kanten einzeln wegen ihrer Verwegenheit ab."

"Diese Stelle" - so schreibt Dr. Hertzka weiter - "habe ich oftmals gelesen und war immer erschüttert, vor allem über das harte Urteil, welches alle Völker der Erde trifft und zuerst das Christenvolk. Eines Tages ging mir ein Licht auf und plötzlich erkannte ich: Das war ja der Erste Weltkrieg, wo lauter Christen sich in fürchterlichen Schlachtfeldern wie Halme gegenseitig hingemäht haben! Waren die Russen, die Deutschen, die Österreicher, die Italiener, die Franzosen nicht alle Christen, das Christenvolk? Nun wurde alles weitere klar. Der Schnitter Tod hat sie im Ersten Weltkrieg, einem Landkrieg, wie Halme hingemäht."

1. Kante
"Und daß sich eine Kante nach Süden richtet, wo viel trockenes Stroh liegt..., heißt: Die allergerechteste Gottheit der Dreifaltigkeit schneidet im christlichen Volk alle Dürre des Gegensatzes und des Widerspruchs und auch der Verwerfung des richtigen katholischen Glaubens, die ihr entgegentritt, zu ihrer größten Bestürzung ab und verbrennt sie wie Heu, das - vom nützlichen Weizenkorn getrennt - zertreten und im Feuer verbrannt wird. Das ist in der Wissenschaft der heiligen Schrift der Glaube mit den Werken. Von ihm wird alles, was dem wahren Glauben entgegengesetzt und unbrauchbar ist, in seinem Unglauben zerstreut und entfernt, und das törichte Volk verfährt damit wie das dumme Vieh."

Der nützliche Weizen - die Abstinentia - wurde offenbar von den Herrschenden nicht mehr hervorgebracht, weshalb dann viele Monarchien im 1. Weltkrieg untergingen. Auch das Abweichen vom richtigen katholischen Glauben wird

hier angekreidet. Mögen andere sich fragen, wieso es so weit kommen konnte, dass selbst das Christenvolk so sehr abirrte, dass es einem Gottesurteil zum Opfer fiel.
Wir wollen noch die zwei anderen Völker erwähnen, welche sich prinzipiell in der gleichen Lage befinden und sich in das ihnen entgegen gehaltene Schwert Gottes stürzen. An der zweiten Kante wird das Judenvolk dezimiert:

2. Kante
"Und eine richtet sich nach Nordwesten; dorthin fällt eine Menge von ihr zerschlissene Federchen, weil die Gottheit die stolze Prahlerei des jüdischen Volkes, das sehr hochmütig im Geistesstolz dahineilt, zu Boden warf, als es aus eigener Kraft und nicht in Gott gerecht sein wollte. So verhielten sich die Pharisäer, welche versuchten, hoch in den Himmel hinaufzusteigen, im Selbstvertrauen auf sich selbst bauend, doch nach dem gerechten Urteil Gottes wegen des Abweichens ihrer Sitten zerrissen wurden und in dieser Anmaßung zu Fall kamen."

Das Judenvolk lief ebenfalls gegen die Stahlkante an und dies hat ihm eine unerhörte Dezimierung gebracht. Vom Hochmut wurden sie dadurch auch etwas geheilt. Sie sind zur Einsicht gekommen, dass es anders werden muss. *´Wie leichte Federn werden sie in die Luft geblasen´*, so schreibt Hildegard. Dies ist geschehen durch die Vergasung und durch die Luftwaffe, die ja kriegsentscheidend war. Das ist aber noch nicht das Ende. Die Heiligste Dreifaltigkeit wird ein drittes Mal zuschlagen, und beim 3. Weltgericht werden die Heiden dezimiert:

3. Kante
"Die mittlere aber blickt gegen Westen, wo viele von ihr abgesägte, morsche Hölzer liegen. Denn die Dreifaltigkeit schneidet die gottlose und teuflische Spaltung des Heidenvolkes ab, welches beim Untergang des Unglaubens im wahren Glauben irrt. Wie nämlich morsches Holz im Weg und unnütz zum Gebrauch der Menschen ist, so ist auch dieses Volk abgeschnitten und verbannt von der Freude des Lebens, da es lieber den teuflischen Trugbildern folgt als den göttlichen Geboten.
Deshalb schneiden diese Kanten sie auch einzeln wegen ihrer Verwegenheit ab. Denn in all diesen erwähnten Fällen läßt die heilige Dreifaltigkeit die Ungläubigen, welche sie entweder tollkühn zerreißen oder hartnäckig nicht an sie glauben wollen, von ihr getrennt ins Verderben laufen. Sie fallen nämlich rasend und unwissend die Gottheit an und wollen sich nicht dem Glauben beugen, welchen der Gottessohn selbst gebracht hat und auch den Menschen durch seine Jünger übergab..."

Im noch bevorstehenden 3. Weltkrieg werden die Heiden (Neuheiden) wie faules Holz im Schlamm versinken. Eine gewisse Vorahnung lassen in uns jene erschreckenden Bilder aufkommen, die wir nach dem Tsunami in Indonesien und zuletzt in Japan zu sehen bekamen. Und es traf überwiegend Heiden, also ungetaufte Menschen. Nach dem Krieg auf dem Lande (1.) und in der Luft (2.) wird der Dritte Weltkrieg vermutlich auf den Weltmeeren entschieden werden oder mit großflächigen Überschwemmungen zu tun haben. Die Kriege zu Lande, zu Wasser und in der Luft schließen die Zeit des Rappens ab. Damit haben wir ein relativ klares Bild darüber, wann die dritte Zeitepoche abgeschlossen sein wird.

Nach Hildegard ist ein drittes Weltgeschehen nicht abwendbar. Die dritte Stahlkante der Dreifaltigkeitssäule *"schneidet die gottlose und teuflische Spaltung des Heidenvolkes ab"*, welches sich (mit Gewalt) dagegen sträubt, den wahren Glauben anzunehmen. Drei große Weltereignisse sind gewissermaßen die Geburtswehen einer neuen Zeit. So, wie eine Geburt mit Schmerzen verbunden ist, so treten auch dann schmerzliche Veränderungen ein, wenn eine neue Zeit geboren werden soll.

Hildegard sagt für den Beginn der vierten und letzten Weltzeit das große Friedensreich voraus, welches ja auch von anderen Propheten immer wieder erwähnt worden ist. Die Christen werden noch einmal ihre Häupter erheben. Diese historische Zeit steht uns bevor und darauf will uns Gott vorbereiten und Mut machen. Nach der zu Ende gehenden drittten Weltzeit steht also der Menschheit noch eine ganze (vierte) Weltzeit bevor.

Das Ende der Zeiten Ausschnitt aus Tafel 32 / Schau III 11

Die letzten fünf Zeitabschnitte
Teil 2

Im zweiten Teil der hildegardischen Prophetie lassen wir die vier Weltzeiten beiseite und orientieren uns an den fünf Zeitabschnitten, von denen uns Hildegard in der 10. Vision des Buches *"Liber divinorum operum"* berichtet. Die Vision trägt den Titel: *"Die Heilsgeschichte vom Beginn bis zum Ende der Zeit"*. Wie der Titel aussagt, ist auch hier die ganze Weltgeschichte beschrieben, wir werden uns aber nur auf die letzten fünf Zeitabschnitte konzentrieren, um Wiederholungen zu vermeiden.
Die scheinbare Doppelgleisigkeit hat natürlich einen tieferen Hintergrund. Gott zeigt uns in dieser weltgeschichtlichen Beschreibung eine neue Perspektive. Sie betrifft die göttliche Gerechtigkeit, welche nach der Wende wieder hergestellt wird. Um dem Rechnung zu tragen, müssen wir vorerst vom Thema abweichen. Dieser Umweg lässt uns aber am Ende die Bedeutung der geschichtlichen Ereignisse viel deutlicher erkennen. Vielleicht erinnern Sie sich an die Worte von Gottvater, als Er der Geistlichkeit vorwirft, die göttliche Gerechtigkeit zu missachten. Gott geht es also um die Wiederherstellung der göttlichen Gerechtigkeit! In seinem Heilsplan nahm sie bereits im Alten Testament ihren Anfang und wurde mit dem Neuen Testament in der Lehre der Apostel zu ihrem Höhepunkt gebracht. Darunter waren auch die bereits erwähnten zwei Glanzzeiten der Kirche. Die 12-Apostel-Lehre bildet zusammen die eine Lehre Christi, und diese 12 Apostel sorgten für den Schmuck und für die Bekleidung der Gerechtigkeit.
Seit Heinrich IV. ist sie jedoch laut Hildegard aus der Welt verschwunden. Deshalb wurde Hildegard berufen. Die Dreifaltigkeitssäule (Scivias III/7) macht einen Punkt hinter 800 Jahren Fehlentwicklung. Die Einheit der Apostel ist seit Kaiser Heinrich IV. zerstört und zerbrochen durch das große abendländische Schisma und die dadurch erfolgte Trennung der Ostkirche im Jahre 1054. Damit begann das Zerreißen der "Gerechtigkeit". Eine Wiederherstellung dieser Gerechtigkeit bedeutet auch eine Wiedervereinigung der gespaltenen Kirche.

In ihrer letzten (10.) Vision wird Hildegard gezeigt, was sich *von ihrer Zeit an* bis nach dem Sturz des Antichrist in der Welt noch ereignen wird und welche Rolle dabei die göttliche Gerechtigkeit spielt. Das alles sah sie in fünf Zeitabschnitten, wobei jede unter dem Zeichen eines Tieres und unter einem der fünf Sinne stand.
Zuvor aber wird Hildegard in Zusammenhang mit der göttlichen Gerechtigkeit das Wirken der 12 Apostel dargelegt. Es werden ihr die unterschiedlichen

Charaktere geschildert und deren individuelle Verdienste, die den Schmuck der Gerechtigkeit ausmachen. Nach Hildegards Angaben wird die Lehre der Apostel der Lehre Christi eines Tages gleichgesetzt werden. Christus hat nämlich sein Messiastum, seine Erlösung, auf die zwölf Apostel verteilt. Jeder Apostel hat also etwas von der Gerechtigkeit. Diese Gerechtigkeit wird hier auf zwölf Monate - d.h. auf ein ganzes Jahr - gebracht, und im Laufe eines Jahres wiederholt sich dieser Kreis der Gerechtigkeit Gottes.
Dr. Hertzka war der festen Meinung, dass die 12 Apostel gleichwertig - d.h. autokephal - seien und zusammen ein Apostel-Kollegium bilden müssten. Nur so sei die göttliche Gerechtigkeit und Einheit der Kirche wiederherzustellen. Denn das "Konzil mit 2000 Bischöfen" ist nicht das "Apostel-Kollegium". Was schrieb Hildegard dazu?

"Gott hat nämlich die zwölf Apostel im Wechsel ihrer verschiedenen Charaktere erwählt, wie er auch zwölf Propheten erwählt hatte, denn Gott ist wunderbar."

Hildegard nimmt immer wieder Bezug auf kosmische Zusammenhänge, sie wirft sozusagen auch einen Blick auf das Ganze. In der 4. Vision wird auf geheimnisvolle Weise angedeutet, "wie Gott die Schöpfung im Menschen bezeichnet hat, so hat er in ihm auch die Jahreszeiten in ihrer Abfolge dargestellt... Auch die Monate hat Er an ihm unterschieden, indem Er ihre Eigenschaften und Kräfte an ihm unterschied." [129]

Dann werden die zwölf Monate geschildert und es wird deren jeweilige Charakteristik aufgezeigt, die den Menschen sozusagen prägt. Es erinnert ein wenig an die bekannten Sternzeichen, denen ja auch ganz spezifische Charaktereigenschaften zugeschrieben werden. Nach Hildegard ist dafür die im jeweiligen Monat vorherrschende Witterung entscheidend, denn sie prägt dem Menschen charakteristische Spuren ein.
Danach ist:" Der erste Monat, in dem die Sonne wieder steigt, kalt und feucht. Daher werden seine Eigenschaften mit dem Gehirn verglichen..." [130]
Der erste Monat sinnbildet auch die Seele in der Kindheit, "die ihrem eigenen Sehen nach einfach und unschuldig ist, stark und mächtig. Später aber, wenn sie ohne die Freude der kindlichen Unschuld ist, wird sie in große Traurigkeit gestürzt, wie ein Fremdling, der aus seiner Heimat vertrieben ist."
Der zweite Monat "ist seinem Wesen nach reinigend und wird in den Augen versinnbildet." Die Tränen der Augen sinnbilden dann die Reue über begangene Sünden...
Der dritte Monat "ist seinem Wesen nach voller Unruhe. Er birgt Stürme und

ungesunde Witterung in sich. Mit seinen verschiedenen Winden weckt er alle Keime der Erde. An diesem Monat erkennt man die Ohren, in denen der Laut von allem Nützlichen und Unnützen ertönt, wodurch der Leib bewegt wird... Jener aber ist - mehr als recht ist - begierig nach Anerkennung, und indem er sich für weise hält, handelt er noch unvernünftiger. Er verfällt der Lüge..."
Der vierte Monat, "der grün ist, Duft verbreitet und wie aus Furcht donnert, wird die Nase bezeichnet... Diesem Monat gleicht der Mensch, der durch den Hauch der Vernunft in seinem Wissen Grünkraft der guten Werke weise erwählt. In diesem Menschen gedeihen alle Früchte und er bringt Wohlgeruch hervor..."
Der fünfte Monat "ist lieblich, mild und herrlich durch alle Früchte der Erde... Der fünfte Monat, der Mai, hat den lieblichsten Duft der Blumen.."

In ähnlicher Weise, allerdings viel ausführlicher, werden auch alle anderen Monate beschrieben. So kommt im neunten Monat die Zeit der Reife, der Ernte und die Zeit des ausgeglichenen Klimas. Keine Hitze, keine Stürme. All das ist eingezeichnet im Menschen und damit Teil seiner Charakteristik. Eine Deutung ist schwierig, zumal auch viele Anspielungen symbolische Bedeutung haben. Dennoch dürften wir von jenem Monat, in dem wir geboren wurden, einen gewissen "Fingerabdruck" abbekommen haben.
Einige Seiten später wird die Charakteristik und Wirkungsweise der Apostel beschrieben. Durch ihre individuelle Art trägt jeder einen Teil für den Schmuck und die Bekleidung der Gerechtigkeit bei. Hier nur kurze Auszüge aus einer umfangreichen Beschreibung:

Matthäus war mild in seiner Gesinnung und ohne tiefschürfenden Geist; er lehrte die Menschen sanft und gütig... [131]

Thomas dagegen hatte ein hartes und strenges Verhalten im Umgang mit den Menschen. Er wandte sich nicht leichtfertig einer Sache zu noch stimmte er leicht irgendetwas zu, sondern was er sah, das glaubte er... So hat dieser sehr viel Volk bekehrt und die Gerechtigkeit mit einem langen Gewand aus grüner Seide über dem Hemd bekleidet.

Petrus aber hat die Tunika aus feinem Leinen und Purpur gewebt, indem er die rechte Gesinnung mit Milde und Eifer verbreitete...

Matthias aber war in seinem Wesen sanft und demütig wie die Tauben. Die Wechselhaftigkeit der Lebensweise der Menschen und Neid und Haß mied er.

Paulus: Der Heilige Geist hat die gesamte Lehre der Apostel durch Paulus geschmückt... Er besaß eine hohe Gesinnung wie ein Berg, war wild wie ein Leopard, gegen alles knirschend, was er überwinden wollte...
Paulus ist ein Rad des Wagens der Gerechtigkeit. Denn wie das Rad den Wagen trägt, der Wagen aber das gesamte Gewicht, so trägt die Lehre des Paulus das Gesetz Christi. Das neue Gesetz ist ja aus dem alten Gesetz gewoben, in dem Mose die Beschneidung und die Opfer einschloß. Diese erneuerte der Heilige Geist zu einer neuen Heiligkeit, und Paulus verschmolz sie mit neuem Feuer zu dem beschriebenen **Halsband der Gerechtigkeit.**

Jakobus aber, der Bruder des Herrn genannt wurde, hatte ein sanftes Wesen, war milde und brachte seine Lehre Gott allein innerlich zum Opfer.

Simon aber war weise und entschlossen; wegen der unzähligen Sünden der Ungläubigen predigte er bittere Qualen,... und er bereitete ihnen einen glühenden Weg zum Glauben, indem er ihnen die Todesfurcht vor Augen stellte.

Jakobus aber, der Bruder des Johannes, webte durch seine Verkündigung der Menschwerdung des Leidens des Gottessohnes den Frauenschleier aus mit Gold bestickter, weißer Seide, wenn er durch zahlreiche Wunder die Götzenbilder zerstörte.

Johannes fertigte durch die Wunder, die Gott ihm zeigte, einen Gürtel aus grüner Seide, womit er in lebensvoller und milder Absicht die Keuschheit zeigt... Mit ihm gürtete er die Gerechtigkeit, als er auf die Bitte des Volkes *"Im Anfang war das Wort"* (Joh.1,1) verkündete.

Philippus, der sich in seinem milden Wesen in seiner Lehre demütig zeigte, zog sehr viel Volk an sich. Daher verfertigte er auch auf diese Weise die Armreifen aus Gold.... Diese Armreifen legte er um die Arme der Gerechtigkeit, als er mit seinem Martyrium seine guten Werke vollendete.

Bartholomäus konnte in seinem großen Eifer beim Predigen weder ermüden noch wollte er damit aufhören.... Er unterwarf seinen Leib ganz dem Martyrium und legte so den wunderbaren Schmuck um die Arme der Gerechtigkeit.

Andreas, der einen Ring aus reinstem Gold machte, fügte in ihn den besten Topas ein. Er zeigte damit, daß der Sohn Gottes der Bräutigam der Gerechtigkeit ist, weil er in der Kirche den aufrichtigen Glauben durch die Schönheit der

Das Ende der Zeiten
Tafel 32 / Schau III 11

Tugenden schmückte. Diesen Ring steckte er an den Finger der Gerechtigkeit, als er sich ans Kreuz hängen ließ.
Aber auch **Thaddeus** war klug und scharfsinnig und bemühte sich, den Charakter der Menschen zu erforschen. Dadurch bekehrte er viele zu Nutzen des Glaubens, weil sie ihn nicht überwinden konnten.
Als aber Petrus sie (die Gestalt der Gerechtigkeit) so bekleidet sah, fertigte er, obwohl er ihr bereits die Tunika angelegt hatte, trotzdem noch ein Krone aus bestem Gold...Denn dadurch, daß er den Ruhm des Gottessohnes gläubig und unerschrocken predigte und darauf verwies, daß dieser mit allen Tugenden und geheimen Mysterien ausgezeichnet war, schmückte er die Gerechtigkeit mit der Krone der Heiligkeit und Ehre. Und als er am Kreuz hing, setzte er sie ihr geziemend aufs Haupt. Auf diese Weise war die Gerechtigkeit von den Aposteln bekleidet."[132]

Jeder Apostel trägt durch seine Besonderheit entsprechend dem jahreszeitlichen Charakter einen Teil dazu bei, in der Kirche die vollkommene Gerechtigkeit herzustellen. Es braucht - symbolisch gesehen - den lieblichen Mai wie auch den groben März, der alles umpflügt. Ebenso den ausgeglichenen September wie auch alle übrigen Monate, um vollkommen zu sein. Jeder einzelne Apostel sorgt auf seine Weise für das Kleid und den Schmuck der Gerechtigkeit, die als Gestalt erscheint.

"Denn die Gerechtigkeit und Ehrbarkeit der Sitten und die übrigen Würden der Tugenden wuchsen seit den Tagen der Sintflut allmählich in den Menschen. Bis zu ihrem Höhepunkt stiegen sie nach und nach auf bis zu den Tagen der Propheten, die jene so stärkten, daß sie bis hin zum Gottessohn den größten Glanz ausstrahlten. Dann dauerten sie in den Aposteln und den übrigen Kirchenlehrern eine sehr große Zeitspanne hindurch in derselben Würde und demselben Glanz fast bis zum Anfang des vorher erwähnten weltlichen Richters (Heinrich IV.), der mehr den Ehebruch schätzte als die Gottesfurcht.
Vor dessen Regierungsantritt begannen sie allmählich abzunehmen und sich dem Schlechteren zuzuneigen, wie sie von der Sintflut bis zu den Propheten allmählich emporgestiegen waren.
Von den Tagen dieses Richters an traten die Wurzel des Unrechts und das Vergessen der Gerechtigkeit und Ehrenhaftigkeit hervor...." [133]
Dr. Hertzka merkt dazu an: Der wahre Christ soll und muss die Welt im Lichte der apostolischen Lehre (Dogmen!) sehen. Die hildegardische Darstellung geht so weit, dass sie das Jahr und den Lauf der Sonne durch das Himmelsjahr in Zusammenhang bringt mit der Lehre der Apostel. Wie alles Licht auf Erden

im Laufe eines Jahres vom Sonnenlauf ausgeht, so bilden die dreizehn Apostel (Paulus mitgezählt) eine lichtvolle Lehreinheit. Wie jeder Monat seine Eigenheit besitzt und doch alle zusammen erst das ganze Licht des Jahres ausmachen, so hatte jeder von den Aposteln eine Eigenheit in seiner Lehre, die aber erst im Zusammenhang mit allen übrigen das Licht der Welt ausmacht. Hildegard schreibt wörtlich: *"Die Apostel hatten ihre Doktrin hart wie Stahl gemacht"* und *"mit dem Schlüssel des Himmels versiegelt,"* und hatten *"durch die Gottesfurcht ihr einen Zügel angelegt, sodass man damit keinen Spott treiben konnte"*, sie vielmehr mit täglich gleicher Sorgfalt einhalten musste. Und weil sie ihr dogmatisches Gebäude nach dem Plane des (jährlichen) Sonnenumlaufes aufgebaut hatten, gaben sie ihm die Weihe durch Fastenzeiten und Zeiten des Lobes und Gebetes.
Die Zwölfapostellehre hatte die Menschheit sozusagen unter einen Hut gebracht, nun aber war mit dem Wiederaufflammen des Vorrechts der Sinnlichkeit, man könnte sagen, der Wiederaufnahme einer subjektiven Rechtsvorstellung im Namen des "allerchristlichsten Königs" (Kaiser Heinrich IV.) dieses Einheitsgefüge der Apostellehre zerbrochen worden und damit war die männliche Kraft der Tugenden, ja die Gerechtigkeit überhaupt vertrocknet und aus der Welt verschwunden. Damit wurde die Endzeit eingeleitet und angekündigt.
Die Weltgeschichte begann nun ihren Lauf unter die Gesetze der fünf Tiersymbole zu stellen, in fünf Formen einer extremen Sinnlichkeit der Augen, der Ohren, der Nase, des Gesamtgeschmackes und der Haut.

"Ich sah in die absolute Finsternis hinaus", schreibt Hildegard, "da sah ich fünf Bestien stehen". Und sie erklärt: "Unter dem Siegel einer dem Ende zueilenden Zeit nimmt die Weltgeschichte nacheinander das Gesicht von fünf verwilderten Tieren an." Das sind die fünf letzten Zeitabschnitte der Weltgeschichte:

1. Das Zeitalter des Hundes
2. Das Zeitalter des Löwen
3. Das Zeitalter des Pferdes
4. Das Zeitalter des Schweines
5. Das Zeitalter des Wolfes

Fünf, weil nacheinander jeder der fünf Sinne des Menschen einmal in seiner Einseitigkeit zum weltgestaltenden Tragen kommt. Die fünf Sinne im Menschen zusammen ergeben eine sich gegenseitig ausgleichende Mischung. Jeder für sich allein aber bedeutet eine extreme pathologische Einseitigkeit. Ähnlich wie das Sonnenlicht in seiner Spektralmischung angenehm ausgeglichen wirkt, während die einzelnen Spektralfarben - Rotbraun, Gelbgrün, Grünblau - eine auf Dauer schmerzhafte und unerträgliche Belastung der Augen darstellen, so geht es auch der Welt, wenn ein Sinn nach dem anderen für sich allein den Ton angibt. Die Zahl des Menschen ist "zehn", schreibt Hildegard. Der Vollmensch besteht aus Mann und Frau; beide mit je fünf Sinnen und beide eine Einheit. Ursprünglich waren sie eins und in der erlösten Christenheit werden sie wieder eins. Zwei Augen und doch nur *ein* Schauen, zwei Ohren und doch nur *ein* Hören; ein doppelter Mund und doch nur *eine* Rede; zweierlei Hände und doch nur *ein* Werk, zweierlei Beine und doch nur *ein* Lebensweg. Das Auseinanderbrechen dieses christerlösten Einheitsmenschen in eine männliche und eine weibliche Linie in den Tagen Hildegards bedeutet für die Menschheit eine unheilträchtige Konfliktsituation. Das ist die Form des Egoismus des alternden Menschen. Erst seit der "Kampf der Geschlechter" auch in die Christenheit getragen wurde, altert die Welt. Das geschah durch Kaiser Heinrich IV. Von da an stand die Welt unter dem Gesetz des feurigen Hundes und hatte den Charakter einer weibischen Zeit.

1. Zeitabschnitt des Hundes

In der Zeit Hildegards begann der Anfang vom Ende der Welt. Der jugendliche Schwung des Urchristentums, welcher die vorchristliche Erwartungsspannung noch ein Jahrtausend nach Christus weitergetragen hatte, war am Verwelken, als Hildegard kam. Bis dahin waren die Welt und Gott im Christentum eins. Dann begann das Ende. Wie sieht in den Augen Gottes der nachhildegardische Lauf der Welt aus? Man kann´s mit einem Satz sagen: Die Menschheit gerät immer mehr in ein antichristliches Fahrwasser.

Der erste Zeitabschnitt, der mit Heinrich IV. begann und ungefähr bis in die Zeit Luthers dauerte, war eine weibische Zeit. Die führenden Menschen ließen sich von den Wünschen der Augen lenken. Die Entdeckung der Augenwelt, sei es in Gestalt des Minnedienstes, sei es in der Entwicklung zur höchsten Form der Malerei und Bildhauerei in Raffael und Michelangelo, im Schärfen des Blickes für die Natur, oder dem Drang, die ganze Welt zu entdecken, all dies war nur eine Verbeugung vor dem Sinn der Augen. Der Augenmensch will Prunkvolles, will glänzen.

"Die Tage aber, die, wie oben gesagt wurde, in Ungerechtigkeit erstarren, bezeichnet im Buch "*Scivias*" ein feuriger Hund." [134]

2. Zeitabschnitt des Löwen

Als die erste Zeit - ca. 400 Jahre - nach Hildegard abgelaufen war und die Zeit des Hundes von der Zeit des roten Löwen abgelöst werden sollte, da wurde es der bis dahin durch Verweiblichung der führenden Männer schwer beleidigten Gerechtigkeit zu dumm. Sie erhob Anklage vor Gottes Thron:

Die Klage der Gerechtigkeit vor Gott

"Meine Krone ist durch die Spaltung des irrenden Geistes verdüstert, weil jeder einzelne sich nach seinem Willen sein Gesetz gemacht hat. Die, die einen Lehrmeister brauchten und dessen Rute nötig hätten, wollen Lehrmeister sein. Mit einer leichtfertigen Ordnung leiten sie sich selbst und nennen das nützlich, was sie sich selbst auswählen. Und so sind sie ungläubig, weil sie auf sich vertrauen. Aber weder von sich selbst noch von anderen werden sie auf diese Weise das Heil des Lebens erlangen, das niemand geben kann außer Gott. Durch das alles ist meine Krone verdüstert, denn weil sie das tun, erblicken sie mich nicht in der Klarheit, in der ich aus Gott hervorging.

Auch meine Tunika ist vom Staub der Erde beschmutzt. Diese beflecken jene, die die Welt verlassen um in einem heiligen und guten Lebenswandel das Gewand des Gottessohnes anzulegen. Dann aber lassen sie sich mit Dirnen ein, wie es vom jüngeren Sohn im Evangelium geschrieben steht (vgl. Lk 15,32). Sie sind zwar durch das Weglassen der Beschneidung und der Gesetzesbestimmung für die Priester dem Joch Christi unterworfen, aber durch ihre Übertretung leben sie in Unzucht und rufen nicht mit dem jüngeren Sohn: *´Vater, ich habe gesündigt, vor dem Himmel und vor dir´*(Lk 15,18-21). Sie leben gewohnheitsmäßig in der Sünde des Ehebruchs, als ob das für sie bestimmt wäre. Deshalb beflecken sie meine Tunika mit dem Staub der Sünden und schütteln diesen Staub nicht durch die Reue von ihr ab, sondern wie Würmer wärmen sie sich im Pfuhl der Sünden. Daher sind sie blind, taub und stumm. Sie verkünden nicht meine Aufgabe und urteilen nicht nach meinem Urteil. Vielmehr verschlingen sie die Habgier und heilen ihre Wunden nicht, weil sie voll von Wunden sind. Für die Heilige Schrift, die zu ihnen spricht, sind sie taub. Sie hören nicht auf sie und lehren sie nicht die anderen.

Auf diese Weise herrscht Überdruß in allen bestehenden Ständen der Kirche, und sie selbst gehen wie ohne Stab einher, weil alle ihre Satzungen schon fast ihre Kraft verloren haben..." [135]

"Nachdem die Gerechtigkeit ihre Anklage vor Gott erhoben und dieser sie zur

Kenntnis genommen hatte“ - schreibt Hildegard - ”wird Er über die Verächter des Richtigen seine Strafe verhängen.” Worin dieses “Richtige” besteht, dessen Beleidigung den Zorn der Gerechtigkeit und die Strafe Gottes hervorgerufen hatte, lesen wir gleich in einer der ersten Visionen des Buches *Scivias*, als Hildegard im Namen Gottes schreiben musste:

“Ich will nicht, daß Mann und Weib den Geschlechtsakt ausüben, wenn ein Kind im Mutterschoß bereits Wurzeln gefaßt hat, damit nicht von zu viel vom schändlichen Samenstoff Schmutz in die Entwicklung des Kindes gerate. Und zwar bis nach der Geburt die Reinigung der Frau abgeschlossen ist. Dann soll´s nicht länger unterbleiben, wenn es aus Liebe zur Nachkommenschaft richtig und nicht undiszipliniert geschieht.” So wär´s das Richtige... Hier geht es um das Gesetz des adeligen Menschen, und dem Adel war das bekannt. Aber “sie waren Verächter des Richtigen geworden...” und hatten seit Kaiser Heinrich IV. bis in die höchsten Kreise hinauf gefrevelt und ihre Früchte entsprachen diesem “schlechten (Stamm-)Baum”. Der Adel war aus der Menge herausgehoben, darin lag ja der eigentliche Sinn, denn davon hing der Segen für das ganze Volk ab. Dieses undisziplinierten Verhaltens wegen brach schließlich das Verhängnis, die große Revolution, über die Erde herein. Nach dem Plane Gottes? Nach dem Plane Gottes!

Wie macht man Revolutionen? Man macht Propaganda. Einst wie heute. Früher durch Flüsterpropaganda von Mund zu Mund, heute von Zeitung zu Zeitung oder über das Fernsehen und Internet. Dass die Mächtigen nichts mehr dagegen machen konnten, das war das Verhängnis Gottes. Die Propaganda lautete danach:

“Wir wollen diese Leute nicht mehr länger über uns herrschen lassen, mit ihrer Leibeigenschaft und ihrem Großgrundbesitz und allen übrigen Machtmitteln, welche eigentlich uns gehören. Übrigens - gehört sich denn das, wenn die Klöster über eine größere Bewaffnung verfügen als wir? Darf überhaupt ein Kleriker Soldat sein? Nehmt ihnen, was ihnen von Rechts wegen zusteht!... Arm haben sie uns gemacht... Verführer sind die ganzen Doktores. Der Allmächtige Vater hat´s schon recht gemacht: Den Geistlichen das Himmelreich und den Irdischen die Erde... Darum verurteilen und bestimmen wir, daß jetzt alles richtig verteilt werde. Wo bei den Geistlichen Mantel und Rock beisammen sind, da nehmen wir ihnen den Mantel und geben ihn den Armen...” [136]

Wir hören aus dieser etwas gekürzten Hildegardstelle die Bauernaufstände der Lutherzeit, aber auch die Revolution der Laien überhaupt gegen die kirchliche

Oberhoheit heraus, welche bis in den Atheismus unserer Tage hinreicht. Vergessen wir nicht, dass noch bis in die jüngste Zeit die führenden Geistlichen aus dem Adel stammten, aus einem - wie wir hörten - leider sehr unadeligen Adel, der überwiegend nur den Schein wahrte und nicht mehr das Richtige bewahrte und zum schlechten Baum mit schlechten Früchten geworden war.

Zurück zu den Darlegungen im Sinne von Dr. Hertzka:
Und weil es Gott so verhängt hat, wird es ihnen gelingen, schreibt Hildegard. Die Geistlichkeit wird sich zur Wehr setzen mit Bannfluch und Interdikt, aber vergebens. Ihr Wort hat keine Kraft mehr. "Schließlich werden sie mit Erschrecken darin ein göttliches Gericht erkennen, ihr hochmütiges Selbstvertrauen ablegen und in sich gehen." (Man hat den Eindruck, dass dies heute fast schon zu viel geschieht...) Schließlich wird man sich arrangieren und es wird ein neues Verhältnis zwischen Geistlichkeit und Laien wie ein neuer Tag heraufkommen: "In der Morgenstunde dieses neuen Tages fängt es an; sein Funktionieren ist wie der Vormittag; wenn´s perfekt ist, schlägt die Mittagsstunde und am Nachmittag wird man alle Stufen des Menschseins in Betracht ziehen und (schließlich) eine ganz andere (soziale) Ordnung als jetzt (12. Jh.) aufrichten, so daß jeder Stand auf dem Richtigen beruht..."

Wenn wir annehmen, daß der "Tag dieser neuen Ordnung" sich in Form einer Morgenfrühe-, Vormittags-, Mittags- und Nachmittags-Stufe entwickelt, also vier Entwicklungsperioden umfasst, und vierhundert Jahre nach Hildegard einsetzte, dann können wir unschwer darin die vier verbleibenden Zeitabschnitte nach dem Ende der Verweiblichung (Hund) erkennen: den Löwen, das Ross, das Schwein und den Wolf. Es besteht also durchaus Hoffnung auf eine richtige Ordnung der menschlichen Gesellschaft, auch wenn es zunächst eine Revolution brauchte. Diese Revolution kommt zu einem guten Abschluss und gehört dem göttlichen und nicht dem antichristlichen Weltprogramm an, sie gehört zu der auf Erden wiedererstandenen Gerechtigkeit.
Die großen Linien der Weltgeschichte hängen also von ganz anderen Dingen ab, als wir bisher gelernt oder vermutet haben.
Verlauf und Ende des "roten Löwen" ist schnell beschrieben: Währenddem das alles geschieht - also die Entblößung der Geistlichkeit von ihren äußeren Machtmitteln -, ist der im Sciviasbuch beschriebene "Löwe" erschienen und dann "werden oft harte, ja grausame Kriege ausbrechen, weil man die Gottesfurcht abgelegt hat. Sehr viele Menschen werden bei dem Morden fallen, und sehr viele Städte werden völlig zerstört werden.
Denn wie die stärkere Art des Mannes die weichere des Weibes besiegt und

der Löwe mächtiger ist als die anderen Bestien, so wird die Grausamkeit dieser Menschen in jenen Tagen den anderen durch göttliches Verhängnis die Ruhe rauben. Zur Bereinigung von Unrecht räumt Gott nämlich seinen Feinden das Recht zu grausamen Strafen ein. Wenn dann die Menschen durch solche Heimsuchungen gereinigt sein werden, werden sie selbst Ekel bekommen an den Schlachtfeldern und werden (wieder) nach der Gerechtigkeit greifen."

Die Zeit des rote Löwen, in der wir leben, ist noch nicht ganz zu Ende. Wie wir im ersten Teil der Hildegard-Prophetie erfahren haben, endet die kriegerische Zeit mit dem dritten Weltgericht, welches die Menschen noch vor sich haben zur Strafe der "Verächter der Gerechtigkeit." Dann hat der kriegerische Löwe ausgebrüllt und die göttliche Gerechtigkeit wird erneut aufblühen. Die Wiederherstellung der göttlichen Gertechtigkeit wird auch die Einheit der Kirche zur Folge haben, weil die Gerechtigkeit u.a. ja an der Spaltung zerbrochen war. Nach der Dreifaltigkeitswende kommt die Welt in den Zeitabschnitt des fahlen Rosses, welches nicht zu verwechseln ist mit den apokalyptischen Rössern. Es ist ganz einfach unter den fünf Zeitabschnitten ein fahles Pferd dabei.

3. Zeitabschnitt des Pferdes

"Eine andere der fünf Bestien war wie ein fahles **Roß**, weil jene Zeiten einen Menschschlag hervorbringen werden von sündflutartiger Ausgelassenheit und in ihrem Tempo der Vergnügungssucht mit leichtem Sprung sich hinwegsetzend über jede Verpflichtung zur guten Tat.
Von fahler Blässe, weil dann das Herzstück jener Staaten verblassen wird, zu bleichen Ruinen zerschmettert, da es seine blutvolle Kraft verschleudern wird."
Das Verblassen des Kernstückes der Staaten könnte sich auf den Untergang der zentralen Hauptstädte beziehen, welche dem Herzen verglichen werden. Vermutlich werden die Städte nach dem 3. Weltkrieg zum Teil nicht mehr aufgebaut, weil die Überlebenden hauptsächlich auf dem Lande leben. Die wiedererstandene Gerechtigkeit bezieht sich nur auf das von Hildegard verheißene Reich der Gotteskinder, von welchem auch schon Paulus berichtet hat.
In den drei Etappen der Weltgeschichte, die noch vor uns liegen (Pferd, Schwein und Wolf) bleibt für die Christen noch genügend Zeit, ein Staatswesen aufzubauen, welches die übrige Welt vor Neid erblassen lässt. Kaum zu glauben, aber Hildegard schreibt wirklich:
"Jene vorausgegangenen Tage (Löwe) werden gar nichts bringen als den Untergang (des Westen!) von unbrauchbaren Tagen (aus christlicher Sicht). Die

dann tröstlichen Zeiten werden die Zeiten der Trostlosigkeit vergessen lassen, wie damals, als das Neue Testament das Alte Testament ablöste und wie ein Heilungsprozeß nach einem Unfall noch zum Guten sich wendet..."

Die Herren Theologen - so Dr. Hertzka weiter - sollen nicht erschrecken, wenn für die Welt die bisherige Zeit "nach Christi Geburt" noch nicht das Nonplusultra eines praktischen Christentums ausmachte und Gott sozusagen eine neue Seite der Geschichte und des Christentums aufzuschlagen wagt.
Viele waren vom bisherigen Verlauf der christlichen Geschichte nicht befriedigt. Mit Recht. Das goldene Zeitalter des Christentums, aber auch des Judentums und der übrigen Welt kommt noch. Gott ist es gewissermaßen der Welt noch schuldig. Die große Friedenszeit wird bei Hildegard sehr ausführlich beschrieben und wer den Text gelesen hat, weiß, diese Zeit gab es noch nicht, die muss noch vor uns liegen.

Die große Friedenszeit

"Sind die Menschen durch die genannten Anfechtungen (der Kriege) genug mitgenommen, werden sie dieses Gemetzel überdrüssig bekommen. Aus Furcht vor Gott (!) werden sie auf alle gottgefälligen, kirchlichen Einrichtungen zurückgreifen und noch viel Gutes dazugeben. So werden sie tun in Kriegs- und Friedenszeiten und trotz aller Mühsal.
Dann wird die Gerechtigkeit meine Verlobte genannt werden können und an das Lager des wahren Königs treten, wenn die Dirne verbannt ist, die nur darauf bedacht war, bisweilen Gesetze scheinbar zu beachten, bisweilen schlechter Gesellschaft sich anzuschließen. Darum wird der König (Gott) sie verstoßen. Wie eine Buhlerin waren jene beschriebenen Tage (vorher), als die Menschen (Christen) manche kirchlichen Einrichtungen einhielten, manchmal aber sie gänzlich verließen. Der allmächtige Gott und wahre Salomo wird seine Verlobte, die Gerechtigkeit, mit aller Schönheit und all den kirchlichen Ständen dann ausstatten. Ihre Schönheit wird offenbar werden. Die Buhlschaft (Hure) hatte sie so angeschwärzt, daß sie manchmal überhaupt nicht zu erkennen war. Jene Zeiten werden den Unfug der verderbten Tage offenbar machen und zum Trost von der Trostlosigkeit befreit werden. Ein neues Gesetz wandelt das alte und die Zeit der Bevormundung weicht der Gnadenzeit.
Würden der angewöhnte Leichtsinn und jene anstößigen Mißstände (der vorhergehenden Zeit) unvermindert dauern, dann würde die Wahrheit verblassen, die Türme des himmlischen Jerusalems kämen ins Wanken, aller Kirchenbrauch

würde besudelt und die Menschen wären wie ohne den wahren Gott. Die Verächter der Gerechtigkeit werden vielmehr dann für so schändlich gelten wie ein Weib, das in Ehebruch seinen rechtmäßigen Gatten verlassen hat. Durch Verachten der kirchlichen Einrichtungen haben sie gleichsam tatsächlich Ehebruch begangen und sie werden dann verfehmt und mißachtet sein und trostlos wie ein Weib, das von seinem Mann verlassen wurde.
Dann werden so neue und so ganz unbekannte Weisungen der Gerechtigkeit und des Friedens zum Vorschein kommen, daß die Menschen voll Verwunderung davon sagen werden: *"Solches haben wir vorher weder gehört noch geahnt!"* Dieser Friede ist den Menschen vor den Tagen des Gerichts bestimmt, wie auch der ersten Ankunft des Gottes-Sohnes ein Friede voranging. Doch aus Bangnis vor dem herannahenden (End-) Gericht wird man sich doch nicht so voll freuen können.
Im katholischen Glauben werden sie dann die vollkommene Gerechtigkeit des allmächtigen Gottes suchen. Auch die Juden werden sich dann freuen und behaupten, daß jener jetzt da sei, von dem sie es einst bestritten, als er (in die Welt) gekommen war.
Tapfere Männer werden sich zu großen Dichtungen erheben und alle Zweige der Gerechtigkeit werden blühen in den Söhnen und Töchtern der Menschen, wie durch meinen Knecht, den Propheten, mein Wille sprach: *´An jenem Tage wird des Herren Knospe in hoher Blüte stehen und seine Ehre. Erhaben werden sein die Früchte der Erde und Jubel bei den Geretteten aus Israel.´* (Isa. 4,2)
Das ist so zu verstehen: Diesen Tag (d.h. diese Zeit) meinten die Engel, als sie bei der jungfräulichen Geburt meines Sohnes von einem den Menschen bescherten Frieden sangen. Ihn rühmten die Engel, diesen Tag priesen die Hirten, die ihn mit frommer Ergebenheit herbeisehnten.
Überreiche Frucht gibt (dann) die Erde, welche wieder den Frieden zurückerhalten hat. Die Winde wehen so mild wie nur möglich. Jakobs Söhne freuen sich, befreit von den Plagen vergangener Pein. Wenn nämlich das Licht des wahren Glaubens den Herzen der Treugebliebenen leuchten wird, steht auch bei ihnen mein Sohn in höchstem Ansehen und sie werden glauben, daß er von Mir ausgegangen ist. Darum werden ihre guten Werke reiche Früchte bringen. Die Freude wird in ihnen mächtig schwellen, weil sie der Drachenmacht entrissen, von Höllenpein befreit zu den Söhnen Gottes gezählt werden.
Aber die Blüte am Weinstock Sabaoth aus der Knospe des Stabes Aarons ist verwelkt. Als mein Sohn am Kreuz litt, ließ das die Juden kalt. Durch den Schaum der Schlange waren ihre Augen vom Schatten des Todes bedeckt. Sie hatten die Worte der Vorhersagen gehört, warfen aber doch die wahre Blume weg, während die ganze Erde erkannte, daß sie am Kreuze ihren Geist aushauchte.

Dadurch töteten sie sich auch selbst...
Es werden also in den erwähnten Tagen (nach dem roten Löwen) die freundlichsten Wolken mit den lindesten Lüften die Erde berühren und fruchtbares Grün hervorbringen lassen. Denn die Menschen werden dann nach Gerechtigkeit streben. Durch die Sünden werden nämlich die Elemente verletzt und für ihre Aufgaben verwirrt, weshalb in den Zeiten der weibischen Schwäche der Erde die Fruchtbarkeit fehlte. Die Fürsten werden das übrige Volk durch Gottes Gerechtigkeit mit Redlichkeit walten. Sie werden alle Waffen verbieten, die zum Morden waren und nur jene Werkzeuge aus Eisen behalten, mit denen man das Land bebaut. Ihre Gedanken werden sich nur mit dem beschäftigen, was der Nutzen der Menschen erfordert. Vergeht sich einer dagegen, wird er mit einem Eisen besonderer Art getötet und an einen einsamen Platz geworfen werden.
Wie dann die Wolken linden und richtigen Regen dem Keim einer gerechten Frucht senden werden, wird auch der Heilige Geist den Tau seiner Gnade aufs Volk verströmen lassen in Dichtung, Weisheit, Heilkraft. Es wird fast scheinen, als wäre seine Art anders geworden, freundlicher. Auch im alten Gesetz war eine Spur geistigen Lebens...
Jene Tage werden ein wahrer Sommer von göttlichen Kräften sein, weil erst dann alles auf der Wahrheit begründet sein wird. Der Priesterstand und die Mönche, die Jungfrauen und Verlobten und überhaupt alle Stände werden dann den richtigen Platz einnehmen und gerecht und gut leben, Überfluß und raffinierten Reichtum aber meiden. Wie durch die Ausgeglichenheit der Wolken und der Lüfte die gewachsenen Früchte allen Bedarf decken werden, wird auch durch die Gnade Gottes das geistige Leben gedeihen. Alle Vorhersagen werden enthüllt sein, wie schon erwähnt worden, die Weisheit angenehm und kernig und die Treugläubigen werden in ihr sich spiegeln sehen. Wahrlich, sogar Engel werden dann mit den Menschen traulich Umgang pflegen, wenn sie die neuen und gottverbundenen Umgangsformen bei ihnen beobachten werden. Denn jetzt kehren sie sich der stinkenden Sünden wegen lieber von ihnen ab. Die Gerechten werden sich freuen und dem Land der Verheißung zustreben in Erwartung des ewigen Lohnes.
Ihre Freude wird aber nicht vollkommen sein; sie sehen noch das künftige (End-) Gericht bevorstehen. So gleichen sie mehr Wanderern in fremden Landen, welche zur Heimat streben und deren Freude nie voll ist, solange sie auf der Wanderschaft sind.
Aber die Juden und Sektierer (Irrgläubigen) werden jubeln und sprechen: Unser Triumph ist nahe und jene werden zertreten, die uns aufgerieben und vertrieben haben! Doch viele aus ihrer Nation werden sich den Christen anschließen, wenn sie deren Ehrenfülle und Reichtümer sehen werden. Als

Getaufte werden sie mit den Treugläubigen Christus das Lob singen, wie zu den Zeiten der Apostel. Zu den Juden und Abtrünnigen werden sie sprechen: *Euer sogenannter Triumph wird ewiger Tod sein. Euern sogenannten Führer werdet ihr noch unter großen Ängsten und Schrecken enden sehen. Angesichts jenes Tages werdet auch ihr euch uns zuwenden, den Kündern der Morgenröte, des Sternes der Meere, Mariens!*
So sind also jene Tage tapfer und löblich, friedfertig und beständig. Aber sie gleichen bewaffneten Kriegern, die hinter einem Felsen ihre Feinde erwarten, welche ihnen nach dem Leben trachten. Sie kündigen die Ankunft des letzten Tages (Zeitabschnitt) an. Erst in ihnen wird sich erfüllen, was je die göttlichen Seher an Gnade und Güte ausgesagt hatten. Stark wird ihre Weisheit sein, Frömmigkeit und Gottverbundenheit. Wäre der Sohn Gottes nicht so eindringlich (von Johannes dem Täufer) und gleichsam in die Blicklinie der (damaligen) Menschen gerückt worden, wäre er bald der Vergessenheit wieder anheimgefallen. So wird dem verlorenen Menschen (Antichrist) geschehen, der plötzlich auftauchen und rasch wieder verschwinden wird. Aber auch die Gerechtigkeit jener Tage wird manchmal aus menschlicher Schwachheit müde werden, jedoch alsbald wieder zu Kräften kommen. Auch wird sich zuweilen Ungleichmaß (iniquitas) erheben und auch wieder verschwinden. Manchmal werden Kriege, Hunger, Seuchen, plötzlicher Tod auftreten und wieder vorübergehen. Doch wird sich all das weder häufen noch gleichzeitig ereignen, sondern nur da und dort in Erscheinung treten, auftauchen und wieder verschwinden." [137]

Es handelt sich bei der eben wiedergegebenen Schilderung des "Großen Friedens" um nicht mehr oder weniger als die Erfüllung der schon im Alten Testament vorhergesagten Friedenszeit auf Erden, wo das Lamm beim Löwen liegen wird, ohne gefressen zu werden, und das Kind am Ausgang eines Schlangenloches spielen wird, ohne gebissen zu werden, wie bei Isa. 11,7f und an vielen anderen Stellen, nachzulesen ist.
Die Prophetie Hildegards besagt, dass am Beginn des Zeitalters des Fahlen Rosses jenes messianische Zeitalter eintreten wird, welches die Engel auf den Fluren Bethlehems ankündigten: *Friede den Menschen auf Erden, wenn sie guten Willens sind!* Diese Menschheit guten Willens und damit das verheißene Reich soll also erst jetzt noch kommen, nachdem zweitausend Jahre christlicher Zeitrechnung bereits verstrichen sind. Eine völlig neue Sicht der Geschichte tut sich damit auf, und den schweren Heimsuchungen, welchen unsere Generation ausgesetzt war, folgt die schönste Zeit der Welt, das goldene Zeitalter.

An sich waren die prophetischen Vorhersagen bis zum goldenen Zeitalter hinreichend, denn die Zeit danach liegt ja in weiter Ferne. Weil aber bei den Weissagungen und "Botschaften" immer wieder der Antichrist eine Rolle spielt und sich wegen falscher Propheten und Bibelfälscher die Menschen schon heute vor ihm fürchten, so soll auch noch auf die letzten Zeitabschnitte hier kurz eingegangen werden. Wie geht der Zeitabschnitt des Pferdes zu Ende? Das goldene Zeitalter macht auf Dauer die Menschen wieder leichtsinnig und nachlässig. Das sorglose Leben im Überfluss lässt allmählich Gott wieder vergessen, wie Hildegard es formuliert:

"Jene nämlich, die in der Ruhe des Friedens leben und im Überfluß der Feldfrüchte schwimmen, werden durch keinen Ausbruch von Kriegen erschreckt noch von Mangel an Nahrung eingeschränkt werden. Aber sie werden sich das selbst zuschreiben und nicht Gott, dem Quell aller Güter, dafür die schuldige Ehre erweisen."

Dann geht das Spiel wieder von vorne los: Die Gerechtigkeit wird wieder zu schwächeln beginnen, Schlechtigkeiten werden erneut aufkommen und auch Neid. Vor allem seitens der Heiden.

"Wenn nämlich die Völker der Heiden sehen, daß die Christen in Frieden bleiben und reich sind an Gütern, werden sie in schonungslosem Vertrauen auf ihre Stärke sagen: *Wir wollen die Christen mit unseren Waffen überfallen, weil sie ohne Waffen und Kraft sind, und wir sie wie Schafe zum Schlachten fangen und töten können* (vgl. Ps 44,23)."

Am Ende des Pferdezeitalters wird es also erneut zu einem Krieg zwischen Christen und Heiden kommen. Weil Gott den Christen zu Hilfe kommt, werden sie diesen ungleichen Kampf gewinnen.

"Dann wird vom Norden her ein heftiger Wind mit undurchdringlichem Nebel und sehr dichtem Staub kommen und nach göttlicher Anordnung sein Stürmen gegen jene (Heiden) richten, so daß ihre Kehlen von dem Nebel und ihre Augen mit Staub gefüllt werden, daß sie ihre Wildheit ablegen und in großes Entsetzen geraten werden... Daher wird dann eine sehr große Schar Heiden sich den Christen im wahren Glauben anschließen und sie werden sagen: *Der Gott der Christen, der solche Zeichen an ihnen getan hat, ist der wahre Gott...*"

So geht es also in der Weltgeschichte immer auf und ab, wie der Mond einmal zunimmt und stark ist, um danach schwächelnd abzunehmen. Wenn es dem Menschen zu gut geht, dann "geht er auf´s Eis", bricht letztlich ein und bekommt eine kalte Dusche. Solange der Widersacher nicht endgültig besiegt ist, werden sich Glaube und Unglaube, Recht und Unrecht, Krieg und Frieden abwechseln wie die Jahreszeiten Winter und Sommer.

4. Zeitalter des Schweines

"Inzwischen werden auch so viele Irrlehren und äußerst viele Schandtaten zusammen mit anderen Übeln hervorquellen, die darauf hinweisen, dass der Antichrist ganz nahe ist. Daher werden die Menschen dieser Tage sagen, so schwere Verbrechen und so große Laster, wie in ihrer Zeit zum Vorschein kamen, habe es früher nicht gegeben. Das macht auch das Schwein deutlich, das im Buch "Scivias" beschrieben ist (vgl. SCIV 3, 11,78; 175-180). Denn während die Gerechtigkeit eine Zeitlang herrscht, kämpft das Unrecht gegen sie; und während das Unrecht die Macht hat, macht die Gerechtigkeit es zunichte, denn die Welt bleibt nie in einem einzigen Zustand." [138]

Die Instabilität und die periodischen Veränderungen sind aus dem weltlichen Leben nicht wegzudenken. Welt bleibt Welt! Es wäre verfehlt anzunehmen, am Glaubensabfall sei stets die Kirche schuld. Solange der Kampf nicht endgültig zu Ende ist, wird sich das Böse immer wieder aufbäumen und behaupten. Es ist je nach Zulassung Gottes stets mehr oder weniger präsent und darf die Menschen auf die Probe stellen.

5. Zeitalter des Wolfes

Die Welt geht im Zeitalter des Wolfes dem endgültigen Ende zu, und da wird der Antichrist geboren. Das führt zur letzten großen Auseinandersetzung zwischen Himmel und Erde, zwischen Gut und Böse, "denn die Menschen jener Zeit werden die Reinheit und Beständigkeit des wahren Glaubens fliehen und sich vom wahren Gott lossagen, indem sie sich dem Sohn des Verderbens zuwenden. Dieser wird alle kirchlichen Einrichtungen in Verwirrung bringen und über die Gläubigen, die ihm widerstehen, die stärksten Stürme der Widerwärtigkeiten losbrechen lassen."

Der Sohn des Verderbens
(Antichrist)

Die Angst vor dem Sohn des Verderbens (Antichrist) brauchen wir nicht zu haben. Der tritt erst am Ende der Endzeit (Wolf) auf. Bis dahin vergehen noch Hunderte von Jahren! Hildegard gibt uns in ihrer ausführlichen Beschreibung der Endzeit eine solide Deutung der Geheimen Offenbarung des Johannes.
Als Textgrundlage hat Dr. med. G. Hertzka die Schilderung aus dem letzten Hildegardbuch (*Liber divinorum operum*) genommen und eine Übersetzung zugrunde gelegt, die er schon vor 1950 für sich selbst gefertigt hatte. Er hat sie ziemlich unverändert gelassen, weil ihm schien, dass sie in ihrer unvergleichlichen Farbigkeit sehr eindrucksvoll die Schreibweise Hildegards wiedergibt.

"Zu dieser Zeit wird ein unreines Weib einen unreinen Sohn empfangen. Die Schlange, welche Adam überwältigte, wird mit ihrer ganzen Schar diesen solcherart beeinflußen, daß in dem Empfangenen nichts Gutes eintreten noch in ihm Fuß fassen kann. Dieser Sohn wird an entlegenen und verschiedenen Orten aufgezogen, um den Menschen nicht bekannt zu werden und in allen Teufelskünsten unterrichtet und bis zu den Tagen seines vollen Alters verborgen gehalten. Er verrät von den Verdrehungen, die in ihm stecken, nichts, bis er sich vollkommen und im Überfluß mit aller Bosheit ausgestattet weiß. Gleich anfangs bei seiner Entstehung wird viel Streit und Widersetzlichkeit gegen die rechten Satzungen aufwallen, die Aufrichtigkeit des feurigen Rechts verblassen, die Liebe der Menschen erlöschen. Bitternis und Rauheit werden sich in ihnen erheben, Irrlehren aufkommen und die Irrlehrer ihre Irrlehren offen und ohne Zögern verkünden. Vor Zagen und Zittern werden auch die Christen katholischen Glaubens und die Menschen nicht wissen, welchen Gott sie anrufen sollten. Zeichen werden offenbar an Sonne, Mond und Sternen; Wasser, Geschöpfe und Vierstücke (Elemente) werden in ihrem Vorzeichen gleichsam ein Gemälde der künftigen Übel entwerfen.
In jener Zeit wird Trauer die Menschen befallen, daß sie Sterben für eine Kleinigkeit halten. Aber die Getreuen katholischen Glaubens erwarten in großer Bangnis, was Gott beschließen will.
Wenn jener Drachensohn die Lehre seiner Fälschung und die Worte seines Betruges veröffentlicht hat, verwischen sich die Grenzen von Himmel und Erde und die Halskette der Gerechtigkeit, welche Paulus´ Lehre bis zu ihren Füßen verlängert hatte (wie bei den Aposteln beschrieben), wird wie von Windeswehen ergriffen und zum ersten Mal in Bewegung geraten. Bis zu dieser Zeit wird

sie unbewegt und unverschlungen bleiben, denn Paulus bestärkte seine Lehre durch so viele Wunderzeichen und stattete sie mit den tiefgründigsten Worten so ehrenvoll aus, daß auch sie bis zum Ende der Welt bestehen wird, wofür diese Kette Sinnbild ist, die bis zu den Füßen der Gerechtigkeit reicht, das heißt bis zum Ende der Welt. Vom Geist getragen sprach er auch die Wahrheit von der zweiten Ankunft des Gottessohnes und über den todbringenden Lauf des Sohnes des Verderbens, als er den Gläubigen sagte:
´Laßt euch nicht schrecken; weder durch Begeisterung noch durch Gerede noch durch einen angeblich von uns gesandten Brief, als stünde der Tag des Herrn bevor! Keiner soll euch irgendwie verführen können. Zuvor muß der Abfall kommen und der Mensch der Sünde offenbar werden, der Sohn des Verderbens, der Widerstreiter, der sich hinwegsetzen wird über alles, was göttlich genannt und ehrwürdig ist. Im Tempel Gottes wird er thronen und sich gebärden, als wäre er Gott.´ (II. Thess.2)
Das ist so aufzufassen: Ihr Kinder Gottes, die ihr an seine Worte glaubt, seid behutsam! Laßt eure Herzen nicht durch einen Schreck erschüttern. Nicht durch geistigen Trug noch durch Wortverführung und auch nicht durch Schriftwerke, auch nicht, wenn sie vorgeben im Namen der Wahrheit euch zu berichten, daß jene Tage gekommen sind, in welchen der Schöpfer aller die Geheimnisse der Herzen enthüllen wird. Hütet euch auch und gebt niemandem Gelegenheit, euch durch falsche Darstellung von Tatsachen zu verführen, wenn Zeiten kommen werden, wo das Gefühl einer kirchlichen Heimat zertreten wird. Das ist der genannte Abfall.
Dies wird geschehen in der Zeit des Drachensohnes. Unmenschlich ist seine Mutter und sie wird nicht wissen, von wem sie ihn empfangen hat. In ihm wird der Mensch der Sünde offenkundig werden, weil er vom ersten Anbeginn von Sünden ganz durchtränkt ist. Er wird nur Sünder sein, alle Sünden sammeln und erneuern, ein Sohn der schrecklichen Verderbnis und ganz dem Verderben geweiht. Er wird die Menschen alles lehren, was wider Gott ist. Des Menschengeschlechtes Verführen wird ihn zu solchem Rasen entflammen, wie er es selbst wagte, als er Gott gleich sein wollte. Er wird allen, die Gott ehren, entgegentreten, sich über die ganze Schöpfung erheben, sich Gott nennen und verlangen, wie Gott geehrt zu werden. Glaubt also nicht, es wäre der Tag des Herrn schon gekommen! Und weiters spricht Paulus im heiligen Geist:
´Doch das Geheimnis der Bosheit ist schon wirksam. Der es besitzt, halte es fest, bis es im Mittelpunkt des Geschehens stehen wird.´(II. Thess. 2)
Das ist so aufzufassen: Insgeheim offenbaren sich auch jetzt schon Vorläufer der Tätigkeit der Irrlehrer. Sie sendet der zerstörende Aufwiegler als Wurfspieße voraus, willens, die Wahrheit des Treuglaubens zu erdrücken. Darum möge

in einem Getreuen die richtige Absicht und das eifrige Streben nach Gutem wachsen, bis er wahrhaft katholischen und apostolischen Glauben besitzt. Er halte aber mit großer Festigkeit und unbestrickt daran fest, bis jener Höhepunkt erreicht ist, der zwischen seinem Auf- und Niedergang liegt.
Denn gegen die Zeit des Drachensohnes zu wird die Kraft des Treuglaubens erlahmen und wie zum Abstieg sich bereiten. Wer den kirchlichen, zu Gott erhobenen und rechten Treuglauben hat, besitzt etwas Großes und wird durch ihn das Himmelreich betreten. Wem die wahre Treue fehlt, der hält nichts in der Hand und wird ins Verderben gehen. Denn der Mensch steht in der Fülle der Macht Gottes. Bevor er gebildet worden und auch nach seinem Ende bleibt Gott voll Tatkraft. Doch der alte Feind, den göttliche Stärke in den abgründigen Morast schleuderte, wo er wie Blei im wogenden Wasser versank, wollte das Unrecht begründen. Aber nur Gott ist gerecht und wahrhaft und niemand ist gleich ihm, der ewig in sich selbst ruht und aus nichts alles macht. Weil der Drache aber den ersten Menschen überwand, gedachte er durch einen anderen, den Antichrist, einst enden zu können, was er gewagt hatte im Kampf gegen Gott."

Was der Antichrist lehren wird

"Vom Teufel besessen wird, wie gesagt, der Antichtist seinen Mund zu einer Widerlehre öffnen. Er wird alles, was Gott durch das alte und durch das neue Gesetz eingerichtet hatte, zerstören. Er behauptet kühn, daß Unkeuschheit und alles derartige keine Sünde sei.
Er wird begründen, warum es keine Sünde sein könne. Wenn Fleisch am Fleisch sich wärmt, so sei das ebensowenig Sünde, wie wenn ein Mensch sich am Feuer wärmt. Er versichert den Menschen, daß alle Vorschriften der Keuschheit aus Unkenntnis gegeben sind. Denn der eine Mensch ist warm und ein anderer kalt. Darum muß Kälte und Wärme sich gegenseitig ausgleichen. Er wird ferner zu den Getreuen sprechen: ´Euer Gesetz der Enthaltsamkeit ist gegen die Natur! Wie sollte ein Mensch nicht warm sein, in dessen Adern ein Feuer enthalten ist, welches den ganzen Leib des Menschen entflammt? Wie könnte da der Mensch gegen seine Eigenart und kalt sein? Was hindert einen anderen zu erwärmen? Jener Mensch, den ihr euren Meister nennt, gab euch ein Gesetz, das jedes erträgliche Maß übersteigt durch seinen Befehl, die Dinge so zu sehen. Ich aber sage euch: Ihr besteht aus zwei Naturen, aus Wärme und aus Kälte! Wärmt euch gegenseitig! Bedenkt, was für unbillige Gebote euch der erwähnte Mensch gegeben hat! Er verbot den Menschen, sich gegenseitig zu wärmen, obwohl eure Natur doch fleischlicher Pflege bedarf! Macht also zu,

daß ich euch fürder nicht von der unrechten Lehre verführt sehe! Es hängt von mir ab, was ihr tun könnt und was ihr nicht tun dürft! Euer Meister gab euch eine ganz falsche Vorstellung. Er wollte euch Geister sein lassen! Aber es gibt keinen von Fleisch bedeckten Geist, der wirksam wäre. Das geborene Fleisch der Menschen ist gar nicht derart beschaffen. Nur vom Feuer wird es durchdrungen und gestaltet. Würden keine Söhne geboren, hätte es keine Möglichkeit zu wirken. Jetzt also wißt ihr endlich, was ihr seid! Euer früherer Lehrer hat euch betrogen und nicht im geringsten geholfen. Ich aber gieße euch ein, daß ihr euch selbst erkennt und daß ihr wißt, was ihr seid! Ich habe euch erschaffen, ich Ganzheit in allem! Der Frühere schrieb alle seine Werke einem anderen zu. Von sich aus sprach er gar nichts und konnte es auch nicht! Ich spreche aus mir selbst! Ich kann durch mich selbst alles!´

Mit solchen und ähnlichen Worten wird jener unglückselige Schlangensohn die Menschen verführen. Er wird sie lehren, die feurigen Gelüste ihres Fleisches zu erleben und ihres Fleisches Begehren zu erfüllen. Das alte wie das neue Gesetz ladet aber die Menschen zur Keuschheit ein, wenn auch die Keuschheit ihre Grenzen nicht übersteigen soll.
Durch jenen also wird Luzifer Gott alles Recht abstreiten. Er vermeint, sein ganzes Vorhaben aus sich selbst vollbringen zu können. Er wird behaupten, daß der Jordan seinem Mund entströmt, so daß fernerhin von der Taufe nicht mehr die Rede ist, sondern sie ganz verworfen wird, wie er selbst durch die Taufe verworfen wurde. Durch solche Maßnahmen wird er eine solche Volksmasse geschlossen hinter sich vereinen, daß im Vergleich zu seiner Anhängerschar die Zahl der Getreuen des Gottessohnes winzig erscheint.

Aber auch dieser genannte Sohn der Sünde führt den Namen Mensch, obwohl er alles Böse vollendet. Aller Unflat wird über ihn ausgegossen und er wird Sohn des Verderbens genannt, weil Tod und Verderben über ihn Herr werden, aber durch ruchlosen Dreh und Trug wird er eine ganze Menge Volk verführen und an sich ziehen. Er wird sich wie Gott anbeten lassen. Seine Wildheit beschreibt Johannes unter dem Sinnbild des Tieres, von dem er in der wahren Offenbarung spricht:

´Und es beten das Tier an alle, die auf Erden hausen und deren Namen nicht eingeschrieben sind im Buche des Lebens und Lammes.´(Apok. 13)

Dieses Zukunftsbild ist auch so zu verstehen: Mit geneigtem Haupt beten alle Menschen das Tier der Ungnade an, deren Herzen in irdischen Dingen eine

Heimat gefunden haben, denen das Leben des Lammes, in dessen Mund keine Arglist gefunden ward, keinerlei Eindruck für die Ewigkeit machte.
Darum wird ins Verderben gehen, wer die Schrift dieses verlorenen Menschen lehren und anbeten wird und die Schrift Satans in sein Herz schließt, des von Gott Vertriebenen, der selbst Gott sein wollte. Er wurde auch der Tod genannt, weil er jenes Leben floh, in welchem keine Sterblichkeit zu finden ist, sondern das allen das Leben spendet.
Alle Anhänger und Handlanger des Drachensohnes werden nicht im Buch vom Leben des Lammes eingeschrieben. Denn das Lamm ist das Wort Gottes. Als Gott sprach: *Es werde*, ging aus ihm jedes Geschöpf hervor. Doch der Teufel fand im Alten wie im Neuen Testament immer Anhänger. Im Alten durch Baal, im Neuen durch die Sadduzäer (Modernisten?). Sie sind die treibenden Kräfte aller Kirchenspaltungen. Diese beleidigten durch den Unflat Baals das Gesetz Gottes, die Wurzel aller Gerechtigkeit, die Umhüllung der Patriarchen und Propheten. Aber auch jene sadduzäischen Lehren des Neuen Testaments gerieten bei der Frage der Wiedergeburt mit der Gerechtigkeit in Widerspruch. Denn das Evangelium ist ein Zweig derselben Wurzel und das Zeugnis Christi die Früchte an diesem Zweig. Sie werden den Götzen Baal und die Sadduzäer zu Schanden machen.
Auch fernerhin werden aus ihnen Irrlehrer hervorgehen und der Grundlehre von der Ursünde widersprechen und deren Irrtum wird noch schlimmer sein als zuvor. Denn sie werden die Erschaffung einer lebenden Seele durch Gott überhaupt leugnen. Sie alle beten das unselige Tier an, den verlorenen Menschen. Sie lassen vom Treuglauben an den allmächtigen Gott. Sie verkünden, daß niemandem etwas im Wege stehe, Gottes Gebote zu verleugnen.

Die Markierung der Menschen

So schreitet durch sie die Untreue bis zum beschriebenen goldenen Leopardenkopf an der Halskette der Gerechtigkeit fort. Dieser ist Sinnbild für den Antichrist. Er nennt sich Gottes goldenes Haupt. Durch Drachenkünste und Aufruhr der Vierstücke (Elemente) erregt er schreckliche Zeichen und fürchterliche Stürme. Gott läßt es geschehen. Das ganze Menschengeschlecht soll seinen Fall sehen. Dieser aber wird vorgaukeln, er könne zur Erlösung seines Volkes sterben. Nach einer scheinbaren Tötung wird er anscheinend gleichsam wieder auferstehen.
Er wird eine Schrift auf die Stirne seiner Gefolgschaft schreiben lassen und ihnen damit jede Bosheit einimpfen. Durch einen ähnlichen Trug pflanzte die alte Schlange dem Menschen den Kitzel (Fleischeslust) ein, um ihn gefangen zu halten. Diese Schrift wird ihnen gegen die Taufe und alles, was christlichen

Namen trägt, einen solchen Widerwillen einflößen, daß sie nur noch ein Verlangen kennen, nie von ihrem Verführer lassen zu brauchen und sie werden sich alle nach ihm benennen wie die Christen nach Christus.
Lange Zeit hatte diese Schrift Luzifer bei sich verborgen gehalten und enthüllte sie keinem Menschen, nur einzig diesem, den er schon im Mutterleib ganz besitzen wird. Er ist überzeugt, daß er durch ihn seinen Willen ganz ausführen kann.
Doch trotz alledem hat dieser verlorene Mensch die Seele und alles, was lebt, nicht vom Teufel, sondern von Gott, wie auch der Anstifter aller Verführung, der alles Gute haßt, sein Leben von Gott erhalten hatte. Denn Gott allein ist Leben. Jeder Hauch und alles, was lebt, regt sich durch ihn, der selbst Anfang ohne Anfang ist. Wie Luzifer im Himmel gegen die Gottheit, wird er auf Erden gegen die Menschheit des Gottessohnes zu streiten streben. Durch diese Schrift, welche Gott und den Schöpfer aller Dinge verleugnen wird, ist er voll Zuversicht, den Seinen größere und hellere Gaben verleihen zu können als Christus, der Sohn Gottes, sie seinen Jüngern bieten konnte.
Diese Schrift war vorher in keiner Sprache zu finden, weil Satan sie bei sich selbst zuerst fand. Er führte sie genauso raffiniert ein, wie er auch die ersten Menschen verführte, daß sie ihren Schöpfer nicht wieder erkannten. Durch diese Schrift wird er mit den Treulosen ein leichtes Spiel haben, sodaß sie gar nichts anderes mehr wollen, als ihm gefallen.
Der Sohn des Verderbens wird verkünden, daß jedem geborenen Menschen noch die Ehre fehlt, solange er diese Schrift nicht trägt, wie auch ein abgehauenes Holzstück achtlos weggeworfen wird, bevor nicht der Bildhauer ein Kunstwerk daraus gemacht hat, das sich sehen lassen kann. In sie sei größere Wirkungskraft und Samen hineingelegt als einst in die Erschaffung der Menschen. Gott wird die Frechheit dieser Schrift samt ihrem Urheber vertilgen, die Schrift des Heiligen Geistes aber nicht vergehen lassen. Wenn er mit diesem falschen Zeichen die Menschen aller Stämme um sich zu scharen beginnt, wird die Heiligen und Gerechten große Bangnis befallen.

Henoch und Elias

Ich aber, der ICH BIN, werde mich besinnen, wie Ich den ersten Menschen gebildet habe und auf welche Weise Ich das ganze Treiben voraussah, womit der Erzlügner durch den Menschen mich bekämpfen sollte; daß Ich heilige Kräfte zum Kampf gegen ihn bestimme, was Ich mit Henoch und Elias tat, den auserwählten Sprößlingen der Menschen, die mit ganzer Sehnsucht mir angehangen waren. Um die letzte Zeit werde Ich die Menschen aufklären,

damit sie das Zeugnis dieser zwei Zeugen getreulich vernehmen können. Mein Geheimnis lehrt sie und offenbart ihnen die Werke der Menschen, sodaß sie davon genaue Kenntnis haben, als hätten sie alles leibhaftig gesehen. Sie sind klüger als selbst die Schriften und Gespräche der Weisesten. Als sie den Menschen leiblich entrückt wurden, verloren sie alles Zittern und Zagen. Sie konnten freimütig alle Vorgänger um sich herum begreifen und ich bewahre sie an geheimen Orten und mit unbeschädigtem Leib. Wenn der Drachensohn seine Widerlehre ausspeien wird, trägt dieselbe Kraft, die sie aus der Mitte der Menschen entrückt hatte, sie wie im Sturme zurück. Solange sie auf Erden weilen, erschöpft sich ihre Kraft immer nach vierzig Tagen, gleichwie auch mein Sohn vierzig Tage hungerte.
Für die Weisen und Kühnen ist das Steinbockhaupt an der erwähnten Halskette der Gerechtigkeit ein Sinnbild. Wie der Steinbock stark ist und hoch oben herumklettert, werden auch diese durch meine Kräfte stark sein und in den Höhenbereich meiner Wunder versetzt. Sie haben solche Kenntnis von meinen Wunderkräften, daß sie am Firmament, unter den Elementen und in der übrigen Schöpfung größere Zeichen vollbringen werden als selbst der Sohn des Verderbens. Durch ihre wahren Wunder werden seine Trugbilder zum Gespött. Ihre übergroße Tatkraft läßt die Menschen aus allen Ländern ihnen zuströmen und ihren Worten glauben. Wie zu einem Gastmahl wird ihr brennender Eifer sie zum Martyrium eilen lassen, das ihnen der Sohn des Verderbens bereitet, daß sogar die Henker ekelt, die Massen der Getöteten zu zählen und der Strom ihres Blutes wie Wasserbäche fließen wird.

Die letzten Martyrer

Wenn der Sohn des Verderbens die zwei Männer wahrer Heiligkeit weder durch Schmeicheln noch durch Drohen überwältigen, noch auch sie durch Zeichen oder Wunder in Schatten stellen können wird, befiehlt er schließlich sie in grausamer Folter hinzurichten und ihr Andenken von der Erde zu tilgen, damit es fürderhin auf der ganzen Erde keinen Menschen mehr gäbe, der es wagte, ihm zu widerstehen.
Mit diesen im Irrwahn der letzten Zeit Getöteten ist die goldene Zahl der seligen Martyrer vollendet, die seit den Tagen der Urkirche des wahren Glaubens wegen getötet worden waren. Diese alles zerstörende und alles verschlingende Zeit ist durch den im Buche "*Scivias*" beschriebenen Wolf gekennzeichnet. Wie der Wolf in seinem Wüten alles Erreichbare verschlingt, werden auch die Getreuen des Gottessohnes in jener Zeit verschlungen werden. Darum spricht der Sohn Gottes abermals zu seinem Vater:

Die Bitte des Gottessohnes an den Vater um Schonung der Menschen

Es verdrießt mich, daß ich nach deiner Anweisung in Fleisch gekleidet worden bin. Meine Glieder, die durch das Sakrament der Taufe mir gehören, verlassen mich und verfallen den lächerlichsten Drachenkünsten. Sie hören und verehren den Sohn des Verderbens. Soll ich die Gesunkenen noch einmal auslösen? Die starrköpfigen Meuterer vernichten?
Vater, ich bin dein Sohn! Schenke mir einen Blick deiner Liebe, die mich in die Welt gesandt hat! Gedenke meiner Wunden, durch die ich in deinem Auftrag die Menschen erlöst habe. Ich zeige sie dir, damit du dich ihrer erbarmst, die ich erlöst habe. Laß nicht zu, daß sie aus dem Buche des Lebens gelöscht werden. Rufe sie durch das Sühneblut meiner Wunden zu dir und laß nicht zu ihrem Unglück die Spötter meiner Fleischwerdung und Verächter meines Leidensweges über sie Herr werden!

All ihr Menschen voll Verlangen nach Heimkehr zum Schöpfer, ihr Schlangengefangenen bedenkt, daß ich, Sohn Gottes und des Menschen Sohn, meine Wunden meinem Vater für euch weise.
Beugt treu in reinem Glauben meinem Vater eure Knie, die ihr so oft der Eitelkeit und anderem widersinnigen Kram beuget! Er hat euch geschaffen, er gab euch den Hauch des Lebens. Bekennt eure Sünden aus übervollem Herzen, damit er seine starke, unbezwingbare Hand euch reiche, zur Erlösung vom Drachen und allem Übel, der Bedrängnis von Leib und Seele.

So spricht der Sohn zum Vater und übergibt ihm seine Glieder. Er sorgt dafür, daß sie ihm, dem wahren Haupt, treu bleiben und nicht verschlungen werden von der Verderbtheit des ersten und letzten Verräters. Sooft die kleinlichen Werke der Menschen den allmächtigen Vater reizen, weist ihm sein Sohn die Wunden und bittet ihn, sie ihretwegen zu schonen, weil er selbst seines Leibes nicht achtete, um durch sein Blut das verlorene Schaf heimzuholen.
Seine Wunden werden offenbleiben, solange der Mensch auf Erden bleibt und sündigt! Der Gottessohn mahnt die Menschen, vor ihrem allmächtigen Vater zu knien, damit er sie von jedem Übel befreie, weil er ihm seine im Fleische erlittenen Wunden zeigt. Da wird die Freude zu Furcht und nachdem Henoch und Elias durch den Drachensohn den leiblichen Tod erlitten haben, herrscht Jubel bei seiner Gefolgschaft. Denn sie sehen, daß jene nun tot sind. Aber der Geist des Lebens wird sie wieder erwecken und sie fahren auf in die Wolken. Da wird die Freude zu Furcht und Klage und großer

Bestürzung. Durch ihre Auferstehung und Himmelfahrt beweise Ich, der Allmächtige, daß die Auferstehung und das Leben der Toten durch keine Phrase der Treulosen abgetan werden kann, sondern tatsächlich der Mensch vom Tod erweckt wird.

Wenn die Vierstücke (Elemente), mit denen der Mensch sündigte, bereinigt werden, an jenem Tag wird auch der Mensch durch gottgefällige Reue erneuert und in größerer Klarheit als vordem wiederhergestellt werden. Wie die Reue den Menschen in allen Fugen beben läßt, so rührt seine Klagestimme auch den Himmel. Dann eint er sich mit den Cherubim im Gotteslob.

Die inszenierte "Himmelfahrt" des Antichrist

Die Auferstehung der beiden wird die alte Schlange in rasenden Zorn versetzen. Sie gibt dem Drachenmenschen ein, ihren verdrängten Platz im Himmel wieder in Besitz zu nehmen! Dadurch soll die Auferstehung der vorgenannten Zeugen und das Andenken des Gottessohnes gänzlich ausgerottet werden. Sie spricht zu sich selbst:
´Mit diesem meinem Sohn will ich jetzt einen größeren Schlag führen, als ich selbst einst im Himmel getan. Meinen Willen soll er zur Gänze ausführen. Dem wird weder Gott noch Mensch widerstehen können. Ich weiß und erkenne: Ich kann nie überwunden werden! Ich werde Sieger über alles sein!´

Da wird der Sohn des Verderbens eine große Volksmasse versammeln, um ihnen seinen Triumph zu offenbaren. Er will über den Himmel hinaus. Wenn da noch ein unverdorbener Rest katholisch-kirchlichen Glaubens übrig geblieben ist, soll er durch seine Himmelfahrt gänzlich vergehen. Im Beisein des lauschenden Volkes wird er den Elementen befehlen, in den Himmel ihn aufzunehmen. Da werden die Worte meines treuen Paulus erfüllt, der im Geiste der Schrift sprach:
´Dann wird entlarvt jener Ungeist und der Herr Jesus wird ihn mit dem Hauch seines Mundes töten.´(II.Thess.2)
Das heißt: In jener Zeit wird der Sohn der Ungnade enthüllt und allem Volk offenbar, daß er ein Lügner war. Wenn er sich anmaßt in den Himmel aufsteigen zu können, wird der Sohn Gottes, der Richter und Retter der Völker, ihn bei dieser Anmaßung töten. Dies macht er durch das Wort des Vaters, das er selbst ist und das das ganze Erdenrund mit gerechtem Spruch richtet.

Durch Teufelskunst erhebt sich der Drachensohn ein wenig, da schmettert ihn Gottes Wirkungskraft zu Boden. Gestank von Schwefel und Pech hüllt ihn ein und die umstehenden Völkerscharen fliehen in die Berge. Die das sahen und hörten, faßt ein Entsetzen. Sie widersagen dem Teufel und seinem Sohn und kehren zum Treuglauben der Taufe zurück. Der Drache ist geschlagen. Zähneknirschend spricht er bei sich selbst:

´Es ist aus mit uns! Nie wieder wird wie einst der Mensch mein Knecht!´

Die Getreuen des Gottessohnes aber erheben ergriffen ihre bebende Stimme, Gott zu loben, zu rühmen, wie mein geliebter Zeuge wahrhaft schrieb:

´Gekommen ist das Heil und die Kraft und das Reich unseres Gottes und die Macht seines Gesalbten, Christus. Gestürzt ist der Ankläger unserer Brüder, der sie verklagte bei Tag und bei Nacht vor dem Angesicht Gottes. Sie haben gesiegt durch das Blut des Lammes und das Zeugnis seiner Worte. Sie liebten ihre Seelen nicht bis zum Tode.´ (Apok. 12)

Dieser Spruch ist so aufzufassen: Jetzt, nach dem Sieg über die Schlange und der Niederstreckung seines antichristlichen Sohnes, kommt durch einen Wink von oben das Heil, jene vollwirksame Gotteskraft, die keinen Teufel mehr fürchtet. Dann kommt das Reich aller, wenn alle der Herrschaft unseres Gottes unterstehen und der unbesiegbaren Macht Christi, seines Sohnes, den er als wahren Priester für das Heil der Seelen bestellt.
In ewiger Verdammnis ist der hartnäckigste Ankläger und ruchloseste Fallensteller gestürzt, der uns Söhne Gottes und unsere ewigen Miterben des Himmels verklagte, weil sie seinen verschiedenen Einflüsterungen Gehör geschenkt hatten angesichts des höchsten Schöpfers und Richters.

Dies geschah durch geistliche und weltliche Übergriffe zu allen Zeiten. Der Mensch sündigt; Gott siegt immer. Schon im ersten Kampf des verlorenen Engels, der gegen Gott kämpfte, weil er ihm gleich sein wollte. Auch der letzte Kampf ist von ihm vorausgesehen durch seinen Sohn, der ihn stürzt und jenen dem Untergang weiht. Die wahrhaftig an Gott glaubten, waren die Sieger. Sie fielen nicht ab eingedenk des Blutopfers des Lammes, das sie erlöst hatte. Seinetwegen ertrugen sie zahlreiche Widrigkeiten am eigenen Leib. Sieger bleiben sie durch seine Worte, das heißt, durch die im katholischen Glauben bezeugte Lehre. Diese leitet ihren Ursprung aus jenem Wort her, aus dem alle Geschöpfe hervorgingen. Ihre Seele liebte nicht ihre leibliche Bleibe, sondern ließ den Leib dem Tode zustreben, da sie in zahlreichen Leiden ihre Körper dem zeitlichen Tode unterwarfen und ihre Seele dem allmächtigen Gott zurückgaben.

no ululatu absorbet.
xiiii Euangeliū de eodem.
xv Quomō elemta. & sol. & luna. & stelle finito iudicio ī meli⁹ mutant. ⁊ nox non erit.
xvi. Verba iohis de eodem.

Der Tag der großen Offenbarung
Tafel 33 / Schau III 12

Die Blutzeugen hielten bis zum Tode die Treue und ließen sich lieber foltern als den Sohn Gottes zu verleugnen. Für Abel, die Seher und die übrigen für Gott bis zum Jüngsten Tag Getöteten wird der Sohn Gottes als Zeuge auftreten. Auch er vergoß nach dem Willen des Vaters sein Blut.

So endet der Kampf gegen den Drachensohn und man wird seiner nicht mehr gedenken. Freut euch, ihr Bewohner des Himmels und der Erde! Der Drachensohn ist gefallen. Weit breitet sich der Ruhm Christi, des Gottessohnes!" [139]

Wir fügen auch den Schluss dieses Hildegardbuches an, weil er am Ende der großen Lebensarbeit Hildegards - sie war damals 75 Jahre alt - noch einmal das Zeugnis des Himmels über ihre mystische Wissensquelle aufzeigt.

Abermal hörte ich eine Stimme vom Himmel, die mich diese Worte lehrte:

Gottes Lob ist jetzt sein Werk. Dieses ist der Mensch. Für seine Würde schlug er den großen Kampf auf Erden. Dieses Werk wird für wert gehalten, in den Himmel aufgenommen zu werden, um mit den Engeln zusammen vor seinem Angesicht die Einheit zu loben, die wahrer Gott und wahrer Mensch ist.

Der allmächtige Gott selbst scheute sich nicht, eine armselige Frau (hl. Hildegard) zur Offenbarung dieser Schrift mit dem Öle seines Erbarmens zu salben. Sie lebt ohne jede eigene Sicherheit, besitzt auch kein Wissen vom Gebäude der Schriften, welche der heilige Geist zur Unterweisung der Kirche bekannt machte und welche dem Gemäuer eines Riesenbauwerkes gleichen.

Vom Tage ihrer Geburt an wurde sie in ein Netz von Schmerzen und Schwächen verstrickt. Ununterbrochen wurden ihre Adern, ihre Markstränge und all ihr Fleisch von Schmerzen gequält. Gott gefiel es nicht, sie davon zu lösen, damit ihre vernünftige Seele im Gehäuse manche Geheimnisse Gottes geistig schauen könne. Denn diese Gesichte durcheilten die Spalträume dieses Menschen, sodaß er ihretwegen von großer Mattigkeit befallen wurde. Zu gewissen Zeiten hatte er mehr, zu anderen weniger darunter zu leiden. Darum unterscheiden sich auch ihre Lebensgewohnheiten von den Sitten der anderen Menschen; sie waren wie die eines Kindes, dessen Spalträume noch nicht voll sind, weshalb es die Sitten der Menschen durchschauen kann.

Unter dem Einfluß des Heiligen Geistes ist sie zu wirken gezwungen. Ihre Anlage hatte sie von der Luft. Von der Luft haftete ihr deshalb auch eine Schwäche an, vom Regen, dem Winde und jeder Witterung, sodaß ihr Fleisch sie keineswegs in sicherer Ruhe läßt. Aber sonst könnte die Eingebung des Heiligen Geistes sie gar nicht mahnen. Durch die Großmacht der Frömmigkeit scheuchte der Geist Gottes sie manchmal von dieser Todesschwäche auf, wie Tau sie erfrischend, damit sie unter dem Einfluß des Heiligen Geistes ihre zeitlichen Aufgaben erfüllen könne. Der allmächtige Gott kennt die leidvolle Erschöpfung dieses Menschen und läßt sich herab, ihn mit seiner Gnade zu erfüllen, sodaß man seine Frömmigkeit gar noch rühmt und seine Seele sich freut, nach dem Abschied von dieser Welt von ihm zu ewiger Ruhe huldvoll aufgenommen und gekrönt werden.

Aber das Buch des Lebens, das die Schrift des Wortes Gottes ist, durch das die ganze Schöpfung in Erscheinung trat und das Leben von allem nach dem Willen des ewigen Vaters aus sich aushauchte, wie Er es im voraus angeordnet hatte, hat die vorliegende Schrift durch keinerlei Gelehrsamkeit im menschlichen Wissen, sondern durch eine einfache, ungebildete Frauengestalt auf wunderbare Weise mitgeteilt, wie es Sein Wille war.

Darum wage kein Mensch, den Worten dieser Schrift irgend etwas mehrend anzufügen oder mindernd abzustreichen, damit er nicht aus dem Buche des Lebens getilgt werde und verbannt von jeder Seligkeit unter der Sonne, es geschähe denn wegen lesbarer Glätte oder zu Auszügen, welche die Einfalt unter dem Mitwirken des heiligen Geistes vornimmt. Wer anderes zu tun gedenkt, sündigt wider den heiligen Geist. Darum wird ihm weder in dieser noch in der künftigen Welt vergeben werden.

Nun sei Lob dem allmächtigen Gott in allen seinen Werken
von Ewigkeit zu Ewigkeit.
Vernimm, Treugläubiger, diese Worte mit ergebener Herzensregung!

Sie sind zum Nutzen der Gläubigen geoffenbart durch jenen, welcher
der Erste und Letzte ist.

Verwendete Literatur

Werke Hildegards v. Bingen

HILDEGARD VON BINGEN, *Das Buch vom Wirken Gottes. Liber divinorum operum. Erste vollständige Ausgabe.* Übersetzt und herausgegeben von *Mechthild Heieck*, Augsburg, 1998.

HILDEGARD VON BINGEN, *Scivias. Wisse die Wege. Eine Schau von Gott und Mensch in Schöpfung und Zeit.* Übersetzt und herausgegeben von *Walburga Storch* OSB, Augsburg, 1997.

HILDEGARD VON BINGEN, *Der Mensch in der Verantwortung. Das Buch der Lebensverdienste, Liber vitae meritorum.* Nach den Quellen übersetzt und erläutert von *Heinrich Schipperges*, Salzburg, 1972.

HILDEGARD VON BINGEN, *Im Feuer der Taube. Die Briefe.* Übersetzt und herausgegeben von *Walburga Storch OSB,* Augsburg, 1997

HILDEGARD VON BINGEN, *Heilkraft der Natur. Physica.* Übersetzt von *Marie-Louise Portmann*, Augsburg, 1991.

HILDEGARD VON BINGEN, *Berliner Fragmente.* Übersetzt von *Marie-Louise Portmann*, Basel, 1987.

DIE ÄBTISSIN HILDEGARD VON BINGEN, *Ursachen und Behandlung der Krankheiten, causae et curae.* Übersetzt von *Geh.-Rat Prof. Dr. Hugo Schulz,* Ulm, 1980.

Die angeführten Werke sind teilweise bereits vergriffen. Neuere Ausgaben werden von der Abtei St. Hildegard, Rüdesheim / Eibingen über den Beuroner Kunstverlag herausgebracht. Siehe: www.klosterkunst.de
Weitere Hildegard-Literatur: www.hildegardvonbingen.at
Hildegard-Zeitschrift und Mondphasen unter: www.hildegardvonbingen.info

Sekundär-Literatur

Dr. med. Hertzka, So heilt Gott, Christiana-Verlag Stein a. Rhein, 2. Auflage, o. J.
Vita Hildegardis, zitiert aus der deutschen Ausgabe von *Adelgundis Führkötter,* Verlag Otto Müller, Salzburg, 2. Auflage, o. J.
St. Hildegard-Kurier, Herausgegeben vom *Bund der Freunde Hildegards, A-4880 St. Georgen.* Vierteljährlich seit 1977
Seminar-Unterlagen, Abschriften aus Videoaufnahmen, Seminar von Dr. med. Gottfried Hertzka, Salzburg, 1985

Bildnachweis

Tafel 1	"*Die Seherin*",
Tafel 2	"*Der Leuchtende*"
Tafel 3	"*Der Sündenfall*"
Tafel 6	"*Treue in der Versuchung*"
Tafel 7	*"Auszug der Seele aus ihrem Zelt"*
Tafel 11	*"Die wahre Dreiheit in der Einheit"*
Tafel 12	*"Mutterschaft aus dem Geiste und dem Wasser"*
Tafel 13	"*Gesalbt mit dem Heiligen Geiste*"
Tafel 15	"*Das Opfer Christi und der Kirche*"
Tafel 18	"*Der Versucher*"
Tafel 19	"*Der Allherrscher*"
Tafel 26	"*Der Eifer Gottes*"
Tafel 28	"*Die Säule der wahren Dreieinigkeit*"
Tafel 32	"*Das Ende der Zeiten*"
Tafel 33	"*Der Tag der großen Offenbarung*"

Aus: Hildegard von Bingen, *Wisse die Wege. Scivias*

"*Der Kosmosmensch*", "*Die Weltkräfte*", aus: Hildegard von Bingen, *Welt und Mensch*

Karikaturen: Alfred Raschl, Graz 2012
Ölgemälde: Titelseite: "*Hl. Hildegard*", Seite 5:"*Hildegards Heiligsprechung*":
Maria Therese Ridmann Zaghet, Prata di Pordeone PN, 2012

Abkürzungen:

BF	= Berliner Fragmente
MV	= Der Mensch in der Verantwortung, *"Liber vitae Meritorum"*
CC	= Ursachen und Behandlung der Krankheiten, *"causae et curae"*
Ph.	= Heilkraft der Natur, *"Physica"*
GW	= Das Buch vom Wirken Gottes, *"Liber divinorum operum"*
Br.	= Briefe
WW	= Wisse die Wege, *"Scivias"*
Sek.	= Sekundär-Literatur

Sek. 1 In: Gisbert Kranz "*Herausgefordert von ihrer Zeit*", S. 18/19
Sek. 2 C. Bonn, *"Die Spiritualität Hildegard v. Bingen"*. Abtei St. Hildegard Bingen 1997, S. 5
Sek. 3 *"So heilt Gott"*, Christiana Verlag
Sek. 4 Hildegard-Seminar
Sek. 5 Hildegard-Verein: *"Bund der Freunde Hildegards"*, A-4880 St. Georgen
Sek. 6 *Oss. rom. 79/80*
Sek. 7 Zitate von Dr. Hertzka aus "*St. Hildegard-Kurier*"
Sek. 8 *"Kommt alle zu mir"*, Eigenverlag Helmut Posch, 2006

Endnoten

1	Vita S. 71
2	Vita S. 55
3	Vita S. 71
4	Vita S. 71
5	Br. S. 209
6	Sek. 1
7	Sek. 2
8	Br. S. 113
9	CC. S. 249
10	Vita, S. 73
11	WW. S. 89
12	Vita S. 50
13	WW. S. 6 f
14	WW. S. 1
15	WW. S. 2
16	Vita S. 69
17	WW. S. 4
18	Sek. 3
19	Sek. 4
20	Sek. 5
21	Sek. 6
22	CC.
23	CC. S. 71
24	CC. S. 76
25	CC. S. 225
26	CC. S. 58
27	CC. S. 78
28	CC. S. 217
29	CC. S. 220
30	CC. S. 218
31	CC. S. 217
32	CC. S. 63
33	CC. S. 114
34	MV. S. 271
35	WW. I, 2
36	CC. S. 115
37	CC. S. 115
38	WW. II, 6
39	CC. S. 36
40	CC. S. 40
41	CC. S. 123
42	CC. S. 348
43	CC. S. 58
44	CC. S. 37
45	CC. S. 71
46	CC. S. 74
47	CC. S. 69
48	CC. S. 83
49	CC. S. 84
50	CC. S. 84
51	CC. S. 87
52	Ph. S. 526
53	Sek. 7
54	CC. S. 95
55	Ph. S. 234
56	Ph. S. 236
57	Ph. S. 244
58	Ph. S. 173
59	Ph. S. 172
60	Ph. S. 109
61	CC. S. 151
62	CC. S. 153
63	CC. S. 311
64	CC. S. 37
65	CC. S. 13
66	CC. S. 95
67	CC. S. 67
68	CC. S. 149
69	WW. S. 2
70	WW. S. 15
71	WW. S. 41
72	WW. III/8
73	WW. III/8
74	WW. I/6
75	WW. I/6
76	WW. II/3
77	BF. S. 39
78	BF. S. 41
79	WW. I/3
80	WW. II/3
81	WW. II/3
82	WW. II/6
83	WW. II/6
84	WW. I/1
85	WW. II/6
86	WW. II/6
87	WW. II/6
88	WW. II/6
89	WW. II/6
90	MV. S. 286
91	MV. S. 29
92	MV. S. 231
93	MV. S. 44
94	MV. S. 29 ff.
95	MV. S. 40
96	WW. II/3
97	WW. II/3
98	WW. II/6
99	WW. II/6
100	MV. S. 206
101	MV. S. 56
102	WW. III/5
103	MV. S. 133
104	MV. S. 229
105	MV. S. 49
106	CC. S. 35
107	MV. S. 50
108	WW III/5
109	WW. III/4
110	WW. II/5
111	MV. S. 272
112	MV. S. 286 ff.
113	GW. S. 21
114	GW. S. 122
115	GW. S. 111
116	GW. S. 47
117	CC. S. 24
118	MV. S. 140
119	MV. S. 73
120	MV. S. 253
121	MV. S. 240
122	MV. S. 248
123	MV. S. 225
124	WW. I/1
125	CC. S. 24
126	Sek. 8
127	GW. S. 266
128	WW. II/10
129	GW. S. 217
130	GW. S. 217 ff.
131	GW. S. 418 ff.
132	GW. S. 418 ff.
133	GW. S. 431
134	WW. 3,11 76-77
135	GW. S. 246 ff.
136	GW. S. 432 ff.
137	GW. S. 438 ff.
138	GW. S. 446
139	GW. 10. Vision